한국 현대사 산책 **2000년대 편 2권**

한국 현대사 산책 2000년대 편(전5권)
노무현 시대의 명암 · 2권
ⓒ 강준만, 2011

초판 1쇄 2011년 8월 22일 펴냄
초판 4쇄 2017년 9월 13일 펴냄

지은이 | 강준만
펴낸이 | 강준우
기획 · 편집 | 박상문, 박효주, 김예진, 김환표
디자인 | 최진영, 최원영
마케팅 | 이태준
관리 | 최수향
인쇄 · 제본 | 제일프린테크

펴낸곳 | 인물과사상사
출판등록 | 제17-204호 1998년 3월 11일

주소 | 04037 서울시 마포구 서교동 392-4 삼양E&R빌딩 2층
전화 | 02-325-6364
팩스 | 02-474-1413

www.inmul.co.kr | insa@inmul.co.kr

ISBN 978-89-5906-192-1 04900   ISBN 978-89-5906-190-7 (세트)

값 16,000원

노무현 시대의 명암 **2000년대 편 2권**

한국현대사산책

강준만 저

제3장
2002년: 노무현 바람과 월드컵 신드롬

북한은 '악의 축' 북한을 둘러싼 남남 갈등 … 12

노무현의 부상 민주당 대통령 후보 경선 … 27

제2의 6월 항쟁인가? 노무현 바람 … 40

한나라당의 대승 6·13 지방선거 … 67

한국의 '월드컵 4강' 진출 월드컵 신드롬 … 80

'우리 안의 폭력'을 어떻게 볼 것인가? 문부식과 '동의대 사건' 논쟁 … 118

역사는 룸살롱에서 이뤄지는가? 룸살롱 비리 사건 … 128

김대중은 간첩·이적 행위·반역자·내통자? 보수 우익의 이념 공세 … 136

충청권을 노린 정략인가? 노무현의 행정 수도 이전론 … 153

지방 살면 뒤떨어진다 80.5% '내부 식민지'의 완성 … 168

'줄서기'는 생존 전략이다 대선은 이합집산의 시즌 … 180

노무현의 대통령 당선 제16대 대통령 선거 … 214

제4장
2003년: 민주당 분당, 열린우리당 창당

평화와 번영과 도약의 시대로 노무현의 제16대 대통령 취임 … 232

대통령직 못해먹겠다 노무현과 월드컵 신드롬의 퇴조 … 242

당장 대통령을 때려치우시오! '실패한 100일' 인가? … 263

신당 논의 정말 신물 난다 민주당의 골육상쟁 … 275

'개혁파' 의원 5명 한나라당 탈당 국민통합추진회의의 부활 … 304

'희망돼지' 는 어디로 갔나 노무현의 대선 자금 논란 … 316

'국민참여 통합신당' 의 출범 민주당 분당 … 331

노무현의 '신당 띄우기' 열린우리당의 창당 … 352

시민혁명은 계속된다 노사모와 한강 다리 … 378

접대를 할수록 매출은 올라간다 룸살롱 접대비 1조 원 시대 … 389

환경미화원 공채 응시 27%가 대졸자 '사오정 · 오륙도 · 육이오 · 삼팔선'의 시대 … 401

적의 숨소리가 등 뒤에서 들리고 있다 신용카드 망국론 … 414

우리를 슬프게 하는 것들 '기러기 아빠' 와 '원정 출산' 붐 … 424

2000년대 편 1권

머리말: 노무현은 한국인의 숨은 얼굴이었다

제1장 2000년: 남남 갈등과 지역주의 전쟁

시민단체들은 '홍위병'인가? 낙천·낙선운동 논쟁
'지역주의 축제'였나? 제16대 총선의 정치학
'386' 정치인은 위선자들인가? 5·18 전야 광주 룸살롱 사건
김대중·김정일의 6·15 선언 남북 정상회담의 정치학
사회적 '전환 비용'인가? 남북 정상회담 이후의 남남 갈등
대구 부산엔 추석이 없다? 언론의 '지역감정 부추기기' 경쟁
김대중의 노벨 평화상 수상 영남의 싸늘한 민심
한국 정치는 반감(反感)으로 움직이는가? 'YS 신드롬'과 지역주의
세상이 엉망진창이 됐네 경제 위기 논쟁
우리는 부패의 사명을 띠고 이 땅에 태어났다 부정부패 공화국
무덤까지 간다 당신의 학벌! 학벌 논쟁
다른 집 아이에 뒤떨어지는 건 참을 수 없다 영어 열풍
중앙 일간지 주식 투자 밝혀라 언론 개혁 논쟁

제2장 2001년: 한미 갈등과 언론 전쟁

나만이 이회창 이긴다 노무현의 대권 선언
당신의 햇볕정책은 형편없다 북한을 둘러싼 한미 갈등
여론은 언론이 생산한다 언론 개혁 논쟁
정권의 언론 장악 음모인가? 언론사 5056억 원 세금 추징
이제 우리는 모두 미국인이다! 9·11 테러
DJ는 왜 지역갈등 해소에 실패했는가? 알몸 대한민국 빈손 김대중
술단지와 잔을 끌어당기며 이문열·복거일 논란
우리가 교육 정책의 모르모트입니까 '이해찬 세대'의 분노
요람에서 무덤까지 '영어 스트레스' 영어 자본-영어 권력 시대
왜 한국 문화가 인기를 끄는가? 한류 열풍
억울하면 고쳐라 성형수술 붐
한국은 '접대부 공화국'인가? 미시촌과 '아방궁' 룸살롱
담배는 죽음이다. 속지 말자 흡연 논쟁

2000년대 편 **3**권

제5장 2004년: 대통령 탄핵과 행정 수도 파동

탄핵은 '의회 쿠데타'였나? 노무현 탄핵
'눈물의 정치'를 찾아서 '박근혜의 힘'과 '촛불의 힘'
'탄핵 정국' 최종 승자는 포털업체? 열린우리당의 행복한 고민
열린우리당의 압승 제17대 총선
'17대 초선 만세'와 '창조적 배신' 청와대에 울린 '산 자여 따르라'
10배 남는 장사도 있다 아파트 분양 원가 공개 논란
'개혁 물신주의'인가? 과거사 청산과 국가보안법 갈등
헌법재판소의 행정 수도 위헌 결정 행정 수도 파동
인사 이렇게 하고도 개혁인가? 이해찬 파동과 정실·보은 인사 논란
뉴 라이트, 침묵에서 행동으로 보수파의 인터넷 반격
국회는 오늘로써 사망선고를 받았다? 4대 개혁 입법 파동
근본주의의 범람인가? 성매매 특별법 논쟁
천만 관객 블록버스터의 탄생 〈실미도〉와 〈태극기 휘날리며〉
일본은 한국에 미쳤다 한류와 '욘사마 신드롬'
한국 경제는 '셀룰러 이코노미' 휴대전화 열풍

제6장 2005년: 영남 민주화 세력의 한

노무현의 정치철학을 다시 묻는다 민주당 파괴공작 논란
권력 있는 곳에 PK 출신 있다 참여정부 '100대 요직 인사' 대해부
고관들의 '부동산 퇴진' 언제 끝나려나 '배부른 진보' 논쟁
일본 패권주의 뿌리를 뽑겠다 노무현의 3·23 포퓰리즘
김대중의 끝나지 않은 이야기 김대중·노무현의 매트릭스
유시민은 '코카콜라'인가? 유시민-386 논쟁
축! 열린철새당 4·30 재보선 논란
'빤바지'와 '난닝구'의 전쟁 인터넷 정치의 축복과 저주
'강남 불패' 신화의 부활 부동산 투기 광풍
정권을 한나라당에 넘겨줄 수도 있다 노무현의 대연정 파동
영남 민주화 세력의 한 대연정 제안의 비밀
타살인가, 자살인가? 노무현 정권의 지리멸렬
노사모가 노무현을 신격화했다 노무현의 댓글 정치
황우석의 '마술'에 '감전'된 노무현 황우석 파동
영혼이라도 팔아 취직하고 싶었다 '청백전 시대'의 개막
노래방 도우미의 36.8%가 가정주부 사교육 광풍
발산의 문화 때문인가? 찜질방은 '방의 디즈니랜드'

2000년대 편 4권

제7장 2006년: 열린우리당의 몰락

노무현 탈당 언급, 반년 새 다섯 번 1·2 개각과 기간 당원제 파탄
2대 8 가르마의 정치학 유시민 청문회 드라마
지방 권력 교체하자 여권의 '지방 권력 교체론'
늦게 배운 도둑질 날 새는 줄 모른다? 이해찬의 3·1절 골프 파문
청맥회는 제2의 하나회? PK 인사 편중 논란
시네마 폴리티카의 시대? 강금실−오세훈의 이미지 정치 논쟁
한미 FTA는 전형적인 한건주의? 한미 FTA 논란
개포동·압구정동 평당 3000만 원 돌파 부동산 투기 광풍
열린우리당의 몰락 5·31 지방선거
"내가 임기 중에 뭘 잘못했는지 꼽아보라" 노무현 지지율 10%대
보은·낙하산 인사에 망가지는 참여정부? '코드인사' 논란
침몰하는 배의 갑판 풍경 열린우리당 재·보선 성적표 '0대 40'
노 정권이 한국 개혁 다 죽였다 '8.3% 정당' 열린우리당
청와대는 부산 신당이냐 노무현과 열린우리당의 이전투구
10분만 더 공부하면 마누라가 바뀐다 학력·학벌 전쟁
영어가 권력이다 2006, 대한민국 영어 보고서
'뉴욕 라이프 스타일 배우기' 강좌 미드 열풍과 된장녀 신드롬
휴대전화는 신흥종교 휴대전화 4000만 시대

제8장 2007년: '노무현'에서 '이명박'으로

노무현의 마지막 카드인가 '대통령 4년 연임제 개헌' 논쟁
걸어 다니는 시한폭탄 이명박 논쟁
대통령이 잘못해서 개혁 민주 다 팔아먹었다 열린우리당 탈당 사태
개헌 홍보 전쟁 노무현의 개헌 집착
노무현은 검투사 한미 FTA 타결과 노무현의 개헌 철회
미국에 사죄하는 한국 조승희 사건
'닫힌우리당'의 '살모사 정치' 노무현 vs 정동영·김근태
20·30대 최다 사망 원인 '자살' 88만 원 세대의 탄생
3년 9개월 만에 사라진 '100년 정당' 열린우리당의 소멸
민주주의는 양당제? 김대중과 민주당의 충돌
이명박과 박근혜의 이전투구 한나라당 경선
손학규−정동영−이해찬의 이전투구 대통합민주신당 경선
'권력형 비리'로 판명 난 '깜도 안되는 의혹' 신정아 사건
10·4 선언의 역사적 의미와 갈등 제2차 남북 정상회담
『오마이뉴스』의 문국현 띄우기 문국현의 창조한국당 창당
"국민이 노망든 게 아닌가" BBK 주가조작 의혹
이명박 48.7%, 정동영 26.1% 제17대 대통령 선거

2000년대 편 5권

제9장 2008년: 이명박 시대의 개막

영어 잘하면 군대 안 간다 오렌지와 아린지 파동
잘릴지 모른다는 불안감 때문에? 나훈아 기자회견 파동
숭례문 화재 생방송 충격 국보 1호 숭례문 화재 사건
고소영·강부자가 대한민국을 접수했다 이명박의 대통령 취임
대중은 욕망에 투항했나 4·9 총선과 뉴타운 논쟁
우리는 공부하는 기계가 아니다 학교 자율화 논란
미국산 쇠고기, 과연 광우병에서 안전한가 촛불시위의 점화
6·10 100만 촛불대행진 촛불의 폭발과 몰락
베이징의 '인간 승리'를 보며 국민은 행복했다 베이징올림픽의 정치학
노건평은 '시골의 별 볼일 없는 사람'이었나? 노무현 형의 비리 사건
인터넷 경제 대통령의 출현 미네르바 신드롬
우리 국회는 세계 최악인가? 'MB악법' 저지 투쟁
"한국에선 영어가 '종교'나 다름없죠" '영어 망국론' 논쟁

제10장 2009년: 노무현의 몰락과 부활

재개발의 사각 동맹 용산 철거민 참사
국회의원에게 월급주지 말자 김수환 추기경 신드롬
한국은 '룸살롱 공화국'인가? 연예계 성 상납 사건
'반칙·특권 없는 세상'이 이런 거였나? 박연차 게이트
노무현은 MB와 강부자의 프락치 굿바이 노무현
노무현은 진보가 보수에게 주는 선물 노무현의 검찰 소환
'소용돌이 영웅'의 탄생 노무현 서거
민주당의 기회주의인가? 노무현 정신 계승을 외친 민주당
조문 정국은 오래가는 숯불인가? 한국은 '휩쓸리는 사회'
족벌 신문 특혜법인가, 미디어 선진화인가? 미디어법 논란
민주당은 'DJ 틀'에 갇혔나? 김대중 서거와 이명박 상승세
정운찬의 재발견 세종시 백지화 논란
노무현 정신으로 돌아가자 친노 국민참여당의 창당

맺는말: '밥그릇 싸움'과 '승자 독식주의'를 넘어서

2002년: 노무현 바람과 월드컵 신드롬

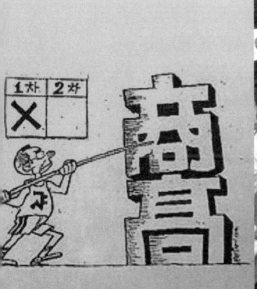

북한은 '악의 축'
북한을 둘러싼 남남 갈등

북한은 '악의 축'

2002년 1월 대통령 연두교서에서 조지 W. 부시 미국 대통령은 이라크, 이란, 북한을 '악의 축(axis of evil)'으로 규정했다. 그들을 '불량 국가 (rogue nations)'라고도 했다. 당초 부시의 연설문 담당인 데이비드 프럼 (David Frum)이 쓴 초고에는 북한이 언급되지 않았다. 북한을 추가하라고 지시한 사람은 국가안보 보좌관 콘돌리자 라이스(Condoleezza Rice)였다. 부시가 지나치게 반이슬람적으로 보이는 것을 피해야 한다는 이유에서였다.

외교 정책 전문가들은 '악의 축' 공식에 기겁했다. 아버지 부시의 안보 보좌관이었던 브렌트 스코크로프트(Brent Scowcroft)는 부시의 비서실장 앤드류 카드(Andrew Card)에게 전화를 걸어 다음과 같이 물었다. "어떻게 해서 그런 말이 들어갔느냐? 골칫거리 정권이라는 것과 미국에 대해 적대적이라는 것을 빼놓고 이들 정권들이 공통적으로 관계있는 것이 있나? 그런데도 악의 축은 또 뭐냐? 나는 대통령 연두교서 연설이 어떻게 검토되는지에 대해 좀 알고 있다. 이번의 경우 검토가 이루어지기는 한 건가?"[1]

부시 행정부의 대표적인 강경파인 콘돌리자 라이스는 '악의 축'에 북한을 추가하라고 지시했다.

불량 국가라는 용어도 논란이 되었다. 미국의 외교·안보 싱크탱크인 '포린 폴러시 인 포커스(Foreign Policy In Focus)'의 선임 연구원인 존 페퍼는 "부시 대통령이 사용한 불량 국가라는 용어가 왜 문제인가"라는 질문에 대해 이렇게 답했다. "이중 기준을 적용하고 있기 때문이다. 불량 국가는 통상적으로 국제법과 규범을 위반한 국가를 의미한다. 그러나 이스라엘은 국제법을 어기고 팔레스타인을 억압하고 있고, 중국도 티베트의 민주 인사들을 투옥하고 있다. 그러나 이들은 불량 국가가 아니다. 국제법 위반으로 따지면 미국만 한 위반 국가가 없다."[2]

부시의 악의 축 연설은 주한 미국 대사 토머스 허버드(Thomas C. Hubbard)와 그의 차석 에번스 리비어(Evans J. R. Revere)에게 새로운 골칫거리가 되었다. 리비어의 회고에 따르면, "문제의 구절을 들었을 때, 나

---

1) 마이크 치노이(Mike Chinoy), 박성준·홍성걸 옮김, 『북핵 롤러코스터: 전 CNN 전문기자가 쓴 북미 협상 인사이드 스토리』(시사인북, 2010).
2) 최원기, 「新제국 미국은 어디로」 존 페퍼 FPIF 선임 연구원」, 『중앙일보』, 2003년 10월 30일.

는 '하나님 맙소사' 하고 외쳤다. …… 부시 대통령의 연설은 한국 국민과 한국 정부를 펄쩍 뛰게 만들었다. 대통령 연설은 기본적으로 북한이, 9월 11일 미국을 공격했던 자들과 같은 진영이라는 선언이었기 때문이다."

이와 관련, 훗날 한승동은 "고어가 당선되고 클린턴 정부의 정책 틀을 승계했다면 우리는 지금 전혀 다른 세상에서 살고 있을지도 모른다"고 아쉬워했다. "고위급 관리들의 상호 교환 방문을 성사시킨 미국과 북한은 현실감을 띠어가고 있던 정상들의 만남을 통해 '관계 정상화'를 서두르지 않았을까. 설사 정상 교환 방문까진 가지 않았을지라도 말이다. 평양과 워싱턴에 상주 대표부 또는 대사관을 개설한 두 나라는 지금 두 나라 관계를 험지로 옭아넣고 있는 핵과 미사일 문제를 그때 이미 어떤 형태로든 타결했을 것이다. 따라서 북이 핵실험을 강행했을 리도 없다."[3]

부시 행정부의 일방주의

악의 축 연설 2주 후인 2002년 2월, 예정되었던 부시의 한국 방문 때 김대중 대통령의 강력한 요청으로 부시는 북한과의 대화 가능성을 공개적으로 밝히긴 했지만, 부시 행정부의 일방주의는 요지부동이었다. 일방주의에 관한 한, 클린턴 행정부도 다를 게 없었지만, 그래도 클린턴 행정부는 '개입과 확대(engagement and enlargement)', '공세적 다자주의(assertive multilateralism)', '평화를 위한 동반자 관계(partnership for

---

3) 한승동, 「소중화 사대주의자들의 계보」, 『녹색평론』, 제107호(2009년 7 · 8월), 210~226쪽.

peace)', '전략적 동반자 관계(strategic partnership)' 등 화려한 수사를 창출했다. 이제 부시 행정부는 그런 겉치레도 필요 없다는 자세를 취한 것이다.[4]

그도 그럴 것이 2002년에 확정된 2003년도 미국의 국방 예산은 3961억 달러로 러시아의 6배에 달했다. 미국이 불량 국가로 지목한 북한, 쿠바, 이란, 이라크, 리비아, 수단, 시

독일의 시사주간지 『슈피겔』은 표지에 부시를 '람보'로 그려 넣었다.

리아 등 7개국의 국방비 총액과 비교하면 무려 26배에 이르렀다. 북대서양조약기구(NATO) 회원국과 러시아, 중국, 일본, 인도, 호주 그리고 한국의 국방비를 모두 합쳐도 약 3220억 달러로 미국보다 약 740억 달러가 적었다. 인적 자원, 훈련 강도, 무기 체계, 실전 경험 등 변수에서마저 미국은 비교 우위를 확보하고 있다. 인류 역사상 어떤 제국도 21세기 초 미국과 같은 군사 우위를 보유한 적은 없었다.[5]

2002년 2월 독일의 시사주간지 『슈피겔』은 부시 행정부 특집 기사를

---

4) 유승우, 「[미국을 다시 본다] 제1부 미국 일방주의의 뿌리(1)」, 『한국일보』, 2002년 3월 19일, 9면.
5) 이정민, 「[미국을 다시 본다] 제1부 팍스 아메리카나(4) 군사력 우선주의인가」, 『한국일보』, 2002년 4월 9일, 10면.

실으면서 잡지 표지에 부시를 '람보'로 그렸다. 이에 부시가 매우 기뻐했다고 한다. 대니얼 코츠 독일 주재 미국 대사는 슈피겔사를 방문해 "부시 대통령은 그처럼 좋은 몸으로 그려진 데 즐거워했다"며 대통령을 대신해 표지 사진이 실린 포스터 33장을 주문했다나.

그러나 부시가 '새 대가리'라는 말은 좋아했을 것 같지 않다. 2002년 2월 하셰미 라프산자니 전 이란 대통령은 "사람들은 부시가 머리는 공룡 크기이나 뇌는 참새의 뇌를 가진 사람이라는 인상을 받는 것이 사실"이라고 주장했다. 아무려면 그렇기야 하겠는가. 그러나 부시가 '머리'보다는 '가슴'으로만 판단한 이분법에 의해 '악과 어둠'은 무조건 척결되고 제거되어야 한다는 신념, 아니 신앙심을 갖고 있다는 것만큼은 많은 사람들에 의해 지적되었다.

부시는 악의 축 발언과 수입 철강의 관세 부과 등으로 외국으로부터 거센 비난을 받았지만, 미국 내에서는 압도적 인기를 누렸다. 지식인들, 심지어 중도파 지식인들까지 부시의 인기 상승에 일조했다. 2002년 2월 중도적인 입장에 있던 60명의 미국 지식인들은 "왜 우리는 싸우는가(What We're Fighting For: A Letter from America)"라는 성명서를 전 세계 지식인에게 보냈다. 프린스턴대의 마이클 왈처(Michael Walzer), 하버드대의 테다 스카치폴(Theda Skocpol), 새뮤얼 헌팅턴(Samuel P. Huntington), 그리고 프랜시스 후쿠야마(Francis Fukuyama) 등이 포함된 60인은 테러 세력을 비판하고 미국 방어의 정당성을 옹호하였다. 특히 왈처는 전쟁을 비판하는 좌파들을 주로 공격했다.[6]

---

6) 김동춘, 『미국의 엔진, 전쟁과 시장』(창비, 2004).

2002년 3월 7일 『USA투데이』는 '9·11 테러 6개월'이라는 제하의 1면 특집 기사를 통해 "미 국민은 테러 이후 부시 행정부와 외교 정책, 부시 행정부의 정책 방향 등에 전폭적인 신뢰를 보내고 있다"며 이는 테러 참사 직전인 2001년 9월 초 부시 대통령에 대한 국민 지지도가 51%에 머물렀던 데 비해 현

텍사스에서는 모든 것이 크다(everything's bigger in texas). 텍사스에서 자란 부시에겐 '굉장한' 이란 단어는 익숙할 수밖에 없었다.

재 82%로 급상승한 것이 대표적 사례라고 지적했다.[7]

부시는 과장벽이 있는 카우보이 기질이 강하다는 지적이 자주 제기되었다. 『뉴욕타임스』 2002년 3월 18일자에 따르면, 부시가 즐겨 쓰는 단어는 '굉장한(fabulous)' 이었다. "미국은 굉장한 군대를 가졌으며 이처럼 굉장한 나라가 자랑스럽다. 내각 역시 굉장하고 텍사스와 알래스카 주는 모두 굉장한 주"라는 식으로 '굉장한' 이라는 단어를 자주 쓴다는 것이다.[8]

그게 무슨 큰 문제가 되겠는가만 국제 관계에서는 이야기가 전혀 달라진다는 데에 문제가 있다. '생각' 보다는 '행동' 을 좋아하는 부시는 '굉장한 과장' 을 언제든지 행동으로 옮길 수 있다는 것이다. 그래서 부

7) 민병두, 「USA투데이 "부시 지지율 82%"」, 『문화일보』, 2002년 3월 8일, 8면.
8) 세계일보, 「부시 가장 잘 쓰는 단어는 'fabulous' (굉장한)」, 『세계일보』, 2002년 3월 20일, 9면.

시의 '재선(再選)의 축'에 '악의 축' 나라가 희생양이 되고 있다는 말까지 나왔다.[9]

"싸움은 수단이 아니라 목적이다"

그런 우려는 국제 관계에 대해 전혀 아는 바 없는 문외한인 부시가 전쟁의 미덕(?)을 강조한 저널리스트 로버트 캐플런(Robert D. Kaplan)의 책에 매료되었다는 점에서 더욱 설득력을 갖고 있었다. 캐플런의 책은 애써 선의로 해석해 읽자고 들면 제법 날카로운 통찰력을 보여주고 있는 건 틀림없으나, 미국 밖의 세계에 대해 백지 상태인 부시에게는 매우 위험한 결과를 낳을 수도 있는 것이었다. 부시는 캐플런의 책『동쪽 타타르를 향해』에 푹 빠져 2001년 3월 캐플런을 백악관으로 초대해 45분간 토론을 벌이기도 했는데, 캐플런은 2002년 3월『워싱턴포스트』와의 회견에서 당시 자신이 느꼈던 부시의 세계관에 대해 다음과 같이 말했다.

"부시는 우선 이 세상을 미국에 위해를 가할 수 있는 수많은 나쁜 사람이 득실대는 사악한 곳으로 보고 있다. 말하자면 부시는 세계를 선과 악으로 나누어 보는 일종의 도덕적 세계관을 이미 당시부터 갖고 있었던 셈이다. 9·11 테러는 부시가 자신의 음울한 세계관이 옳다는 것을 확인한 계기가 되었을 수도 있다."[10]

부시는 캐플런의 책도 제대로 읽었다기보다는 자신의 이분법적 세계

---

9) 애너 퀸들런(Anna Quindlen), 「부시 '재선의 축'에 희생양이 된 '악의 축' 나라」, 『뉴스위크 한국판』, 2002
년 3월 6일, 32면.
10) 변창섭, 「'백악관 특별 강사' 로버트 캐플런」, 『시사저널』, 2002년 3월 14일, 68면.

관을 충족시키는 쪽으로 잘못 읽었을 가능성이 높다. 게다가 어떻게 읽든 캐플런도 이분법적 세계관을 갖고 있는 인물인데다 그의 책은 '전쟁 예찬론'의 소지가 다분하기 때문에 전쟁의 가능성은 더욱 높아졌다고 볼 수 있다. 캐플런의 주장은 무엇인가? 캐플런은 자신에게 조언을 구하는 미 국방부 관리들에게 예루살렘 히브리대학의 전쟁사학자 마틴 반 크레벨드의 『전쟁의 변형』이라는 책을 꼭 읽어보라고 권했는데, 이 책은 전쟁에 대해 다음과 같이 말하고 있다.

"'사람은 왜 음식을 먹는가' 혹은 '사람은 왜 잠을 자는가' 묻는 것은 부질없는 짓이다. 먹고 잠자는 것은 그 자체가 목적이기 때문이다. 마찬가지로 싸움 역시 여러 면에서 수단이 아니라 목적이다. 역사상 어느 때, 어느 곳에서나 전쟁의 끔찍함을 얘기하는 사람이 있는가 하면, 반대로 인간에게 허용된 모든 경험 가운데 가장 훌륭한 경험을 전쟁 속에서 찾는 사람도 있어 왔다. 평생 자신의 무용담을 자식과 손자들이 질릴 정도로 되풀이해 늘어놓는 사람들이 얼마나 많은가."[11]

캐플런은 "미 국방부 고위 관리들은 반 크레벨드에게 홀딱 빠져 있다"고 말했다. 그러나 그들은 크레벨드보다 한걸음 더 나아가 미국의 외교 정책에 영향을 주려고 애쓰는 캐플런에게 더 홀딱 빠져 있었다. 캐플런이 사실상 국방부의 권한을 더 강화해야 한다고 주장했기 때문이다. 캐플런은 "미국 같은 선진 기술 사회에서 오랜 기간 평화가 유지되는 것은 심각한 해악을 초래할 수 있다. 또 단일한 세계 기구의 자비로운 통치 아래 영구적 평화를 누리는 세계라는 이상(理想)은 미래에 대한 낙관적 견

---

11) 로버트 캐플런, 장병걸 옮김, 『무정부 시대가 오는가』(코기토, 2001).

해가 아니라 오히려 불길한 시각이다"라며 다음과 같이 주장했다.

"제1차 세계대전 전까지만 해도 전쟁은 존경할 만한, 심지어 숭고한 노력이었다. 왜냐하면 평화는 물론 전쟁 역시 진보를 의미할 때가 많았기 때문이다. …… 전쟁은 혁신적인 거대 정부에 대한 존경심을 낳는 데 반해 평화는 제도상의 공백을 만들어내고, 그 공백은 오락지향적인 기업 따위로 메워진다. …… 악과 싸우기 위해 전쟁이 필요한 때조차 전쟁을 막거나 늦출 수 있다고 말하는 힘 있는 유엔 사무총장한테는 철학적 위험성이 내재돼 있다. …… 유엔은 늘 미국의 외교 정책 목표에 동조했을 때 가장 신뢰받는 존재가 되어왔다."[12]

캐플런뿐만이 아니었다. 『워싱턴포스트』의 자유주의 논객 세바스천 맬러비(Sebastian Mallaby)는 9·11 테러 이후 국수주의자가 되었는데 자신을 일컬어 '마음이 내키지 않는 제국주의자(reluctant imperialist)'라고 불렀다. 그는 『포린 어페어스(Foreign Affairs)』 2002년 4월호에 기고한 글에서 "지금 세계의 무질서가 미국으로 하여금 제국주의 정책을 추구할 수밖에 없게 하고 있다"며 국가 도산, 통제 불능의 인구 증가, 부패와 폭력 등 제3세계 국가들의 어두운 장면을 묘사하면서 그런 결론을 내렸다.[13]

악의 축 정책이 몰고 온 남남 갈등

부시의 악의 축 정책은 남한 내부의 갈등을 몰고 왔다. 모든 한국인이 부

---

12) 로버트 캐플런, 장병걸 옮김, 『무정부 시대가 오는가』(코기토, 2001).
13) 필립스 골럽(Phillips Golub), 「제국의 길, 또 하나의 서부 개척」, 이그나시오 라모네(Ignacio Ramonet) 외, 최병권·이정옥 엮음, 『아메리카: 미국, 그 마지막 제국』(휴머니스트, 2002), 29~38쪽.

시의 강경책에 펄쩍 뛴 건 아니었기 때문이다. 이미 9·11 테러가 일어났을 때부터 미국의 분노를 이용해 김정일을 응징해야 한다는 주장도 있었다. 예컨대, 조갑제는 "국민과 언론과 정부가 테러당한 미국과 부시 행정부의 분기충천을 잘만 이용하면 한국인들과 외국인들이 안심하고 먹고살며 비행기를 탈 수 있는 환경을 만들 수 있다. 가장 좋은 방법은 김정일 정권에 그들이 과거에 저지른 아웅산 테러 및 대한항공 테러에 대한 시인, 사과, 책임자 문책, 피해자 보상을 요구하여 관철시키는 것이다. 이는 오만방자한 김정일의 기를 꺾는 방법이다. 이런 구체적인 행동 없이 김정일 정권과 김대중 정부가 반(反)테러 선언을 발표한다든지 하는 것은 궁지에 몰린 김정일에게 활로를 열어주는 것일 뿐이다"[14]라고 주장했다.

"절벽, 걱정, 적개심, 박멸, 불안, 위험, 벼랑, 졸속, 형벌, 위선, 얼룩……"『조선일보』가 2002년 신년사에서 사용한 주요 단어들이었다.[15] 이를 입증하겠다는 듯, 조갑제는 『월간조선』 2002년 2월호에 쓴 [편집장의 편지]「민주당은 김대중을 떠나 대한민국 편으로 돌아올 것인가」라는 글에서 "민주당이 최근 당내 개혁으로써 좌편향의 그늘을 벗어버리고 진정한 진보적 정당으로 태어난다면 우리 정치를 위해서 다행일 것입니다. …… 민주당이 진보적 정당으로 거듭 태어난다는 것은 김대중 노선을 포기하고 대한민국 편으로 돌아온다는 뜻입니다. 지난 4년간의 김대중 노선은 대한민국과 헌법 및 정통 역사관에 대한 이단적 도전이었습니다. 반국가적, 반헌법적인 행태도 많았습니다"라면서 다음과 같이 주

---

14) 조갑제, 「테러업계의 진정한 마왕은 빈 라덴이 아니라 김정일」, 『월간조선』, 2001년 10월, 660~662쪽.
15) 정지환, 『대통령 처조카와 시골 군수』(새움, 2002), 218쪽.

장했다.

"대통령과 여당에 대해서 많은 국민들은 '저 사람들이 과연 애국심이 있는가', '혹시 저 사람들은 반공·자유민주주의를 증오하는 이들이 아닌가', '대통령이 주적과 내통하지 않는지를 감시하는 것은 국민들의 권리요, 의무다'란 말을 하기도 했습니다. 민주당은 좌편향에서 벗어나면서 동시에 대한민국 편에 확실히 서야 합니다. 그것은 대한민국의 민족사적 정통성을 확신하는 것이며 북한 정권의 민족사적 이단성을 확인하는 것입니다. 대한민국이 한반도의 유일 합법 정부라는 헌법 정신에 추호의 의심도 하지 않는 자세입니다."

반면 KGF 국제관계연구소장 이창주는 『시사저널』 2002년 2월 14일자에 쓴 「'악의 축'에 담긴 세 가지 속셈」이라는 제목의 글에서 "부시 정부가 포용 정책을 펴는 한국 정부는 안중에도 없는 듯한 모습을 보이는 까닭은 무엇일까. 이들은 한국의 정계와 언론에 자신들의 동조 세력이 많다고 믿는다. 따라서 미국의 정책 의지대로 한국을 요리할 수 있다고 보고 있다"고 주장했다.

어느 나라 언론인가

한국 내 부시 행정부의 동조 세력 가운데 선두는 단연 『조선일보』였다. 이를 잘 보여준 것이 민주당 상임고문 김근태의 국회 대표 연설을 비판한 『조선일보』 2002년 2월 6일자 사설 「집권 측의 대미(對美) 반발」이다. 김근태는 2월 8일자 『조선일보』의 「조선일보를 읽고」난에 제기한 반론에서 "부시 대통령의 대북 강경 발언은 우리에게 심대한 영향을 미치는 문제다. 그런데도 우리의 판단과 주장을 경청하고, 존중하는 흔적은 보이지 않았다. 진정한 동맹국인 한국의 입장은 무시한 것이다. 나의 국회 대표 연설은 그런 점을 지적한 정당한 '주장'이다. 그런데도 사설은 나의 이러한 주장을 '반발'로 '규정'했다"라며 다음과 같이 말했다.

"'반발'의 사전적 의미는 '반항하여 받아들이지 않는다'는 것이다. 따라서 사설의 지적대로라면 한국의 집권당이 대표 연설을 통해 미국 정부에 반항했으며, 이는 잘못됐다는 것이다. 이러한 표현은 부적절한 것으로써 결코 동의할 수 없다. 혹시 『조선일보』가 미국 쪽 입장을 대변하는 신문이라면 그럴 수도 있을 것이다. 한편 사설이 '지난 권위주의 시대에…… (미국이) 독재 세력의 손을 들어주었던 아픈 기억을 잊을 수 없다'고 한 나의 주장을 '튀는 정서'로 규정한 것은 놀라운 일이다. '역사로부터 배우지 못하는 민족은 미래가 없다'는 명제를 『조선일보』 사설은 어떻게 생각하는지 그게 정말로 궁금하다."

『프레시안』 편집국장 박인규는 『경향신문』 2002년 2월 6일자에 쓴 「어느 나라 언론인가」라는 칼럼에서 "언론이 미국 비판에 나서 줘야 정부에서도 운신할 폭이 생긴다. 대미 의존이 심한 우리나라에서는 더욱 그렇다. 그런데 우리 언론은 정반대다. 미국을 비판하기는커녕 제 나라 정부만 신나게 두들기고 있다"며 다음과 같이 말했다.

"한 북한 문제 전문가는 이렇게 말한다. '한국 정부의 정책에 대해서는 지나칠 정도로 비판을 하는 언론들이 어째서 미국의 정책에 대해서는 단 한마디의 비판 없이 진리인 양 받아들이느냐'고. 그는 클린턴 정부 때와 부시 정부 때의 대북 정책이 확연히 다른데도 이를 비판할 생각은 하지 않고 '그것 보라'는 식으로 정부 비판에 앞장서는 언론들은 언젠가 역사의 심판을 받을 것이라는 극언도 서슴지 않았다. 어느 정도의 대미 추종은 불가피하다고 치자. 추종의 결과가 곧 전쟁이라면 그래도 미국을 따를 텐가. 한반도에 전쟁이 나도 좋다는 얘긴가. 도대체 어느 나라 언론인지 알 수가 없다."

같은 맥락에서 『한겨레』 2002년 2월 6일자 1면에 실린 「정치인 저자세 외교 미국 오만 부추긴다」는 기사는 한나라당 총재 이회창을 비롯하여 미국을 방문하는 한국 정치인들이 부시 정권에 대한 '아부성 발언'만을 늘어놓고 온다는 점을 문제 삼았다.

사실 김대중 대통령만큼 일관된 '친미주의자'도 없었다. 김대중은 2002년 2월 6일과 8일 연이어 '현 단계에서 가장 중요한 것은 한미 동맹 관계'이며 "반미는 국익에 도움이 되지 않는다"라고 말했다. 한미 관계에 갈등의 소지가 있을 때마다 그가 이런 종류의 친미 발언을 한 게 한두 번이 아니었다.

그럼에도 김대중 주필은 『조선일보』 2002년 2월 9일자에 쓴 칼럼 「북 때문에 한미가 싸운다?」에서 부시의 발언에 절대적 지지를 보내면서 "결론적으로 북한의 대량 살상 무기 문제 때문에, 북한을 '악의 축'이라고 한 발언 때문에 한미 관계에 어떤 금이 생긴다면 50년 전통이 어이없다"고 했다.

통일을 앞당길 수 있는 호기?

악의 축 사태에 가장 신바람을 낸 사람은 단연 조갑제였다. 그는 『월간 조선』 2002년 3월호에 쓴 「지금은 전쟁 위기가 아니라 통일을 앞당길 수 있는 호기」라는 글에서 "머리 나쁜 국내 좌파들은 김정일 정권의 온갖 악행에 대해서는 한마디도 하지 않고 오직 부시만 전쟁광인 것처럼 몰아세우는 실수를 저질러 자신들의 본색만 드러냈습니다. 이런 편향된 (어떻게 보면 순진한) 자세는 '우리는 친북이다. 고로 우리는 바보다'라고 자백한 것이나 다름없습니다"라면서 다음과 같이 주장했다.

"김대중 정부가 아닌 정상적인 대한민국 정부였더라면 9·11 테러와 '악의 축' 발언을, 통일을 앞당기는 호기로 이용할 수 있었을 것입니다. 우리 정부가 부시 행정부와 손잡고 한반도에서, 그리고 국제사회에서 김정일 정권을 악의 축으로 확실하게 못 박아버리는 것은 대북 관계에서 주도권을 잡는 길입니다. 그렇게 해놓으면 김정일 정권은 우리는 악이 아니라고 변명할 것이고 악이 아니란 입증을 해야 할 것이며 그러다 보면 문을 열든지 약화되든지 망하든지 할 것입니다."

이어 조갑제는 "남북 관계에서 자유 대한민국이 주도권을 잡을 수 있는 유일한 선택은 정의감과 선악 개념을 도입하는 것입니다"라고 주장했다. "김정일 한 사람의 행복은 7000만 동포의 불행이며 김정일 한 사람의 불행은 7000만의 행복입니다. 이런 극단적 대치 상황에서도 누가 악이고 누가 선인지, 누가 타도 대상이고 누가 구출 대상인지, 지금 우리가 당장 무엇을 해야 할 것인지를 모르는 사람이 있다면 그런 나라나 사회는 크게 병든 상태일 것입니다. 그런 사람이 우리의 지도자라면 우리는 지금 매우 위험합니다. 그러므로 남북 대치 상황에서 언제 무너질지 모르는 둑 아래에서 살아야 하는 대한민국 국민들은 대통령이 적과 내통하고 있지나 않는지 감시할 권리와 의무가 있는 것입니다."

2002년 2월 18일 국회 본회의 대정부 질문에서 민중당 출신 한나라당

의원 이재오는 이회창을 비판하는 어느 민주당 의원의 발언에 대해 "이 빨갱이 같은 놈아, 그만해"라는 욕설을 퍼부어 화제가 되었다.[16] 민주화 투쟁과 좌파 정당 활동을 하는 동안 여러 차례 '빨갱이'로 몰리면서 감옥살이를 했던 사람의 입에서 튀어나온 말이 겨우 "이 빨갱이 같은 놈아, 그만해"라니, 재미있지 않은가? 혹 이재오는 원래부터 "이 빨갱이 같은 놈아, 그만해"라는 식의 생각을 갖고 있던 사람이었는데, 그걸 위장하고 재야 투쟁을 했던 걸까? 아니면 강한 출세욕 또는 '인정 욕구'에서 그런 변절의 원인을 찾는 것이 옳을까?

---

16) 이지운 · 홍원상, 「"이 총재가 민적 파괴" "이 빨갱이 …… 그만해"」, 『대한매일』, 2002년 2월 19일, 4면.

노무현의 부상
민주당 대통령 후보 경선

국민 참여 경선의 아이러니

2002년 3월 4일, 『조선일보』는 주필 김대중을 편집인으로 발령 내고 후임 주필에 논설 주간인 류근일을 임명했다. 『시사저널』(3월 21일)은 이 인사를 사장인 방상훈의 '친위 체제'를 구축한 것으로 본다는 언론계의 시각을 전하면서 "'12년 김대중 카리스마 시대'가 끝난 뒤, 새롭게 구성된 방상훈 친위 체제에서 『조선일보』에 어떤 논조 변화가 있을지 주목된다"고 말했다.

김대중 편집인은 언론계의 그런 시각을 마땅치 않게 보았던 걸까? 그는 3월 19일 문민정부 시절 장차관들의 모임 '마포포럼'이 주관한 조찬 모임에 참석, '언론이 본 정치 전망'을 주제로 강연을 하면서 "김대중 대통령이 민주당 경선 후보 가운데 노무현 후보를 도와주는 것 같다"고 언급했는가 하면 "조만간 대통령이 부산행에도 나설 것으로 보인다"는 등의 발언을 했다. 또 "여론조사를 신뢰하기 어렵다"는 말과 함께 "최근

국민 참여 경선의 지적재산권자는 김근태였지만 최대 수혜자는 노무현이었다. 사진은 광주 경선에서 노무현에게 전폭적인 지지를 보내는 광주 시민들.

방송사들의 여론조사는 김대중 대통령의 노 후보 밀어주기와 연관이 있다"는 요지의 발언을 했다.[17]

이후의 역사가 말해주지만, 김대중 주필이 언급한 민주당 경선, 즉 국민 참여 경선은 속된 말로 '대박 상품' 이었다. 3월 9일 오후 제주시 한라 체육관에서 열린 첫 경선 대회를 시작으로 10일 울산, 16일 광주 등 16개 시도별로 경선 대회를 열어 4월 27일 서울 지역 경선에서 대선 후보를 최종 확정하기로 한 국민 참여 경선은 한 편의 드라마를 방불케 했다.

국민 참여 경선의 지적재산권자는 김근태 의원이었다. 김 의원은 1996

17) 이영환·이호석, 「"DJ·방송 노무현 밀어준다" 조선 김대중 편집인 마포포럼 강연 발언 파문」, 『미디어오늘』, 2002년 3월 21일, 1면.

년부터 이 제도의 도입을 주장했다. 또 한 사람의 적극적인 찬성자는 정동영이었다. 반면 노무현은 반대 입장이었다. 제도 도입이 결정된 직후 한 번 해볼 만하다는 참모진 보고에 대한 노무현의 반응은 '순진한 생각'이라는 것이었다. 노무현은 "등산화(조직)와 돈을 이길 수 있겠느냐. 정치를 잘 몰라서 하는 얘기"라고 말했다 한다. 선거인단 규모가 확대될수록 불리할 수밖에 없다는 판단이었다. 노무현은 주변을 탐문한 뒤 해볼 수 있다는 자신이 서자 열흘쯤 뒤에 입장을 바꿨다.[18] 역사의 아이러니라고나 할까. 국민 참여 경선을 가장 반대했던 노무현은 이 제도의 최대 수혜자가 되고, 가장 먼저 주장했던 김근태는 최대 피해자가 되었으니 말이다.

3월 12일 김근태 민주당 고문이 대선 후보 경선에서 공식 사퇴했다. 제주 경선의 출발선에 선 지 4일 만에 "아름다운 꼴찌였다고 기억해달라"며 '대권의 뜻'을 접은 것이다. 김 고문의 사퇴 결정은 일단 제주, 울산 경선의 저조한 성적에서 비롯되었다. 두 지역에서 전체 유효 투표의 1.5%(26표)로, 7명 가운데 최하위를 기록함으로써 경선 레이스를 계속 끌고 나갈 힘을 상실한 것이다.[19]

민주당 대통령 후보 경선에서 사퇴한 김근태 전 고문을 풍자한 『중앙일보』(2002년 3월 13일) 김상택 화백의 만평이 물의를 빚었다. 김상택은 (김 전 고문이) '진짜 사퇴한 이유는?'이라는 제목으로, 경기고 동문 비상총회에서 동문들이 '학교 망신이다. 사퇴해!'라고 꾸짖어 김 전 고문이 사퇴한 것처럼 묘사했다. 게다가 이 만평 하단에는 '1등 노무현 상고 졸,

18) 신정록, 「정의와 기회주의의 차이」, 『조선일보』, 2007년 5월 5일, A26면.
19) 박창식, 「김근태 씨 후보 사퇴 파장」, 『한겨레』, 2002년 3월 13일, 2면.

꼴지 김근태 경기고 졸' 이라는 신문 그림을 그려 넣어, 학벌 간 갈등을 조장할 여지까지 남기고 있다는 비판을 받았다.[20]

『대한매일』에 만평을 그리는 화백 백무현은 13일 인터넷신문『오마이뉴스』에 보낸 기고를 통해 "『중앙일보』의 오늘 만평은 시사만평가가 진실을 얼마나 그릇되게 왜곡하고 거짓말을 유포하고 있는가를 명쾌하게 보여주는 것"이라고 지적했다. 백무현은 이어 "김근태의 사퇴 이유가 경기고 출신임에도 부산상고 출신인 노무현에게 지고, 그것도 꼴찌를 하여 동문들로부터 사퇴 압박을 받았기 때문이라는 기상천외한 상상력에 대해 같은 시사만평가로서 경악하지 않을 수 없었다"고 비판했다.[21] 그러나 연세대 사회학과 교수 송복은 『신동아』(2002년 3월) 인터뷰에서 "나라의 지도자는 꼭 대졸이어야 한다", "대졸이 아니면 대통령이 돼서는 안 된다"고 주장했다.

2002년 3월 출간된 『노무현: 상식, 혹은 희망』이라는 책에 실린, 시사평론가 유시민의 노무현 인터뷰 기사도 바로 그 학력 문제를 언급했다. 유시민은 "그런데 '걱정 없는 소년' 처럼 보이던 노무현도 학력 문제가 나오자 안색이 어두워지고 목소리가 약간 나직해졌다. 하긴 왜 그렇지 않겠는가. 내로라하는 신문사와 방송사 고위직에 아는 친구나 한 다리 건너 알 만한 사람이 하나도 없는 사람이, 국민 지지 하나만 믿고 후보 경선을 치른다고 생각해보라. 누군들 속이 타지 않겠는가"라면서 다음과 같이 말했다.

"노무현은 대학을 나오지 않았다. 인터뷰 내내 이게 문제라는 느낌은

___

20) 『한겨레』, 2002년 3월 14일.
21) 권재현, 「시사만화가 타지 화백이 이례적 공개 비판」, 『경향신문』, 2002년 3월 15일.

들었다. 특히 왜 당신 곁에는 국회의원이 하나도 없느냐는 질문을 던졌을 때, 노무현의 표정은 마치 왕따를 당하면서도 그 사실을 알릴 수 없는 학생처럼 보였다. 만약 김근태 고문이 노무현과 비슷한 여론조사 지지도를 기록했다면 노무현은 일찌감치 대통령 꿈을 접고 김근태의 연설원으로 전국을 누비고 있을 것이다. 노무현이 서울대까지는 아니더라도 이른바 명문 대학을 나온 사람이라면 줄을 선 현역 의원이 여럿 있을 것이다. '사람이 좋기는 한데……' 하면서도 '글쎄, 대통령감인지는 좀……' 이렇게 토를 다는 것은, 그가 대학을 나오지 않았기 때문이다. 원래 왕따라는 게 그렇다. 누군가 왕따를 당하는 것에 대해서 책임을 느끼는 사람은 없다. 왕따시키는 이유를 공개적으로 밝히지도 않는다. 심지어는 구경하는 사람들조차 왕따는 당하는 쪽에 무슨 문제가 있기 때문이라고 생각하면서 방관을 합리화한다."[22]

이인제와 노무현의 충돌

2002년 3월 23일 충남, 24일 강원 등 3주째를 맞은 민주당 대선 후보 경선에서 이인제 후보는 '광기(狂氣)', '운동권', '돌풍' 등의 용어를 동원, 노무현 후보를 극단주의로 몰아붙이며 맹공을 가했다. 이인제는 충남 연설에선 "독일의 나치 정권, 아르헨티나 페론 정권 등 광기로 해서 망한 나라가 많다. 1주일에 대통령이 3번이나 바뀌기도 했으며, 국민은 거리를 헤매고 있다"며 "지금 특정 후보가 광기와 분노의 불꽃 위에 올라

---

22) 강민석 외, 『노무현: 상식, 혹은 희망』(행복한책읽기, 2002), 44~45, 82~83쪽.

이인제와 조중동의 공격에도 노풍은 거칠 것이 없었다.

있다"고 말했다. 이인제는 또 "민주당은 합리적 진보 세력과 건강한 보수 세력이 결집된 중도 개혁 정당"이라며 "결코 극단적인 운동꾼들이 안방을 차지할 수 있는 정당이 아니다"고 말했다. 이 후보는 "운동권은 사회 변혁을 선도하는 세력으로 소중한 가치를 갖지만, 민주당은 4500만 국민 전체를 견인해야 하며, 운동권 출신들이 구름처럼 다니면서 경선의 판도를 좌우하는 일이 없도록 판단해달라"고 말했다.[23]

이를 보도한 『조선일보』의 기사 제목이 자극적이다. '이인제 "광기·운동꾼은 나라 망쳐" 노무현 "민주주의 원칙 깬 적 없다"'였다. 3월 28일자 4면 머리기사 제목도 '이 측 "급진 좌파는 경제에 독약" 노 측 "음모론 대신 색깔론이냐"'로 뽑았다. 3월 29일자 1면과 4면에 실린 다음과 같은 기사들도 『조선일보』의 속내를 짐작케 하기에 충분했다. 「이인제 "노, 재벌 주식 노동자 분배 주장" 노무현 "사상 검증하려는 매카시적 방법"」, 「이 "노, 토지도 매수 분배하자 했었다" 노 "어떻든 지금 생각과는 같지 않다"」, 「이 "노, 노동자 주인 되는 세상 선동" 노 "억압받는 시기에 상징적 발언"」.

---

23) 「이인제 "광기·운동꾼은 나라 망쳐" 노무현 "민주주의 원칙 깬 적 없다"」, 『조선일보』, 2002년 3월 25일, 4면.

『동아일보』의 활약도 만만치 않았다. 3월 28일자 「정계 개편과 '좌경화'」라는 사설은 "이(인제) 후보는 노 후보를 겨냥해 '민주당은 서민·중산층의 이익을 대변하는 정당이지 급진 개혁을 추진하는 정당은 아니다'고 말했다. 노 후보는 이 같은 주장에 대해 자신의 구상을 좀더 분명히 밝혀야 한다"고 주장했다. 논설실장 최규철도 3월 28일자 6면에 쓴 칼럼에서 "이(인제) 후보 측의 '좌경화 우려' 지적은 의미심장하다"고 했다.

3월 28일 민주당 대선 후보 TV 토론에서 이인제가 노무현의 과거 발언을 들춰내 공세를 가하자 노무현은 "당시 발언과 지금 생각은 같지 않다"고 답변했다. 1989년 현대중공업 파업 현장에서 '노동자가 주인 되는 세상' 운운한 대목에 대해 그는 "장(場)의 논리라는 게 있다"고 했다. 노무현은 다음 날 라디오 방송에 출연, '재벌 주식을 정부가 매수해 노동자에게 분배하자' (1988년 7월 국회 대정부 질문)는 발언에 대해 사회자가 추궁하자 "당시 권력과 재벌에 대한 '비유적 야유 발언'이었을 뿐"이라고 주장했다.

이에 『중앙일보』 기자 박신홍은 "'장의 논리'라거나 '비유적 야유' 등의 용어는 언뜻 들으면 그럴 듯하지만 사실 별 내용이 아니다. 시간과 장소·청중에 따라 말이 과장될 수 있는 것 아니냐, 또 못마땅해서 비꼴 수도 있는 것 아니냐는 뜻일 것이다. 그러나 문제가 된 노 후보의 과거 발언 내용은 그런 식으로 넘어가기에는 심각한 것이다. 재벌과 노동자 문제에 대한 노 후보의 기본 인식과 관련돼 있기 때문이다. 또 노 후보는 그동안 다른 후보를 '정통성·정체성이 없고 원칙과 지조를 지키지 않는 인물'이라며 '기회주의자'라고 비난해왔다. 그처럼 엄격한 '원칙'을 앞세워온 그가 스스로에게는 엄격하지 않은 게 아닌지 묻고 싶다"며 다음과 같이 말했다.

"그러니까 한나라당이 '과거 주장을 지금 와서 부정한다면 현재 주장도 미래에 바꿀 수 있다는 말이냐'며 노 후보를 비난할 빌미를 주게 된 것이다. 민주당의 한 중진 의원도 '10여 년 전 시대 상황을 감안하면 노 후보의 발언 취지는 충분히 이해가 가지만, 그럴수록 떳떳이 대응했어야 했다'고 안타까워했다. 다른 의원은 '노 후보는 더 이상 약자가 아니다'면서 '변명과 합리화에 치우치다보면 앞으로 본격 검증이 이뤄질 때 돌이킬 수 없는 상황에 빠질 수 있다'고 경고했다. 과거의 발언이 잘못될 수도 있고 정책을 바꿀 수도 있다. 시대가 바뀌고 상황이 변해 본인의 생각도 달라졌다면 그 부분을 솔직히 설명하고 양해를 구하는 것이 마땅할 것이다. '노풍'을 만들어낸 주역은 기존 정치에 식상한 유권자들이다. 노 후보가 기존 정치인의 잘못을 답습하지 않기 바란다."[24]

『동아일보』기자 이동관도 '노무현의 말'에 대해 다음과 같이 비판했다. "'나랑 전쟁을 하자는 거냐.' 민주당 대통령 후보 경선에서 '돌풍'을 일으키고 있는 노무현 후보는 해양수산부 장관 시절이던 2000년 12월 한 기자에게 이런 말을 했다. 이 기자와 가진 인터뷰에서 'DJ의 총재직 사퇴 결단'을 얘기했다가 여권 내에서 물의가 빚어지자 이 내용을 빼줄 것을 요구했고 거절당하자 내뱉은 말이다. '흠집 내기'를 하자는 것이 아니다. 실제 노 후보는 아직도 많은 정치부 기자에게 열정과 진솔함의 이미지와 함께 '튀는 언행'으로 기억되고 있는 게 사실이다. 그가 구

---

24) 박신홍, 「취재일기: 노무현의 이말 저말」, 『중앙일보』, 2002년 4월 1일, 3면.

사하는 말에는 과격하다 싶은 느낌을 주는 단어들이 심심찮게 돌출한다. 최근 그의 언론관을 문제 삼을 때 단골로 등장하는 '언론과의 전쟁'이란 표현도 한 예다."[25]

"노풍 막아선 다섯 가지 '바람벽'"

『시사저널』(2002년 4월 4일)의 「노풍 막아선 다섯 가지 '바람벽'」이라는 제목의 기사는 "이인제 캠프에서 나온 노무현 고문에 대한 첫 비난은 '서민을 가장한 귀족'이라는 것이었다. 이어 요트가 취미였다, 재산이 많다, 고급 승용차를 탄다, 여자 문제가 있다는 비난이 이어졌다. 이 중 호화 요트 논란과 부동산 투기 의혹은 이미 10여 년 전 『주간조선』이 보도해 문제가 된 사항이다. 당시 노 고문은 법정 소송까지 불사한 끝에 사실과 다르다는 것을 입증했다. 그런데도 이 고문 쪽이 이를 다시 거론한 이유는 단 하나. 노 고문이 바로 '서민 후보'라는 이미지로 톡톡히 재미를 보고 있기 때문이다"라며 다음과 같이 말했다.

"정책과 자질에 대한 검증이 별로 없었다는 점도 그가 넘어서야 할 부분이다. 그의 정책은 아직 추상적이다. 새로운 정책 비전을 제시한 것도 별로 없다. 여권의 한 선거 전문가는 '국민 통합이나 개혁이라는 구호만으로 대선을 치르기는 어렵다. 뭔가 노무현만의 구체적인 비전을 보여 주어야 한다'라고 말했다. 용인술과 인맥 확대도 그가 새롭게 헤쳐가야 할 과제다. 그의 참모진은 민주당 대선 주자들 가운데서도 '경량급'이

---

25) 이동관, 「노무현의 말」, 『동아일보』, 2002년 4월 1일, A7면.

다. 얼마 전까지 그의 곁에는 현역 의원이 없었다. 노사모라는 열성 조직과 보수적인 당 조직을 조화시켜 이끌고 가기도 쉬운 일이 아니다. 과격하다거나 가볍다거나 불안하다는, 이른바 '마이너 이미지'에서 벗어나는 것도 과제다. 민주당 동교동계 한 의원은 '민주노총과 전경련을 동시에 만족시킬 수는 없더라도 두 집단 모두에서 이해를 구할 수 있어야 한다'라고 지적했다. 여권의 한 관계자는 '지금은 『조선일보』인터뷰를 거절하고 있는데, 후보가 된다면 이 문제가 그의 발목을 잡을 수도 있다'라고 말했다. 계속 거절하면 협량하다는 말을 들을 수 있고, 입장을 바꾸면 '극성 팬'들의 반발이 일 수도 있다는 말이다. 노 고문이 후보가 된다면, 6월 지방 선거가 현실적인 최대 복병이 될 수 있다. 수도권이나 영남에서 참패한다면, 후보 교체론 논란에 휩싸일 가능성이 크기 때문이다."

아닌 게 아니라 노무현은 승리 후에 실제로 후보 교체론 논란에 휩싸이게 되지만, 당시 거세게 불기 시작한 '노풍'은 거칠 것이 없어보였다. 노풍은 민주노동당에게도 큰 충격을 안겨주었다. 민주노동당 기관지 『진보정치』 4월 1일자는 '노무현 현상과 민주노동당'이란 제목의 특집 기사로 노풍을 다루었다. '노무현 바람'에 대한 몇 가지 견해를 감상해보자.

"과연 우리 당은 '노풍'과 같은 신선한 느낌과 파격적인 경험을 당원과 국민에게 선사해보았는가. …… 노무현 현상이 주는 교훈은 우리가 힘을 키워야 남도 알아준다는 점이다."(사설 「우리의 주장」)

"이 돌풍은 이제 노무현 스스로가 주장하는 '개혁-수구' 구도로의 '정계 개편론'을 통해 제도 정치권 자체의 지형을 흔들어놓고 있을 뿐만 아니라, 1987년 6월 항쟁 이전의 '민주연합복원론'이 주창되면서 꾸준히 자기 성장을 위해 분투해오던 민주노동당 등의 진보 정치 세력마저 '고뇌(?)'에 빠져들게끔 하고 있다."(김윤철 민노당 정책 연구 간사)

"노무현의 등장으로 인해 진보 정당이 입을 타격은 감수할 수밖에 없다. 오히려 노무현과 같은 사람과 경쟁하면서 진보 정당이 업그레이드 되는 계기로 삼아야 하지 않겠느냐."(신석준 사회당 대변인)

"솔직하게 인정하자. 우리는 노무현 바람에 민감하다. 계급적으로나 지역적으로나 우리 당의 지지층이 여러 대통령 후보들 중에서 노무현이 우리와 가장 많이 겹친다고 느끼기 때문이다. 3월 16일 당 대회장에 날 아든 전화들, 민주당 경선 광주 노무현 1위의 소식에 우리는 뒤통수를 얻어맞아 아무 소리도 들리지 않는 얼얼함을 맛보았다. 그래도 다시 한 번 솔직해지자. 우리는 안일했다."(주대환 민노당 마산합포지구당 위원장)

진보 진영 일각의 노무현에 대한 호감을 잠재우려는 듯, 『진보정치』 (2002년 4월 1일)는 「우리의 주장」이라는 사설을 통해 "문제의 핵심은 그의 개혁성 유무가 아니라, 그가 속한 정당과 세력이 그의 개혁을 '지지 엄호'할 수 있느냐이다. 다시 말해, 지금 그가 주장하는 정책과 지향이 선거는 물론 집권 이후까지 이어질 수 있을 것인가의 문제다"라며 다음 과 같이 주장했다.

"누구나 알고 있듯이, 그의 조직적 기반은 DJ 신자유주의 정책의 담당 자인 민주당이다. 설사 그가 바라는 '개혁' 세력 중심의 정계 개편이 이 뤄진다 하더라도 그가 속한 정당의 신자유주의적 지향성은 크게 변하지 않는다. 더군다나 공식 대선 후보로 선정된 이후에는 재벌, 고위 관료, 보수 언론 등 기존의 지배층에 우호적인 제스처를 보일 것이며, 따라서 김대중과 마찬가지로 점차 신자유주의에 경도될 것이다."

노무현에 대한 민주노동당의 불신은 민주노동당 당원 홍기표가 『월간 말』 2002년 5월호에 쓴 「한 진보 운동가의 고백: 나는 노사모가 무섭다!」는 글에서 한 다음과 같은 주장에서도 엿볼 수 있었다. "이미 노무현은 초선 의원 시절 우리가 보았던 '왕성한 비판자' 노무현이 아니다. 노무현 바람의 기폭제 노릇을 했던 것은 이른바 '국민 경선제' 다. 이는 민주당이 작년 10월 재·보선에서 참패하면서 이에 위기감을 느낀 당내 쇄신파가 동교동 구파를 겨냥해 벌인 당내 쇄신 파동의 결과였다. 그러나 노무현은 이 쇄신 파동의 과정에서 동교동 구파나 김대중에 대한 비판을 적극 수행하지 않았고 자칫 김대중의 눈 밖에 날 것을 우려해 이상한 말만 뇌까리고 있었다."

홍기표는 노사모도 비판했다. 그는 "노사모는 한국 정치사의 한 페이지를 장식할 고도의 자발적 정치 집단임에도 불구하고, 결국 어이없게도 노무현이라는 한 개인의 지지로 모든 자기 실천을 귀착시킴으로써 결국 팬클럽 같은 운영 원리를 도입하고 있다. 노사모는 이 부분을 숨기지 않는다. 어떤 노사모 회원은 자신들의 라이벌이 '서태지 팬클럽' 이라고 말한 적도 있다. 그러나 내가 보기에 권력 현상이나 정치 문제를 이해하는 데 팬클럽의 기본 철학인 인물 중심 세계관을 들이대는 것은 위험해보인다" 라며 다음과 같이 말했다.

"자연인 김대중도 야당 시절엔 진보적인 면이 없지 않았다. 특검제 도입을 주장하고 부패방지법을 주창했다. 심지어는 노동자 정치 세력화를 주창한 때도 있었다. 문제가 있다면 여당이 되는 순간 그리고 자기가 처한 정치적 환경의 지배를 현실적으로 받아들여야 하는 순간, 이 모든 것들을 기억 속에서 지워버렸다는 점이다. 이것은 인물 중심 세계관으로 정치 현상을 바라보는 시각이 현실 정치사를 이해하고 실천하는 면에서 얼마나 취약한지를 단적으로 드러내는 것이다."

이어 홍기표는 "이를테면 노무현이 전에 노출되지 않았던 어떤 정치적 약점이 드러날 경우 노사모는 어이없이 무너질 우려가 있다. 이것은 노무현에 대한 타격이기 전에 노사모라는 한국 정치사의 한 성과물에 회복할 수 없는 상처를 줄지 모른다. 노사모 같은 자발적 정치 집단이 이런 식으로 흔들린다면 한국 정치의 큰 손실이다"라며 다음과 같이 말했다.

"또 거꾸로 이 반대의 경우도 생각해볼 수 있다. 정책이나 노선에 대한 지지가 아니라 한 인물에 대한 지지로 무게 중심이 이동할 경우 그 인물이 설사 잘못을 하더라도 관성에 의해 그를 계속 지지하는 경향으로 흐를 수 있다는 것이다. 이를테면 예전에 HOT의 강타가 음주 운전을 하자 그 팬클럽 회원들이 '음주 운전이 뭐가 잘못이냐?'고 따져 묻는 식이다. 개인에 대한 지지에 집착하다보면 원래 그 개인을 지지하게 된 애초의 의의, 즉 사회적 의의를 망각해버리는 경우가 생기는 것이다. 사실 이렇게 목적과 수단이 뒤집히는 경우를 우리는 자주 본다."

그러나 그 시점에서 그런 점을 우려하기에는 아직 노무현의 갈 길이 멀었다. '신문 국유화 파동'이 노무현을 기다리고 있었기 때문이다.

제2의 6월 항쟁인가?
노무현 바람

신문 국유화 파동

"노무현이 신문의 '국유화' 또는 '폐간'을 주장했었다!' 이른바 '국유화 파동' 또는 '폐간 파동'이다. 2002년 4월 4일 이인제 고문의 김윤수 공보 특보는 노무현이 문제의 발언을 했다고 주장하면서 그 근거로 언론사 정보 보고 문건을 입수했다고 밝혔다. 김 특보는 당시 "친분이 있는 언론사 데스크에게서 정보 보고 문건을 넘겨받았다"고 말했다. 김 특보는 『조선일보』 기자 출신이어서 배후로 『조선일보』가 의혹의 대상이 되었다.

도대체 언제 때 이야기인가? 8개월 전의 이야기였다. 2001년 8월 1일 저녁 여의도의 한 한정식 집. 7명의 사나이가 한방에 모여 앉았다. 『대한매일』, 『문화일보』, 『한겨레』, SBS, YTN 등에서 민주당을 출입하는 기자 5명과 노무현, 그리고 노무현의 공보 특보인 유종필이 바로 그들이다. 기자들은 모두 84학번으로 경찰 기자를 같이 하면서 친해진 사이인데,

조중동에는 그들의 동기가 없어 조중동 기자는 빠졌다고 한다.

『시사저널』(2002년 4월 18일)은 "8개월 전에 나누었던 그날 대화를 현재 온전하게 기억하는 사람은 거의 없다. 참석한 기자 5명의 기억 모두 단편적인 것이고, 일치하지도 않는다"고 말했다. 당시 술자리에 참석했던 『한겨레』 기자 임석규도 『한겨레21』(2002년 4월 18일)에 쓴 글에서 당시 나온 노무현의 발언을 "비보도 약속이어서 기사화하지 않았다기보다, 기사화할 만한 가치를 느끼지 못했기 때문에 쓰지 않았다"면서 다음과 같이 말했다.

"8개월 전 여러 사람들과의 식사 자리에서 오간 대화 내용을 글자 하나 틀리지 않고 정확히 기억해내기란 쉽지 않다. 술까지 곁들인 자리였으니 더욱 그렇다. 따라서 참석자들이 당시에 대한 기억을 되살린다고 해도 그것이 100% 완벽한 진실일 수는 없다. 때문에 누구도 자신만의 기억이 진실이라고 고집하기도 어렵다. 다만 몇 가지 대화의 내용과 그 맥락은 떠오른다."

이어 임석규는 다음과 같이 말했다. "참석 기자 5명은 기억이 일치하는 부분과 엇갈리는 부분 등을 종합해 있는 그대로 기사화하고 이를 다른 언론사에도 알리는 형태로 공동 의견을 밝히려 했다. 그러나 일부 언론사의 데스크(차장과 부장 등 간부)에서 이를 반대해 무산됐다. 『동아일보』와 『조선일보』 등이 '입 열다 만 한겨레 기자' 따위의 제목으로 4월 6일에 보도한 기사는 이런 전후 관계를 왜곡한 매우 악의적인 기사다. 기사를 작성한 두 언론사의 기자들도 이후 기자에게 미안함을 전해왔다."[26]

---

26) 『한겨레21』, 2002년 4월 18일.

어찌됐건 김윤수의 주장 이후, '국유화' 니 '폐간' 이니 하는 단어들이 어지럽게 흩날리며 『조선일보』와 『동아일보』의 '노무현 때리기' 가 본 격화되었고 그간 『조선일보』와 『동아일보』보다는 비교적 점잖게 굴던 『중앙일보』도 이 문제에는 적극 가담하였다. 조중동 연합군의 공격은 그야말로 융단폭격이었다. 『시사저널』(2002년 4월 18일)의 지적대로 "주 요 언론이 짧은 기간에 한 인물을 향해 이토록 집중 공세를 퍼부은 사례 는 거의 없었다." 이 기사는 그런 폭격이 '노풍' 에 영향을 끼치지 못했 다는 걸 지적하면서도 다음과 같은 여운을 남겼다. "그러나 장기적으로 는 영향을 받으리라는 것이 전문가들의 지적이다. 발언의 실체적 진실 여부보다, 이후에 벌어진 거짓말 공방이 노 후보에게 더욱 큰 상처를 남 길 것이라는 전망도 나오고 있다. 솔직하다는 것이 노 후보의 장점인데, 거짓말 공방이나 말 바꿈 논란은 도덕성 시비로 번질 수도 있기 때문."

조선·동아는 경선에서 손 떼라

2002년 4월 6일 노무현 후보는 인천 경선 대회 유세에서 "언론사 국유화 나 폐간은 생각해본 적이 없으며 발언한 적도 없다"고 거듭 이인제 후보 의 주장을 부인한 뒤 "『조선일보』와 『동아일보』는 민주당 경선에서 손 을 떼어달라"고 촉구했다. 노 후보는 이어 "『조선일보』와 『동아일보』는 나에게 언론사 소유 지분 제한 주장을 포기하라고 압력을 가했지만 나 는 굽히지 않았다"고 주장했다. 조선일보사와 동아일보사는 각각 공식 발표문을 통해 "노 후보에게 언론사 소유 지분 문제를 취재한 적이 없음 을 밝힌다"며 "노 후보는 언제 어디서 그런 압력을 받았다는 것인지를 밝혀야 한다"고 요구했다.

한편, 이 후보는 인천 유세에서 "대통령에게 가장 영향력 있는 영부인이 남로당 선전부장으로 7명의 우익 인사를 살해하는 현장을 지켜보고도 전향하지 않고 교도소에서 사망한 사람의 딸이라면 국군의 사기에 영향을 끼치지 않겠느냐"며 노 후보 장인의 좌익 활동 경력을 거론했다. 이에 노 후보는 "장인은 해방되던 해에 실명한 분인데 무슨 일을 얼마나 할 수 있었는지 모르겠다"며 "나는 (처가의 좌익 경력을) 알고 결혼했으며, 그렇다고 아내를 버려야 하느냐"고 반박했다.

4월 7일 노 후보는 경북 경선 대회의 현장 기자실에 배포한 성명에서 "일부 신문사들은 내가 집권할 경우 언론사로서의 특권을 누리기 힘들어질 것을 두려워한 나머지 언론의 정도를 벗어나 나를 공격하고 있다"고 주장했다. 그는 "언론은 정치권력의 창출 과정에 언론 본연의 임무에서 벗어난 형태의 간섭 행위를 되풀이해선 안 된다"며 "나는 일부 신문사의 부당한 압력과 공격에 굴하지 않고 정정당당하게 맞설 것"이라고 밝혔다.[27]

보수 신문들을 향해 민주당 경선에서 손을 떼라는 노무현의 발언도 집중 공격의 대상이 되었다. 『조선일보』 4월 8일자 사설 「노무현 씨의 말 말 말 바꿈」은 "'조선·동아는 경선에서 손 떼라'니, 그렇다면 신문이 취재도 보도도 논평도 하지 말라는 뜻인가? 언론 기능을 '취재 형태를 취한 압력'이라는 정도로 간주한다면 자유 언론은 존재의 근본 이유를 박탈당할 따름이다"고 주장했다. 『조선일보』 4월 8일자 3면, 4면 머

---

27) 박창식, 「'조선·동아 경선 개입 중단하라'」, 『한겨레』, 2002년 4월 8일, 1면.

보수 신문들은 노무현의 발언을 문제 삼아 집중적으로 노무현을 공격했다.(『조선일보』, 4월 8일)

리기사 제목은 '노무현 ‘좌충우돌’', '노 ‘동아 폐간 발언’ 이랬다저랬다' 였다.

『조선일보』(2002년 4월 9일) 사설은 “집권을 통해 현행 헌법의 개폐(改廢)를 추진하겠다는 것인지, 아니면 현행 헌법하에서도 권력의 자의(恣意)로 신문의 폐간이 가능하다는 것인지 확실한 입장을 밝혀야 한다”며 “중도 개혁 정당임을 표방해온 민주당 역시 이 같은 노 후보의 언론관이 당의 정강 정책에 부합하는 것인지의 여부와, 더 근본적으로 이것이 대한민국의 국법 질서에 합치하는지의 여부에 대해서도 당의 공식 입장을 분명하게 밝힐 때가 되었다고 본다”고 주장했다.[28]

---

28) 「“‘조선’에 ‘폐간’ 얘기했을 수는……”?(사설)」, 『조선일보』, 2002년 4월 9일.

『주간조선』은 1991년 노 후보를 공격하는 내용의 보도를 했다가 명예 훼손 재판에서 패소했던 내용을 4월 10일 발매된 최신호에 재탕해서 게재하고 나섰고, 『조선일보』 10일자 5면 하단에는 "1991년 『주간조선』 기사, '노무현은 상당한 재산가인가' 명예훼손 소송 1심 판결문 '기사 내용, 과장된 면 있지만 상당 부분은 진실이다'"라는 『주간조선』 신간 발매 광고가 크게 실렸다. 반면에 같은 신문 4면에는 "『주간조선』 최신호에는 '『주간조선』이 1991년 당시 명예훼손 소송 1심에서 패한 뒤 노 후보 쪽에서 화해하자고 제의했다'고 보도돼 있으나, 사실은 조선일보사가 화해를 제의한 것이므로 바로잡는다"는 1단짜리 기사가 실렸다.[29]

『동아일보』의 공격도 만만치 않았다. 『동아일보』의 4월 8일자 사설 「노무현 후보, 정말 왜 이러는가」는 이렇게 주장했다. "민주당 경선에서 손을 떼라는 소리는 또 무엇인가. 본보가 민주당 경선을 좌지우지라도 하고 있다는 말인가. 노 후보는 이에 '허위 사실에 근거한 과장 보도'를 하지 말라는 뜻이라고 둘러댔다. 그러나 후보 간 공방을 객관적이고 균형 있게 보도하는 것은 언론의 본령이고 본보 또한 그 역할을 충실히 해왔다. 그에 대한 판단은 좁게는 경선제 참여자, 넓게는 유권자인 국민이 하는 것이다. 자신에게 불리하거나 기분이 나쁘다고 허위 과장 보도라고 비난하는 것은 용납될 수 없는 비민주적 행태다."

한양대 신문방송학과 교수 이민웅은 『동아일보』 4월 8일자에 쓴 「신문을 맘대로 없앤다고?」라는 칼럼에서 '자괴감'과 '착잡한 마음'을 토로한 뒤 문제의 사건에 대한 분석을 시도하면서 "우리는 그동안 말재간

---

29) 『한겨레』, 2002년 4월 11일.

좋은 정치인들에게 얼마나 농락당해왔는가. 더 이상 이들이 일으키는 바람에 농락당하는 바보가 되어서는 안 되겠다"고 말했다. 한국외국어대 신문방송학과 교수 정진석도 『동아일보』 4월 9일자에 쓴 「'노무현 언론관' 검증을」이라는 칼럼에서 '놀라움'과 '서글픈 생각'을 토로한 뒤 노무현의 "기민함에는 혀를 내두르게 된다"고 했다.

장기표의 노무현 비판

2002년 4월 8일 '푸른정치연합' 창당 준비위원회 장기표 대표는 "노 후보는 문제의 발언을 한 일이 없다고 하나 노 후보의 해명을 들어보면 문제의 발언을 한 것이 틀림없어 보인다. 사실 여부에 대해 설득력 있는 명쾌한 해명이 있어야 할 것 같다"고 했다. 조중동은 이 발언을 다음과 같은 기사 제목으로 보도했다. 「노무현 말은 따져보고 믿어라?: 장기표, 노 태도 비난 글 인터넷 올려 '화제'」(『조선일보』), 「장기표 씨, "노, 인기 위해 말 바꾸나"」(『중앙일보』), 「"노 앞 뒤 안 맞는 해명": 장기표, 홈페이지서 '언론 발언' 비판」(『동아일보』)

이에 대해 유시민 등이 비판하자, 장기표는 『프레시안』에 올린 반론에서 "내가 노무현 씨의 '언론 관련 발언'(발언하지 않았을 수도 있음)을 문제 삼아 어쭙잖은 글을 하나 써 올린 것은 단순히 그 문제 때문만은 아니었답니다. 나는 사실 노무현 씨 같은 사람이 대통령이 되어서는 안 된다고 보는 바, 이것이 그 글을 쓰게 된 가장 중요한 이유이지요"라면서 다음과 같이 말했다.

"기본적으로 나는 노무현 씨가 그런 내용의 발언을 했다고 봅니다. 이것은 나의 막연한 추측이나 선입견 때문만이 아니라 노무현 씨가 '해명'한 말들에서 충분히 그런 판단을 할 수 있었습니다. 다만 노무현 씨가 정말로 그렇게 할 생각(국유화 또는 폐간)을 갖고 있었기 때문에 그런 발언을 한 것이 아니라 당시의 상황 논리에 따라 그때그때 사람들이 듣기 좋도록 말하는 것이야말로 노무현 씨의 중요한 성향이라고 보아, 바로 이 점을 나는 지적하고자 했던 것이지요. 그런데 바로 이러한 정치 성향에 기초한 발언들 때문에 많은 사람들이 오히려 그를 개혁적이거나 진보적이라고 생각하게 된 것 같아 이를 방치해서는 안 되겠다고 생각했던 것이지요. 그런데 나는 기본적으로 노무현 씨가 국정 운영 능력 내지는 국정 운영 방안을 갖고 있지 못하다고 보는데, 문제는 그런 방안이 없는 것만이 문제가 아니라 상황에 따라 다른 정책을 구사할 수 있으리라는 것이 더 큰 문제라고 보는 것이지요. 그래서 그 점을 깊이 우려하는데, 언론 관련 사건은 나의 그러한 우려를 확인시켜준 것이라고 보아 그 문제를 중시하게 되었답니다."

『동아일보』 정치부장 임채청은 4월 10일자에 쓴 「노무현 후보에게」라는 칼럼에서 다음과 같이 말했다. "술자리 발언 파문을 호도하기 위한 역공으로밖에 볼 수가 없다. …… 대언론 정치 공세를 재개한 것부터가 그런 의심을 들게 한다. …… 측근들 중에는 '메이저 신문과의 전쟁으로 실(失)도 있지만 반사적인 득(得)이 더 많다'고 말하는 사람들이 적지 않다. …… 언론을 굴복시키겠다는 취지가 아닌가 하는 생각이 드는 것도 그 때문이다. …… 과거의 그답지 않은 망설임과 말 바꾸기가 안타깝다."

『동아일보』 논설실장 최규철은 4월 11일자에 쓴 「'정치 신념' 변했다면……」이라는 칼럼에서 다음과 같이 말했다. "정치인의 이념과 정치적 신념은 …… 순간순간 쉽게 바뀌는 것이 아니다. 또 자신의 정치적 신조를 그렇게 바꾸는 것도 아니다. 더욱이 그리 쉽게 바꾸는 말을 믿을 사람도 없다. …… 그렇게 많은 사람에게 불안감과 겁을 주면서 …… 지금까지 살아온 체제를 뒤엎어버리는 개벽(開闢) …… 그래서는 안 되는데 노후보는 자신의 바람에 떠버린 것 같다. …… 일련의 말 바꾸기와 과격 발언이 사례. 추종자들에게 …… 도덕성의 문제점과 함께 '어딘가 불안한 사람 아닌가' 하는 점을 부각 …… 정계 개편과 음모론의 불씨는 아직 살아 있다."

'동아일보를 떠나며'

그런 공격의 와중에서 『동아일보』에 [동아희평]을 그려온 화백 손문상이 동아일보사에 사표를 제출하고 떠났다. 손문상은 2002년 4월 10일 『동아일보』 사내 게시판에 올린 '동아일보를 떠나며'라는 제목의 퇴사의 변에서 "내가 알기로는 오래전도 아닌 불과 6, 7년 전 『동아』는 진정 최고의 신문이었습니다. 여기서 최고의 신문이란 발행 부수도 아니고 광고 단가도 아닌, '영향력', '공정성', '정확성' 모두가 공히 종합 평가 일등의 신문이었다는 것입니다. 이는 동아의 수많은 선배들이 남겨 놓은 무한한 자산이자 또 그것을 계승해야 할 후배들을 살찌우는 풍요로운 덕목들이 넘치는 신문이었고 신문의 외형을 넘어 이것이 가능했던 것은 사내외를 포함한 전체 한국의 기자 사회를 향도하는 도덕적, 심리적 우위를 우리 『동아』의 기자들이 선점하고 있었기 때문이었습니다"라면서 다음과 같이 말했다.

"이런 결심을 하기까지 최근 일련의 보도에 대해 시시콜콜 문제를 제기할 생각은 없습니다. 다만 저의 개인적인 판단으로는 우리가 싸움의 주체가 돼버린 최근의 기사는 지난 세무조사 때보다도 내용 면에선 완결성을 갖추고 있지만 질적으로는 매우 악의적이고 의도적인 위험한 보도 태도가 짙게 함의돼 있다고 생각합니다. 그러나 저의 관점에서 문제는, 회사보다도 다시 '나'였고 '우리'였습니다. 이미 상황 논리의 함정에 깊숙이 빠져 있어 이제는 스스로조차도 얼마나 비겁해지고 있는지조차 모르는 나와 우리들을 보았다면 지나친 비약일까요? 혹자는 말할 겁니다. 이런 류의 '신파조'는 이미 오래전에 『동아』가 용도 폐기한 가치들이고 이제 그만 징징대고 정신차리라고 말할 겁니다. 이제는 기능적으로 뛰어나고 사고의 경쾌함을 갖춘 유능한 정보 세일즈맨이 새 시대에 필요한 기자상이라고 말입니다. 그리고 회사는 이미 오래전부터 그렇게 가고 있다고 말입니다. 그러나 문제는 전적으로 그 논리에 동의한다 쳐도 왜 『동아』는 그 사이 3등으로 전락한 것이며 그 책임은 어느 누가 졌느냐는 것입니다."

2002년 4월 11일 『오마이뉴스』 기자 문성은 「왈순아지매는 '노무현 저격수?' : 정당한 비판 넘어 편집증적 가학 수준」이라는 기사에서 [왈순아지매]를 그리는 정운경이 11일 사이에 7번이나 노무현을 소재로 다루면서 공격했다고 비판했다. 정운경은 『영남일보』의 [쏘가리] 만화도 그리고 있는데, 지난 1999년 12월 15일자엔 "고위직은 모두 특정 지역 사람", "심지어 파출소장도", "말 마. 통반장까지 그 지역 사람"이라고 주장하는 만화를 그려 지역감정을 선동했다는 점도 지적되었다.

『중앙일보』 4월 11일자에 실린 「김영희 대기자의 투데이: 노무현에 놀란 미국」이라는 칼럼은 "미국인들은 주한 미군과 대북 정책에 대한 노무현의 입장을 알고 싶어 한다. 그러나 주한 미군에 관한 그의 태도는 모호하다. 노무현은 유세와 토론에서 이들 문제를 빨리 선명하게 정리해야 한다. 북한 문제도 햇볕정책 지지자로만 알려졌을 뿐 자신의 정책은 제시한 게 없다. 나라의 장래가 걸린 그런 중요한 문제에 관한 불확실성을 안고 대선을 치르겠는가. 주요 신문들을 국유화한다는 발상에 미국인들은 그가 역사의 수레바퀴를 뒤로 돌리려는 사람이냐고 어처구니없어 한다"며 다음과 같이 말했다.

"미국인들은 지금부터 노무현을 본격적으로 연구할 것이다. 그리고 노무현에 대한 그들의 일차적인 판단 자료는 지금 말썽이 되고 있는 그의 어록이다. 중남미 사정에 비교적 밝은 미국의 지식인들에게 노무현이 현대중공업 파업 때 현장에 달려가 근로자들에게 했다는 말은 바로 폐론주의자의 언행으로 비칠 것이다. …… 앞으로 확실한 해명이 필요한 노무현의 평등주의, 시장경제에 대한 유보적인 태도, 사회 복지와 소득 재분배에 대한 열성, 노조 대표의 경영 참여는 부시의 신자유주의와 갈등을 빚을 노선이다. …… 앞으로 노무현 주변에는 외교 문제 전문가들이 모여들 것이다. 그러나 대선을 불과 8개월 앞둔 시점에 노무현만큼 국제 경험과 국제 감각이 없는 '토종' 대통령 후보는 일찍이 없었다. 혹시 그가 세계화 시대에 어울리지 않는 이런 조건을 극복하지 않은 채 대통령이 된다면 한국도 불행하고 그도 불행할 것이다. 우리에게는 이미 실패한 대통령이 너무 많다."

『조선일보』 4월 13일자 4면에는 「허태열 "노, 조폭적 언론관 걱정"/노무현 "말투 다듬고 바꾸겠다"」는 기사가 실렸는데, 한나라당 국회의원 허태열의 발언은 12일 국회 대정부 질문에서 나온 것이고, 노무현의 발언은 그날 전남 지역 지구당 대의원 간담회에서 나온 말이었다. 이걸 동시에 관련이 있는 것인 양 하나의 기사로 묶어 처리해 제목을 달아도 되는 건가?

노풍은 제2의 6월 항쟁?

이런 폭포수와 같은 공격에도 불구하고 '노풍'은 건재했다. 심지어 '제2의 6월 항쟁'이라는 말까지 나올 정도였다. 2002년 4월 10일 『문화일보』와 YTN 정기 여론 조사에선 응답자의 71.7%가 진보적 성향의 후보를 선호한다는 결과가 나왔다. 이에 대해 『문화일보』 4월 11일자는 "보수 원조를 자임하는 자민련과 한나라당은 '믿을 수 없다'며 '충격적'이라는 반응을 보였다"며 다음과 같이 말했다.

"최병렬 후보는 '문제를 정책과 노선을 갖고 차분히 제기해야지 색깔론으로 제기하기 때문에 빚어진 것'이라며 '개혁적 보수 세력이 지금은 뿔뿔이 흩어져 불안해하고 있지만 내가 후보가 되면 달라질 것'이라고 주장했다. 정치권의 대표적인 보수 인사인 김용갑 의원은 '상식을 뛰어넘는 위험한 여론조사'라며 '보수가 다 없어졌다는 얘기는 믿을 수 없다'고 주장했다."

심지어 재벌들까지도 달라졌다. 4월 10일 경제5단체의 대변인 격인 한국경영자총협회의 조남홍 부회장이 10일 민주당 경선 후보인 노무현 고문을 'Charming Politician(매력적인 정치인)'이라고 평했다. 조 부회장은 이날 기자 간담회에서 "민주당 경선에서 1위를 달리고 있는 노무현 후보를 어떻게 생각하느냐"는 물음에 이같이 답했다. 경총의 한 관계자는 조 부회장의 발언에 대해 "재계가 노 후보에 대해 적대시하거나 크게 우려하고 있지 않다는 분위기를 전달한 것"이라고 해석했다. 조 부회장은 간담회에서 최근 한 경영인 모임에서 오간 대화를 소개하며 " '노 후보가 대통령이 되면 어떻겠느냐'는 질문에 한 재계 인사가 '우려된다'고 하니 다른 기업인은 '제도권에 들어가면 바뀐다'고 했고 그러자 그 옆에 앉은 기업인은 '아랫사람들이 알아서 할 것'이라고 우스갯소리를 하더라"고 전했다.[30]

노풍은 관가에도 영향을 끼쳤다. "며칠 전 월드컵 해외 홍보 묘안을 짜기 위해 관계 부처 담당관 회의를 긴급 소집했다. 출석률 100%에 밤새 준비했는지 보고 내용도 알찼다. 하루 전날 연락한 회의에서는 볼 수 없던 풍경이다." 2002년 4월 11일 청와대 관계자가 전한 관가의 새 풍속도였다. 그는 "전에는 갑자기 일정을 바꾸기 곤란하다며 약식 서면 보고나 사후 보고, 부하 직원을 참석시키는 일이 많았다"며 "노풍이 만든 변화"라고 분석했다.

총리실의 고위 간부는 "전과 달리 누가 손을 났다거나 줄섰다는 얘기가 사라졌다"며 "현 정부에서 고위직을 맡은 뒤 정권 말기에 해외로 도피성 짙은 연수나 파견 근무를 자원했다가 지금은 후회하는 사람들도 있다"고 말했다. "5년 전 지난 정권 말기에 '김현철 사건'이 터졌을 때 모두들 손을 났다. 그때의 복지부동은 곧 레임덕이었다"는 말을 덧붙였다. 건

---

30) 「재계 "노무현은 매력적 정치인"」, 『경향신문』, 2002년 4월 11일, 2면.

교부의 한 국장은 "올해 초만 해도 정책을 만들다가 '정권 바뀌면 어떻게 되나' 짚어보는 얘기들이 많았다"며 "그러나 지금은 그런 얘기가 쑥 들어갔다"고 말했다. 농림부의 한 과장도 "'무리한 일 벌이지 말자' 던 상사가 1년간 할 프로젝트를 짜보자고 했다"고 전했다. 이에 『경향신문』은 "민주당의 정권 재창출 가능성이 여론조사 수치로 나타나면서 불과 한 달새 관가에 형성된 일종의 '노무현 신드롬' 인 셈이다"고 했다.[31]

한나라당의 공포

그러나 그런 노풍에 흔들리지 않고 의연한 자세를 유지한 집단들도 많았는데, 그중의 하나는 서울대 동창회였다. 이른바 '서울대 동창회보 사건' 이다. 이회창과 경기중고, 서울대 동문이자 교양 만화 『먼나라 이웃나라』로 유명한 이원복 덕성여대 디자인학부 교수는 동창회보 4월호의 만평에서 서울대 마크가 찍힌 운동복을 입은 이회창이 장대를 거머쥐고 '상고(商高)' 라는 장애물을 뛰어넘으려는 모습을 그렸다. 기록판의 1차 시기에는 가위표가 그려져 있고, 2차는 공란으로 비워져 있었다. 1997년 대선에서 목포상고 출신인 김대중에게 패배한 이회창이 2002년 대선에서 또다시 부산상고 출신인 노무현과 맞붙는 상황을 가정한 것이었다.

이를 두고 일부 서울대 동문은 '학벌주의와 패거리 정치를 부추기는 것' 이라면서 '이 교수는 지난 대선 때에도 이 전 총재가 졸업한 경기고 동창회보에 경기고 마크 사이로 청와대가 보이는 만화를 그렸다' 고 꼬

---

31) 「관가에도 '노풍' 세게 분다: "여 재집권 가능성" 레임덕 현상 '뚝' 」, 『경향신문』, 2002년 4월 12일, 2면.

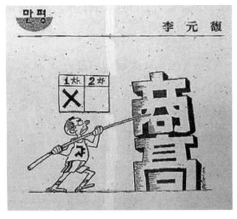

서울대 동창회보에 실린 이원복의 만평. 이원복은 특정 후보를
폄훼하려는 의도는 없었다고 해명했다.

집었다.[32] 서울대 출신의 한 언론인은 "이 교수의 만평은 전체 서울대를 모욕하는 시대착오적이고 반사회적인 학벌주의 조장 행위"라며 "이런 만평을 그린 이 교수를 총동창회에서 제명하는 동시에, 이런 만평을 실은 서울대 총동창회 관계자를 문책하고 그동안 명망가들의 사랑방 노릇을 해온 총동창회 조직도 차제에 해체해버려야 할 것"이라고 주장했다.[33] 반면 "동창회보 만평으로서 그런 정도는 용인될 수 있다"거나 '동문의 관심을 대변하는 회보에서 정치 상황을 묘사한 것은 창작과 표현의 자유'라는 반론도 제기되었다.[34] 이 사건에 대해 이원복은 "동창회보라는 폐쇄된 매체여서 악의 없이 그린 것으로, 특정 후보를 폄훼하려는 의도는 결코 없었다"고 해명했다.[35]

한나라당은 노풍에 대해 공포에 가까운 반응을 보였다. 한나라당 의원 정인봉은 '노무현은 공산주의자'라고 주장하고 나섰고,[36] 한나라당

---

32) 「서울대 동창회보 '학벌' 만평 논란」, 『대한매일』, 2002년 4월 11일, 26면.
33) 『프레시안』, 2002년 4월 12일.
34) 김보협, 「서울대 동창회보 만평 '학벌주의 조장' 비난」, 『한겨레』, 2002년 4월 13일, 6면; 「서울대 동창회보 '학벌' 만평 논란」, 『대한매일』, 2002년 4월 11일, 26면.
35) 정용관, 「서울대 출신 창 '상고 장애물 넘기' 2차 도전?」, 『동아일보』, 2002년 4월 13일, A5면.
36) 『동아일보』, 2002년 4월 17일, A5면.

대통령 후보를 꿈꾸던 최병렬은 "노무현은 과격한 좌파 혹은 과격한 진보파다. 신문사 국유화, 주한미군 철수, 국가보안법 폐지를 주장하는 사람이다"고 했다. 최병렬은 노무현과 관련해, "대중 인기 외에 여권의 거대한 자금과 조직, 홍보가 뒤에 있다"고 주장하기도 했다.[37] 최병렬은 『한겨레21』(2002년 4월 18일) 인터뷰에서는 "최소한 우리가 생각하는 정치적 신념에 의하면 노무현 씨가 대통령 되면 나라에 큰일 난다. 그동안 해온 과격 발언을 보면 간단한 문제가 아니다"고 말했다. 그는 "어떤 문제가 발생한다는 것인가"라는 질문에 대해 다음과 같이 답했다.

"노 고문이 대통령 되면 나라가 망한다는 것은 아니다. 하지만 한나라당은 무너진다. 구심점도 없어지고, 영남 쪽 의원들이 많이 흔들린다. 17대 국회의원 총선 때는 한나라당이 서바이브(생존)하기 어렵다. 노무현 씨가 그동안 해온 발언만 가지고 보면 엄청나게 과격한 사람이다. 정치적 신념이 나와 차이가 있기 때문에 그렇게 보이기도 하겠지만, 국가적으로도 큰 혼란이 오지 않겠는가. 난 그렇게 생각한다."

최병렬은 『시사저널』(2002년 4월 18일) 인터뷰에서는 "나는 보수적 시각에서 나라를 개혁하자는 것이다. 우리나라는 진짜 한번 들었다 놓을 정도로 뜯어고쳐야 한다"고 주장했다. 또 그는 이회창으로는 안 되기 때문에 자신이 나선 것이라며 "이 총재가 안 되면, 당도 망하고 나라도 망한다. 이것이 내 솔직한 심정이다"라고 말했다. 그러나 그가 이회창의 최측근으로 4년여 동안 활동했던 걸 문제 삼는 사람들이 많았다.

『한겨레21』(2002년 4월 18일)에 따르면, "이(회창) 총재 쪽 인사들은 '최

---

37) 『조선일보』, 2002년 4월 6일.

의원이 대표 최고위원이 될 가능성이 없어지자 교묘히 대선 후보 경선으로 방향을 틀었다'고 비판했다. 창의 대항마로 자기 존재를 각인시키며 지방선거 뒤 '후보 교체론'이 돌출될 때 기회를 엿보자는 비열한 처사라는 것이다. 한나라당 주류 일각에서는 창 대세론을 주창하던 이회창 신봉자가 어떻게 하루아침에 그렇게 안면 몰수할 수 있느냐며 그의 도덕성까지 들먹였다. 한 당직자는 '한국 정치의 후진성을 입증하는 것'이라고 꼬집었다."[38]

노풍의 정체

노무현 바람이 불기 전 그 가능성을 예측한 사람은 거의 없었는데도 불구하고 막상 바람이 거세게 부니까 오래전부터 알고 있었다는 듯 그 바람의 정체를 규명하는 현란한 분석과 해석이 양산되었다. 서울대 사회학과 교수 송호근은 『동아일보』(2002년 4월 10일) 칼럼에서 "아직 형체는 분명치 않지만 이번 대선에 임하는 국민 정서의 중심부에는 '3김 시대의 종말'이 자리하고 있는데, 그것은 3김과는 유별나게 다른 어떤 특성에 무작정 환호하는 형태로 나타난다는 점이 흥미롭다"며 다음과 같이 말했다.

"독선, 경륜, 카리스마, 지역주의가 3김의 레이블이었다면 이것들과는 가능하면 거리가 먼 지점으로 눈을 돌리고자 하는 것이 유권자들의 막연한 저항 심리다. 지역을 아우르고, 카리스마도 없으며, 준비되지 않

---

38) 『국민일보』, 2002년 4월 12일, 2면.

왔기에 무작정 좋아지는 후보가 뜨는 이유는 이렇게 비교적 단순하다. 이런 심리는 유권자의 절반을 차지하는 젊은 세대일수록 강한데, 여기에 색깔 논쟁이 먹힐 리 없다. 국민 경선제가 세대전 양상으로 치닫는 배경에서 분명하지 않고 몸소 실천하지 않으면서도 기득권을 독차지해온 기성세대에 대한 젊은층의 반란 심리가 발견된다. 본선이 개막되면 판도는 사뭇 달라질 것이지만……."

숙명여대 교수 박재창은 『동아일보』(2002년 4월 17일) 칼럼에서 "계층 간, 지역 간, 세대 간 대립의 격화가 오히려 집권 세력이 내세울 것으로 유력시되는 대통령 후보가 정치적 기반을 넓히는 토양으로 삼는 모순과 풍자의 현상을 낳고 있다"며 "노무현 씨는 감성적 접근을 시도하는 데 반해 야당, 특히 이회창 씨는 이성적 접근을 시도하고 있기 때문"이라고 했다. 그는 "노무현 돌풍은 기실 하위 계층으로 밀려난 전 중산층의 평등 지향주의에 의해 호위되고 있으며, 영호남의 지역 연합을 통해 권력을 재창출하려는 신종 지역주의에 의해 추동되고 있고, 나아가서는 네티즌을 중심으로 하는 신세대의 열정주의와 연대력에 의존하는 것으로 해석되기 때문이다"라고도 했다.[39]

한나라당 의원 홍준표는 "노무현 후보의 이미지는 파괴와 해체로 요약될 수 있으며, 이것이 기존 제도에 식상한 국민들에게 바람을 일으키고 있다"며 다음과 같이 말했다. "노 후보는 상고 출신으로 학벌을 파괴했고, 막말을 서슴지 않아 정치인은 신중해야 한다는 기존 상식을 파괴했다. …… 요즘 국민들은 근엄한 표정의 정치인보다 시골 촌사람 같이

---

39) 박재창, 「김빠진 야(野) 이유 있다」, 『동아일보』, 2002년 4월 17일, A6면.

생긴 서민풍의 얼굴을 좋아한다. …… 노 후보의 기존 질서 해체 시도가 신선한 것으로 비쳐져 뭔가 새로운 것을 원하는 유권자들의 관심을 끌고 있다."[40]

노무현은 DJ 정권 계승자

노풍은 불었지만, 많은 사람들이 김대중을 넘어서지 않으면 민주당의 재집권은 어렵다고 말하고 있었다. 재미 언론인 김민웅은 『한겨레』(2002년 4월 10일) 칼럼에서 " '나를 밟고 가라.' 이것이 지금 김대중 대통령이 해야 할 말이자, 자세다. 이로써 김대중 시대는 막을 내릴 준비를 스스로 하고, 새로운 역사가 펼쳐지도록 도와야 한다. 바로 여기에 '노풍' 으로 대변되는 시대적 요청이 압축돼 있다. '노풍' 의 정치적 의의를 적극적으로 수용하려는 사람들은, 김 대통령으로서는 섭섭할지 모르나 결코 김대중 시대의 연장을 원하는 것이 아니다. 그것을 넘어서는 미래를 열망하고 있다" 며 다음과 같이 주장했다.

"이른바 '경선 개입 음모론' 을 내세운 이인제의 청와대 공격은, 김대중 시대와의 거리를 좀더 많이 두는 자에게 주어질 새로운 대세에 대한 선점이 근본적 목표라고 할 수 있다. 물론 이것은 출당 유도 또는 정계 개편 이후의 자신의 좌표 설정과 관련된 전략의 면모를 갖고 있다. 그러나 더 본질적으로는 '김대중 시대와의 결별' 에 그 의도가 있다고 여겨진다. 하지만 이인제의 김대중 시대 극복 방식은 분단 시대가 겪은 개인

---

40) 『국민일보』, 2002년 4월 12일, 2면.

사의 아픔을 권력투쟁의 대상으로 삼는 정치적 야만성을 드러냈을 뿐만 아니라, 냉전형 특권 세력과의 복고적 동맹 추구라는 점에서 반역사적이다. 그럼에도 확실한 것은, 이제 김대중 요인을 그대로 안고 가는 정치인이나 세력은 새로운 대세의 주도권을 충분하게 장악할 수 없도록 돼 있다는 점이다. 한마디로, DJ 요인은 정치적 자산이 아니라 부담이 돼가는 비중이 갈수록 높아지며, 이것과 헤어지는 일은 이제 누구에게도 피할 수 없는 정치 생명의 기반이 되어갈 수밖에 없다."

이어 김민웅은 "그런 각도에서 '노풍'의 주역인 노무현의 입지는 이제부터 민감한 선택의 갈림길에 서게 된다. 김대중 시대의 비판적 계승을 위한 독자적 비전 제시가 정리되지 못하는 한, 그는 김대중 시대의 연장선상에 있는 정치인이 되고 만다. 이에서 벗어나지 못하는 한 노무현의 정치적 가치는 향후의 급박한 국면 전환의 과정에서 줄어들 수밖에 없으며, DJ 시대 극복의 논리를 새롭게 펼치면서 그 공간을 반역사적으로 장악하는 자가 제3의 대안으로 등장할 수도 있다"며 다음과 같이 말했다.

"한반도의 평화 정착 노력이라는 김대중 시대의 분명한 치적에도 불구하고, 김대중 시대의 과오 또한 적지 않다. 권력 핵심 주변의 부패와 비리, 역지역주의에 의한 민심 이반, 신자유주의 정책에 따른 내부 경제의 주체성 해체, 사회경제적 양극화로 인한 노동쟁의의 첨예화, 대미 정책의 자주성 약화 등등 김대중 시대가 넘지 못한 산이 우리 앞에 있다. 실로, 김대중 대통령은 자신의 임기 이후를 보장하고 싶은 단견에서 벗어나야 한다. 그리고 '나를 밟고 가라'는 이 육성을 뜨겁게 토해낼 때 자신과 이 나라를 살리는 뜨거운 울림이 될 것임을 확신해 마지않는다. 위대한 정치가의 면모를 우리는 그렇게 보게 될 것을 희망하고 있다."[41]

김민웅의 이 주장을 뒤집으면 곧 한나라당의 전략이 보였다. 한나라당 의원 이부영은 "'노무현은 DJ 정권 계승자'"라는 제목을 단 『주간조선』(2002년 4월 18일) 인터뷰 기사에서 "노무현 고문과 자신의 차별성은 무엇인가?"라는 질문을 받고 다음과 같이 답했다. "노 고문을 비롯한 모든 민주당 대선 경선 주자들은 갖은 부정부패와 실정(失政)으로 국기(國基)를 문란시키고 나라를 구렁텅이로 몰아넣은 DJ 정권의 계승자들로서, 대통령 후보가 되려고 한다면 먼저 국민 앞에 사과부터 해야 한다. DJ의 계승자는 대통령 될 자격이 없다."

이부영은 『오마이뉴스』 4월 11일자 인터뷰에서도 다음과 같이 노무현을 비판했다. "제일 중요한 것은 노 후보가 김대중 대통령의 계승자를 자임하고 있다는 것이다. 김대중 정권은 실패한 정권이다. 이렇게 부정부패가 심한 줄 몰랐다. 이렇게 자기끼리 법도 없이 끼리끼리 봐주고 끼리끼리 부패정치 문화를 보여주는지 몰랐다. 고구마 줄기처럼 나라 전체를 썩혔는지 몰랐다. 그리고 권력기관 모두가 마치 사유물처럼 됐다. 어이가 없다. 그런데 노 후보가 김대중 정권을 계승하겠다고 했다."

"'DJ 세 아들' 공격 …… 노풍 잠재우기"

김대중을 넘어서야 할 이유는 주로 그의 아들들의 비리에 집중되었다. 『조선일보』 4월 13일자 사설 「민주당 토론 왜 '홍' 피해가나?」는 김대중

---

41) 김민웅, 「김대중 대통령의 결단」, 『한겨레』, 2002년 4월 10일, 8면.

의 아들들에 대한 각종 의혹 사건을 거론하면서 "지금 민주당 대선 후보 경선 현장에서 후보자들 간에 이 문제가 본격적인 토론의 주제로부터 사실상 빠져 있다는 것은 말도 안 되는 일"이라고 주장했다.

『중앙일보』(2002년 4월 16일)의 「'DJ 세 아들' 공격 …… 노풍 잠재우기」[42]라는 기사 제목이 잘 말해주듯이, 한나라당도 모든 의원과 지구당 위원장들이 참여한 규탄 대회까지 열어가면서 대통령 아들들의 비리 의혹에 대한 국민적 혐오와 분노를 노무현에게 돌리려는 전술을 구사했다. 사실 이 전술은 노무현이 아닌 이인제가 민주당의 유력 후보로 거론되었을 때부터 나왔던 것이다. 예컨대, 조갑제는 다음과 같이 말했었다.

"한나라당의 이회창 후보는 이번 대선을 전후하여 김대중의 대북정책과 언론 탄압을 역사적으로 단죄함으로써 이인제 후보를 …… '김대중의 제자'로 정의할 수 있어야만 주도권을 잡지 이인제 후보만 상대하고 김대중 대통령을 예우하는 식의 여유 있는 전략을 구사하다간 역공을 당할 것이다. …… 이승만, 박정희, 전두환, 노태우 대통령은 시대의 소명과 사명을 나름대로 다했던 이들이지만 두 김 씨 대통령은 시대정신을 감지하지 못했던 실패작이라고 나는 본다."[43]

또 조갑제는 『월간조선』 2002년 5월호에 쓴 [편집장의 글] 「친북 좌익 400만 시대 한국의 보수 세력은 무엇을 할 것인가」에서 노무현을 누르기 위한 선거 전략으로 '친북 좌익 400만 시대'라는 카드도 제시했다. 그는 '친북 좌익' 세력 400만 명이 선거의 향방을 좌우할 수 있다고 주

---

42) 최상연, 「'DJ 세 아들' 공격 …… 노풍 잠재우기」, 『중앙일보』, 2002년 4월 16일, 7면.
43) 조갑제, 「추천의 글 2: 독창적 분석틀과 과감한 예측」 정상대, 『한국 대통령선거와 커뮤니케이션』(커뮤니케이션북스, 2002), 8쪽.

장했다. "약 400만 명으로 추정되는 친북 좌익 성향의 유권자들은 표로써도 선거의 향방을 좌우할 수 있는 것입니다. 어른 400만 명이라면 대구·경북의 유권자 수(2000년 총선 때 약 380만 명)보다 많습니다."

조갑제는 도대체 무슨 근거에서 위와 같이 말한 걸까? 같은 5월호에 「심층 취재 2002년 한국의 좌파: 한국의 좌파 세력은 총 430여만 명: 핵심 세력 1만 2,000여 명, 동조 세력 32만여 명, 부동 세력 400여만 명」이라는 기사가 실려 있다. 이 기사에 그 근거가 있겠다 싶어 읽어보았더니, 근거가 없다. '공안 전문가 A씨'의 말이라는 게 그 근거의 전부다. 이래도 되나?

이어 조갑제는 "민주당 경선은 노무현이란 좌파적 스타를 탄생"시켰다며 노무현의 집권 가능성에 대해 자신이 느낀 공포감을 토로한다. 그는 자신처럼 공포를 느끼지 않는 보수층을 향해 다음과 같은 비판을 퍼부었다. "한국의 보수층은 머릿수가 많지만 허약한 체질을 갖고 있습니다. 좌익은 희생적이고 용감하며 행동력이 있고 조직적이며 공부를 열심히 합니다. 보수층은 행동력, 희생정신, 탐구심, 조직력이 약합니다. 그들은 국가 덕으로 기존 질서에 안주하면서, 이념 문제를 치열하게 전개하는 우익 투사들에게는 '낡은 색깔론을 그만두라'고 점잖게 충고하곤 합니다. 그렇게 함으로써 자신이 진보적으로 보이려고 합니다. 진보로 위장한 좌익에게 영합하는 이들도 많습니다."

조갑제의 공포는 어느덧 분노로 바뀌어 급기야 이회창에게까지 화살을 쏘아댄다. 자기처럼 투사적 기질을 보이지 않는 게 영 불만인 듯하다. 그래서 조갑제는 "이회창 전 총재의 거의 치명적 결점은 이념 대치 국면에서 살고 있으면서도 이념형 인간이 아니란 점일 것입니다. 이것은 정치인으로서는 약점이라기보다는 죄악입니다"라고 단언한다.

조갑제가 직접 이회창을 겨냥해 한 말은 아니지만, 사실상 이회창을 포함한 보수 세력에 대해 '노예 의식'이니 '창녀 의식'이니 하는 극언까지 퍼부어댄다. "그런 사람들은 고귀한 모습에도 불구하고 정신 면에선 노예이고 창녀들일 것입니다. 한국 보수 세력의 자력갱생은 기본적으로 노예 의식, 창녀 의식을 버리고 조국의 주인이 되자는 것에 다름 아닙니다. 주인이 되자면 용기·희생·공부가 필요하고 친북 좌익을 순화·전향시킬 만한 신념을 가져야 합니다. 주인이 되면 그래서 고생스럽습니다. 좌익 400만 시대에 보수 세력이 대한민국과 함께 살아남으려면 그런 고생을 즐겨해야 합니다."

『조선일보』 4월 19일자는 4면의 절반을 「여권 '노무현 길 터주기' 총력」이라는 기사에 할애했다. 아태재단이 김대중의 대통령 임기가 끝날 때까지 잠정 중단키로 한 것, 권노갑의 마포 사무실 폐쇄 등이 모두 '노무현 길 터주기' 전술이라는 주장이었다.

노 후보의 결점에 눈이 가는 까닭

무슨 전술 때문이었건 노무현은 2002년 4월 27일 서울 지역 경선에서 최종 승리를 거두어 민주당의 대통령 후보가 되었다. 노 후보는 서울 지역 경선에서 3,924표(66.5%)를 얻어 1위를 차지, 16개 지역 경선 득표 누계에서 1만 7,568표(72.2%)를 기록, 6,767표(27.8%)를 얻은 정동영 후보를 압도적인 표 차이로 누른 것이다. 최고위원 경선에서는 한화갑 후보가 5,961표(58%)를 얻어, 1위를 차지했고 정대철(5,163표), 박상천(4,401표),

보수 언론의 집중적인 공격에도 불구하고 서울 지역 경선에서 최종 승리를 거둔 노무현이 민주당의 대통령 후보가 되었다.

한광옥(4,381표), 이협(3,983표), 추미애(3,327표), 신기남(2,648표) 의원, 김태랑(2,063표) 전 경남도 지부장 등 8명이 최고위원에 선출됐다.[44]

　노무현의 문제는 엉뚱한 곳에서 튀어나왔다. 4월 30일 노무현이 김영삼의 상도동 자택을 방문해 김영삼과 연대를 시도한 것이 역풍을 맞은 것이다. 5월 4일 KBS의 〈심야토론〉은 노무현-YS 연대 문제를 다루었는데, 한나라당 의원 박희태는 연대의 '순수성'을 문제 삼았다.

　『시사저널』편집장 서명숙은 5월 9일자에 쓴 [편집장의 편지] 「노 후보

44) 황정미, 「盧 "정치권 곧 지각 변동"/민주당 대표 한화갑 씨」, 『세계일보』, 2002년 4월 29일, 1면.

의 결점에 눈이 가는 까닭」이라는 글에서 노무현의 결점으로 '경솔'을 지적했다. 서명숙은 "최근 한 신문에 노 후보의 중학교 생활기록부가 공개되어 눈길을 끌었다. 담임에 따라 후한 평가를 내리기도, 다소 야박한 평가를 내리기도 했다. 그중 가장 눈길을 끈 것은 '경솔하다'는 대목이었다. 한번 형성된 성격은 평생 간다는 말도 있는데, 노 후보도 예외는 아닌 것 같다"며 다음과 같이 말했다.

"그는 정치권에 몸담은 뒤에도 경솔하다는 비판에 꽤나 시달렸다. 스스로도 '그때는 너무 앞질러 갔던 것 같다'고 말한 적이 여러 차례 있다. 만일 그가 정책과 비전을 국민에게 제대로 설명하기도 전에 경솔한 처신으로 좌절한다면? 그것은 한 개인의 실패에 끝나지 않고, 그를 통해 정치 변혁을 이룰 수 있다고 믿었던 이들의 집단적 좌절로 이어질 것이다. 경솔한 처신에도 불구하고 운 좋게 대권을 거머쥔다면? 그 역시 나라에 큰 부담이 될 것이다. 노 후보의 존재감이 커질수록 그의 결점에 자꾸 눈이 간다."

5월 18일 김대중의 3남 김홍걸이 알선수재 혐의 등으로 구속되었다. 이에 한나라당 남경필 대변인은 논평에서 "홍걸 씨 구속은 부패 정권이 스스로 불러들인 참극이자 비리 척결의 시작일 뿐"이라며 "김 대통령은 국민 앞에 엎드려 사과하고 수사 당국의 조사를 받아야 할 것"이라고 주장했다.[45]

노사모에 대한 문제도 제기되었다. 노사모 경기 중부 대표 권갑상은 『월간 말』 7월호에 기고한 「"어느덧 흘러든 구태와 관료주의를 경계하

---

45) 신효섭 외, 「3당 홍걸 씨 구속 반응」, 『한국일보』, 2002년 5월 20일, 4면.

라"」는 글에서 '노사모는 순수한가'라는 문제를 제기하였다. 그는 "내가 요즘 자숙하게 된 것은 바로 이 문제 때문이다. 노사모 활동은 순수해야 하며 노사모 활동을 이유로 어떤 대가도 기대해서는 안 된다는 건 모든 노사모가 무언중에 합의한 일인데 노파심에 또 말하다가 다른 노사모의 가슴을 아프게 해버린 것이다. 솔직히 말하겠다. '진솔'이라는 아이디를 쓰는 정치학 강사가 자신의 생업을 접고 사무국 상근을 한다는 소식을 듣고 잠시 그의 순수성을 의심했던 것이다"며 다음과 같이 말했다.

"사실 민주화를 위한 투쟁이 한창일 때도 생업 때문에 뒷전에서만 놀던 내가 그 마음을 이해할 수 있었겠는가. 다만 '저렇게 생업마저 포기하는 사람이 나오면 노무현에게 부담이 될 텐데……' 하는 단순한 생각을 주위 몇 사람에게 말한 것이 그만 소문이 나 노사모 상근자인 아이디 '진솔'이라는 사람에게 상처를 주고 만 것이다. 지금 생각해도 정말 미안한 일이다. 하지만 내 머리로, 내 가슴으로 생각도 못한단 말인가? 누군지 내 생각을 그에게 전한 그놈이 더 나쁜 놈이라고 나를 위로하며 자숙하는 중이다. 하긴 노무현 선거 캠프도 아니고 후원회도 아니며 팬클럽일 뿐인 노사모에서 무슨 대가를 바라겠는가. 대가를 바라는 사람은 선거 캠프로 갔을 터인데…… 정말 괜한 걱정을 했다."

그게 '괜한 걱정'만은 아니었다는 게 나중에 드러나기도 하지만, 아직도 노무현이 노사모의 문제를 걱정하기엔 갈 길이 멀었다. 노무현에게 닥친 최대의 시련은 한나라당의 대승으로 끝난 6·13 지방선거였다.

한나라당의 대승
6·13 지방선거

지방선거와 교수들의 몰지성?

6·13 지방선거를 앞두고 전국이 뜨겁게 달아오른 가운데 대학교수들의 특정 후보 지지 성명이 잇따랐다. 이에 대해 『대한매일』 공공뉴스 에디터 염주영은 5월 6일자에 쓴 「지방선거와 교수들의 몰지성」이라는 제목의 칼럼에서 교수의 정치 참여 자유를 인정한 후에 "그러나 수백 명의 교수들이 '집단적으로' 특정 후보 지지 선언을 하는 것은 상황이 다르다. 일반 유권자들에게 마치 자신들이 교수 사회를 대표한다는 인식을 줄 우려가 있다는 점이 문제다"며 다음과 같이 말했다.

"지지 선언에 참가한 교수들 스스로가 교수 사회를 대표하는 것처럼 행세하는 것은 더욱 큰 문제다. 유력 인사들을 묶어 집단적 지지 성명을 발표하도록 하는 것은 후보자들이 선거에서 유리한 고지를 차지하기 위해 흔히 사용하는 수법 중 하나다. 이들의 정치적 집단행동이 유권자들의 의사 결정에 영향을 줄 수 있다. 그런 '줄 세우기'의 활용 가치가 가장 높은 계층이 교수들이다. 그들이 우리 사회의 지성을 대표하고, 여론을 주도하는 지식인 사회의 리더 계층이며, 항상 정파적 이익보다는 사회 전체 이익에 기여할 것이라는 사회적 믿음이 있기 때문이다."

이어 염주영은 "교수들의 집단적 특정 후보 지지 선언은 그런 사회적 · 믿음을 저버리는 것이다. 교수의 본령은 학문의 세계다. 객관성과 보편 타당성, 개인의 지적 자유 존중……. 학문의 세계가 추구하는 이런 가치들은 집단으로 특정 후보 지지를 선언함으로써 바람을 일으켜 유권자 개개인의 정치적 의사 결정을 특정한 방향으로 몰아가려는 행위와는 전혀 어울리지 않는다"며 다음과 같이 말했다.

"이는 교수의 권위를 악용하는 '몰지성적' 행동이다. 그런 명분 없는 일에 수백 명의 교수들을 동원하는 것은 교수의 사회적 리더십을 남용하는 것이다. 교수의 정치 참여를 비난할 생각은 없다. 교수라는 직분에 맞지 않는 방식을 비판하는 것이다. 정치에 뜻이 있다면 지지하는 후보의 선거 참모가 되어 유권자의 지지를 얻어낼 수 있는 정책 개발을 돕거나, 혹은 스스로 후보자로 나서는 것이 훨씬 교수답지 않겠는가."

『교수신문』 6월 10일자의 사설 「폴리페서의 폐해」도 교수들의 정치 참여를 인정한 뒤 "다만 문제가 되는 것은 대학의 위상을 전락시키고, 교수의 품위를 훼손하며, 나아가서 대학 교육의 질을 저하시키는 정치 지향적인 교수들의 맹목적인 권력욕이라 할 수 있다. 전공의 학문적 본질이나 현실 세계와의 적합성을 고려하지 않은 채, 그간 쌓아온 명성을 앞세워 특정 정치가를 밀어주고 그 반대급부로서 권력을 향유하려는 몰염치한 행각이 많은 이들의 눈살을 찌푸리게 하는 대상이다"며 다음과 같이 말했다.

"이들의 공통점은 교수직을 권력 획득의 발판으로 여겨 염불보다는 잿밥에 관심이 쏠리며, 용케 권력을 잡은 후에도 사표를 내지 않고 재직 대학의 로비스트로 복직의 밑천을 삼아, 퇴직 후에는 어김없이 교수로 되돌아온다는 것이다. …… 교수 사회가 고질병처럼 정치 열기에 휩싸이고, 명분 없이 교수직을 내던지고 정관계로 달려나가는 습관성 가출벽을 고치지 않는 한 품격 높은 대학 문화의 형성은 요원한 일이다."

한나라당의 대승

'교수들의 몰지성'과 '폴리페서의 폐해'를 걱정하기에는 6·13 지방선거의 결과는 너무도 충격적이었다. 전국 232개 기초단체장 선거에서는 한나라당이 서울, 경기, 인천 등 수도권을 비롯해 영남과 강원, 충청 일부에서 강세를 보이며 모두 140곳에서 승리했다. 민주당은 44곳, 자민련은 16곳을 차지하는 데 그쳤다. 무소속 후보가 30곳에서 당선됐다. 609명을 선출하는 지역구 광역의원 선거에서도 한나라당이 393석을 차지했다. 민주당과 자민련은 각각 117석과 28석을 차지했다. 이번에 처음으로 도입된 광역의원 비례대표 정당별 득표는 유효 득표수 1647만 3,486표 가운데 한나라당이 가장 많은 859만 1,299표(52.2%)를 얻었으며 △민주당 479만 2,675표(29.1%) △민노당 133만 9,726표(8.1%) △자민련 107만 2,429표(6.5%) 등의 순이었다. 이에 따라 비례대표 의석 배분은 한나라당 36석, 민주당 22석, 민주노동당 9석, 자민련 4석, 미래연합 2석 등으로 정해졌다.[46]

서강대 교수 손호철은 『동아일보』 6월 14일자에 기고한 「'부패 심판론'의 승리」라는 칼럼에서 "이번 선거는 한마디로 김대중 정부의 그동 안의 실정, 특히 부정부패에 대해 국민의 분노가 어떠한가를 보여준 선 거다. 특히 민주당은 이번 패배를 지역주의 탓으로 돌리려고 하면 안 된 다"고 주장했다. 시사평론가 유시민은 "6 · 13 지방선거는 고상하게 말 하면 '김대중 정권에 대한 심판'이요, 거칠게 말하면 대통령 아들 비리 에 대한 대중적 분풀이였다"고 주장했다.

둘 다 옳은 말이지만, 불충분했다. 한나라당의 선거 전략이 시종일관 '호남 고립화' 또는 '호남 때리기' 전략이었기 때문이다. 영남대 법대 교수 정태욱은 『한겨레21』(2002년 6월 27일) 칼럼에서 "이 정권 들어와서 영남 지역 주민들이 특히 심한 고통을 받아왔다"는 한나라당 대통령 후 보 이회창의 발언은 '매우 위험한 정치적 선동'이었다고 말했다. 가장 대표적인 사건이 울산 시장 선거에서 나타난 한나라당의 전략이었다. 한나라당 대통령 후보 이회창은 지원 유세에서 민주노동당 후보 송철호 를 "민주당의 지원을 받는 사람"으로 공격했다. 한나라당이 인천에서 호남 출신이라는 이유만으로 자당 추천 선거관리위원에게 사임을 요구 한 사건도 결코 가볍게 넘길 일이 아니었다.

가장 주목을 받았던 서울시장 선거에서 민주당 후보 김민석은 이명박 후보에게 32만 표(10.3%p)나 뒤졌다. 6월 14일 김민석은 "상황이 워낙 안 좋았다는 말로 위로하려는 분들도 있지만 어디까지나 내가 부족해서 진 것"이라며 "아무리 민주당이 죽을 쑨다고 해도 사람들이 보기에 내 가 그런 여러 문제를 해결할 만큼 훌륭한 사람으로 평가받았다면 문제

---

46) 윤종구 외, 「6 · 13 빅뱅/한나라 수도권 기초장 석권 …… "정당 보고 찍었다" …… 票心 '기호 1' 선택」, 『동아일보』, 2002년 6월 15일, 10면.

서울시청 사진. 가장 주목을 받았던 서울시장 선거에서 민주당 후보 김민석은 이명박 후보에게 32만 표 (10.3%p)나 뒤졌다.

가 달랐을 것이다. 정치를 하면서 그런 충분한 신뢰를 못 쌓아온 것이 가장 가슴 아픈 대목"이라고 말했다.[47]

서울시장 선거에서 민주노동당 후보 이문옥은 진보 진영의 뜨거운 지지를 받았지만 막상 선거에서 얻은 표는 7만 5,000표(2.4%)에 지나지 않았다. 전국의 시민운동가 200명이 선호하는 정당은 민주노동당(35.0%), 민주당(11.0%), 녹색평화당(6.5%), 사회당(5.0%), 한나라당(1.5%) 순이었음에도,[48] 그런 결과가 나왔다는 것은 시민운동이 전반적인 민심과는 동떨어져 있다는 걸 시사했다. 노동자의 도시인 울산을 제외하면 호남의 민노당 지지율이 가장 높게 나타났다. 6·13 지방선거의 정당 투표에서

47) 「김민석 '내 탓이오'」, 『한겨레』, 2002년 6월 15일.
48) 『시민의 신문』, 2002년 5월 27일.

민노당의 지역별 득표율을 가장 높은 순서대로 열거해보면, 울산 28.70%, 전남 14.99%, 광주 14.79%, 전북 12.77%, 부산 10.67%, 제주 10.60%, 경남 8.96%, 강원 8.64%, 대전 7.54%, 충북 7.33%, 인천 6.28%, 서울 6.06%, 경기 5.82%, 대구 5.17%, 충남 4.54%, 경북 4.50% 등의 순이었다.

언론은 이구동성으로 6·13 지방선거에서 선거법 위반 행위는 역대 지방선거 중 최악이라고 보도했다. 일간지 1면 머리기사 제목으로 ''지방 자치'가 썩고 있다'는 말이 나올 만큼 단체장들의 부패는 매우 심각했으니, 지방자치의 앞날에 서광은 없었다. 이미 민선 2기 단체장 267명 가운데 각종 비리 등으로 이미 유죄 판결을 받은 수는 40명에 이르렀고 사법 처리가 진행 중이거나 예정된 사건의 처리가 끝나면 1기 때 23명에 비해 두 배가 넘는 50명 선에 이를 것으로 예정된 상황에서 그런 평가가 나왔으니 더 말해 무엇하랴.

조갑제는 그런 문제마저 민주화 탓으로 돌리고 싶어 했다. 그는 『월간조선』6월호에 쓴 「범인(凡人)엔 침을, 천재엔 사과를!」이라는 글에서 자신이 프랑스와 이탈리아 관광을 다녀온 이야기를 하고 미술 이야기를 하다가 끝에 가서 난데없이 "김일성, 김정일, 김대중만을 천재라고 믿고 추종하는 범인들이 많"다는 걸 개탄하더니, 급기야 '민주화'를 그런 문제의 주범으로 지목하고 나섰다.

"민주화면 답니까. 진정한 민주화 운동가는 지금 직장에서, 가정에서 열심히 일하면서 세금 많이 내고 병역과 준법의 의무를 지키는 90% 이상의, 민주화란 말도 별로 좋아하지 않는 우리 시민들이랍니다. 민주화를 모욕하고, 민주화를 권력·돈과 팔아먹은 투사·운동가 여러분, 혼까지 부패한 당신들은 가짜요, 범인입니다."

'여중생 사망' 사건

지방선거가 치러진 6월 13일 오전 10시 45분께 경기 양주군 광적면 효촌
리 56번 지방도로에서 이 마을에 사는 신효순 양과 심미선 양 등 여중생
2명이 미2사단 공병대 소속 부교 운반용 궤도차량(운전자 워커 마크 병장)
에 치여 그 자리에서 숨졌다. 신 양 등은 이날 같은 동네에 사는 친구 생
일잔치에 가기 위해 편도 1차선 도로의 갓길을 걸어가던 중 파주 방향에
서 양주군 덕도리 방향으로 진행하던 궤도차량의 오른쪽 궤도 부분에
치였다.[49]

미군은 이 사고에 대해 "조수석에 있던 선임 탑승자가 30m 전방에서
학생들을 발견했으나 소음으로 운전병이 정지 명령을 듣지 못하고 마주
오는 장갑차를 피하다 사고가 발생한 것"이라고 해명했다. 그러나 유족
과 시민단체들은 "궤도차 운전병이 정지 명령을 듣지 못했다는 주장을
믿을 수 없다"며 재조사를 요구했다.

이 사고와 관련, 인터넷 사이트에는 주한 미군을 규탄하고, 정부의 무
기력한 대응을 비난하는 글이 이어졌다. 경기 북부 20여 개 시민·학생
단체로 구성된 '미군 전차 사망자 여중생 경기북부대책위원회'는 6월
18일 인터넷 카페(http://cafe.daum.net/antiCRC)를 개설했다. 안티 미군
사이트(http://www.no-usarmy.wo.to/)에서는 부시 대통령의 공개 사과와

---

49) 김동훈, 「미군 차량 치여 여중생 2명 사망」, 『한겨레』, 2002년 6월 14일, 18면.

공동 진상조사단 구성, 관련자 구속 처벌, 재발 방지 대책 마련 및 캠프 하우스 폐쇄, 유족에 대한 배상, 미국 측의 형사 재판 관할권 포기 등을 요구하는 서명운동을 벌였다.

6월 28일 '미군 장갑차 여중생 살인 만행 범국민대책위'는 경기 의정부시 가능동 주한 미군 캠프 레드 클라우드 정문 앞에서 기자회견을 갖고, 미군 기지에 들어갔다가 체포된 뒤 경찰에 인계된 한 아무개 씨 등 인터넷 언론 『민중의 소리』 소속 취재기자 두 명의 조속한 석방과 미국 대통령의 공식 사과를 요구했다. 대책위는 또 "미군이 기자를 제지하는 과정에서 폭력을 휘둘렀다"며 폭행에 가담한 미군의 색출과 처벌, 취재기자에 대한 피해 보상, 의정부 경찰서장과 수사 과장의 파면을 주장했다. 대책위는 "기자 두 명이 '기지 외곽 철망을 직접 뜯고 영내로 진입했다'는 미군 측의 주장과 달리 취재 도중 집회 참가자들에게 떼밀려 이 아무개 기자가 먼저 들어갔고 미군에게 폭행당하는 이 기자를 구하기 위해 한 기자가 뒤따라 들어간 것"이라고 밝혔다. 대책위는 또 "미군들에 의해 한 기자가 집단 폭행을 당해 온몸에 상처가 무수하며, 철사로 결박당했던 손목도 정상이 아니다"라고 주장했다.[50]

이 사건은 내부 갈등도 몰고 왔다. 6월 18일 『오마이뉴스』에는 기자 문성이 쓴 「조선일보가 게재를 거부한 기사들: 전동록 씨와 미군 탱크에 희생된 두 여중생의 죽음을 끝내 외면한 조선일보」라는 글이 실렸다. 문성은 이 글에서 자신이 느낀 충격을 다음과 같이 토로했다. "『조선일보』가 아무리 친미 성향이라도 그렇지, 이런 것까지 부러 싣지 않을 리 있겠

---

50) 배장수 · 이상호, 「미군 궤도차량 여중생 사망 사건 파문 확산」, 『경향신문』, 2002년 6월 29일, 17면.

미군 궤도차량에 의한 효순이와 미선이의 억울한 죽음은 시민들로 하여금 다시 광장으로 나오게 만들었다.

느냐고 스스로 반문하면서, 나는 눈을 부릅뜨고 사건 전후의 신문들을
모두 거듭거듭 훑어보고 또 훑어보았다. 그러나…… 없었다! 미군 고압
선에 감전돼 숨진 전동록 씨의 이름도, 미군 탱크에 희생된 여중생의 이
름도."

그로부터 1년 후에야 『주간조선』은 「'여중생 사망' 그 후 1년」이라는
특집 기사를 게재했는데, 이에 대해 『주간 안티조선』(2003년 6월 10일)은
「용서받지 못할 '조선일보'」라는 제목의 기사를 통해 비판했다. 『주간
조선』의 미선, 효순이 부모들과의 인터뷰 내용에서 문제 삼은 대목을 살
펴보자.

"막판에는 '보상금 받으신 것 어떻게 했습니까'라는 질문에 이르러서
는 그들의 인격과 속성이 얼마나 비열하고 천박한가를 확인할 따름이
다. 인터뷰 내내 살인자들을 법적으로 처벌하지 못한 부모들의 억울함

이나 미군 범죄를 지적하는 기사는 단 한 줄도 찾아볼 수가 없다. 하기야 시민단체에서 SOFA 개정을 요구할 때마다 한사코 미국 편에서 옹호를 하고, 미군 범죄가 일어나면 감추기에 급급했던 『조선일보』였으니 어쩔 수 없었을 것이다. 미선, 효순의 죽음도 처음에는 보도조차 하지 않은 유일한 신문이 아니던가.”

히딩크와 노무현의 다른 점

6·13 지방선거 패배 이후 노무현이 보인 태도는 많은 사람들을 실망시켰다. 서명숙은 『시사저널』 6월 27일자에 쓴 [편집장의 편지] 「히딩크와 노무현의 다른 점」이라는 제목의 칼럼에서 “히딩크는 1년 6개월 뒤에 닥칠 월드컵을 목표로 한 발짝씩 차근차근 내디뎠다. 평가전에서 5대 0으로 대패한 적도 있지만, 주변의 비난과 우려에 눈 한 번 깜박하지 않았다. 월드컵 경기 성적이 그의 유일한 관심이자 목표였기 때문이다. 반면 노 후보는 민주당 경선 과정에서 자신의 정치 생명을 걸고 부산·경남 지역에서 최소한 1석은 따내겠다고 장담했다. 불리한 여건에서 치러지는 평가전에서 좋은 성적을 내겠다는 성급한 마음이 화를 자초한 것이다”며 다음과 같이 말했다.

“더 실망스러운 것은 지방 선거 이후 노 후보가 보인 정치 행태다. 재신임은 다른 누군가 강요한 것이 아닌, 그가 자청한 사안이었다. 그런데도 그는 여러 이유를 들어 ‘8·8 재보선 뒤 재경선’ 쪽으로 말을 바꾸었다. 재경선이 재신임보다 강한 승부수라는 설명도 말을 바꾼다는 비난을 잠재우기는 역부족이다. 노 후보 지지율이 왜 지속적으로 떨어졌는

가. 3김에게 업혀가려는 듯한 행보가, 3김을 극복하고 새로운 패러다임을 만들어내리라는 기대감에서 그를 지지했던 이들을 돌려놓았기 때문이다. 경솔함과 정치 꼼수가 솔직함과 개혁을 내세웠던 노 후보의 또 다른 얼굴인가. 민주당의 선거 참패보다 더 심각한 것은 노무현의 정체성 위기인 듯싶다."

엎친 데 덮친 격으로, 6월 21일 대검찰청 중앙수사부는 기업체들로부터 각종 청탁과 함께 22억 8000만 원의 대가성 있는 돈을 받은 혐의(특가법상 알선 수재 및 변호사법 위반)로 대통령 차남 김홍업 씨를 구속 수감했다.[51]

『문화일보』 논설위원 윤창중은 7월 1일자에 쓴 '노무현화(化)'라는 제목의 칼럼에서 노무현의 지지율 하락 원인은 김영삼 방문 건이나 조중동이 폭격을 해댄 그의 어법 때문이 아니라 바로 동교동계와의 관계 때문이라고 주장했다. 그는 "YS는 대통령 후보가 된 뒤 전두환·노태우 전 대통령을 찾아갔어도 인기가 떨어지지 않았고, 눌변에 관한 한 노 후보를 능가한다. 노 후보의 인기 하락은 동교동계와 손을 잡았기 때문이다. 노 후보를 지지했던 사람들의 열망은 부패 청산인데, 갑자기 방향을 틀어 머뭇거리며 약한 모습을 보이고 있기 때문이다"라며 다음과 같이 말했다.

"노 후보 입장에서 지지도는 자꾸 떨어지고 동교동계는 차별화를 하면 흔들어버리겠다고 위협하고 있으니 이러지도 저러지도 못하고 있는 것이 분명하다. 그래서 우선 동교동계라도 잡아야겠다고 판단했다면 순

---

51) 이승철, 「홍업 씨 구속 수감 …… 대가성 돈 22억 원대 받은 혐의」, 『국민일보』, 2002년 6월 22일, 1면.

진하다. 지지도 하락과 동교동계의 흔들기는 밀접한 관계가 있기 때문이다. 동교동계를 치지 않고 있으니까 노 후보의 인기가 떨어지고, 노 후보의 지지도가 하락하니까 동교동계가 만만하게 보고 흔들려하는 것이다. 후보 교체도 쉽게 이뤄질 수 없게 되어 있다. 후보 교체라는 것은 당내 역학상으로는 가능할 것이지만 공당의 대통령 후보를 교체한다는 것은 특정 집단 전체가 민주주의의 원칙을 깨뜨리는 것이다. 이렇든 저렇든 대선까지 갈 수밖에 없다. 동교동계가 후보의 인기가 떨어졌다고 다른 후보로 바꾼다면 그 바뀐 후보가 또 인기가 떨어지면 또 바꿀 수 있다는 얘기인가. 후보 교체가 쉬운 문제가 아닌데도 노 후보는 잔뜩 겁을 먹고 있다."

이어 윤창중은 "구관이 명관이라는 얘기도 있지만, YS가 꼭 10년 전 노태우 전 대통령 시절 민정계를 상대로 협박했던 그 배짱과 담력의 10분의 1 정도만 발휘해도 노 후보는 이 난국을 돌파할 수 있다. 이런 식으로 상황이 굴러가다보면 노 후보는 동교동계라는 로프에 대롱대롱 매달려 있게 된다. 그런 형편마저 8·8 재보궐 선거 이전까지이지 그 이후에는 그런 전망도 어렵다"며 다음과 같이 말했다.

"대통령 후보가 정권의 권력형 부정부패에 대한 청산을 요구하는 것은 당연하다. 부패 청산을 주장하는 것이 김대중 대통령과의 차별화이고, DJ를 밟고 지나가는 것이라는 논리는 궤변이다. 그러면 부패 청산을 하지 않고 그냥 넘어가야 한다는 얘기인가. 권력형 부정부패에 대한 국민의 분노를 간단히 보려 해서는 안 된다. 노 후보가 사는 길은 민주당의 정치를 부패 청산의 방향으로 '노무현화(化)' 하는 방법밖에 없다. 그것이 우리의 정치를 위해서도 바람직한 선택이다. 그렇지 않으면 노 후보의 탄생은 아무런 의미를 가질 수 없다."

6·13 지방선거에서 한나라당이 대승을 거두고 이후 보인 노무현의 처신은 노무현에게는 악재였지만, 그를 기다리고 있는 또 하나의 행운이 있었으니 그건 바로 2000년 6월의 한국을 덮치고 이후로도 지속적인 파급 효과를 보인 이른바 '월드컵 신드롬'이었다.

한국의 '월드컵 4강' 진출
월드컵 신드롬

거스 히딩크의 영입

스포츠는 사람을 미치게 만든다. 모든 스포츠 가운데 사람을 가장 미치게 만드는 종목은 단연 축구다. 축구의 구조가 그렇게 돼 있다. 훌리건이 축구에만 몰려 있는 것도 우연이 아니다. 미치는 방식도 여러 가지다. 축구 강국의 마니아들은 축구 그 자체에 미친다. 반면 한국처럼 강대국들의 횡포에 한 맺힌 게 많은 나라의 사람들은 축구 그 자체에 미친다기보다는 축구를 통한 국위 선양, 즉 국가주의적 · 민족주의적 의미에 미친다. 물론 축구 강국의 사람들도 그런 의미에 미치기도 하지만, 이 점에 있어서는 한국을 따라오기 어렵다는 뜻이다. 2002년 6월 한국의 '세계 4강' 기적을 낳은 월드컵이 열린 한 달 동안 2500만여 명의 시민들을 거리로 뛰쳐나가게 만든 월드컵 열기 혹은 광기는 민족주의 또는 국가주의와 관련하여 뜨거운 논쟁을 유발시켰다. 그 월드컵 신드롬의 전모를 살펴보기로 하자.

2000년대의 한국 축구는 '화합'으로 시작되었다. '한국 축구계의 승부조작설'을 주장해 파문을 일으킨 전 국가대표팀 감독 차범근의 사면이 바로 그것이다. 대한축구협회는 2000년 1월 14일 기자회견을 열어 1998년 8월 12일자로 5년간 국내 지도자 자격 정지 처분을 받았던 차범근을 전격 사면하겠다고 밝혔다. 이 기자회견에서 대한축구협회장 정몽준은 "2002년 월드컵 개최라는 중대사를 앞두고 한국 축구 최고의 스타 플레이어 출신인 차 전 감독을 중징계로 계속 묶어두는 것은 바람직하지 않다는 여론에 따라 차 전 감독을 사면하기로 했다"고 말했다.[52] 이로써 차범근은 징계 17개월 만에 한국 내에서 지도자 자격을 회복하게 되었다.

2000년 시드니 올림픽에서 한국은 스페인에 0대 3으로 패배했으나 모로코와 칠레를 차례로 꺾어 2승 1패를 기록했다. 그러나 골득실 차로 조별 예선 탈락하고 말았다. 당시 한국 축구의 치명적인 약점은 무엇이었을까? 10년 전, 스포츠 저널리스트 이의재는 『월간중앙』 1990년 8월호에 기고한 「한국 축구, 학벌 싸움에 시달린다」는 글에서 언제 어느 대회에서나 한국 선수단의 주축은 고려대 출신과 연세대 출신으로 이루어졌으며, 이들이 서로 돕고 화합할 때는 우승을 차지했고 그렇지 못할 때는 예선 탈락의 결과를 가져왔다고 말했다.

바로 그것이었다. 축구 국가대표는 늘 고려대·연세대 인맥 중심의 연고주의가 판을 치고 있었고, 이게 바로 한국 축구의 경쟁력을 좀먹는 암이었다. 박지성을 한때 지도했던 명지대 감독 김희태는 "특정 대학 출

---

52) 권순일, 「차범근 전격 사면」, 『동아일보』, 2000년 1월 15일, A13면.

신이 아니고는 월드컵 대표가 될 수 없는 것이 당시(2000년 5월) 현실이었다"고 회고했다.[53]

그 문제를 제대로 인식하고 있었는지는 알 수 없었지만, 2000년 12월 대한축구협회는 프랑스 월드컵에서 네덜란드를 4강으로 이끈 거스 히딩크를 새로운 감독으로 영입했다. 히딩크는 기자회견에서 "2002 월드컵에서 네덜란드와 맞붙더라도 승리하겠다"고 공언했다.

2001년 1월 16일 월드컵 개막 500일을 앞둔 날, 히딩크는 KBS 〈열린음악회〉에 출연했다. 여기서 그가 신청한 노래는 애창곡인 프랭크 시내트라의 '마이 웨이'였다.[54] 히딩크의 '마이 웨이' 중 하나는 과감한 '연고 인맥 부수기'와 그에 따른 '위계질서' 극복이었다. 히딩크는 홍명보나 황선홍 같은 선수가 들어오면 후배 선수들이 군대 내무반에서 병장이 들어올 때처럼 모두 일어나는 그런 문화에 충격을 받았다. 그는 선수들 간 평등한 소통을 위해 애썼지만, 당시엔 그 가치를 인정받지 못했다.

히딩크의 첫 출발도 불안하게 보였다. 2001년 5월 30일 한국은 컨페더레이션스컵 대회에서 프랑스에 0대 5, 8월 15일 체코와의 친선경기에서도 0대 5로 패하면서 '오대영'이라는 별명을 얻었다. 비난이 빗발쳤지만, 그는 11월 18일 서울 하얏트호텔 지하 바에서 열린 자신의 55번째 생일 파티에서 '마이 웨이'를 불렀다.[55]

2001년 12월 부산 벡스코에서 열린 본선 조 추첨 결과, 개최국으로 톱시드를 배정받은 한국은 폴란드, 포르투갈, 미국과 함께 D조에 속했다.

---

53) 『시사저널』, 2002년 6월 27일; 공병호 외, 『거스 히딩크, 열정으로 승부하라』(샘터, 2002), 178쪽에서 재인용.
54) 이동현·김화성, 『CEO 히딩크: 게임의 지배』(바다출판사, 2002), 227쪽.
55) 공병호 외, 『거스 히딩크, 열정으로 승부하라』(샘터, 2002), 78쪽.

이때를 신호탄으로 해서 월드컵 열풍이 본격적으로 불기 시작했다. 2002년 3월 12일 한 일간신문 사이트에서 '월드컵' 이라는 단어로 검색한 결과 1월 1일부터 3월 12일까지 71일간 나온 기사 건수는 1,507건이었다. 하루 평균 21건인 셈이었다. 이오성은 "『한겨레』의 기사 수가 『조선일보』보다 두 배 가까이 더 많은 점으로 미루어보면 월드컵을 두고는 이른

2002 한일 월드컵 로고. 월드컵을 두고는 이른바 진보-보수의 차이도 별로 없었다.

바 진보-보수의 차이도 별로 없는 것 같다"고 했다.[56]

2002 월드컵은 '이변의 연속'

2002년 들어서도 히딩크는 여전히 불안하게 보였다. 언론은 히딩크를 조롱했다. 이는 2001년부터 시작된 놀이였다. 예컨대, 『조선일보』 2001년 4월 21일자 논단은 "히딩크가 아무리 '용가리 통뼈'라고 해도 우리나라가 월드컵 16강에 진출할 확률은 30%도 안 될 것이다. 영화 〈디어 헌터〉에 나오는 러시안룰렛 게임도 한 번 방아쇠를 당길 때 살 수 있는 확률은 6분의 5다. 그런데 우리는 왜 30%도 되지 않는 확률에 목숨을 거는가. 2002년이 무슨 축구의 종말이라도 된다는 말인가"라고 했다. 이후에도 『조선일보』는 히딩크의 리더십을 여러 차례 비판했으며, 다른 신문

---

56) 이오성, 「2002 월드컵이 '악몽' 같은 사람들」, 『월간 말』, 2002년 4월, 66쪽.

들도 비슷한 논조였다.[57]

히딩크는 그런 비판에 개의치 않고 선수들의 체력 훈련에만 집중했다. 2002년 2월 1승 1무 3패로 4위에 머문 북중미 골드컵 직후에는 경질설까지 대두되었다. 그래도 히딩크는 여유만만했다. 그는 3월 스페인 라망가 전지훈련 중 유럽에서 가진 기자회견에서 "16강 이상도 바라보고 있다. 5월쯤이면 세계를 놀라게 할 수 있을 것"이라고 말했다.[58]

아닌 게 아니라 4월부터 달라지기 시작했다. 한국은 코스타리카를 2대 0으로 물리친 후 상승세를 탔다. 월드컵 개막 한 달을 앞둔 4월 30일 최종 엔트리 23명이 발표되었다. 히딩크의 '연고 인맥 부수기'는 박지성, 송종국, 김남일, 김태영 등 새로운 선수 선발을 가능케 했다.[59]

5월 16일 한국팀은 스코틀랜드와의 평가전에서 4대 1 승리를 거두었다. 5월 21일 잉글랜드와의 평가전에서는 1대 1로 비겼다. 5월 26일 세계 최고 축구 스타 지단이 포진한 프랑스와의 평가전에선 2대 3으로 패했지만 대등한 경기를 펼침으로써 무언가 큰일이 일어날 것 같은 예감을 하게 되었다. 히딩크는 기자들과의 인터뷰에서 "난 험난한 길을 피하지 않았다. 그리고 나의 길이 옳다는 것을 지금도 확신한다"고 했다.[60]

'이변의 연속'으로 요약되는 2002 월드컵의 첫 번째 이변은 5월 31일 프랑스-세네갈의 개막전이었다. 가장 강력한 우승 후보로 꼽혔던 프랑스는 월드컵에 처음 나온 세네갈에 0대 1로 패했으며, 결국 조별 리그조

57) 정윤수, 『축구장을 보호하라: 문화평론가 정윤수의 축구 다큐멘터리』(사회평론, 2002), 193~194쪽에서 재인용.
58) 김성원, 『한국 축구 발전사』(살림, 2006), 84~85쪽.
59) 공병호 외, 『거스 히딩크, 열정으로 승부하라』(샘터, 2002), 178쪽.
60) 공병호 외, 위의 책, 78쪽.

차 통과하지 못했다. 아르헨티나도 마찬가지였다.

그러나 최대 이변은 역시 한국의 '4강 진출' 이었다. 그간 월드컵에 다
섯 차례 출전했지만 한 번도 이기지 못하고 4무 10패에 그쳤던 팀이 4강
에 오른다는 건 분명히 상식을 뛰어넘는 일이었다. 앞으로 영원히 깨지
지 않을 또 하나의 이변은 '붉은 물결' 의 거리 응원이었으니, 폴란드 전
49만 8,000명, 미국 전 76만 9,000명, 포르투갈 전 278만 명, 이탈리아 전
420만 명, 스페인 전 480만 명, 독일 전 650만 명, 터키 전 230만 명 등 연
인원 2184만 7,000여 명이 붉은 옷을 입고 거리와 광장으로 뛰쳐나왔던
것이다.[61]

붉은악마의 응원도 볼만했다. 붉은악마는 '통천' 이라 불리는 가로
60m, 세로 40m에 무게가 1톤에 달하는 초대형 태극기와 더불어 다양한
응원전을 선보였다. '태극기 패션' 도 전국을 휩쓸었다. 사회학자인 김
덕영은 '가장 커다란 이변' 은 '태극기 패션' 으로 대변되는 "국가의 세
속화(secularization)요, 탈주술화(disenchantment)이자 국기의 세속화요,
탈주술화" 라고 했다.[62]

처음 외국 언론을 놀라게 만든 건 외국 선수들을 응원하는 '코리언 서
포터즈' 의 활동이었다. 『아시안월스트리트저널』은 프랑스-세네갈의
개막전에 대해 다음과 같이 보도했다. "세네갈팀의 승리를 위해 목이 쉬
어라 소리쳤던 응원단은 다름 아닌 한국인들이다. 한국은 자국팀 응원
단인 붉은악마뿐 아니라 15개국 대표팀의 응원을 위해 총 10만여 명의
서포터즈를 조직했다. 그리고 이 조직들이 한국을 전 세계에 알리고 교

61) 서준형, 『월드컵의 위대한 전설들』(살림, 2006), 92~94쪽.
62) 김덕영, 「티셔츠가 된 태극기의 의미를 생각한다」, 『월간 인물과 사상』, 2006년 6월, 126쪽.

류를 증진시키며 새로운 응원 문화를 각국에 전파, 조화롭고 평화로운 세계를 만드는 데 일조했다."[63]

한국, 폴란드에 2대 0 승리

2002년 6월 4일 오후 8시 30분 부산 월드컵 경기장엔 5만여 관중이 꽉 들어찼다. 늘 여유만만한 미소를 보이던 히딩크도 경기 직전 라커룸에선 덜덜 떨고 있었다.[64] 한국은 황선홍과 유상철의 릴레이 골로 첫 상대인 폴란드를 2대 0으로 꺾었다. 1954년 스위스 월드컵에 첫 출전한 뒤 48년 만에 거둔 감격의 1승이었다. 『조선일보』는 "4일 오후 10시 20분, 한반도 전역은 황활한 밤의 축제 속으로 빠져들었다"며 "월드컵 출전 사상 처음 거둔 짜릿한 승리, 현실로 다가온 16강 진출의 가능성에 시민들은 도저히 잠을 이룰 수 없었다"고 했다.

"부산에서, 서울에서, 광주에서, 대구에서, 인천에서 시민들은 일제히 거리로 뛰쳐나와 '오~ 오~ 코리아', '대한민국 만세', '황선홍', '유상철'을 수도 없이 목청껏 외쳐댔다. 사상 첫 승을 자축하며 한국인 모두가 하나가 되는 순간이었다. 10만여 명이 한국팀을 응원하기 위해 구름처럼 모인 서울 광화문 네거리. 허공은 시민들이 뿌린 종이꽃으로 가득 찼고, 거리에는 어깨동무를 한 시민들이 부르는 응원가가 울려 퍼졌다. 감격에 겨워 옆 사람과 부둥켜안고 눈물을 흘리는 시민도 있었다."[65]

---

63) 문상주, 『월드컵의 영광 코리안 서포터즈』(청조사, 2005), 196쪽.
64) 신문선 외, 「"그때 그 열기에 다시 불을 댕기자": '4강 신화' 1년 …… 다시 모인 광장의 주역들」, 『동아일보』, 2003년 5월 29일, C3면.

한국-폴란드 전에서 한국팀이 승리하자 몇몇 마을에서는 "태극기를 걸고 주민이 하나 됨을 보여주자"고 결의했고, 어떤 아파트 단지에서는 관리소와 통반장이 합심하여 태극기를 걸지 않은 집을 찾아가 태극기를 걸도록 권유했다.[66] 설기현과 이을용이 졸업한 강릉상고의 교장은 월드컵 축구 경기 시청으로 수업을 대체한다고 하면서 "학생들의 눈빛에서 '우리도 모교와 국가를 위해 뭔가 바른 일을 해보자'는 도전 정신과 성취욕도 왕성해진 걸 피부로 느낄 정도"라고 말했다.[67]

김명인은 『한겨레』 6월 6일자에 기고한 칼럼에서 "나는 경기장을 가득 메운 붉은 옷들의 함성을 들으면서, 밤늦도록 태극기를 흔들고, 혹은 어깨를 겯고, 혹은 노래를 부르고, 혹은 구호를 외치고, 혹은 버스 위에 올라서 이 가슴 터질 것 같은 기적과 희망의 현현에 몸 떨며 거리를 가득 채우고 용암처럼 거침없이 흘러 흘러가는 붉은 인파들을 보면서, 20년 저편의 서울의 봄과 광주 항쟁의 기억을, 그리고 사진 속의 해방과 4·19의 기억을, 생각만으로도 뜨거운 것이 치미는 그 빛나는 역사적 순간들의 기억을 떠올렸다. 그 기억은 해방의 기억이고 성취의 기억이다. 마치 우연처럼, 기적처럼, 그날들은 왔고 우리는 어젯밤처럼 몸을 떨며 그날을 맞았다"고 말했다.

최상천은 『한겨레』 6월 8일자에 기고한 칼럼에서 "'붉은악마'의 새빨간 셔츠에 쓰인 구호를 보고도 나는 까무러칠 뻔했다. 비 더 레즈! 번역을 하자면 '빨갱이가 되라'도 된다. …… '붉은악마'들이 낡은 반공 세

65) 문갑식, 「"아! 코리아" 황홀한 밤」, 『조선일보』, 2002년 6월 5일, 3면.
66) 『조선일보』, 2002년 6월 6일.
67) 『조선일보』, 2002년 6월 8일.

대의 머리를 망치로 때려버렸다. 그들은 반공 세대처럼 매사를 대결과 전쟁의 논리로 보지 않는다. 단지 놀이(게임)로 본다"고 말했다.

한국, 미국과 1대 1 무승부

6월 10일 2차전에서 한국은 미국과 1대 1 무승부를 기록했다. 후반 33분 안정환이 동점 헤딩골을 성공시켰기에 전 국민은 아쉬워하면서도 또다시 감격했다. 서울시청 앞에 모인 인파는 15년 전인 1987년 6 · 10 항쟁 이후 가장 많았다. 『경향신문』은 "시청 앞은 경기가 끝난 뒤 1시간도 안 돼 수십만 명이 모였던 곳이라고는 상상도 할 수 없을 만큼 쓰레기도 거의 없이 평상을 되찾았다"며 "한민족이 자부심을 가지기에 충분하고도 남는 6월 10일이었다"고 했다.[68] 반면 바로 그날 한국에 들어온 박노자는 공항버스가 서울의 종로로 들어와 세종로를 지날 때 순간 자신의 눈을 의심했다며 다음과 같이 말했다.

"뜨거운 집단적 영기를 내뿜는 '붉은 바다' 가 펼쳐져 있는 것이 아닌가! …… 내가 잠시 생각에 잠겨 있는 사이에 붉은색의 군중들은 놀라울 정도로 일사불란하게 집단 동작을 시작했다. 똑같은 옷을 입고, 똑같은 리듬에 맞춰, 똑같은 구호를, 똑같이 즐거운 표정으로 외치는 사람들……. 좀 섬뜩한 느낌이 들었다. '자발적 일상 도피' 냐 '집단 심리의 이용' 이냐를 떠나서 수많은 개인들이 획일적인 리듬 속에 녹아버리는 모습을 보는 기분은 왠지 좋지 않았다."[69]

---

68) 배장수 외, 「너무, 아쉽다! 하지만 잘 싸웠다」, 『경향신문』, 2002년 6월 11일, 23면.

일사불란하게 응원하는 붉은악마. 하지만 박노자는 "수많은 개인들이 획일적인 리듬 속에 녹아버리는 모습을 보는 기분은 왠지 좋지 않았다"라고 말했다.

유홍준은 『한겨레』 6월 12일자 칼럼에서 "오늘의 젊은이들은 분명 인터넷 세대의 개인주의자이고 자신의 개성을 천방지축으로 분출하며 살고 있는 사람들이다. 때론 그들에게서 어떤 건강하고 성실한 공동체 의식이 발견되지 않아 이러다가 전쟁이라도 일어나면 전쟁터로 뛰어갈 젊은이가 몇이나 될까 걱정하는 이도 있다. 그러나 '붉은악마'는 그들의 핏속에 여전히 민족과 국가라는 유전적 인자가 자리 잡고 있음을 이렇게 보여준 것이다"라고 말했다.

이 발언에 대해 권혁범은 나중에 "이 글이 냉전주의 언론에 실렸다면 별 문제가 될 것도 없다. 하지만 맹목적 애국심과 혈연적 민족주의에 거리를 둘 수밖에 없는 진보 언론 및 지식인이라면 문제가 달라진다. 핏속에 민족과 국가가 각인되어 있어서 전쟁 시에 목숨을 바치는 데 문제가 없을 거라고 강변하는 것은 국가주의자에 어울리는 논리다"고 비판했다.[70]

유석춘은 『조선일보』 6월 12일자 칼럼에서 "월드컵은 우리의 젊은이들이 혼자 볼링하며 소외를 자초하는 자폐증 환자들이 아님을 확인시켜주고 있다. 몇십 만이 거리에 나와 함께 응원하고, 함께 '대한민국'을 외치고, 또 함께 청소까지 하고 돌아가는 모습에서 우리의 젊은이들은 퍼트넘(미국 사회학자)이 우려한 미국의 젊은이들과 분명 다른 모습을 보여주었다"고 말했다.

69) 박노자, 「6월의 '붉은 바다' 체험기: 나는 월드컵을 이렇게 본다」, 『월간 인물과 사상』, 2002년 8월, 132~143쪽
70) 권혁범, 「월드컵 '국민 축제' 블랙홀에 빨려 들어간 '대한민국' : 독립적 지성은 어디에 있었는가?」, 『국민으로부터의 탈퇴: 국민국가, 진보, 개인』(삼인, 2004), 146쪽.

한국, 16강전 진출

6월 14일 인천 문학경기장에서 열린 3차전에서 한국은 박지성의 결승골로 포르투갈에 1대 0으로 승리해 대망의 16강전에 진출하게 되었다. 『한겨레』는 "한국 축구가 48년 만에 비원의 월드컵 16강에 오른 14일, 대한민국 전체가 마치 1m쯤 공중에 뜬 듯했다"고 보도했다.

"감미로운 달빛 같은 환희의 노래가 밤하늘을 가득 채운 6월의 밤, 전국은 그야말로 축제, 축제, 축제였다. 지역도 계층도 연령도 빈부의 차이도 막을 수 없었다. 한민족이 하나가 되는 위대한 체험을 4,700만이 함께한 해원의 굿판과도 같았다."[71]

경기가 끝난 직후 방영된 MBC〈뉴스데스크〉는 무려 70여 꼭지에 달하는 월드컵 소식을 내보냈는데, 이 같은 '물량 공세'를 단행한 이후 시청률이 30%를 상회하는 결과가 나오자 시청률에서 크게 밀린 다른 방송사들도 물량 공세에 뛰어들어 방송사들 간 월드컵 경쟁에 불이 붙었다.[72]

붉은악마 회장 신인철은 『조선일보』 6월 15일자에 기고한 칼럼에서 "세계 최고의 교육열, 우리의 의식을 무한히 확장시킨 IT 세계, 아름다운 충효의 전통, 정의로써 아닌 것을 바꿔나가는 강한 민주 의식이 자연스럽게 혼합된 나라이면서 우리는 어렵고 힘든 세월로 인해 너무나 많은 것들을 잊고 살았다. 어렵고 찌든 경제와 당리당략의 정치 속에서 이웃과의 관계를 소홀히 했고, 조국의 소중함을 잃었다"며 다음과 같이 말했다.

"우리 민족이 합심한다면 못할 것이 무엇이 있겠는가? 아버지 세대가

---

71) 「"48년 염원 풀었다" 밤새 환희의 축제」, 『한겨레』, 2002년 6월 15일, 15면.
72) 민동기·이수강, 「"언론 '붉은악마'보다 더 흥분했다": 월드컵 8강 진출과 한국 언론」, 『미디어오늘』, 2002년 6월 20일, 6면.

희생정신으로 한강의 기적을 만들어 경제를 발전시켰다면, 형님 세대가 목숨을 건 투쟁으로 민주화를 쟁취했다면, 어린 동생들은 최첨단 IT의 젊은 전사들로 나라를 키우고 지킬 것이다. 또 한 번 '대한민국'을 외치며 세계로 달려 나갈 때 우리는 다시 국운 상승의 기회를 맞을 수 있다고 확신한다."

이 발언에 대해 권혁범은 "얼핏 보기에 중립적이고 비정치적으로 보이는 진술에 사실은 '한국적인 것'에 대한 무비판적인 찬양이 들어 있다. 그것에는 충효주의, 가부장적 정서, 정보산업주의에 대한 동의, 정치에 대한 불신, 민족주의, 순진한 역사 단계론 등이 혼합되어 있다. '우리'와 민족, 조국, 이웃은 모두 등치되어 있다. 한 개인의 생각이긴 하지만 이 모든 것은 '붉은악마'와 관련된 고도의 정치적인 진술이다. 하지만 이런 주류 애국심에 대해서 사람들은 그것이 '정치적'이라고 생각하지 못한다"고 평가했다.[73]

정경희는 『한겨레』 6월 17일자 칼럼에서 "광장을 빠져나가 길을 꽉 메운 군중은 누가 시킨 것도 아닌데 '대한민국'을 합창하며 걷고 있었다. 그것은 실직자가 거리에 넘치고, 기업은 싸구려 국제 경매시장에서 주인을 기다리던 'IMF 시대'에 상처받고, 세계의 조롱거리가 됐던 치욕을 한방에 날려버리는 자존심의 폭발과도 같았다"고 했다.

"정말 세계화만이 살길이라면, 그것은 과거로 뒷걸음치는 시대착오의 열기였다. 그러나 눈 깜짝 하는 사이에 전쟁터의 잿더미 위에 현대적인 산업을 일으키고, 혹독한 군사독재를 무너뜨린 민족적 에너지를 실

---

73) 권혁범, 「월드컵 '국민 축제' 블랙홀에 빨려 들어간 '대한민국': 독립적 지성은 어디에 있었는가?」, 『국민으로부터의 탈퇴: 국민국가, 진보, 개인』(삼인, 2004), 139쪽.

감케 하는 함성이었다. 또 전라도 · 경상도가 없고, 모두 똑같은 구성원으로서 '대한민국'을 노래한 것이었다."

『한겨레』 6월 18일자에 실린 박카스 전면 광고는 "우리가 누구입니까? 한다면 하는 민족 아닙니까? 끝없는 도전으로 이루어낸 오늘은 한국 축구 8강 가는 날. 처음 보는 사람과 어깨동무를 하고, 흘러내린 땀과 눈물로 서로를 얼싸안고 기뻐할 7000만 대한국인. 이 땅에서 태어났음이 자랑스럽고 한국인임이 자랑스러울 오늘, 우리는 또 한 번 도전의 이름으로 하나 됩니다"라고 말했다.

이에 대해 권혁범은 "여기서 '우리'는 하나가 되며 23명 국가대표의 승리는 민족의 승리가 된다. 그리고 그것은 경제적 치욕을 보상하고도 남는 국민 전체의 쾌거로 전화된다. 나는 가장 이해할 수 없는 것이 왜 축구 국가대표팀의 승리가 '한국의 저력', '민족의 우수성' 담론으로 즉각 전화되는가 하는 점이다. 대중문화나 상업광고에서는 그럴 수 있다. 하지만 언론이나 지식인들의 언어에서 일어나는 이 비합리적인 비약은 어떻게 설명해야 좋을까?"라고 말했다.[74]

한국, 8강 진출

6월 18일 한국은 대전에서 열린 16강전에서 이탈리아와 만났다. 붉은악마는 'Again 1966'을 내세웠다. 북한이 1966년 런던 월드컵 본선에 진출해 이탈리아를 1대 0으로 제치고 8강 대열에 오른 걸 상기시키는 표어였

74) 권혁범, 「월드컵 '국민 축제' 블랙홀에 빨려 들어간 '대한민국' : 독립적 지성은 어디에 있었는가?」, 『국민으로부터의 탈퇴: 국민국가, 진보, 개인』(삼인, 2004), 153쪽.

이탈리아와의 16강전이 열린 대전 월드컵 경기장. 한국은 연장전까지 가는 혈투 끝에 극적인 역전승을 거두었다.

다. 이 구호는 이탈리아인들을 분노하게 만들었다. 장원재의 증언이다.

"이탈리아 기자들에게 들어보니 가장 열받은 구호는 'Again 1966'이었다고 한다. 1966년 월드컵에서 북한에 패했을 때 이탈리아 의회가 중단되고 성난 의원들이 정부에 대책을 따져 물었다고 한다. 당시 이탈리아 대표팀은 귀국할 때 2만여 명의 분노한 군중으로부터 썩은 토마토 세례를 받았다. 1966년은 이탈리아에게 어제 일처럼 생생한데 상처를 쑤시는 격문이었다."[75]

열받게 만든 덕을 본 것이었을까? 'Again 1966'은 성공했다. 한국은 이탈리아에 연장전 끝에 2대 1 승리를 거두었다. 이탈리아 비에리의 선제골에 설기현의 동점골, 그리고 연장전에서 나온 안정환의 역전골이

75) 장원재 외, 「"그때 우린 한국인이라 행복했다": 월드컵 1년 특별좌담」, 『조선일보』, 2003년 6월 2일, C3면.

만들어낸 작품이었다. 한국의 역전승에는 이탈리아 공격의 핵인 토티의 연장 전반 퇴장이 결정적이었는데, 훗날 이는 사전에 준비된 히딩크의 치밀한 '열받게 만들기' 전술임이 밝혀졌다. 오른쪽 수비수로 출전한 최진철은 "히딩크 감독이 경기 전 따로 불러 토티에게 거칠게 의도적으로 파울을 많이 하라고 지시하면서 경고, 퇴장을 끌어내라고 했다"고 말했다.[76]

놀라운 사건이었다. "솔직히 말해 한국팀이 16강에 오르더라도 8강 진출은 '낙타가 바늘구멍 통과하기' 만큼 어렵다"는 게 일반적인 관측이었는데,[77] 바로 그 '낙타가 바늘구멍 통과하기' 가 실현된 것이었다.

전국 352곳에서 열린 길거리 응원에 참여한 420여만 명은 서로 부둥켜안고 '대한민국' 을 외쳤다. 『대한매일』은 "전국은 심장이 멎는 듯 환호와 열광의 도가니에 빠져들었다"며 "젊은이들은 태극기를 휘날리며 거리를 질주했으며, 차량들도 흥겨운 경적 소리를 울려댔다"고 보도했다. 또 이 신문은 "전국 곳곳은 '아리랑' 노래 소리로 밤새 들썩거렸다"며 "국민은 승리의 기쁨을 두고두고 간직하려는 듯 밤새 불을 끄지 못했다. 아파트 지역에는 시민들이 내건 태극기가 밤새 펄럭였다"고 했다.[78] 영국의 BBC는 "월드컵 72년 사상 최대 충격" 이라고 했다. 그러나 아직 '충격' 은 더 남아 있었다.

6월 20일 '월드컵, 우리는 왜 열광하나?' 라는 주제를 놓고 벌어진 MBC〈100분토론〉에서 소설가 조정래는 "민족적 일체감의 표현" 또는

76) 최진한, 「다혈질 토티 '퇴장' 치밀하게 유도했다: 최진한 코치가 쓴 히딩크 2002 비망록」, 『국민일보』, 2006년 5월 10일, 4면.
77) 기영노, 「재미 10배 '숨은 1cm' 는」, 『주간동아』, 2002년 6월 6일, 21면.
78) 이천열 외, 「투지 …… 저력 …… 5000만이 이겼다」, 『대한매일』, 2002년 6월 19일, 31면.

"애국심의 발로"라고 주장했으며, 명지대 교수 유홍준은 "모이는 열정은 민족이고 국가다. 방어적 민족주의 속에 형성되어 왔던, 그래서 잠재되어 있던 애국심, 국가나 민족에 대한 운명 공동체 의식이 토대가 되어 단결력으로 나타났다"고 주장했다. 반면 문화평론가 정윤수는 "애국하러 시청 앞에 나가서 응원하지 않았다. 거리 문화, 그 축제 속에서 한번 즐기고 싶어서 나갔다"고 주장했다.[79]

반면 바로 그날 대표적 인권 단체인 인권운동사랑방은 「'붉은악마' 현상을 부추기지 말라」라는 제목의 성명서를 발표하였다. 이 성명서는 "붉은악마 현상을 두고 이른바 '진보적' 지식인들의 망발이 그칠 줄을 모른다"며 " '레드 콤플렉스의 극복'이라느니, '6월항쟁에 나타난 민중 에너지의 재현'이라느니, 심지어는 '우리 민족의 단결력과 애국심을 과시했다'는 따위 발언은 지식인의 진정한 소명을 벗어난 추악한 아부에 지나지 않는다"고 주장했다.

"감히 말하건대, 붉은악마 현상에는 넘실거리는 국가주의와 맹목적 애국심이 있을 뿐이다. 정의에 대한 열망이 아닌 승리에 대한 열광이 있을 뿐이며, 체제에 대한 순응과 정치적 무관심과 인간의 주체성을 죽이는 군중심리가 있을 뿐이다. 붉은악마 현상은 파시즘을 가능케 하는 병적인 현상이다. 붉은악마 현상은 결코 '자발적'인 것이 아니다. …… 국민의 정치적·사회적 무관심 속에 국가주의의 유령과 힘겹게 싸우면서 이 사회에 인권을 실현해 나가야 할 우리는 월드컵과 붉은악마가 이 사회의 건강한 발전을 10년 이상 정체시켰다고 주장하는 데 주저함이 없다."

---

79) 고석규, 「다시 생각하는 한국의 식민지 근대성과 민족주의」, 『문화과학』, 제31호(2002년 가을), 114~115쪽.

주강현은 "위의 주의·주장에 '전면 동조' 하기에는 우리가 이루어낸 6월의 전리품들은 되돌이킬 수 없이 소중한 문화사적 의미망을 지닌다"며 "민중이 '한 번 노는 일' 가지고 '지나치게' 반응한 것은 아닐까"라고 의문을 제기했다. "민중이 모처럼 노는 일을 지나치게 '훈육주임' 같이 가르치는 건 민중들 스스로 판단하는 '살림의 문화'를 전면 부정하는 것이기도 하다. 비평을 하더라도, 이렇게 말했다면 설득력이 있지 않았을까. '오죽 스트레스가 많고 제대로 놀 기회가 없었으면 우리 사회에 산적한 문제들도 많은데 저 난리를 쳤을까.'"[80]

인권운동사랑방의 성명 내용이 연합뉴스를 통해 알려지면서 인권운동사랑방 홈페이지 게시판에서는 네티즌들 사이에 뜨거운 공방이 벌어졌다. 긍정을 표한 네티즌들도 있었지만, 대부분의 네티즌은 "500만의 자발적 응원을 매도하지 말라"며 인권운동사랑방에 거세게 항의했다.[81]

김성곤은 『조선일보』 6월 22일자 칼럼에서 "외국의 언론들은 한국의 응원 열기를 보도하면서, 이렇게 전 국민이 열렬한 축구팬인 나라는 이 세상 어디에도 없다고 말한다. 전국적으로 수백만의 응원 인파가 모여들고, 한 달 동안이나 축구를 제외한 다른 사안들이 마비되는 나라는 한국밖에 없다는 것이다"며 "그러나 전국을 뒤엎는 그 뜨거운 열기와 함성과 엄청난 숫자가 우리의 신바람 문화와 한풀이 정서를 모르는 외국인들에게는 심각한 위협으로, 또는 획일적 전체주의로 느껴질 수도 있

---

80) 주강현, 『레드 신드롬과 히딩크 신화』(중앙M&B, 2002), 21~22쪽.
81) 김지은, 「"붉은악마 이상 열기는 파시즘적 현상", "500만의 자발적 응원 매도하지 말라" 인권운동사랑방 '쓴소리'에 네티즌 '발끈'」, 『오마이뉴스』, 2002년 6월 24일.

다는 데 문제가 있다"고 말했다.

한국, 4강 진출

6월 22일 광주에서 벌어질 스페인과의 8강전을 앞두고 광주를 찾은 김
훈은 『한겨레』 6월 22일자에 쓴 광주발 르포 기사에서 "염주동 월드컵
경기장 앞 광장에서는 18일 이후부터 야영을 시작한 젊은이들이 앰프
음악에 맞추어 응원 연습을 하고 있다"고 전했다.

"핫팬츠와 브래지어만을 걸친 젊은 여성들이 태극기를 아랫도리에
휘감고 댄스곡으로 편곡한 애국가에 맞추어 격렬하게 몸을 흔든다. 그
들의 젊은 신바람은 애국적 표상들의 엄숙주의를 단숨에 무너뜨린다.
이 놀라운 젊은 생명의 힘들이 금남로·충장로·도청 앞으로 모여들고
있다. 이 거리의 5월을 기억하라는 요구조차도 그들에게는 또 다른 억압
일 것처럼 보였다. 그러나 1980년에도 그랬듯이, 금남로는 다시 새롭게
분출하는 것들의 힘으로 들끓고 있다. 그 힘들이 '오 필승 코리아'를 외
치고 있다."[82]

광주 시민들은 너그러워졌다. 교통사고가 나도 웃었다. 장원재의 증
언에 따르면, "광주 전에서는 운동장으로 향하던 길에서 교통사고가 났
다. 받힌 사람이 갑자기 '대한민국' 하니까 받은 사람이 '짝짝~짝~짝
짝' 박수를 치고 화해했다. 길에 늘어선 차들이 모두 '빵빵~빵~빵빵' 경
적을 울렸던 기억이 난다."[83]

---

82) 주강현, 『레드 신드롬과 히딩크 신화』(중앙M&B, 2002), 130쪽에서 재인용.

스페인과의 8강전에서 승리한 축구 국가대표팀이 태극기를 흔들며 기뻐하고 있다.

한국은 8강전에서 승부차기로 승리해 '4강'에 진출했다. 전국은 요동쳤다. 『대한매일』은 "민주주의 상징인 광주 금남로에서 시작된 붉은 잔치의 물결은 밤새 전국으로 퍼져나갔다"며 "승리의 감격을 억누르지 못하는 시민들로 일부 도심 차도는 '해방구'로 변했고, 수천 발의 폭죽이 터지는 바람에 거리에는 폭약 냄새가 진동했다"고 했다.[84]

"서울시청 앞 광장과 대학로, 강남대로 등에서는 수십만 길거리 응원 인파의 '광란'의 뒤풀이 축하 무대가 하염없이 이어졌다. 한데 어울려 펄쩍펄쩍 뛰거나 앞 사람의 어깨를 잡고 기차놀이를 하며 표현할 길 없는 기쁨을 만끽했다."[85]

83) 장원재 외, 「"그때 우린 한국인이라 행복했다": 월드컵 1년 특별좌담」, 『조선일보』, 2003년 6월 2일, C3면.
84) 최치봉 외, 「"브레이크 없는 한국" 세계가 열광」, 『대한매일』, 2002년 6월 23일, 15면.

축구 국가대표팀이 4강에 진출했지만 히딩크는 아직 샴페인을 터뜨릴 때가 아니라고 생각했다.

6월 22일 밤 서울 라마다르네상스호텔에서는 선수단이 참석한 4강 축하 파티가 열렸다. 축구협회가 주도한 파티였지만, 이를 탐탁지 않게 생각한 히딩크는 파티가 끝나기 전에 먼저 자리를 떴다. 아직은 샴페인을 터뜨릴 때가 아니라고 본 것이었다. 당시 비망록을 작성한 코치 최진한의 증언이다.

"파티가 선수들 기분 전환에 긍정적으로 작용했다는 반론도 있을 수 있다. 그러나 파티는 결과적으로 히딩크만 바라봤던 선수들의 초점이 축구협회의 축제 분위기에 휩쓸리거나 적어도 분산되는 계기로 작용했다. 마침 협회 주변에서는 한국이 결승에 오르면 대회의 격을 떨어뜨려 주최국으로서 오히려 손해라는 얘기까지 나돌았다. 협회의 전반적인 분위기는 4강만으로도 대만족이었다." [86]

축구팬들도 같은 생각이었을까? 이때부터 축제 후 뒤풀이 문화에 문제 있다는 지적이 나오기 시작했다. 『경향신문』 6월 24일자는 "거리 응원장은 세계 수준의 질서를 유지하지만 경기가 끝난 뒤 응원단의 뒤풀이가 진행되는 종로·신촌·강남역 등 서울 시내를 비롯한 전국의 도심

---

85) 김종구 외, 「4700만 국민 모두 승리자」, 『한국일보』, 2002년 6월 23일, 18면.
86) 최진한, 「"호텔 4강 파티? 샴페인 딸 때 아니야": 최진한 코치가 쓴 히딩크 2002 비망록」, 『국민일보』, 2006년 5월 10일, 5면.

곳곳은 쓰레기와 오물로 뒤덮이고 있다"고 보도했다. 서울 중구청의 환경미화원 김성학은 "응원장에서는 쓰레기를 정리하다 남들이 보이지 않는 길거리에서 쓰레기와 오물을 마구 버리는 이중적 얌체족들이 줄었으면 좋겠다"고 했다.[87]

그래도 언론은 여전히 감격 일색이었다. 『조선일보』 6월 24일자 사설은 "다분히 개인주의적이고 정치에 대해 무관심하다 해서 흔히 '이기적 세대'로 불려온 그들이 온 국민의 손에 다시 태극기를 들게 만들고, 새삼스럽게 소리쳐 부르기에는 멀리 있던 '대-한-민-국' 넉 자를 목 놓아 부르짖게 만들었다"고 감격했다.

오히려 태극기를 너무 사랑해서 문제였다. 『대한매일』 6월 24일자는 "공공건물의 태극기와 냉면집 붉은 깃발이 때 아닌 수난을 겪고 있다. 일부 학생과 시민이 학교와 관공서에 게양된 태극기를 내려 응원에 쓰거나 냉면집 붉은 깃발을 응원 도구인 붉은색 머플러 대용품으로 사용하려고 '슬쩍하는' 사례가 많기 때문이다"고 보도했다. 그런가 하면 7월 대입 수시 모집을 앞둔 수험생들은 시사성 높은 월드컵 관련 문제가 출제될 가능성이 높아졌다는 학원들의 판단에 따라 "붉은악마와 히딩크 신드롬의 사회적 의미는?" 등과 같은 문제를 풀기 위해 '족집게' 강의를 듣느라 바빠졌다.[88]

김동식은 『조선일보』 6월 24일자 칼럼에서 "적어도 나의 경험에선, 거리 응원은 승리 이데올로기에 도취되지도 않았고 국가주의에 함몰되

---

87) 조현철, 「빗나간 '뒤풀이 축제' 이대로는 안 된다: 축구 실력은 세계 4강 경기 뒤 질서는 예선 탈락」, 『경향신문』, 2002년 6월 24일, 23면.
88) 구혜영·이영표, 「학교 태극기 '수난' …… 암표 불티」, 『대한매일』, 2002년 6월 24일, 27면.

지도 않았다. 거리 응원의 열정은 단순한 감정적인 분출이 아니라, 그 자체로 정치적 자존심이자 문화적 자부심의 표현이기 때문이다. 거리 응원은 자신들의 열정에 대한 자존심으로부터 자율성을 이끌어낸다"며 다음과 같이 말했다.

"W세대가 외친 '대한민국'은 단순한 응원 구호도 아니고 기존의 국가 이미지에 대한 긍정도 아니다. 선수들의 움직임을 좇는 그들의 눈동자는 '깨끗하고 정정당당하며 성실하게 준비하는' 국가의 이미지에 대한 갈망으로 가득했다. 이들의 거리 응원은 권위적 억압 기제에 동원된 집단주의 문화가 아니라, 개인의 열정에 바탕을 둔 새로운 축제의 가능성을 열어보인 사건이다."

축제의 주인공은 선수들이었다. 정부는 선수들에게 병역 혜택을, 축구협회는 선수 1인당 3억 원의 특별 보너스를 지급하기로 결정했다. 당시 병역 미필이었던 안정환, 김남일, 이영표, 송종국, 설기현, 현영민, 차두리, 박지성, 이천수, 최태욱이 병역 특례의 수혜자가 되었다. 나중에 더 불어난 포상금은 지급 방식을 놓고 논란이 벌어지기도 했다. 차등 지급이 발표되는 순간 네티즌들이 맹렬하게 들고 일어나 결국 균등 지급으로 결말이 났다. '균등 지급'이 한국 '4강 진출'의 의미이자 정신이었는지도 모를 일이었다.

월드컵으로 삶이 즐거워졌다

6월 25일 한국은 상암 월드컵 경기장에서 열린 준결승전에서 독일에 0대 1로 패했다. 『세계일보』는 "심판의 경기 종료 휘슬이 울리자 온 국민은 가정에서 거리에서 직장에서 밀려드는 슬픔을 주체할 수 없어 눈물을 펑펑 쏟아냈다. 그러나 슬픔도 잠시. 전국 400여 곳에서 길거리 응원에 나선 700만 명의 시민들은 결승 진출 좌절이라는 아픔을 뒤로 한 채 경기 종료까지 사력을 다해 뛴 우리 선수들에게 아낌없는 격려의 박수를 보내며 슬픔을 추스르는 성숙한 모습을 보여줬다"고 했다.[89]

정대화는 『한겨레』 6월 26일자 칼럼에서 붉은악마들의 거리 응원으로 "수백 년 동원 문화를 일격에 날려" 버리고 "붉은색 혐오증과 국가 물신 숭배의 금기도 녹여버렸다"고 주장했다.

한국갤럽이 6월 26일 전국의 13살 이상 남녀 636명을 대상으로 전화 여론조사를 벌인 결과 국민의 95%가 "월드컵으로 삶이 즐거워졌다"고 생각한 것으로 나타났다. 또 응답자의 47%가 거리 응원에 나섰고, 53%는 '붉은 옷을 입고 응원' 했으며, 24%는 얼굴 페인팅을 경험한 것으로 조사됐다.[90]

한국리서치가 6월 26일부터 이틀 동안 전국의 20세 이상 성인 남녀 530명을 대상으로 조사한 결과, "한국인이라는 자부심이 더 커졌는가"라는 질문에 대해 75%가 정말 그렇다고 답했으며, "국민 간에 친밀감 · 신뢰감 · 일체감이 더 커졌는가"라는 질문에는 68~71%가 정말 그렇다고 답한 것으로 나타났다.[91]

김명인은 『한겨레』 6월 27일자 '월드컵 기획 자문단 좌담' 에서 "국가주의나 애국주의보다 더욱 근원적인 심리 현상에 깔린 것 같다. 우리는

89) 이상범, 「"사력 다한 태극전사" 온 국민이 박수」, 『세계일보』, 2002년 6월 26일, 23면.
90) 권태호, 「국민 95% "월드컵으로 삶 즐거워져"」, 『한겨레』, 2002년 6월 29일, 15면.
91) 강석진, 「"한국인 자부심 커져" 75%」, 『대한매일』, 2002년 7월 8일, 22면.

그동안 자신이 돌아가 쉴 곳이 없었다. 마음의 공동체가 없었다. 그러나 이번 월드컵을 통해 국민들은 자신을 묶어둘 무엇을 찾았다"고 말했다.

안병욱은 『한겨레』 6월 27일자 인터뷰 기사에서 "월드컵이 공동체의 속성을 일시에 되살리면서 이웃과 동네를 발견하는 계기가 됐다"고 말했다.

곽병찬은 『한겨레』 6월 27일자 칼럼에서 처음엔 시청 앞 응원을 비판적으로 보았지만 "시간이 지나면서 나의 이런 생각이 엘리트주의 혹은 권위주의는 아닐까 하는 반성이 들기 시작했다"고 고백했다. 이 고백에 대해 권혁범은 "그의 열린 자세, 젊은 세대를 이해하려는 자세를 존중하지만 붉은악마의 거대한 물결은 독립적 판단, 외로운 입지마저 무너뜨리게 한 것은 아닐까?"라는 의문을 제기하였다.[92]

김동길은 『세계일보』 6월 27일자 정담(鼎談)에서 "지금까지 우리를 감동시킨 사건의 하나가 광복이었습니다. 광복이 되고 6·25 전쟁이 나고, 피란을 가고, 서울이 수복되고 했는데 제 삶에서 한국팀의 4강 진출은 광복 못지않은 감격적인 일입니다"라고 말했다.[93]

고등학생 박선민은 『조선일보』 6월 27일자 독자 칼럼에서 "그것은 온 민족의 가슴속에 일어난 거대한 지진이었고, 활화산 같은 뜨거움이었으며, 바로 조국이었다. 이 역사의 한 가운데 서 있는 나는 혼자가 아닌 함께임에 눈시울이 뜨거워졌다"고 했다.

"내 작은 가슴에도 불은 피어올랐다. 응원의 물결이 강을 이루고 눈물

92) 권혁범, 「월드컵 '국민 축제' 블랙홀에 빨려 들어간 '대한민국' : 독립적 지성은 어디에 있었는가?」, 『국민으로부터의 탈퇴: 국민국가, 진보, 개인』(삼인, 2004), 136쪽.
93) 김동길 외, 「이 에너지 '한민족 르네상스'로 승화」, 『세계일보』, 2002년 6월 27일, 4면.

이 내를 이루고 태극기 물결 속에 대한민국을 연호하게 했다. 대한민국 사람임을, 대한민국 사람으로 태어남을 자랑스럽게 만든 것이다. 나는 감히 신이 주신 선물이라고 말하고 싶다. 그리고 광화문과 시청 앞이 성스럽게 느껴졌다."

김광일은 『조선일보』 6월 27일자 칼럼에서 "국민의 93%가 아무 이의 없이 차량 홀짝제 운행에 자발적으로 참여하는 것에 어떤 지식인도 소름이 돋지 않았다면 이미 그 국가는 외부 단절이 우려될 만큼 황홀에 점령당했다는 증거다"고 말했다.

"4700만 국민이 한꺼번에 목이 쉬어버리는 나라에서는 그 현기증에 지쳐 당장 하차하고 싶다고 중얼거리는 지식인들이 없을 리 없다. '이벤트에 국운을 걸면 후진국이다'는 축구 망국론까지는 아니지만, 축구에 열광하는 '국민'도 있고 그 열광을 유보하고 싶은 '시민'이나 '주민'도 있다는 점을 인정해주자는 것이다."

국민대축제 한마당

2002년 6월 29일 오전 10시 25분께 서해 연평도 서쪽 14마일 부근, 북방한계선(NLL) 남쪽 3마일 해상에서 남북 해군 사이에 전투가 벌어져, 우리 해군 네 명이 전사하고 한 명이 실종됐다. 또 우리 해군 19명(중상 7명 포함)이 다쳐 국군수도병원으로 긴급 후송됐으며, 우리 고속정(156t급) 한 척이 침몰했다고 국방부가 발표했다. 서해에서 교전이 벌어지기는 1999년 6월 연평해전 이후 3년만의 일이었다.[94]

그래도 월드컵은 계속되었다. 제2연평해전이 벌어진 그날 한국은 대

2002년 6월 29일 북방한계선 남쪽 3마일 해상에서 남북 해군 사이에 전투가 벌어져, 우리 해군 네 명이 전사하고 한 명이 실종됐다. 사진은 교전에서 침몰한 참수리 357호를 인양해서 전시해둔 모습이다.

구에서 열린 3·4위전에서 터키에 2대 3으로 패배했다. 결승전은 월드컵 4회 우승 경력의 브라질과 3회 우승 경력의 독일이 맞붙었는데, 브라질은 독일을 2대 0으로 이겨 5회 우승이란 기록을 세웠다. 브라질의 호나우두는 8골로 득점왕에 올랐다.

김종엽은 "터키와의 3·4위전은 경기로서의 매력이랄까 경기에 대한 기대감이 떨어졌는데도 많은 인파가 모였습니다. 유종의 미를 거두겠다는 것도 있었지만 신나게 놀 수 있다는 자의식도 있었던 것 같아요"라면서 "누구도 의도하지 않은, 기획하지 않은 축제가 벌어졌고, 이는 굉장히 새로운 경험이라고 생각합니다"라고 말했다.[95]

94) 김성길·권혁철, 「남북 서해교전 해군 4명 전사/1명 실종·19명 부상 고속정 1척도 침몰 북 NLL 선제 공격」, 『한겨레』, 2002년 6월 30일, 1면.

『한겨레』 7월 1일자 사설은 "거리 응원을 통해 얻은 공동체적 경험은 우리 국민의 하나 됨과 저력을 확인하는 계기가 됐다"고 말했다. 이효순은 『한겨레』 7월 2일자 칼럼에서 "만약 일본의 수많은 젊은이들이 일장기를 몸에 휘감고 '대일본국'을 외쳤다면 우리 사회가 어떤 반응을 보였을까도 생각해볼 만하다"고 말했다.

7월 2일 오후 6시 30분부터 광화문에서 국민대축제 한마당이 펼쳐졌다. 정몽준과 히딩크를 비롯한 코칭스태프, 그리고 23명의 태극 전사들은 그날 오후 6시 서울 강남구 삼성동 코엑스몰 광장을 출발해 강남역, 서울시청 광장을 거쳐 광화문에 도착하는 카퍼레이드를 펼친 뒤 축제에 참가했다. 이 축제에서 히딩크는 대한민국 사상 최초로 김대중 대통령으로부터 '명예국민증'을 받았다.[96]

이 축제에 대해 주강현은 "7월 2일은 세종로 전체가 '허락'된 해방구로 바뀌었다"며 그러나 "7월 2일의 광화문에는 거대한 설치물까지 설치된 상태여서 다시금 엄숙한 국민의례로 돌아갈 참이었다. 물론 열렬히 선수단을 응원한 시민들의 순수한 열정만 빼놓고!"라고 말했다.[97]

7월 5일 김대중 대통령은 선수단, 코리안서포터즈, 붉은악마, 관계 공무원 등 300여 명을 청와대로 초청했다. 그는 월드컵 성공에 기여한 사람들을 치하하면서 1등 공신은 코리안서포터즈이고, 둘째는 붉은악마, 셋째가 히딩크와 선수들이라고 했다.[98]

이유는 좀 달랐지만, 보수 인사들도 월드컵 예찬에 적극 동참했다. 보

---

95) 김종엽 외, 「정담/월드컵 이후 한국의 문화와 문화운동」, 『창작과 비평』, 제117호(2002년 가을), 16~17쪽.
96) 기영노, 『스포츠, 그 불멸의 기록』(문학사상사, 2006), 18~19쪽.
97) 주강현, 『레드 신드롬과 히딩크 신화』(중앙M&B, 2002), 53쪽.
98) 문상주, 『월드컵의 영광 코리안 서포터즈』(청조사, 2005), 185쪽.

제3장 2002년: 노무현 바람과 월드컵 신드롬 **107**

수 원로인 이철승은 『조선일보』 7월 8일자 인터뷰에서 월드컵 막바지에 북한이 일으킨 서해 도발에 대해 "월드컵에서 우리 국민들이 '대한민국'과 '태극기'를 중심으로 단결하자, 북한의 김정일이 충격받아 일으킨 것"이라며 "이번에 우리 젊은이들이 태극기 아래 하나로 뭉침으로써 북한이 쌓아온 대남 전략을 단번에 분쇄하는 효과를 거뒀다"고 주장했다. 또 그는 "정치인과 일부 몰지각한 지식인들이 기회주의적인 태도로 국가의 정통성을 망각하고 있는 현실에서, 20~30대 젊은이들이 보여준 애국심은 그동안 내가 걸어온 길이 옳았다는 사실을 다시 한 번 보여주는 것 같아 흐뭇했다"고 말했다.

조갑제도 『월간조선』 2002년 7월호에 쓴 「나의 월드컵 일기-50대가 20대에게 보내는 축전」이라는 글에서 "붉은악마들은 김정일 광신 집단으로부터 적색(赤色)까지 빼앗아 애국색으로 만들어버린 것"이라며 기쁨을 갖추질 못하면서, "젊은이들에게 정의를 가르쳐서 그들의 에너지가 폭발로 끝나지 않고 원자력처럼 이론에 의하여 통제되면서, 김정일 정권의 압제로부터 2000만 동포들을 해방시킬 수 있는 생산적 에너지를 꾸준히 발전해낼 수 있도록 함께 고민해보자"고 말했다.

"독립적 지성은 어디에 있었는가?"

축제가 끝난 후 이제 총평가가 시작되었다. 김종엽이 지적했듯이, "누구보다도 월드컵 후유증을 심하게 앓아야 하는 것이 우리 사회 지식인들"이었다.[99]

권혁범은 「월드컵 '국민 축제' 블랙홀에 빨려 들어간 '대한민국': 독립적 지성은 어디에 있었는가?」라는 장문의 글에서 『조선일보』와 『한겨레』에 실린 관련 칼럼과 기사들이 월드컵 신드롬에 대해 과도한 열광을 보였다며 "한국 언론과 지식인 사회의 비판적·독립적 지성 마비 현상"을 지적하였다.[100]

김진석은 『뉴스위크 한국판』 7월 10일자 칼럼에서 "과도한 민족주의와 애국주의를 경계한다면서, 이 모든 열정을 파시즘적 광기로 몰아붙이는 비판"은 "한국 사회의 성격에 대한 부당한 평가"라고 말했다.

이에 대해 권혁범은 "물론 '한국적 집단성을 모두 파시즘적 광기로 매도하는 것', '반(半)자발적인 참여를 모두 억압적인 동원으로만 해석'하는 것은 부당하다. 나도 그것이 폭력적이고 위험한 파시즘으로 전환할 가능성은 거의 없다고 본다. 하지만 이번 붉은악마 현상의 집단적 광기에 과연 지독한 획일주의, 집단주의가 없었다면 어떻게 해서 '온 국민이 하나 된 기쁨'이 방방곡곡에 메아리치게 되었을까?'라고 물었다. 그는 "이번에 확인된 것은 민주주의와 다원주의의 발전에도 불구하고 한국 사회에 획일적 집단주의가 뿌리 깊게 남아 있다는 점이다"면서 다음과 같이 말했다.

"그리고 그것은 여전히 '공동체' 혹은 '조국'을 명분으로 해서 그 부정성을 감추고 동시에 도덕적 정당성을 부여받는다. 축제의 기쁨 속에서 사실은 전체주의적 획일주의가 지배하는 한국 사회의 진면목이 이번에 드러난 게 아닐까? 그것은 국가적 축제라는 이유로 차량 2부제 운행

99) 김종엽 외, 「정담/월드컵 이후 한국의 문화와 문화운동」, 『창작과 비평』, 제117호(2002년 가을), 37쪽.
100) 권혁범, 「월드컵 '국민 축제' 블랙홀에 빨려 들어간 '대한민국': 독립적 지성은 어디에 있었는가?」, 『국민으로부터의 탈퇴: 국민국가, 진보, 개인』(삼인, 2004), 135~168쪽.

에 쉽게 순응하고 여러 종류의 국가적 캠페인에 협조한 '놀랄 만한 질서 의식'과 관련되어 있다. 똑같은 박자와 일사불란한 몸짓으로 외쳐댄 '대한민국'은 학교와 군대에서 학습된 제식훈련과 국민의례의 결과가 아니었을까? 그것은 오랜 기간에 걸친 동질적 문화/신체 훈련 없이 수백만, 수천만이 공유하기 어려운 행위 패턴이다."[101]

'제식훈련과 국민의례' 학습의 차원을 넘어서, 월드컵 신드롬의 가장 큰(또는 우선적인) 동력(또는 이유)은 한국 특유의 "쏠림이 강한 문화"에서 찾는 것도 가능하지 않을까? 주강현은 한국인은 옛것보다 새것에 민감하며 따라 하기에 바쁜 "쏠림이 강한 문화"를 갖고 있다고 보았다.

"일단 붉은 티셔츠가 만인의 무복으로 인정되는 순간, 축제판은 일시에 거대한 붉은 해일로 뒤덮인다. 축제의 일탈에서는 대단히 소중한 원동력이라 장점에 속하는데, 일상에서는 반드시 좋다고만 볼 수도 없다. 다원성 부족의 한 표출 방식이기 때문이다. 굿의 집단적 신명이 쏠림으로 나타나고, 빠름으로 나타날 때, 판단력이 둔해지고 집단적 환각에 빠져 다원성을 잃어버릴 가능성이 농후하다. 신명이 집단 도취에 빠질 때 나타날 수 있는 위험이 아닐 수 없다."[102]

권혁범이 태극기와 '대한민국' 구호는 대중들에게 '내 안의 내셔널리즘'을 조장하게 했고, 대중들의 애국적 스타일은 불길하면서도 획일적이라고 비판한 것에 대해 이동연은 다음과 같은 반론을 폈다. "서포터즈들의 대형 태극기와 일사불란한 '대한민국'이란 구호로 대변되는 애국

101) 권혁범, 「월드컵 '국민 축제' 블랙홀에 빨려 들어간 '대한민국': 독립적 지성은 어디에 있었는가?」, 「국민으로부터의 탈퇴: 국민국가, 진보, 개인」(삼인, 2004), 160~161쪽.
102) 주강현, 「레드 신드롬과 히딩크 신화」(중앙M&B, 2002), 199~200쪽.

심이나 민족주의적 경향들은 사실 배타적 민족주의의 문제라기보다는 한국의 근대적 문화의 기질, 혹은 비동시성의 동시성을 경험하게 만드는 문화적 촌스러움의 현상으로 보는 게 더 타당할 듯싶다. 설사 그것이 획일적이었다 해도 부정적, 배타적 획일성은 아닌 것이다."[103]

리영희는 9월 10일에 『기억과 전망』과 인터뷰한 자리에서 월드컵 응원과 국가주의에 대한 질문을 받고 "사실 나는 월드컵 응원 열기를 보면서 한편으로 두려움을 느끼기까지 했다"며 "한국을 외치는 것과 대한민국을 외치는 것은 다르다"고 말했다.

"공식적으로 그 많은 인파들이 '대한민국'을 외치며 일사불란하게 응원한다는 것은 그것이 역사적 성격의 공식적인 국가에 대한 무차별적인 매몰을 상징한다는 점에서 위험천만한 것일 수 있다. 개별적으로는 그것이 마치 자발성에 의한 것이라고 하나, 이미 본 것처럼 거기에는 자본의 이해와 국가의 이해가 깊게 각인되어 있는 것이다. 큰 차원에서 보면, 결코 그것은 개인의 자발성을 의미하는 것이 아니다."[104]

이 발언에 대해 김만수는 이런 반론을 폈다. "'위험천만한 것일 수 있다'면, 즉 그것도 여러 가능성 중에 하나의 가능성이라면 나도 인정할 수 있다. 하지만 축구를 좋아하고, 또 '진정으로 사랑할 조국'을 가져본 적이 없는 한국의 젊은이들이 한때 대리 만족과 스트레스의 분출로 응원하는 것을 국가에 대한 매몰, 위험천만 등의 '겁나는' 용어로 해석할 것까지는 없다고 본다. 한국이 아니라 공식 국가 이름인 '대한민국'을 썼다

---

103) 이동연, 「붉은악마와 주체 형성: 내셔널리즘인가 스타일의 취향인가」, 『문화과학』, 제31호(2002년 가을), 163~177쪽.
104) 리영희·박호성·이광일, 「나와 민주주의: 살아 있는 시대의 지성, 리영희(인터뷰)」, 『기억과 전망』, 창간호(2002년 12월), 107~108쪽.

고 걱정하는 것도 기우(杞憂)가 아닌가 생각한다. 글자 수에 따른 응원 음악의 리듬을 위한 필요 정도로 보면 안 될까? 그리고 우리의 젊은이들을 리영희가 걱정하는 만큼 우매하지도 정치적이지도 않다."[105]

다중론과 변방 콤플렉스

조정환은 월드컵 신드롬을 다중(多衆: multitude)으로 설명하고자 했다. 다중은 안토니오 네그리와 마이클 하트가 2000년에 낸 『제국』에서 인간의 새로운 주체성을 표현하기 위해 정식화한 개념으로, 다양하고 이질적이며 혼종적인 사람들의 집합체를 의미한다. 다중은 개별자들이 특이성을 지닌 채 상호작용 속에서 자신들을 드러내며, 특정한 지배 장치에 의해 구조화되기보다는, 자신들의 개별 고유성을 소통하면서 공통성을 키워나가는 주체적인 사람들이다. 또 다중은 자본주의 사회에서 획일화되고 매체에 의해 주조되며 수동적인 대중(mass)과는 달리, 자신들의 주체적인 욕망과 주장들을 결집해나가는 무리들이다. 조정환은 월드컵 열풍 때의 붉은악마와 2002년 11월 30일을 전후해 발생한 촛불시위를 다중의 출현으로 보면서 다음과 같이 주장했다.

"다중은 민중과는 달리 인민군의 형태로 싸우지 않는다. 다중은 중앙집권적이고 위계적인 군대의 형태를 취하지 않고 있다. 다중은 저항하면서 탈주하는 무리의 형태를 취한다. 다중은 고정된 형태를 취하기보다 벌떼처럼 나타났다 사라지기를 반복하는 유동적 형태를 취한다. 다

---

105) 김만수, 『리영희: 살아있는 신화』(나남, 2003), 507쪽.

중은 대표를 통해 자신의 의사를 전달하는 의회주의 코드를 선택하기보다 직접 행동으로 자신의 의사를 표현하기를 더 좋아한다."

조정환은 "급진적 좌파의 일부는 붉은악마들을 민족주의자들로, 심지어는 파시스트들로 정의해버림으로써 새로운 것들에 낡은 옷을 입히기 좋아하는 그들의 보수적 심성을 드러냈다. 이것은, 붉은악마를 애국주의의 화신으로 전유하여 국가 브랜드 제고에 월드컵과 붉은악마를 한 묶음으로 이용하고자 한 국가의 노력을 뒷받침해주었다. 붉은악마 현상을 새로운 군중 혹은 다중의 출현으로 정의하려는 다양한 노력들이 나타난 것은 이런 상황 속에서였다"라고 주장했다.[106]

김지하도 조정환과는 다른 시각이긴 하지만 월드컵 신드롬에 대해 긍정적인 자세를 취했다. 그는 "2002년에 보여줬던 붉은악마는 단순한 스포츠가 아니었습니다"라면서 다음과 같이 주장했다.

"문화적 분출, 잠복된 힘이 터져나온 것이며, 억압된 흥이 터져나온 것입니다. 신바람, 신명, 신이 났던 순간이에요. 우리는 고대의 영고, 무천으로 시작된 신바람, 신명의 민족이었습니다. 그게 2002년에 발현된 것이죠. 그리고 이것은 분권적 퓨전이에요. 지금 젊은이들은 골방에서 인터넷을 통해 '밀실 네트워크', '방콕(방에 콕 들어박혀) 네트워크'를 형성하고 있습니다. 그렇게 형성된 네트워크가 700만이 모여들게끔 하는 힘을 발휘한 것입니다. 700만이 모였지만 어떤 사고 하나 없이 질서 있는 모습을 보인 것, 이는 혼돈 속의 질서에 바탕 한 새로운 문명의 시작

---

106) 조정환, 『아우또노미아: 다중의 자율을 향한 네그리의 항해』(갈무리, 2003); 조정환, 『제국기계 비판』(갈무리, 2005); 안토니오 네그리 · 마이클 하트, 윤수종 옮김, 『제국』(이학사, 2001).

을 알리는 계시였던 것입니다." [107]

반면 강정인은 "서구가 중심이고 우리(한국)가 변방이라는 변방 콤플렉스가 한국 현대사에서 2002년 월드컵 축구에서 잇단 승리에 환호했을 때처럼 공공연하고 적나라하게 드러난 적은 없었다"며 당시 감격에 겨워 흔히 튀어나왔던 보도나 기사 구절들을 그 증거로 제시하였다.

"아시아 최초의 4강 진출국 대한민국, 당당히 실력으로 변방에서 중심으로 우뚝 선 자랑스러운 이름입니다.", "오랜 세계사에서 늘 변방에 머물러 있던 우리는 이제 중심에 우뚝 설 수 있는 힘을 각인시켰다.", "이제 축구만이 아닌 모든 분야에서 주변국이 아닌 중심국으로, 세계 속에 당당한 대한민국이 되어야만 합니다.", "태극 전사들의 투혼이 유럽의 강호들을 격침시킬 때마다 '한국은 안 돼' 라는 열패감을 말끔히 씻게 되었습니다.", "많은 해외 동포들도 계속 터지는 월드컵 승전보와 함께 고국이 세계의 변방에서 중심으로 다가서고 있다는 확신이 차 있습니다.", "분단국 정도로만 알려졌던 고국은 이제 더 이상 부끄러운 꼬리표가 아닙니다." [108]

그러한 '변방 콤플렉스' 는 단 한 번의 '월드컵 4강' 으로 사라질 수 있는 성격의 것은 아니었다. 한국인은 '꿈이여 다시 한 번' 을 외치며 2006 월드컵을 기다리게 되었다. 월드컵 신드롬 비판자들은 월드컵 열기의 사회적 '기회비용' 을 걱정했겠지만, 그런 사회적 기회비용과 더불어 '변방 콤플렉스' 는 물론이고, 해소해야 할 또 다른 고강도 스트레스에 짓눌려

---

107) 김지하 · 송종호, 「동아시아 생명 · 평화의 길 "붉은악마"에게 달렸다: 한국예술종합학교 김지하 석좌교수」, 「(고대) 대학원신문」, 2005년 4월 5일, 1면.
108) 강정인, 「서구중심주의를 넘어서」(아카넷, 2004), 15~16쪽.

사는 한국인의 삶에 대해서도 생각해볼 필요가 있었던 건 아니었을까?

월드컵 특수 수혜자들

월드컵 기간 중 3개 방송사는 1300억 원의 광고 수익을 올렸고, 월드컵 행사의 주요 스폰서 노릇을 했던 SK텔레콤은 500억 원 이상의 광고 효과를 거두었다. 전국 곳곳엔 거리 응원을 유도하는 대형 전광판이 79개나 설치되었다.

한 이동통신사의 광고는 아기의 탄생 모습과 함께 "48,396,208번째 붉은악마가 태어났습니다. 이 아이도 언젠가 뜨겁게 대한민국을 외칠 것입니다"라고 말했고, 다른 이동통신사는 애국가를 응원가로 바꿔 불러 논쟁을 일으켰다. 이처럼 월드컵은 이동통신사들의 잔치판이기도 했다.

월드컵 신드롬 논쟁에서 한 가지 쟁점은 '자발성'의 문제였다. 노명우는 월드컵 군중에게 가해진 제약에 주목했다. 그는 SK텔레콤이 '비더 레즈' 티셔츠 12만 장을 뿌리고 쇼를 후원하는 등 사실상 응원단장 노릇을 한 사실과 대중매체의 세뇌에 가까운 반복 주입 등을 지적하면서 다음과 같이 말했다.

"이 군중은 대중매체의 '세계가 지켜본다'는 캠페인, FIFA와 월드컵 마케팅을 노리는 기업의 상업주의, 한정된 범위 내에서 군중의 일탈을 허용하는 경찰의 신경을 거스르지 않는 범위 내에서 신체를 낭비하면서 놀아야 했다. 이 군중은 상징을 변형하는 창조성을 발휘하고 스스로 스펙터클을 만들어내는 능동성을 발휘했지만, 이들이 만들어낸 변형은 변형 이전의 흔적이 농후한 제한된 변형이며, 군중의 능동성은 '세계가 지켜본다'

'비 더 레즈' 티셔츠를 12만 장 뿌린 SK텔레콤
은 월드컵의 최대 수혜자였다.

는 경고와 상업주의의 틈바구니에
서 제한된 능동성일 수밖에 없었
다."[109]

다양한 견해가 가능할 것이나,
한 가지 분명한 건 2002년 월드컵
열기의 최대 수혜자 중 하나는 단
연 SK텔레콤이었다는 사실이다.
한석규가 등장해 '대한민국' 구
호를 곁들인 박수 교육을 시키고 윤도현의 목소리로 전파된 '오 필승 코
리아' 광고 음악 등을 곁들인 SK텔레콤의 스피드 011 광고는 500억 원
이상의 광고 효과를 거둔 것으로 평가되었다. 월드컵의 통신 분야 공식
후원사는 KTF였는데도 불구하고 SK텔레콤은 뛰어난 광고와 마케팅 전
략으로 월드컵을 거저먹은 것이나 다름없었다.[110]

월드컵은 미디어업계의 판도도 바꾸었다. 1998년 뉴스 시장에 진입한
포털 사이트가 "미디어로 부상한 결정적 계기는 2002년 한일 월드컵이
었다. 뉴스를 소비만 하던 사람들은 당시 특정 이슈에 관해 다수의 사람
과 의견을 나누게 됐고, 그 과정에서 평소 접하지 못했던 정보를 얻는 새
로운 경험을 한다. 포털은 포털대로 전통적 미디어들과 달리 이용자들
의 요구를 만족시키기 위해 활발히 움직였다."[111] 월드컵을 기점으로 포
털은 '공룡'으로 변했다.[112]

---

109) 노명우, 「새로운 군중의 출현」, 『문화과학』, 제31호(2002년 가을), 195~208쪽.
110) 김병희, 『유쾌한 광고! 통쾌한 마케팅』(좋은책만들기, 2002), 89~91쪽.
111) 이필재 · 오효림, 「브레이크 없는 포털 …… 그 무서운 질주」, 『월간중앙』, 2006년 4월, 96쪽.
112) 차정인, 「공룡 포털과 고 이은주 씨 보도」, 『기자협회보』, 2005년 3월 2일.

'히딩크 대통령'이라는 플래카드까지 나오고, 서점엔 '히딩크 리더십' 책들이 쌓이고, 대학마다 '히딩크 강좌'가 줄을 이을 정도로 폭발적인 인기를 누렸던 히딩크는 월드컵 후 한국을 떠났다. 홍명보와 황선홍도 2002년 11월 브라질과의 친선경기를 마지막으로 대표팀에서 은퇴했다. 선수들의 해외 진출이 붐을 이뤘다. 월드컵 직후 국내 프로축구도 뜨겁게 달아올라 한동안이나마 최다 관중 기록을 연일 경신했다.

2002년 9월에는 부산 아시안게임을 앞두고 12년 만에 남북통일축구가 성사돼 0대 0 무승부를 기록했다. 국가 대신 '아리랑'이 울려 퍼졌고, 양 팀의 유니폼에도 국기나 축구협회 마크를 달지 않고 한반도기가 부착되었다. 북한은 월드컵 때에도 이례적으로 한국 경기와 주요 경기들을 녹화 방영했는데, 조선중앙텔레비전은 "아시아, 아프리카국 가운데 준결승에 오른 것은 남조선이 처음"이라고 소개하면서 "이는 유럽과 남미의 독점 시대가 끝나는 징조"라고 논평했다.[113]

2002년 가을 김종엽은 "월드컵을 계기로 굉장한 에너지를 경험했는데…… 다양한 세력들 사이에서 그 에너지의 성격을 규정하고 이를 흡수하려는 투쟁이 벌어지고 있고 이런 시도는 앞으로 상당히 지속될 듯합니다"라고 전망했다.[114] 그런 투쟁의 승자이자 월드컵 열풍의 가장 큰 수혜자는 정몽준과 노무현으로 나타났다. 정몽준은 유력 대선 후보 1위로까지 떠올랐으나 여론조사를 통한 노무현과의 후보 단일화 '도박'에서 패배했고, 정몽준의 월드컵 파워까지 넘겨받은 노무현은 2002년 12월 대선에서 승리해 대통령이 된다.

---

113) 정윤수, 『축구장을 보호하라: 문화평론가 정윤수의 축구 다큐멘터리』(사회평론, 2002), 245쪽.
114) 김종엽 외, 「정담/월드컵 이후 한국의 문화와 문화운동」, 『창작과 비평』, 제117호(2002년 가을), 17쪽.

'우리 안의 폭력'을 어떻게 볼 것인가?
문부식과 '동의대 사건' 논쟁

동의대 사건 민주화 인정은 납득할 수 없다

『조선일보』 2002년 7월 12일자 11면에 실린 「"동의대 사건 민주화 인정은 납득할 수 없다": 82년 부산 미 문화원 방화사건 주도 문부식 씨」라는 전면 기사는 많은 사람들을 깜짝 놀라게 만들었고 이어 치열한 논쟁을 촉발했다. 동의대 사건은 1989년 5월 시위 도중 학생들에 의해 도서관에 구금된 전경을 구하기 위해 농성을 진압하던 도중 화재로 경찰관 일곱 명이 사망한 사건이다. 당시 재판부는 도서관 농성을 주도했던 학생 31명에게 징역 2년에서 무기징역에 이르는 중형을 선고했다.

민주화보상심의위원회(민주화운동 관련자 명예회복 및 보상심의위원회)는 2002년 4월 이 사건 관련자 46명에 대해 민주화운동 관련자로 인정했다. 이에 대해 희생자 유족과 경찰 측은 반발했고, 여야는 물론 청와대에서도 문제를 제기하는 등 격론이 벌어졌다. 민주화보상심의위원회는 1969년 3선 개헌안 발의일 이후부터 권위주의 통치에 저항한 민주화운

82년 부산 美 문화원 방화사건 주도 文富軾씨

"동의대 사건 민주화 인정은 납득할 수 없다"

관련자 사법처리 받은건
민주화운동 때문이 아니라
경관 7명이 죽었기 때문

희생자 배려 부족 아쉬워…
우리 안의 폭력 성찰해야
국가 폭력도 비판 가능

『조선일보』에 실린 문부식의 인터뷰 기사는 진보적인 지식인들의 논쟁을 불러일으켰다.(『조선일보』, 2002년 7월 12일)

동을 하다 희생당한 사람들에 대한 명예 회복과 보상 작업을 하기 위해 설립된 기구다.

이제 문제의 『조선일보』 기사를 살펴보기로 하자. 이 기사에 따르면, "1980년대 초 세상을 깜짝 놀라게 했던 부산 미 문화원 방화사건의 주역 문부식(43, 계간지 『당대비평』 편집위원) 씨가 최근 민주화보상심의위원회가 민주화운동으로 인정한 동의대 5·3 사건 관련자 처리에 대해 정면으로 비판하고 나섰다. 그는 '동의대 사건 관련자들은 민주화운동을 했기 때문이 아니라, 경찰관 7명이 죽은 것과 관련하여 사법적 처벌을 받은 것'이라며 '심의위원회가 화재 진상 규명을 하기에 앞서 이 사건을 민주화운동으로 인정한 것은 성급했다'고 비판했다. 동의대 사건 관련자에 대해서도 '진실 규명을 위해 명예 회복 신청을 했다지만, 죽은 경찰관들을 배려했어야 했다'고 지적했다." 이 기사에서 이루어진 문부식 인터뷰의 주요 내용은 다음과 같다.

문: 동의대 사건이 민주화운동으로 인정되면서 이를 둘러싸고 사회 일각에서 입장의 대립이 있었다. 무엇이 문제인가?

답: 민주화운동 인정 여부는 공론 영역에서 충분히 논의를 통해 설득력을 갖추고, 사회적 합의를 거쳐 이뤄져야 한다. 그렇지 않고 세력 간의 힘의 관계에 의해 정치적 정당성이 주어진다면, 곤란하다. 민주화보상심의위원회는 경찰관 7명의 사망 원인을 밝힌 후, 그에 따라 조치를 취했어야 한다. 위원회 결정은 동의대 사건 관련자들이 무엇을 주장했느냐에 초점이 맞춰진 느낌이다. 경찰관이 죽었다는 결과와 분리된, 정치적 입장의 정당성만 논의하는 것은 옳지 않다. 사실 규명 이후에 사건에 대한 규정이 이뤄져야 했다.

문: 동의대 사건 관련자들의 태도를 어떻게 보는가?

답: 동의대 사건 자체가 사후에 정치적으로 왜곡, 과장된 측면은 있다. 당사자들은 진상 규명이 신청 동기였다고 하지만, 결과적으로 그 사건으로 죽어간 경찰과 유족들을 공격하는 결과를 빚을 수도 있다는 점에서 성급했다. 희생자들에 대한 인간적 예의가 보이지 않아 안타깝다. 그리고 당사자 간의 열린 대화를 통해 진상 규명에 접근할 수도 있는데, 정치적 정당성을 선점함으로써 진상 규명을 더 어렵게 만들었다. 경찰의 과잉 진압을 자꾸 문제 삼는데, 그렇다면 학생들이 경찰을 인질로 잡고, 화염병을 던진 폭력에 대한 얘기는 왜 없는가.

문: 국가 권력의 폭력을 우선시하지 않고, 민주화운동 내부의 폭력을 제기하는 것은 진보 진영 내에서는 금기나 다름없는데.

답: 우리 안의 폭력을 제대로 성찰할 때만이 국가 폭력을 제대로 성찰할 수 있다. 그래야 사회적 논의 과정에서 국가 폭력의 부당성을 주장할 수 있다.

『조선일보』는 이와 같은 인터뷰 기사를 내보낸 다음 날 「한 지식인의 치열한 자기 성찰」이라는 사설을 통해 "문부식 씨의 참용기가 돋보이는 것은 바로 그 대목이다. 남과의 싸움보다 자신과의 싸움이 더 어렵고 중요하기 때문이다. 지금 우리 사회에는 독선적 비판론이 큰 세(勢)를 이루고 있다. 자기만 옳다고 확신하면 뭐든지 할 수 있다는 선민(選民) 의식과 메시아 의식이 그것이다"며 다음과 같이 주장했다.

"문 씨는 바로 이 독선적 비판론에 조용한, 그러나 분명한 '아니요'를 던진 것이다. 그는 또한 어떤 이념이나 가치도 생명에 우선할 수 없다는, 절절한 체험을 바탕으로 한 세계관을 펼쳐보였다. '우리 행동으로 무고한 생명이 희생된 데 책임을 느껴 부산 미 문화원 사건을 민주화운동으로 보상 신청을 할 수 없었다' 등의 발언에서는 40대에 이른 그의 성숙이 묻어난다. 젊은 날의 상처를 딛고 어렵사리 정신적 홀로서기에 나선 한 지식인의 성숙한 용기에 갈채를 보낸다."

문부식 선배에게 보내는 편지

그러나 반론과 비판도 만만치 않았다. 우선 동의대 5 · 3 동지회는 「문부식 선배에게 보내는 편지」에서 "당신은 우리들의 민주화운동 심사 신청이 정치적 당위성에 입각한 경솔한 행동이라고 비판하더군요. 그럼 우리가 선택할 수 있는 방법이 있으면 자세히 좀 알려주십시오. 지난 13년 동안 우리들의 피를 토하는 절규와 우리 가족들의 눈물에 단 한번이라도 관심을 가졌다면 그리고 그동안 우리들이 진상 규명을 위해 어떤 일을 할 때 당신이 어디에 있었는지를…… 지금까지 어느 누구 하나 감히

5·3 동의대에 관심을 가진 분들이 있었습니까? 그리고 유족들에게 관심을 가진 적이 있었습니까?'라고 물으면서 다음과 같이 말했다.

"기독교적인 양심으로 무장한 당신마저도 당신들이 계획된 방화 투쟁으로 목숨을 어이없이 빼앗겨버린 고인과 유족들을 20년 동안 당신은 한 번도 찾아가지 못했다고 했습니다. 그것이 미안해서 고인의 영정에 책을 바치며 용서를 빌었다지요. 반면에 우리 5·3 관련자들은 해마다 유족들을 찾아가고 아픔을 함께하고 용서도 빌었습니다. 그러면서 반드시 진상을 규명해서 이분들의 죽음을 바로 세우고 그들 뒤에 숨어 있는 죽음의 배후를 밝히겠다고 다짐하고 다짐했습니다. 이런 과정으로 우리들이 선택한 방법의 하나가 민주화운동 심의 기구였고, 적어도 이 기구를 통해 5·3 화인의 의혹에 대한 의혹의 공론화와 국민적 지혜의 결집을 통한 진상 규명의 필요성의 공론화가 이뤄졌다고 생각합니다."

민주화운동으로 감옥 생활을 했던 문학평론가 김명인은 7월 13일 『오마이뉴스』에 올린 「'부미방 사건' 주모자의 '치열한 자기 성찰'을 보고」라는 제목의 글에서 "선생은 40대의 자기 자신으로 20대의 자기 자신을 학대하고 있습니다. 2000년대의 인간으로서 1980년대의 인간을 몰아붙이고 있습니다. 불행히도 20대의 자신과 1980년대의 삶들을 못 견디게 했던 그 거대한 폭력에 대해서는 마치 남의 일처럼 멀찍이 관조하면서 말입니다"라면서 다음과 같이 말했다.

"민주화운동 보상이라는 것, 개인적으로는 명예로울 것도 자랑스러울 것도 없습니다. 오히려 지금 선생이 그런 것처럼 부끄럽고 때로는 욕된 것이지요. 다만 그것은 역사의 몫일 뿐입니다. 망각이 심한 역사에서 상대적으로 조금 더 옳았던 일들과 그렇지 못한 일들을 변별해 남기는 일에 불과합니다. 선생만이 아니라, 우리 모두는, 적어도 1980년대를 그래도 엄청난 폭력과 맞서 싸워온 모든 사람들은 나뿐만 아니라 대부분 그 시절 자기 안에 들어있던 폭력과 심지어는 광기와 때로는 어설픔에 대해 다들 나름의 성찰과 반성을 지불했거나 지불하고 있습니다. 다만 드러내 중뿔나게 말하지 않을 뿐이지요. 지금 만일 한국 사회가 조금이라도 성숙했다면 그것은 민주화 '투쟁'의 결과일 뿐만 아니라 이미 그에 대한 성숙한 성찰의 결과이기도 할 것입니다."

또 이미 오래전부터 자신의 민주화 투쟁 경력을 근거 삼아 소설로 '우리 안의 폭력'을 고발해온 소설가 정도상은 7월 14일 『오마이뉴스』에 올린 「파시즘 혹은 폭력에 대한 단상: 문부식 형에게」라는 제목의 글에서 "'우리 안의 폭력부터 성찰해야 국가 폭력도 비판할 수 있다'는 형의 견해는 내 견해와는 다르더군요. 이것은 순서와 절차의 문제인데 '우리 안의 폭력'을 성찰하는 것에 대해서는 전적으로 동의합니다. 하지만 국가의 폭력부터 성찰하는 것이 우선되어야 하지 않을까 나는 생각합니다"라면서 다음과 같이 말했다.

"또한 형은 '사회적 논의 과정에서 국가 폭력의 부당성을 주장할 수 있다'라고 했는데 그게 진실입니까? 박종철이가 물고문을 당하고 있을 때 그럼 우리는 사회적 논의를 하고 있었어야 한다는 겁니까? 이한열이가 쇠파이프에 맞아 죽고 있을 때 사회적 논의를 거쳐 국가 폭력이 부당하니 이제부턴 싸워야 한다는 결정을 내렸어야만 하는 겁니까? 폭력의 순간순간을 겪어낸 사람의 주장치고는 앞뒤가 맞지 않았습니다."

반면 문화평론가 변정수는 7월 15일 『오마이뉴스』에 올린 「김명인의 글을 읽고 문부식을 만나다」는 제목의 글에서 "『조선일보』가 그의 발언을 정치적으로 이용했다면, 설령 그것이 그의 경솔함에 기인한 것이라 해도 더 많은 비난을 받아야 할 것은 『조선일보』인가, 문부식인가"라고 물으면서 다음과 같이 말했다.

"김명인 기자가 지적했듯이 문부식의 '성찰'은 그 개인의 것이 아니라 실은 우리 운동이 그 험한 세월을 견디며 일궈낸 성과라면, 그의 값진 '성찰'을 『조선일보』가 도둑질해다가 정치적으로 개칠하고 있을 때 우리가 할 일은 무엇인가. 그 '성찰'을 우리의 것으로 되찾아오는 것인가, 아니면 이미 그것은 『조선일보』에 더렵혀진 것이므로 우리와는 상관없는 일이라고 내팽개치면서 무기력하게 우리가 만들어낸 것을 『조선일보』가 마음대로 요리해 먹도록 통째로 헌납하는 것인가."

국가를 국가주의자들에게 상납할 수 없다

동국대 철학과 교수 홍윤기는 『한겨레』 7월 16일자 [왜냐면]에 기고한 「폭력은 '폭력주의자'만 쓰는 것이 아니다: 문부식 씨에게 보내는 편지」라는 제목의 글에서 "그 양심 고백이라는 것이 하필 『조선일보』에서 이루어졌다는 점, 그리고 부미방, 같은 부산의 동의대 사건, 나아가 광주항쟁까지 '폭력을 통해 자신들의 욕망을 안전하게 보장받기를 내심 기대한 것'이라고 한 배신적 작태는 오히려 부차적입니다. 진짜 중요한 것은 당신의 성찰에 들어 있는 사고의 맹점입니다"라면서 다음과 같이 말했다.

"당신은 그 어떤 명분이든 '폭력을 수반하거나 폭력을 유발하는 것'과 관련된 집단이 다른 데보다 우위를 가진다고 할 수 없다고 합니다. 그 이유는 '폭력을 통해 자신들의 욕망을 보장받는다' (또는 그것을 기대한다)는 점에서, 즉 (잠재적 또는 진정의) 폭력주의자라는 점에서 더 나을 것이 없기 때문이라는 것입니다. 부식 씨, 지식인으로서 여기서 정말 냉정하게 반성해야 합니다. 당신은 당신도 의식하지 못한 채 '폭력과 관련된 모든 이들은 폭력주의자다' 라고 사고합니다. 그러나 과연 당신이나 1980년대를 살았던 우리들, 동의대 학생이나 특히 광주 시민들이 과연 폭력을 통해 자신들의 욕망을 보장받기 '위해' 폭력을 썼을까요?'

연세대 비교문학과 석사 김보경은 『한겨레』 7월 20일자 [왜냐면]에 기고한 「'우리 안의 폭력' 해석에 대한 이견」이라는 글에서 홍윤기의 글에 대해 반론을 하면서 다음과 같이 말했다. "민주화운동이 국가에 의해 '정석화' 되는 현실에 씁쓸함을 느끼는 사람이라면 그가 제기하는 문제제기에서 취할 수 있는 것을 가려낼 수 있으리라 생각된다. 망월동이 국립묘지가 된다는 발표에 연이어 국가보안법 위반으로 한총련 간부들을 잡아들이는 뉴스가 나오는 것을 보면서, 과거 국가 폭력에 의해 희생된 것이 '복원' 되는 것이 또 다시 '국가에 의한 것' 은 아니어야 한다는 생각을 한다. …… 홍윤기 씨는 '문부식 씨가 자기 성찰이라는 도덕적 우위성을 점유하고 있다' 고 말하지만, 오히려 문부식 씨에 대한 비판이야말로 민주화운동의 옹호라는 '도덕적 우위' 를 점유하고 있는지 모른다."

홍윤기는 『한겨레』 7월 23일자 [왜냐면]에 기고한 「국가를 국가주의자들에게 상납할 수 없다: 김보경 씨의 '우리 안의 폭력 해석에 대한 이견' 을 읽고」라는 제목의 글에서 " '국가로부터 벗어나 자율적 개인·시민이 돼야 비로소 인간의 존엄성을 확보할 수 있다' 는 그의 생각은 국가와 개인의 관계를 상호배제적 관점에서 본 것이다. 그러나 지구화를 배경으로 한 정보화사회에서 국가는 민족국가적 성격이 대폭 이완되면서 개인의 활동력을 증가시키기 위한 기능 국가적 측면이 대폭 강화된다. 이때 국가에 대한 개인의 요구를 모두 국가주의로 매도하는 가운데 국가 영역과 단절된 삶을 얘기하는 것은 국가기구를 국가주의자들에게 무혈 상납하는 효과를 낸다"며 다음과 같이 말했다.

"전후 독일의 나치 청산에서 볼 수 있듯이 한 국가가 국가 폭력에서 벗어나고자 할 때 가장 먼저 하는 일은 폭력 피해자의 상처를 씻어 온당한 생활인으로 재생시켜서 새로운 국가의 시민으로 만드는 것이다. 대한민국 국가는 건국 초기 친일파 청산과 독립운동에 대한 정당한 평가를 제대로 하지 않았기 때문에 문제였지, 국가가 그런 일을 했기 때문에 문제가 된 것은 아니었다. 중요한 것은 국가의 민주주의적 공고화다. 그리고 민주주의의 정착이야말로 이 시대 국가 도덕의 기본이다. 내가 '민주화운동의 옹호라는 도덕적 우위를 점유'하고 있다면 나는 자랑스러울 것이다. 그 이유로 비난받아야 한다면 기꺼이 비난받겠다. 아직 민주화가 덜된 취약한 사회에서 살고 있다는 것이 부끄러울 뿐이다. 민주화의 도덕적 우위는 점유하거나 사유할 것이 아니라 공유해야 할 것이다. 아직 우리 사회는 그런 공유가 제대로 되지 않아 불안하다."

『조선일보』의 문부식 이용은 문부식의 선의를 넘어선 효과를 낳고 말았다. 한나라당 의원 김무성이 7월 26일 국회 행정자치위원회에서 "동의대에서 불 싸지른 미친놈들에게 민주화 보상 결정을 하는 미친 짓"[115]

---

115) 안수찬, 「"동의대 사태 보상 미친 짓" 김무성 의원 또 물의」, 『한겨레』, 2002년 7월 27일, 5면.

이라는 발언을 한 것도 바로 그런 효과의 산물이었을 게다. 민주화보상심의원회는 7월 24일 제47차 회의를 끝으로 위원들의 1차 임기 2년을 마쳤는데, 그동안 총 1만 807건의 신청 사건 중 5,675건을 심의해 4,548명을 민주화운동 관련자로 인정했다. 이 가운데 사망자는 57명, 부상자는 250명이었다.[116]

문부식은 2003년 2월 4일부터 『조선일보』에 「폭력의 세기를 넘어-문부식의 시간 여행」을 연재함으로써 또 한번 논란을 빚게 된다. 그는 「친구여…… 반미를 외쳤던 나는 촛불을 들지 못하네」라는 제목의 첫 번째 글을 통해 촛불시위에서 일어난 과장의 사례를 열거하면서 이렇게 말한다. "사실을 과장하거나 거기에서 벗어나 자가 발전하는 작위적인 분노는 그 자리에 사람들을 모이게 했던 슬픔과 추모와 분노와 희망의 넓이를 왜소하게 만들고, 사람들 속에 존재하는 차이와 다양함을 지우며 그저 단순성에로 매몰되게 만들어버린다."

이 나라와 국민을 사랑하는 생각을 언행으로 옮기는 과정에서 과장을 저지른 죄로 사형선고를 받고 8년 7개월간 옥살이를 하고 이후에도 험난한 삶을 살아온 문부식을 당당히 대면하는 건 그 누구에게도 쉽지 않은 일이었다. 그럼에도 문부식이 미국과 관련해 『조선일보』가 저지른 엄청난 과장은 전혀 문제 삼지 않으면서 그 지면을 이용해 민중의 언행에서 나타난 과장만을 비판의 대상으로 삼는 게 온당한가 하는 의문을 갖는 이들이 많았다.

---

116) 정의길, 「민주화심의위 1기 종료: 4,548명 민주화운동 인정」, 『한겨레』, 2002년 7월 26일, 14면.

역사는 룸살롱에서 이뤄지는가?
룸살롱 비리 사건

대통령 아들들의 비리 열전인가?

대통령 아들들의 비리 열전인가? 김현철에 이어 김대중 대통령의 아들 김홍업이 각종 이권 청탁에 개입한 의혹을 받으면서 룸살롱이 전면에 등장했다. "역사는 고급 룸살롱 술자리에서 이뤄졌다?"라는 물음을 던진 『세계일보』(2002년 6월 1일)에 따르면, "김홍업 씨가 김성환 씨(구속) 등의 주선 아래 주로 서울 강남의 룸살롱에서 기업체 임직원이나 고위 공무원 등 이해관계 당사자들을 만나 얼굴을 트면서 '검은 유착 관계의 단초'가 마련된 것으로 드러나고 있다. 특히 홍업 씨의 비자금 관리 창구로 알려진 김성환 씨는 홍업 씨가 낀 고급 룸살롱 술자리가 잡힐 경우 기업체 관계자들을 옆방에 미리 대기시켜놓은 다음 '우연을 가장한 합석'을 권유, 안면을 트게 하는 등 특유의 마당발 기질을 십분 활용했던 것으로 알려졌다."[117]

『한겨레』(2002년 7월 11일)는 "김대중 대통령의 둘째 아들 김홍업 씨가

김대중 대통령의 차남 김홍업이 이권 청탁에 개입하면서 드나들던 지안 룸살롱은 공교롭게도 김영삼 대통령의 차남 김현철이 이용했던 곳이었다.

각종 이권 청탁에 개입하면서 자주 드나들었던 룸살롱이 공교롭게도 김영삼 전 대통령의 차남 현철 씨가 당시 국정에 개입하면서 단골로 이용했던 곳으로 드러났다. 10일 검찰 발표에 따르면, 홍업 씨는 2000년 6월 당시 대한주택공사 사장 오시덕 씨를 서울 서초동 '지안' 룸살롱에서 만나 사정 기관의 내사에 대해 선처를 부탁받았다. 2001년 6월에도 같은 룸살롱에서 신용보증기금 관계자를 만나 평창종합건설의 신용보증서가 빨리 발급되도록 청탁했다. 1997년 구속되었던 현철 씨도 이 룸살롱을 자주 이용했던 것으로 전해진다"며 다음과 같이 말했다.

"'지안' 은 지난 1985년 영업허가를 받은 비교적 오래된 룸살롱이지

---

117) 김형구, 「비리는 룸살롱서 시작?」, 『세계일보』, 2002년 6월 1일, 17면.

만, 술값이 비싼 강남 일대 룸살롱 중에서도 최고급 술집으로 알려져 있다. 이 룸살롱에 가본 적이 있다는 한 인사는 '6명이 술을 마셨는데 술값이 약 500만 원 정도 나왔다'며 '정치권과 법조계 고위 인사들이 자주 이용하는 걸로 알고 있다'고 말했다. 이 인사는 또 '일부 고위 인사들이 이 룸살롱을 자주 이용하는 이유는 철저한 보안 때문'이라며 '절대로 옆방 손님들과 마주치지 않도록 되어 있는 구조'라고 전했다. 현철 씨를 거울삼아야 했던 홍업 씨는 거꾸로 현철 씨의 흔적이 남아 있던 곳을 몰래 맴돌았던 셈이다." [118]

연예계 룸살롱 접대 비리

2002년 여름, 연예계의 룸살롱 접대가 검찰 수사와 더불어 화제의 도마 위에 올랐다. A기획사 매니저는 "작심하고 키우는 신인 가수 PR비는 최소 2억 원이 든다"면서 "PR비는 공식 홍보비와는 별도로 방송사 간부와 일선 PD, 특정 매체 기자들에게 건네지는데 방송사 PR비가 절대적으로 많이 책정된다"고 말했다. 이어 "룸살롱 등에서 접대하는 일은 기본"이라면서 "PR비를 전문으로 전해주는 홍보 매니저가 배달 사고를 내는 일이 종종 발생해 요즘은 안면 있는 기획사 간부들이 직접 전해주거나 아예 관계자의 차에 놓고 온다"고 말했다. [119] 검찰은 수사 과정에서 일부 라디오 및 방송국 PD들이 수백만 원대의 룸살롱 및 골프 접대를 수시로

---

118) 석진환, 「대통령 차남들 단골 술집도 같았네/현철·홍업 씨 룸살롱 '지안' 이용」, 『한겨레』, 2002년 7월 11일, 14면.
119) 주현진·이송하, 「"신인 가수 PR비 최소 2억", 연예계 비리 실상은」, 『대한매일』, 2002년 7월 17일, 21면.

받았다는 기획사 관계자와 매니저들의 진술을 확보했다.[120]

검찰은 연예 기획사들이 고급 룸살롱 등에 수천만 원 대의 외상 빚을 지고 있다는 점에 주목했는데, 신현준은 이와 관련 "한국 대중음악의 '부가가치' 는 방송국과 룸살롱으로 흘러 들어간다고 해도 지나친 말이 아닐 것이다" 며 다음과 같이 말했다.

"음반을 제작해서 발매하면 이의 흥행을 위해 방송국에 대한 로비가 불가피하고, 로비의 방식은 '향응' 의 제공인데 한국에서 향응이 이루어지는 장소는 룸살롱이라는 곳이고, 따라서 방송국 관계자는 룸살롱에서 원초적 욕망을 충족하고 룸살롱 업주는 이를 통해 경제적 수익을 거두어들인다. 가수와 기획사(매니저)는? 이런 '비즈니스' 가 성공하는 경우는 돈방석에 앉을 수도 있지만 그보다 훨씬 많은 경우는 본전도 못 건진다. 그래서? 그들의 빚은 고스란히 룸살롱의 장부에 '외상값' 으로 달리게 되는 모양이다."[121]

즉각 현장 취재에 나선 『동아일보』(2002년 8월 9일) 기사에 따르면, PD들이 접대를 받은 곳은 서울 강남 일대에 밀집한 속칭 '텐프로 룸살롱' (탤런트급 외모의 여종업원들이 서빙하는 최상급 업소)이었다. 한 연예 기획사 관계자는 "일반적으로 새로 오픈하거나 마담이 최근 옮긴 곳은 '물(여종업원들의 인물)' 이 좋고 화끈하게 놀기 때문에 인기가 있다"고 말했다. 그는 또 "이들 업소의 '아가씨' 들은 대부분 뻣뻣한 태도를 보이기 때문에 룸살롱에서 제왕이 되고 싶어 하는 일부 PD들은 이곳에 와서도

---

120) 호경업, 「드러나는 기획사-PD 유착 실태/수백만 원대 '룸살롱 접대' 수시로」, 『문화일보』, 2002년 7월 20일, 3면.
121) 신현준, 「'그렇고 그런' 가요계의 비리 수사, 먹이사슬 그리고 '그렇고 그런' 의혹」, 『황해문화』, 제36호 (2002년 가을), 410~411쪽.

상대적으로 대하기 편한 파트너를 고르는 경향이 있다"고 덧붙였다.

이 기사에 따르면, 연예 관계자들과 방송사 PD들이 자주 드나든 서울 강남역 우성아파트 사거리 근처 P, 신사동 S, 논현동 S업소 등은 진실을 말하지 않을 경우 벌칙을 받는(주로 옷을 벗는) '진실 게임', 박자를 맞추다가 틀리면 역시 벌칙을 받는 '쿵쿵따 게임' 등을 비롯해 남자 손님과 여종업원이 즉석에서 속옷을 서로 바꾸어 입거나 여자의 가슴 굴곡 사이로 얼음을 왔다갔다해 녹이는 등 최상급 룸살롱에서는 보기 드문 화끈한 놀이 문화를 보여주었다. 스테이지에서 남자 손님이 노래를 부를 때 여종업원들의 하반신 신체 접촉 서비스도 꽤 과감한 것으로 알려졌다.

방송사 PD, 매니저들과 어울려 이들 룸살롱을 종종 방문했다는 한 사업가는 "도시락을 싸온('신인 연예인들을 데리고 온'이란 뜻의 업계 속어) PD들은 동석한 신인이나 룸살롱 여종업원에게 '잘 보이면 확실히 키워줄게'라는 말을 술 마시면서 하거나 무리한 행동을 요구하기도 한다"고 말했다. 한 연예 기획사 관계자는 "일부 대형 연예 기획사들이 일부 PD들에게 워낙 화끈하게 접대하다보니 중소 규모 기획사들까지 '뱁새가 황새 따라가듯' 힘겹게 비싼 룸살롱에서 접대할 수밖에 없어요. 안 그러면 욕먹으니까"라고 토로했다.[122]

판공비는 아예 없애버려야 한다

룸살롱이라면 환장하는 사내들 때문에 접대부 구인 사이트들도 '우후

---

122) 김선미, 「줌인/'연예계 접대 비리' M-S-H 등 유명 룸살롱 현장 취재」, 『동아일보』, 2002년 8월 9일, 51 면.

죽순' 생겨났다. 『문화일보』(2002년 10월 3일)에 따르면, "사이버상에 룸 살롱 · 단란주점 등 유흥업소 종사자를 공개 모집하는 사이트가 우후죽 순으로 생겨나고 있지만 마땅한 단속 방법이 없어 수사 당국이 고민. 3 일 한 '유흥업 구인 · 구직' 사이트는 '아가씨', '선수(호스트)', '미시', '마사지걸' 등 17개 직종별로 일할 사람을 구하는 룸살롱 · 단란주점 등 유흥업소 소개글만 100여 건이 올라와 있으며 각각 조회수도 300~400여 건에 이를 정도로 인기다." [123]

접대부들의 수가 많아지면서 접대부 거주 밀집 지역에서 범죄가 많이 발생하자, 2002년 10월 21일 서울 강남경찰서는 강남구와 공동으로 논 현1동 139번지 등 다세대주택 밀집 지역 골목길에 감시 카메라 4대를 설 치키로 했다고 밝혔다. 설치비 5800만 원은 강남구가, 운영은 강남경찰 서가 맡기로 했다. 경찰은 유흥업소 여성 종사자들이 많이 살고 있는 이 지역에서 만취한 채 귀가하는 여성들을 상대로 한 범죄가 빈발해 감시 카메라를 설치키로 했다고 설명했다. [124]

2002년 10월 서울 서초구는 구내 일반 음식점이나 유흥 · 단란주점 간 판의 '노래' 표기 사용을 금지키로 하고 단속을 벌이겠다고 했다. 서초 구는 "최근 강남역 주변 일부 유흥 · 단란주점이 '노래방주점', '노래타 운', '노래뱅크' 등으로 간판을 표기, 시민들이 노래방과 혼동하는 피해 를 당하고 있다"고 말했다. [125]

룸살롱 비리 사건과 룸살롱 호황의 이면엔 자주 판공비와 관련된 '회

---

123) 김충남, 「접대부 구인 사이트 '우후죽순'」, 『문화일보』, 2002년 10월 3일, 23면.
124) 조현철, 「골목길 감시카메라' 찬반 논란 …… 강남署 "유흥업소 여성 노린 범죄 예방"」, 『경향신문』, 2002년 10월 22일, 18면.
125) 김준, 「서울 유흥 단란주점 간판 '노래' 표기 월말까지 단속」, 『경향신문』, 2002년 10월 25일, 17면.

2002년 10월 서울 서초구는 시민
들이 노래방과 혼동하는 피해를 막
기 위해 구내 일반 음식점이나 유흥
주점 간판에 '노래' 표기를 금지하
고 단속에 나섰다.

식 문화'가 자리 잡고 있었다. 임영철은 13년 동안의 판사직(1983~1996
년)과 6년 동안의 공정거래위원회 국장직(1996~2002년) 경험을 살려 2002
년에 출간한 『대통령의 나라에서 국민의 나라로』에서 "판공비는 아예
없애버려야 한다"며 다음과 같이 주장했다.

"룸살롱에서 자기 돈으로 술 먹는 사람은 없다고 한다. 있다면 아마
제정신이 아닌 사람으로 볼 정도로 그 비용이 엄청나기 때문이다. 모두
나랏돈, 회사 돈, 눈먼 돈으로 먹는 것이다. 판공비라는 눈먼 돈이 회식
문화를 조장하고, 거기서 높은 사람이 비용을 전담하고 그 대신 사적인
충성을 약속받는 조폭 문화를 조장한다. 애당초 회식이란 것을 하지 않
으면 모르되, 일단 그런 문화 속에 살게 되면 그 비용이 예산만으로는 부
족하다." [126)]

백번 지당한 말씀이지만, 판공비로 대변되는 접대 문화는 좌우, 진보-보수를 막론하고 한국인들의 삶의 방식에 깊게 각인된 것이어서 아예 개혁 대상 리스트에도 오르질 못했다. 정작 건드려야 할 것은 내버려둔 채 다른 의제들로 싸우는 정쟁(政爭)의 정체는 과연 무엇이었을까? 김대중 대통령을 '간첩 · 이적 행위 · 반역자 · 내통자' 란 단어들로 매도하는 보수 우익의 이념 공세가 강화되면서 그런 의문은 더욱 깊어질 수밖에 없었다.

---

126) 임영철, 『대통령의 나라에서 국민의 나라로!』(창해, 2002), 208~213쪽.

김대중은 간첩·이적 행위·반역자·내통자?
보수 우익의 이념 공세

장상 총리 임명 파동

2002년 7월 31일 장상 국무총리 지명자에 대한 국회 임명 동의안이 부결되었다. 이유는 도덕적 흠결이었는데, 그간 남성 총리들은 얼마나 깨끗했던가 하는 의문을 제기하는 이들이 많았다. 어느 야당 의원이 "대통령이 유고될 경우 총리가 대통령의 직무를 대행하게 될 텐데 국방을 모르는 여성 총리가 직무를 제대로 수행할 수 있겠느냐"고 주장했던 걸로 보아, 여성 차별의 기제가 작동한 것으로도 볼 수 있었다.

8월 1일 김대중 대통령은 국무회의에서 장상 총리 지명자에 대한 국회 임명 동의안 부결에 대해 "참으로 애석하고 유감스러운 일"이라고 말했다. 결국 한나라당은 두 번이나 총리 임명 동의안을 부결했는데, 나중에 밝혀진 바에 따르면, 한나라당의 최종 당론은 여론조사에 따라 결정된 것이었다고 한다. 장상의 경우 표결 직전, "첫 여성 총리 거부는 여성계의 큰 반발을 부를 것"이란 우려는 '찬성 31.8%, 반대 44.7%'로 나

온 긴급 여론조사 결과에 따라 급속히 삭아들어 부결 쪽으로 당론이 잡혔다는 것이다.[127]

　여성계의 반발은 페미니스트 저널 『이프』 2002년 가을 호에 실린 「특집: 여자도 더러워져야 한다」로 표출되었다. 『이프』는 "『이프』가 여성의 인맥 맺기와 관련해 '여자도 더러워져야 한다'는 화두를 독자들에게 던지게 된 데는 일련의 배경이 있다"며 다음과 같이 말했다.

　"시발점이 된 것은 지난 3월 『월간 말』에 실렸던 최보은(『프리미어』 편집장)의 박근혜 지지론. '여성으로서 여성 대통령 후보를 찍겠다'는 그의 주장은 뜨거운 찬반 논쟁을 일으켰고, 지지 입장을 밝혔던 장정임 『살류쥬』 대표는 결국 대표직에서 물러나야 했다. 이어 『한겨레』 김선주 논설위원이 칼럼 [아침햇발]에 「여자도 '지저분' 해져야?」라는 글을 썼다. 그는 박근혜 지지론에 대한 지원 사격과 함께 '지나친 결벽주의를 버리고 서로 연대하고 지저분해질 각오가 없다면 여성은 언제까지나 남성 정치 권력에 이용당하는 주변 정치 세력으로 남을 수밖에 없을 것'이라는 견해를 내놓았다. 이 주장 역시 여성계의 뜨거운 논쟁거리가 되었음은 두말할 나위도 없다. '박근혜 논쟁'의 뒤를 이어 '장상 총리 서리 낙마'까지 더해지면서 이러한 논쟁들이 더 이상 정치권 여성들만의 문제일 수 없다는 인식이 확산되었다. 그리고 '정글'로 비유되는 남성 중심 사회에서 살아남기 위해 여성들이 어떻게 할 것인가라는, 아주 오래된 문제의 한 답으로 『이프』는 여성의 인맥 맺기에 대해 이야기해보고자 한다."

---

127) 이동국·고주희, 「여론 정치: 매주 ARS 조사 …… 후보 발언·패션에 반영」, 『한국일보』, 2002년 9월 30일, 5면.

『이프』의 편집위원 황오금희는 「우리, 더 더러워질 수 있어?: 여성이 인맥을 이야기하는 이유」라는 글에서 "대다수 여성들의 연대는 남성들의 것과 다를 수밖에 없다는 확신을 갖게 하는 주장이 있다"면서 글로리아 스타이넘의 『일상에 반란』에 실린 한 대목을 다음과 같이 소개했다. "여성은 권력을 자신의 재능을 이용할 줄 아는 능력, 자기 삶에 대한 통제력을 갖는 것으로 정의하는 경향을 보여왔다. 여성이 전통적인 의미의 권력, 즉 타인에 대한 지배력을 실행할 때는 그런 여자답지 않은 행동에 대한 문화적인 차별이 아주 가혹하다. 여성이 권력을 사용하는 방식은 남성의 그것과 아주 달라서 여성의 경영 방식은 좀더 협력적이고 공로를 나누어가려는 경향이 있다. 그것은 권력에 대한 고전적인 정의, 다른 사람들을 움직이게 만드는 것과는 아주 다른 권력이다."

김대중은 '간첩·이적 행위·반역자·내통자'?

5공 투사 허화평은 2002년 7월에 출간한 책 『지도력의 위기』에서 "햇볕 정책이 갖는 결정적 취약점은 DJ를 정점으로 하는 좌파들이 민족, 자주, 화해, 통일과 같은 허울 좋은 가면을 쓴 소수 친북 세력으로서 세계사적 흐름에 역행하고 있는 스탈린주의 체제를 존속시키고 미래의 통일에 화근을 키워가는 의심스러운 이념적 접근이라는 데 있다. 이뿐만 아니라 인권 부재의 통제되고 억압받는 사회에서 신음하고 있는 북한 동포를 구원하는 일과, 이들을 통제·억압하고 있는 김정일을 정점으로 한 노동당 무리의 고립을 구분하지 않고 접근하는 데 있다"라고 주장했다.[128]

조갑제는 『월간조선』 8월호에 쓴 「두 토막의 우화: 악당과 결투할 때도 총을 먼저 뽑으면 안 된다!」라는 글에서 김대중을 '간첩·이적 행위·반역자·내통자'로 욕하는 글들을 소개한 후에 다음과 같이 주장했다. "간첩·이적 행위·반역자·내통자라는 간담이 서늘한 말들이 현직 대통령과 군 지휘 계통을 향하여 날아가고 있는 나라가 대한민국입니다. 이것은 국가 위기를 보여주는 현상입니까. 저는 아니라고 생각하게 되었습니다. 대한민국을 대한민국이게 하는 구성 요소들, 즉 헌법·애국 시민·국군·자유민주주의 이념이 한 덩어리가 되어 좌파·지연·부패 정권을 상대로 반격 작전을 펴는 과정이 지금 펼쳐지고 있습니다. 국민이 기본권을 행사하여 친북 좌파 세력과 부패 세력을 정리하는 과정의 격한 표현들이 아니겠습니까."

보수 언론은 북한의 아시안게임 참가와 관련해 북한의 공화국기(인공기) 게양과 국가 연주를 강하게 문제 삼고 나섰다. 『조선일보』(2002년 8월 12일)는 사설 「인공기와 북한 국가」에서 "현 정부가 이런 민감한 문제에 대해 사전에 깊은 고려나 국민적 논의 없이 우선 북한의 참가부터 성사시켜놓고 보자는 식으로 질주한 것은 순서가 잘못된 것"이라며 "순수한 스포츠 행사가 정치 선동·선전장으로 악용될 위험성이 없지 않고, 남북 또는 남남 갈등의 새로운 불씨가 될 수도 있다"고 주장했다. 『조선일보』는 이에 대한 대안으로 "남북이 국가 상징물 사용에 관한 상호주의 원칙을 확립해야 한다"고 밝혔다. 『동아일보』도 북한의 인공기와 국가 연주에 대해 같은 날자 사설 「'인공기 딜레마' 신중하게 풀어야」에서 "북한은 국가보안법상 이적 단체이며, 이적 단체에 대한 찬양 고무 행위

128) 허화평, 『지도력의 위기』(새로운사람들, 2002), 82~83쪽.

는 중대한 범죄"라며 "입장식과 응원의 경우 남북한 모두 한반도기를 이용하는 것도 고려해볼 만한 방법"이라는 입장을 보였다.

반면 『경향신문』은 12일자 사설에서 "북한이 어떤 목적으로 이번 대회 참가를 결정했든 그 무대는 스포츠 행사다. 스포츠가 정치 논리로 비약되는 것도 바람직하지 않지만 정치 논리로 스포츠를 재단하는 것 역시 바람직하지 않다"고 상반된 의견을 나타냈다. 또, 『대한매일』은 사설 「인공기 게양과 보안법은 별개」에서 "이 문제는 국제관례 및 민족의 화합과 화해 정신을 바탕으로 해결하는 것이 마땅하다"는 의견을 보였고, 『한국일보』는 사설 「인공기, 과민할 것 없다」를 통해 "국내에서 개최되는 국제 스포츠 행사에 북한이 처음 참가하는 사실 자체의 의미를 생각할 필요가 있다"고 지적했다.[129]

조갑제의 광분

조갑제는 『월간조선』 2002년 9월호에 쓴 「아름다운 시보다는 아름다운 행위가 아름답다: 좌익형 인간으로부터 한국 사회를 구출하는 길」이라는 글에서 "후대의 역사는 노태우 전 대통령이 김대중 · 김영삼 두 사람보다 더 민주주의자였다고 평가할 것입니다. 노태우 전 대통령은 민주투사는 아니었지만 말입니다"라면서 다음과 같이 주장했다.

"노태우, 김영삼, 김대중 3대에 걸쳐 정권을 비판하는 기사를 써온 저의 체험으로 말씀드린다면 노태우 정부 때가 가장 언론의 자유가 많았

---

129) 이영환, 「조선 · 동아 스포츠에 냉전 논리 대입: 아시안게임 북한 국기 · 국가 사용 '불가론' 주장」, 『미디어오늘』, 2002년 8월 15일, 8면.

습니다. '물태우' 라는 경멸조의 욕을 먹어가면서도 권력의 사용을 자제한 노태우 시대에 한국 사회의 민주화가 실천되기 시작했습니다. 김영삼, 김대중 두 민주 투사 출신 대통령 시절에 와서 이 민주화가 제대로 깊어지지 못했고 오히려 후퇴한 면도 큽니다. 김대중 대통령은 '제왕적 대통령' 이라 불리는데 이는 '물 대통령' 시절보다 민주주의가 후퇴했다는 의미입니다."

이어 조갑제는 "양심이 빠진 인간은 인간이되 인간이 아닌 것입니다. 한국 내 친북·좌파 세력들의 행태를 분석해보면 정상적인 인간으로선 할 수 없는 행동을 태연히 한다는 공통점을 발견할 수 있습니다"라면서 다음과 같이 주장했다.

"김대중 대통령의 언행을 따져보면 애국심의 결여(대한민국의 자존심을 김정일로부터 지켜내지 못하고 굴욕적인 모습을 보인 일), 선악 구분, 즉 도덕성과 정의감의 결여(악마적 존재인 김정일을 효성 깊고 견식 있는 사람이라고 호평), 정직성의 결여(내각제 개헌 대국민 공약 파기), 동정심의 결여(탈북자, 납북자, 재북 국군포로에 대한 냉담함), 양심의 가책의 결여(잇단 약속 파기에 대해서 사과 대신 변명)가 눈에 뜨입니다. 과장(김정일과 전쟁 안 하기로 했다 운운), 선동(국가보안법이 있으면 남북 교류도 못 한다 운운), 허언(정계 은퇴 선언 등), 위선('국민의 정부' 미명하에 지연 정부 구성), 변명의 능력(약속을 어기는 것은 거짓말과는 다르다)은 잘 발달되어 있는 것 같습니다. 공무원은 대통령을 따라 배우고, 가신은 주군을 따라 배웁니다. 김대중 정부하의 공무원들과 민주당의 동교동계 의원들, 그리고 정권의 홍위병 세력들이 보여주는 행태 가운데는 김대중식이 많습니다."

그가 매우 열을 받은 상태에서 쓴 글이었던 것 같다. 계속 이어지는 다음과 같은 발언들을 음미해보면 조갑제가 받은 열의 강도가 어떤 것인지를 짐작할 수 있겠다. "일이 이렇게 된 마당에 결말은 확실하게 보아야 합니다. 한인옥·김대업 중 한 사람은 구속하고 이회창·한화갑 중 한 사람은 정치적으로 매장시켜야 합니다.", "김대중 대통령이 추진한 햇볕정책의 치명적 결함은 무엇입니까. 정직성에 문제가 많은 김 대통령이 위선과 선동의 기술 집단인 좌파 세력의 응원을 받으면서 희대의 사기꾼이자 악마적 존재인 김정일과 화해·협력하려고 했다는 점입니다."

조갑제가 열을 많이 받았다는 것은 같은 9월호에 실린 「김대중 연구」라는 또 다른 글에서도 잘 드러났다. "김대중 씨의 일관성, 즉 대한민국과 북한 주민들에 대해서는 냉담하고 북한 정권에 대해서는 우호·관용적인 그의 대북관과 국가관은 그가 20대 초반에 좌익 행동 대원이었다는 점과 떼놓고 생각할 수 없다. 젊었을 때 가졌던 이념적 세계관은 나중에 그 사람이 설사 전향했다고 하더라도 그의 세계관에 찌꺼기로 남아 있게 된다. …… 김대중 씨로서는 대한민국 역대 정부에 대해 반감을 갖지 않을 수 없었을 것이고, 이런 감정은 대한민국이란 국가에 대한 반감 내지 냉담함으로 전이(轉移)되었을 개연성이 있다."

조갑제는 결코 단순무식한 사람은 아니었지만, 그의 계속되는 다음과 같은 주장은 우익의 이미지를 그렇게 오도할지도 모르는 문제를 안고 있는 건 아니었을까? "간첩이나 반역자가 자유민주주의자로 위장해 대통령이 되고 그 직권을 악용해 대북 무력을 무력화할 가능성을 배제할 수 없는 대한민국에서는 모든 국민이 다음과 같은 의무와 권리를 갖고 있다고 봐야 한다. 대통령을 비롯한 현직 정치인들이 적과 내통하는지를 감시하는 일."

또 다음과 같은 말은 어떤가? "역사는 1998~2003년에 걸친 김대중 시대를 어떻게 평가할 것인가. 김대중의 도전과 대한민국의 응전 과정이 아닐까……. 김대중 대통령은 한국의 현대사를 부정적으로 보고, 대한민국의 정통성에 대한 확신이 약했으며, 김정일 정권에 대한 분노와 정의감의 발로를 보여주지 않았다. 한국인으로서는 매우 예외적인 이런 현상은 광복 직후 그가 좌익 행동 대원이었다는 점과 밀접하게 연관되어 있는 것으로 보인다."

계속 이어지는 조갑제의 다음과 같은 발언은 정신분석학적 분석의 도입 필요성을 강력하게 시사하는 건 아닌지 모르겠다. "김대중 세력의 대한민국에 대한 도전은 어떻게 저지되었나. 경찰, 검찰, 국정원, 군대의 지휘부는 김대중 세력에게 넘어갔지만 헌법에 기초한 공권력의 작동 원리를 정권이 뒤집어버리기에는 한국 사회가 너무 민주화되어 있었다. 방송은 정권의 영향권에 들어갔으나 주류 언론은 사실과 여론과 시장의 힘에 의지하여 정권을 비판하였다. 정권 쪽에선 다수 사회단체들이 때로는 홍위병 같은 행동을 보였으나 법원의 견제가 들어갔다. …… 김대중 세력의 도전에 대한 대한민국 세력(국민, 국군, 헌법, 법원, 핵심 가치관, 경제력 등 대한민국을 구성하는 유무형의 요소들 포함)의 응전, 그 바탕에는 '우리는 그래도 대한민국을 사랑합니다. 우리는 대한민국이 자랑스럽습니다. 우리는 대한민국이 고맙습니다'란 생각이 깔려 있었다. 이런 생각이 극적으로 표출된 것이 월드컵 거리 응원의 태극기, 대한민국, 애국가였다."

조갑제의 다음과 같은 발언도 그가 너무 들뜬 나머지 사태를 지나치게 낙관하고 있는 건 아닌지, 의아심이 들게 하기에 족하다. "대한민국의 상처를 과장하고 그곳을 아프게 찌르기도 하면서 대한민국의 민족사적 정통성을 부정하려고 애썼던 국내 친북 좌파 세력은 김대중 대통령의 퇴임과 함께 퇴조기에 들어갈 것이다. 김대중 세력과 김정일 정권의 치명적 약점은 사실과 진실을 끊임없이 부인해야 한다는 부담이다. 대한민국이 정통이고 북한 정권은 이단이란 것이 사실이고 진실인데 대한민국을 이단이라고 설명하려면 온갖 거짓과 위선과 선동을 동원해야 한다. …… 지난 5년간 마음고생을 많이 했던 대한민국은 김대중에게 질문을 던질 권한이 있다. '귀하의 조국은 어디인가?'"

스타 탄생 지만원

"DJ는 빨갱이다. 임동원도 빨갱이다. 김동신도 빨갱이다." 2002년 8월 5일 우익 전사인 예비역 대령 지만원이 어느 강연에서 한 말이다. 이 발언이 화제가 되자 그는 8월 16일에는 몇몇 일간지 광고를 통해 한발 더 나아갔다. "광주 사태는 소수 좌익과 북한에서 파견한 특수부대원들이 순수한 군중들을 선동해 일으킨 폭동이었다." 항의가 쏟아졌지만 일주일 뒤 태연히 라디오 방송에 나와 "좌익 세력이 김정일과 연결됐다"는 말을 되풀이했다.[130]

'우익 스타'의 탄생이었다. 『한국논단』의 이도형이 비교적 잠잠한 틈을 타 '대국민 경계령! 좌익 세력 최후의 발악이 시작됩니다'라는 광고

---

130) 「스타 탄생 지만원」, 『한겨레21』, 2002년 9월 12일.

로 일약 '스타덤' (?)에 오른 지만원! 사회당 기관지『사회당』 2002년 9월 2일자 3면 [뉴스피플] 난에 이규성이 쓴 「사회발전시스템연구소장 지만원: 과다한 상상력」이라는 제목의 글은 " '대국민 경계령! 좌익 세력 최후의 발악이 시작됩니다' 라는 광고로 '진정한 극우의 발악' 이 무엇인지를 확실히 보여주었던 지만원 소장"이라고 했다.

그러나 생각해보면 이상한 일이었다. 지만원은 1997년 대통령 후보 김대중의 대북관과 통일관에 대해 "균형 있는 구도를 갖췄다"는 긍정적인 평가를 내린 바 있었으며, 입만 열면 '군축(軍縮)'을 강조하곤 했다. 그는 70만 한국군을 30만으로 줄여야 한다고 주장했다. 그는 한국의 무기 시장이 '미국의 봉'이라는 말도 했고 남한이 미국의 입장에 개의치 않고 선수를 치는 게 바람직하다는 주장도 했다. 그는 미국은 군축을 원치 않는다면서 그러한 미국을 비판하기도 했다. 그는 국내의 군축 반대론자들도 열심히 비판하면서 "군축의 전제 조건은 신뢰 구축"이 아니라 "신뢰의 전제 조건은 군축"이라고 주장했다. 그래서 진보적인 잡지『월간 말』의 필자로 맹활약했다.

그랬던 지만원이 김대중 정권이 출범한 후에 달라졌다. 다음과 같은 기사 제목이 말해주듯이, 지만원은 2000년부터 정반대로 맹활약해왔다. '지만원 씨의 '노근리 학살 정당화' : "미군의 목숨은 중요하지 않은가…… 베트남전 학살은 꾸며낸 소설" 주장'(『한겨레21』 2000년 6월 8일), '지만원 '대북 발언' 파문: "문산-개성 도로 개설은 김정일 무혈 입성 돕는 꼴"'(『경향신문』 2000년 9월 5일), '"경제는 어려운데 DJ 마음은 북한에……": 지만원 씨 국방부 홈페이지에 김 대통령 퇴진 주장 글 파문'(『국민일보』 2000년 10월 11일). 지만원은『주간조선』(2001년 3월 1일)에 기고한 「평화 협정의 함정」이라는 글에서는 "평화 협정은 DJ와 김정일이 다급한 입지를 커버하기 위해 궁여지책으로 내놓은 '과장 광고문'일 수 있다"고 주장했고, 『한국논단』(2001년 4월)에는 「미국에 들켜버린 김정일·DJ의 음모: 미국, 6·25에 이어 또 한번 적화통일을 저지」라는 글을 기고했다.

『한겨레21』(2002년 9월 12일)은 「스타 탄생 지만원」이라는 기사에서 지만원이 뜨는 이유에 대해 "첫째, 단순하고 용감해서다. …… 뜨는 이유 둘째, 1960년대 육사 입학 신체검사 때의 후일담이 한 인터넷 매체에 실리면서 급기야 이회창 후보의 대안으로 급부상해서다. '아름다운 병역 비리'의 주인공이라는 것이다. 몸무게는 물 한 주전자로 더하고, 키는 구두를 신고 합격했다는 것인데"라면서 다음과 같이 말했다.

"당시 출세 코스인 사관학교에 들어가기 위한 편법을 '비리'로 봐야 할지 '충정'으로 봐야 할지 뜨거운 논쟁적 화두까지 안겼다. 뜨는 이유 셋째, 말과 행동이 일치해서다. 그는 '좌익 척결'을 입으로만 하지 않고 몸으로 한다. 자신이 운영하는 인터넷 사이트 시스템클럽 (systemclub.co.kr)에 '건방진 글'이 올라오면 자신의 이름을 걸고 직접 인터넷주소(IP) 추적에 나선다. 특히 조롱 투의 글은 참지 못한다. 시스템 클럽을 둘러보면 그가 그런 글에 얼마나 몸서리치게 피해 의식을 느끼는지 실감할 수 있다."

"DJ는 빨갱이다. 임동원도 빨갱이다. 김동신도 빨갱이다"는 주장은 법망을 피해갈 수 있을지 모르지만, 모든 주장이 다 면책될 수는 없었다. 예컨대, 『내일신문』(2002년 9월 3일)에 따르면, "서울지검 형사5부는 3일 인터넷을 통해 황장엽 씨 신변 등을 관리하는 국가정보원 직원 등의 명예를 훼손한 혐의(정보통신이용촉진법 위반)로 군사평론가 지만원 씨를 추가 기소했다. 검찰에 따르면 지 씨는 작년 12월 자신이 운영하는 홈페이지에 올린 '국정원이 황장엽 비서의 밥에 독극물을 넣을 수 있다'는 제목의 글을 통해 황 씨의 신변 안전과 식사를 담당하는 국정원 직원들의 명예를 훼손한 혐의다. 앞서 지 씨는 자신의 홈페이지를 통해 '국방부 등 정부에서 땅굴 발견 사실을 은폐하고 있다'는 취지로 허위 사실을 적시한 글을 인터넷에 올린 혐의로 지난 6월 약식 기소됐다 정식 재판을 청구한 바 있다."[131]

부산 아시안게임의 충격

2002년 9월 29일 부산 아시안게임이 개막돼 16일간의 열띤 메달 레이스에 들어갔다. 남북한 선수단은 개회식 때와 마찬가지로 10월 14일 폐회식에서도 한반도기를 앞세우고 동시 입장해 통일에 대한 의지를 다시 한 번 확인했다. 한국은 대회 최종일 남자 마라톤과 남자 농구, 배드민턴 남녀 복식 등에서 금메달 4개를 추가, 총 96개로 역대 최고의 성적을 올렸다. 특히 남자 마라톤에서 이봉주가 월계관을 쓰고 북한의 함봉실 선수가 여자 마라톤에서 우승함으로써 마라톤 '남남북녀' 동반 우승의 쾌거를 이뤘다. 최종 메달 순위에서 한국은 금메달 96개, 은메달 80개, 동메달 84개로 일본을 크게 제치고 두 대회 연속 종합 2위를 차지했으며, 18개 종목에 선수단을 파견한 북한은 목표인 종합 4위를 이루지 못하고

---

131) 조계창, 「지만원 씨, 명예 훼손 혐의 추가 기소」, 『내일신문』, 2002년 9월 3일, 23면.

(위) 사진은 부산 아시아드 주 경기장. 2002년 9월 29일 부산 아시안게임이 개막돼 16일간의 열띤 메달 레이스에 들어갔다.
(아래) 부산 아시안게임에서 인공기를 흔들고 있는 북한 응원단과 이에 화답하듯 태극기를 흔드는 남한 응원단. 언론의 우려와는 달리 사회적 혼란이나 거부감은 일어나지 않았다.

9위를 기록했다.[132]

10월 1일 부산 아시안게임에서 여자 유도 부문 금메달을 수상한 리성희 선수의 시상식 장면은 보수 우익에게는 '충격'이었다. 카메라는 한반도기를 들고 인공기를 향해 기립해 있는 남측 관중들의 모습과 국가를 따라 부르는 북측 응원단의 숙연한 모습을 차례로 비추었기 때문이다. 북한 국가가 전파를 타는 것에 대한 우려 때문에 시상식 중계 여부를 놓고 고민했던 방송사들은 다른 경기를 바로 중계해야 하는 시간적 제약 때문에 시상식 중계를 하지는 못했지만 뉴스를 통해 짧게나마 보도했으며, 나중에 다큐멘터리 등을 통해 자세히 보도했다. 그래서 어떤 일이 벌어졌던가?

『기자협회보』(2002년 10월 23일)는 "아시안게임이 무르익으면서 TV와 신문, 인터넷 매체를 통해 인공기는 사실상 모든 국민에게 노출됐다. 지난 13일 북의 함봉실 선수가 여자 마라톤에서 금메달을 따자 대부분의 방송은 메인 뉴스에서 시상식 장면을 내보내며 북한 국가를 배경으로 인공기가 게양되는 모습을 방송했다. …… 신문에서도 역시 최대 화제가 됐던 북측 응원단에 카메라 앵글을 맞추며 그들이 인공기를 흔드는 모습을 지면에 여러 차례 게재했다"며 다음과 같이 말했다.

"그러나 언론에서 우려했던 것처럼 엄청난 사회적 '혼란'이나 '거부감'은 일어나지 않았다. 오히려 북의 국기와 국가를 인정하면서 남북이 비로소 하나 된 모습을 보여줬다는 평가다. 이미 우리 국민은 스포츠와 정치를 구분할 만큼 성숙해 있었던 것이다. 실제 아시안게임에 앞서 『문

---

132) 「이봉주 마라톤 2연패, 아시안게임 폐막 …… 한국 金 96개 역대 최고」, 『세계일보』, 2002년 10월 15일, 1면.

화일보』가 TN소프레스와 함께 실시한 여론조사 결과를 보면 '북한 응원단과 남한의 북한 서포터스가 경기장에서 북한 인공기를 들고 응원하는 것'에 대해 66.6%가 '비정치적 행사인 만큼 상관없다'고 답변한 바 있다. 어쩌면 '사회적 혼란이 일어날 것'이라는 언론의 우려는 국민들의 의식 수준도 따라가지 못하는 기우였을지도 모른다."[133]

한은 풀었고 신화는 깨졌다

그러나 김대중 정권에게 결정적인 타격을 입힌 주장은 그런 '빨갱이' 타령이 아리라 '부패'였다. 이는 보수와 진보를 막론하고 분노할 수 있는 주제가 아닌가. 진보적 정치학자 손호철은 『문화과학』 2002년 가을호에 쓴 「한은 풀었고 신화는 깨졌다」에서 다음과 같이 말했다. "DJ 지지자들이 '정권이 바뀌면 세상이 바뀐다'고 큰소리를 치더니 그 말대로 '정권이 바뀌자 빈부 격차가 사상 최고로 격화되고 아들(김현철) 하나가 아니라 둘(김홍걸, 김홍업)이 문제가 되게 세상이 바뀌었다'는 비아냥거림이 여기저기서 들려오고 있다. 그 결과 나의 주장처럼 '한은 풀었는지 모르지만 DJ의 신화 역시 확실히 깨지고 말았다.'"[134]

9월 25일 우익단체인 자유민주민족회의도 '김대중 대통령은 대한민국과 헌법을 파괴하고 있다'는 제목의 광고에서 다음과 같이 주장했다. "김대중 정권은 도둑질을 일삼는 유사 이래 최악의 부패 정권이다. 그토

---

133) 박미영, 「"인공기·국가 노출 땐 혼란" 논란: 또 하나의 금기 깨졌다」, 『기자협회보』, 2002년 10월 23일, 1면.
134) 손호철, 「한은 풀었고 신화는 깨졌다」, 『문화과학』, 제31호(2002년 가을), 215쪽.

록 가난에 시달렸던 김대중이 집권하자 아들, 친인척, 가신들이 거의 다 도둑질로 형무소에 들어가 있다. 수해민과 6·25 참전 노병과 유족들, 무의탁 노인들의 비참한 생활고는 돌보지 않고 현직에 있는 대통령이 사저, 아태재단, 자식들의 호화 주택에 수백억 원을 지출했다는 것은 역사에서 유례를 찾을 수 없는 통탄할 일이다."

2002년 10월에는 이신범의 『대통령 아들인데 그 정도 살면 어때!: 이신범 전 의원의 DJ 일가 호화 생활 추적기』라는 책이 출간되었다. 이 책은 말 그대로 김대중의 아들 김홍걸의 호화 생활 추적기다. 이신범의 말을 빌리자면, '2년 3개월에 걸친 캘리포니아의 드라마' 다.

거시적 시각과 미시적 시각의 차이일까? 역사학자 최상천은 『월간 말』(2002년 10월)에 쓴 기고문에서 다른 평가를 내렸다. 그는 "물론 김영삼과 김대중도 실책과 비리를 많이 저질렀다. 그러나 정권을 부정할 정도는 아니다. 언론과 나라 사람들이 씹어대는 아들들 비리를 보자. 비리를 저지른 아들들은 모두 검찰의 조사를 받고 감옥에 갔다. 이런 조치는 법치주의에 예외가 없다는 걸 증명한다. 한나라당과 반공 언론은 김대중 정권에 대해 무차별 공격을 퍼부었다. 대통령 아들과 측근들의 비리를 근거로 김대중 정권을 '부패 정권' 이라고 규탄했다"며 다음과 같이 말했다.

"논리적으로 맞든 안 맞든, 윤리적으로 옳든 그르든, 한나라당과 반공 언론의 파상 공격은 엄청난 성공을 거두었다. 역사적 업적에도 불구하고, 김영삼 정부는 '무능 정권' 으로, 김대중 정부는 '부패 정권' 으로 낙인이 찍혀버렸다. 김대중은 증오의 대상이 되어버렸다. 민주화 세력과 민주 정권의 정당성 상실은 아주 위험한 상황을 만든다. 자칫하면 민주주의 자체를 부정할 수도 있다."[135]

민주주의 자체를 부정할 수도 있는 위기 상황의 구원투수로 노무현이 나선 셈이었지만, 여전히 안심할 수 있는 상황은 아니었다. 아니 '노무현의 잔인한 8월'이라는 말이 나올 정도로 그의 민주당 대통령 후보 자리마저 흔들리고 있었기 때문이다.

---

135) 최상천, 「노무현 후보에게 보내는 제언: '새 정치'에 승리의 길이 있다」, 『월간 말』, 2002년 10월, 76~77쪽.

충청권을 노린 정략인가?
노무현의 행정 수도 이전론

노무현의 '잔인한 8월'

2002년 8월 8일 실시된 전국 13개 지역 재보선 개표 결과 한나라당이 광주 북 갑과 전북 군산 등 호남 지역 두 곳을 제외한 열한 곳에서 승리, 국회의원 재적(272석)의 반수를 2석 넘기는 139석을 확보했다. 재보선에서 참패한 민주당은 9일 여의도 중앙당사에서 노무현 대통령 후보와 한화갑 대표 등이 참석한 가운데 최고위원·상임고문 연석회의를 열어 가능한 한 빠른 시일 내에 신당을 창당한다는 원칙에 의견을 모으고 구체적인 준비를 위해 '신당추진기구' (가칭)를 설치키로 했다.

노 후보는 이날 회의 모두 발언과 이어 가진 기자 간담회를 통해 "당초 약속대로 후보 재경선이 이뤄지면 수용할 것이며, 신당 논의도 배척하지 않고 수용할 것" 이라고 밝히고 "그러나 재보선 패배에 후보로서 무거운 책임을 느끼나 대안 없이 사퇴하는 일이 책임 있는 자세라고는 생각지 않는다" 며 당내 반노 후보 그룹에서 제기해온 즉각 사퇴론을 거부했다. 노 후보는 이어 "신당이든 (당내) 재경선이든 경쟁력 있는 후보를 창출하기 위한 것인 만큼 국민 경선의 절차에 의해 후보 문제가 매듭지어지는 게 중요하다"고 강조한 뒤 "충실한 본선 준비가 가능하도록 적절한 시간 안에 후보 · 신당 문제가 매듭지어지길 바란다"고 말했다.[136]

노무현은 국회의원 재보선에서 참혹한 패배를 당한 뒤 지지율이 15% 안팎으로 떨어지고 당내에서는 후보 교체 움직임이 구체화되는 등 고립무원의 상황에 놓여 있었다. 당시 여의도 민주당사 8층, 어느 기자가 공보특보실에 혼자 앉아 있는데 갑자기 노무현 후보가 들어와서 담배 한 대를 달라고 했다. 그러더니 묻지도 않은 얘기를 했다. "내가 말이죠. 당선이 안 돼도 선거 후에 당을 하나 만들 거예요. 그러면 우리 당 후보들이 당선 안 될지 몰라도 저 사람들(후보 교체론자들)은 모두 떨어뜨릴 수 있어요." 자신을 후보의 지위에서 끌어내리려는 사람들에 대한 끓어오르는 적의(敵意)를 그렇게 표현했던 것이다. 노 후보는 깜짝 놀라는 기자에게 "이건 쓰지 말아요" 한마디를 더 하고 방을 나갔다.[137]

최측근인 안희정의 회고에 따르면, "노 전 대통령이 2002년 여름 민주당 대선 후보 당시 지지율이 떨어지자 측근들을 서울 명륜동 집으로 불러 '후보 자리를 내놓겠다. 정몽준 의원에게 주자'고 했다." 안희정은 "그 자리가 당신 혼자만의 것이냐"고 반발했고, 저녁부터 시작된 격론은 다음 날 새벽까지 계속됐고, 지친 노무현은 "니 이제 고마 가라, 집에

136) 김재목 · 김성훈, 「8 · 8 재보선/민주 지도부 총사퇴 논란」, 『문화일보』, 2002년 8월 9일, 1면.
137) 신정록, 「정의와 기회주의의 차이」, 『조선일보』, 2007년 5월 5일, A26면.
138) 최우규, 「"대선 불법자금 안 쓸 자신 없다며 공개 협약 거부"」, 『경향신문』, 2009년 5월 27일.

가라"고 쫓아냈다는 것이다.[138]

서울대 폐지론 논란

민주당 대통령 후보 자리까지 포기할 마음을 먹었기에 더욱 거칠 게 없
었던 걸까? 2002년 9월 7일 노무현 후보는 연세대 대강당에서 열린 '학
벌 없는 사회' 주최 초청 강연에서 "학벌주의는 한번 대학 졸업장을 따
면 영원히 우려먹고 독점적 힘을 발휘해 끼리끼리 정보를 유통시켜 특
권 사회를 형성한다"며 "개인적으로 서울대를 없애야 한다고 생각하지
만 그렇게 말하면 신문에 크게 실리기 때문에 없애겠다는 말은 하지 않
겠다. 서울대를 폐지하려면 국민의 합의가 있어야 하지만 실천 방법에
있어선 국민 각자의 생각이 달라 쉽지 않을 것"이라고 말했다.[139]

『조선일보』9월 10일자 사설 「노 후보 '서울대론' 한마디」는 "노 후보
가 대통령이 될 경우 그 소신은 어떤 형태로든 정책에 반영될 가능성이
크다. 따라서 서울대의 존폐와도 관련될 수 있는 민감한 주제를 이처럼
'슬쩍 지나가는' 화법으로 언급한 그 방식은 일단 체계적이거나 신중함
과는 거리가 있다"며 다음과 같이 말했다.

"서울대가 이대로 가서는 안 된다는 데 대해서는 우리 사회에 광범위
한 합의가 있다. 가만히 있어도 수재가 모여들고 국가 재정 지원은 거의
독차지하다시피 하는데도 세계 속의 위상은 볼품없는 이유가 무엇 때문
이냐는 논란은 어제오늘의 일이 아니다. 이런 토론의 연장선상에서 사

---

139) 박창식, 「"서울대 폐지 개인적으로 찬성"/노 후보 '학벌 없는 사회' 강연」, 『한겨레』, 2002년 9월 9일, 4
면.

회 일각에서 '서울대 폐지론' 이 제기되고 있는 것도 부분적으로 사실이다. 그러나 좀더 들여다보면 그 안에는 서울대의 간판을 내려야 한다는 주장, 학부만 폐지하고 대학원을 집중 육성해야 한다는 주장, 사립대학이 유지하기 어려운 기초 학문 분야만 서울대가 맡고 여타 응용 학문은 다른 대학에 넘겨야 한다는 주장 등이 다양하게 혼재해 있다."

이어 『조선일보』는 "어느 경우든 경계해야 할 것은, 서울대가 이른바 '잘나간다는' 측이 끼리끼리 국가 사회의 상층부를 독식하는 '보기 싫은 집단' 이므로 없애버려야 한다는 식의 지나치게 단순하고 감정적인 접근이다" 며 다음과 같이 주장했다. "사회를 이끌어가는 건강한 엘리트의 육성은 어느 시대 어느 나라에서나 필요한 과업이다. '서울대 폐지론' 을 얘기할 때도 그 근거 논리와 구체적인 방법론, 폐지 이후의 비전까지를 책임 있게 제시하지 않으면 안 된다. 노 후보는 이왕에 자신의 입장을 피력한 만큼 그렇게 툭 건드리고 지나가는 식 말고, 보다 대안적인 청사진을 내놓는 것이 대통령 후보에게 걸맞을 것이다."

『동아일보』의 9월 10일자 「기자 칼럼: 서울대 폐교가 상책인가」는 "학벌주의 철폐는 사회 구성원의 의식과 제도의 개혁으로 해결해야 할 문제이지 이 모든 책임을 서울대에 덮어씌워 '폐교' 라는 극약 처방으로 해결할 일은 아니다. 의식과 제도의 개혁이 없는 상태에서 서울대가 문을 닫더라도 제2, 제3의 서울대가 나타날 것이 뻔하기 때문이다. 학벌 철폐를 위해 서울대를 없애겠다는 발상은 '구더기가 무서워 애써 담은 장을 독채 내다 버리겠다는 것' 이나 다름없다" 며 다음과 같이 주장했다.

"대학의 존재 가치는 우수한 자질을 가진 학생을 선발해 국가를 이끌 인재로 길러내는 것이다. 이를 위해 많은 나라에서 우수 대학을 육성하려고 힘을 쏟고 있는 마당에 주요 정당의 대통령 후보가 서울대를 없애야 한다고 주장하는 것에 대해 '시대착오적'이라는 반응이 나오는 것도 이 때문이다. 오히려 지금은 외국의 유수 대학에 비해 경쟁력이 낮은 서울대를 비롯한 국내 대학의 발전 방안에 대해 더 고민해야 할 때가 아닌가 여겨진다. 학벌주의에 대해 문제의식을 느꼈다면 성급하게 '서울대 폐지론'을 내세우기보다는 학벌보다 능력으로 평가받는 사회 시스템을 만들 수 있는 정책을 제시하는 게 대통령 후보의 역할이 아닌가 싶다."

반미주의자면 또 어떠냐

노무현은 비판을 받을수록 더 거세지는 사람이었다. 9·11 테러 1주년인 9월 11일 노무현은 영남대 강연에서 "미국에 안 갔다고 반미주의자냐. 또 반미주의자면 어떠냐"고 말해 또 논란을 빚었다. 그는 곧바로 "말을 하고 보니 반미주의자는 좀 그렇다. 대통령이 반미주의자라면 우리 국익에 큰 손해를 끼칠 것이다"며 한걸음 물러섰지만, 『조선일보』 9월 12일자는 「"반미주의자면 어떻습니까 …… 말하다보니 곤란하네요"」라는 기사를 게재했고, 『동아일보』 9월 12일자는 「"미(美) 안 갔다고 반미주의자냐 반미주의자면 또 어떠냐"」는 기사를 게재했다.

　『동아일보』 기사에 따르면, "노 후보의 이 같은 발언에 대해 강연장을 가득 메운 600여 명의 청중은 의아하다는 듯한 반응을 보였고 일부는 옆 사람과 수군대기도 했다. …… 이날 현장에서 노 후보의 강연을 지켜본 이 대학 정치행정학과 3학년 김 모 군은 '청중이 많다보니 노 후보가 흥분한 것 같다. '반미주의자' 발언은 설혹 취소했다 하더라도 대선 후보로서는 적절하지 못한 것이었다고 생각한다'고 말했다."

반면 『오마이뉴스』 기자 이승욱이 올린 기사에 따르면, 당시 강연을 들었던 김봉경 씨는 "노 후보의 발언이 있은 후 청중들이 수군대기도 했다는 보도는 완전히 작문에 가까운 것 같다"면서 "당시 '반미주의자면 어떤가'라는 발언은 사대주의적 역사관을 문제 삼는 것일 뿐이고, 자신이 반미주의자가 아니라 사회 속의 다양한 주장들을 인정해야 한다는 정도로 받아들였다"고 말했다.

『동아일보』는 9월 13일자에 「노 후보, 주워 담으려면 말을 말라」는 사설에서 "노 후보가 젊은 학생들이 가득 찬 강연장 분위기에 취해 불쑥 '반미' 얘기를 꺼냈다가 분위기가 심상치 않자 얼른 말을 주워 담았다고 해도 사려 부족이라는 비판을 면할 길이 없다. 그러나 꼭 그런 것 같지만은 않다. 그는 이날도 '나는 본래 이렇게 생각하지만, 그렇게 말하면 이런저런 문제가 있으니 여러분들이 알아서 생각하라'는 식의 화법을 구사한 듯한 느낌이 강하게 든다"며 다음과 같이 말했다.

"그는 지난 주말 한 사회단체 강연에서도 '개인적으로 서울대를 없애는 것에 찬성한다'고 말한 뒤 '하지만 그렇게 말하면 신문에 크게 실리기 때문에 없애겠단 말은 하지 않겠다'고 덧붙인 적이 있다. 이런 식의 화법은 듣는 이를 조롱하는 인상을 주기 때문에 노 후보는 말을 가려 해야 한다. 얼마 가지 않아 주워 담을 말이라면 아예 삼갔으면 하고, 정말 해야 할 말이라면 분명히 했으면 한다. 정치 지도자의 말이 가벼워 바람에 날리듯 하면 국민의 신뢰를 얻기 어렵다. 지금 노 후보에게 가장 필요한 것은 말의 안정감이다."

『중앙일보』는 9월 13일자에 게재한 「노무현식 화법 다시 논란: 원고

무시 즉석연설 잦아…… 측근들도 조마조마」라는 기사에서 "민주당 노무현 대통령 후보의 말이 다시 구설에 오르고 있다. 주변의 집중 건의로 한동안 절제되는 듯했던 노 후보가 최근 다시 절제되지 않은 표현을 하고 있는 것이다. 측근들조차 곤혹스러워하고 있다"고 말했다.

그 맥락이야 어찌됐건 "반미주의자면 또 어떠냐"는 노무현의 말 한마디는 고려대 교수 서지문으로 하여금 『조선일보』 9월 17일자에 「한국 대통령 후보의 '반미'」라는 칼럼을 쓰게 만들었다. 서지문은 지난 2월에는 "노 후보에게 지대한 호감을 가졌었다"고 밝히면서 다음과 같이 말했다.

"그가 우리 근세 정치사에 드문 '큰 그릇'이면서 소박한 민중의 정치가라고 생각되어 그의 출현을 크게 환영했었다. 그러나 노 후보는 '대통령 후보'라는 영광과 부담조차 감당하지 못하는 모습을 보여주었다. 그래서 그가 대통령이 된다는 가정이 많은 사람을 근심스럽게 하고 있다. …… 노 후보가 미국에도 가보고 한미 교류사에 대해 여러모로 연구도 해보고, 우리나라의 역사와 현실, 세계사와 국제 관계, 그리고 인간 심리를 깊이 연구할 충분한 기간을 가진 후에 본격적인 정치 활동을 했으면 한다."

노무현은 『대한매일』 9월 25일자 인터뷰에서 "'반미면 어떠냐' 등의 말 때문에 구설에 자주 올랐는데요. 대통령의 말 한마디의 파급 효과는 크지 않습니까"라는 질문에 대해 다음과 같이 답했다. "(자세를 가다듬으며) 앞으로 각별히 주의하겠습니다. 자리를 가려야 하는데 거기에 익숙지 않았던 것 같습니다. 그러나 저도 볼멘소리 하나 하겠습니다. 말뜻은 전하지 않고 말꼬리만 잡으러 다니는 일부 언론은 그렇게 하지 않았으면 좋겠습니다. 가십 하나 쓸 걸 사설에까지 쓰니 좀 억울합니다."

특단의 카드가 필요하다고 생각했던 걸까? 9월 30일 노무현은 중앙 선거대책본부를 출범하면서 상황을 반전시킬 카드를 내놓는다.

노무현의 행정 수도 이전론

2002년 9월 30일 노무현은 중앙 선거대책본부를 출범하면서 "법정 선거 비용을 준수하고, 모든 경비는 지지자 헌금을 통해 조달하겠으며, 쓰임 내역 또한 낱낱이 공개하겠다"고 선언했다. 더 구체적인 공언은 2일 △선거 비용 수입 · 지출 단일계좌 사용 △10만 원 이상 지출 시 영수증 첨부 △선거 비용 지출 시 카드 사용 또는 예금계좌 입금 의무화 △100만 원 이상 기부 시 수표 사용 의무화 △시민단체가 추천하는 회계 전문가에게 내역 공개 △인터넷을 통한 내역 공개 등으로 가시화됐다.

이를 가리켜 한 신문사 정치부 기자는 "가히 혁명적인 수준"이라고 논평했다. 하지만 노 후보의 이러한 선언에 대한 언론의 첫 반응은 냉담했다. 『한겨레』가 2일자 1면에서 이를 별도로 보도한 것과 『문화일보』가 30일자 「대선 자금 투명화 '돈 선거 방지' 될까」에서 노 후보의 선언을 되짚은 것 이외에 대부분의 언론사들은 또 하나의 정치적 수사로 여기는 분위기가 역력했다. 『동아일보』는 3일자 4면에 강원택 교수(숭실대)와 조기숙 교수(이화여대)의 입을 빌어 "진성 당원에게 자금을 조달한다는 것은 지나치게 이상적"이라고 주장했다. 한 신문사 정치부 기자는

---

140) 이영환, 「'돈 선거' 말로만 우려: 대선 자금 공개 무관심」, 『미디어오늘』, 2002년 10월 10일, 4면.

"노 후보의 이러한 선언을 크게 보도하지 않는 것은 아무래도 현실성이 없어 보이기 때문이 아니겠냐"고 말했다.[140]

노무현의 9·30 발언에서 더욱 중요한 사항은 청와대와 중앙 부처의 충청권 이전을 대선 공약으로 제시한 것이었다. 「청와대·부처 충청 이전 12월 대선 새 쟁점 부상」이라는 『문화일보』 9월 30일자 1면 머리기사가 말해주듯이, 행정 수도 이전이 대선 쟁점으로 떠오르기 시작했다.

보수 언론은 즉각 반발하고 나섰다. 『동아일보』 10월 1일자에 실린 「'행정 수도' 신중하게 말하라」는 사설은 "국가의 중추인 수도 이전 문제는 생활상의 변화는 물론 통일시대까지 내다보는 장기적인 안목으로 신중하게 접근해야 한다. 당장 선거 때 해당 지역 표만을 의식해 원론적으로 거론하기에는 너무 중요하고 복잡한 사안이기 때문이다. 그런 식의 공약이 지켜진 적도 드물다"고 주장했다.

이영세 대구사이버대 총장은 『조선일보』 10월 2일자에 기고한 칼럼 「지방은 없다」에서 "대한민국 인구의 반이 사는 수도권의 표를 다 잃어버리는 각오를 하지 않고는 이것을 진지하게 실천할 수 있을지 모르겠다"며 "만약 집권하면 실천할 의지가 있는지 신뢰감이 가지를 않는다. 또 속는다는 생각이 드는 것이 솔직한 심정이다"고 했다. 황희연 충북대 교수는 『동아일보』 10월 2일자에 기고한 「중앙 부처 여러 곳에 분산을」이라는 칼럼에서 자신의 '중앙 부처 분산론'을 역설하기 위해 노 후보의 공약을 '구시대적 접근 방식'이자 '넘어서야 할 고착된 사고'라고 비판했다.

『중앙일보』는 노무현의 공약을 '충청권 공략'이라는 정략으로 부각시켰다. 『중앙일보』 10월 1일자 1면에 실린 [김상택 만평]과 5면에 실린

해외의 대표적인 행정 수도인 호주의 캔버라(위)와 브라질의 브라질리아(아래). 현재의 수도권이 모든 면에서 비대하다는 점에서 행정 수도 이전을 마다할 이유는 없었다.

「이전 공약 왜 나왔나: 충청권 공략 노린 듯」이라는 기사가 『중앙일보』의 그런 입장을 잘 말해주었다.

『문화일보』 10월 2일자 사설 「행정 수도 이전론의 전제 조건」은 "기본적으로 현재의 서울과 수도권이 인구는 물론 정치 · 경제 등 모든 면에서 과잉이고 비대하다는 점에서 행정 수도 이전론에 대해 마다할 이유는 없다"고 전제하면서도 다음과 같이 주장했다.

"현재의 서울이나 수도권이 수많은 문제점을 갖고 있다 해도 옮겨갈 행정 수도가 '거대한' 부실이나 졸속이 되는 것은 상상만 해도 끔찍한 일이다. 수도권 이전 문제는 그 막대한 재원 조달에서부터, 정치 · 경제 · 사회 · 교육 · 문화 등에 대해 먼저 광범위하고 심층적인 연구를 치밀히 마친 뒤 결론에 도달해야 한다. 통일 이후와 아시아의 '허브 국가'로 부상하게 되는 문제에 충분히 대비할 수 있는 청사진도 그려야 한다. 이 문제야말로 백년대계 이상의 스케일과 차원에서 접근해야 한다."

반면 『대한매일』 10월 2일자에 실린 사설 「'행정 수도' 논의를 정책 대결로」은 "노 후보의 행정 수도 공약에 대해 다른 후보들은 모두 현실성이 없다고 보는 것 같다. 그러나 한나라당의 이회창 후보는 바로 다음 날 대학교와 중앙 부처의 지방 이전으로 수도권 과밀화를 해소하겠다고 공약했다. 그것이 노 후보의 행정 수도 공약에 대응하기 위한 것인지는 알 수 없으되 노 후보의 행정 수도 제기가 정책 대결의 가능성을 열어보인 것만은 분명해 보인다"며 다음과 같이 말했다.

"병풍(兵風)이니 재벌 대통령이니 하는 것들도 국민의 판단을 받아야겠지만, 흠집 찾기가 유일한 선거 전략이 되는 대선에서는 나라의 미래가 없기 마련이다. 지난 서울시장 선거에서 이명박 후보는 청계천 복원을 내세워 선거전 이슈를 선점했었다. 특히 시민의 피부에 와 닿는 구체적 구조물을 대상으로 삼아 정책 대결을 유리하게 이끌 수 있었다. 12월 대선에서도 피부에 와 닿는 정책적 사안을 놓고 당당하게 대결하기를 당부한다."

노무현의 행정 수도 이전론에 대해 이회창은 '기능별 수도 지정'이라고 하는 카드를 제시했는데, 이회창의 주장인즉슨, "최소 40조 원의 막대한 자금이 소요되는 행정 수도 이전보다 과학기술 수도는 대전, 문화예술 수도는 광주 등 특정 기능을 고려해 수도를 지정하는 게 실현 가능한 방안"이라는 것이다.[141]

'지방 살리기 더 늦출 수 없다'

『조선일보』는 대선 직전까지 노무현의 행정 수도 이전에 반대하거나 그 공약에 흠집을 내는 칼럼을 집중적으로 실었다. 경남발전연구원 산업경제실장 송부용의 「행정 수도 이전과 지방 균형」(12월 4일자), 명지대 북한학과 객원교수 이영기의 「수도 이전은 통일 후 거론해야」(12월 11일자), 사회부 차장 대우 문갑식의 「수도 이전론의 맹점들」(12월 13일자), 성신여대 대학원장 권용우의 「기능 분산과 균형 발전」(12월 14일자), 이화여대 교수 박석순의 「물 대책 없는 수도 이전」(12월 18일자) 등이 바로 그것이다.

반면 『동아일보』는 행정 수도 이전 문제에 대해서만큼은 12월 13일자

---

141) 안수찬, 「이 후보 "기능별 수도 지정을"」, 『한겨레』, 2002년 10월 14일, 2면.

중앙 선거대책본부가 출범하면서 노무현이 내세운 행정 수도 이전 공약이 대선의 쟁점으로 떠오르기 시작했다.

에 한양대 교수 최막중의 「'행정 수도 이전' 신중한 접근을」이라는 제목의 칼럼을 싣는 것으로만 대처했다. 물론 외부 칼럼 게재로만 언급한 것인데 왜 그랬는지 궁금하다. 혹 11월에 벌였던 일 때문에 그랬던 건 아닐까?『동아일보』는 11월 13일자 1면 머리기사로 「서울 가는 길 '고통의 길': "수도권은 송사 중" 도로 제자리 아파트만 쑥쑥」이라는 기사를 실은 이후 수도권 교통난 문제를 5회에 걸쳐 집중 조명했다. 이 기사를 읽은 사람이라면 누구나 '행정 수도 이전'도 검토해볼 만한 대안이라는 결론을 내리기에 충분했을 것이다. 그런 기억이 아직 남아 있는 판에 『동아일보』가『조선일보』식으로 행정 수도 이전을 결사반대하기엔 낯 뜨겁다는 자각이 있었지 않았을까 싶다.

이 점에서는 『중앙일보』도 비슷했다. 『중앙일보』 10월 17일자 사설

「지방 살리기 더 늦출 수 없다」는 "날로 피폐해지고 있는 지방을 이대로 둘 것인가. 『중앙일보』가 연재 중인 기획 시리즈 '지방을 살리자-지방 자치 11년 성적표' 는 사회 · 경제 · 문화 · 교육 모든 분야에서 수도권 집중화와 지방 공동화 현상이 이제 방치할 수준을 넘어 국가 경쟁력을 저해하는 걸림돌이 되고 있음을 극명하게 보여주고 있다" 며 다음과 같이 말했다.

"여론조사 결과를 보면 국민 10명 중 8명은 '지방에 있으면 뒤떨어진다' 고 생각하고, '평소 서울로 이사할 생각을 자주 한다' 는 사람도 10명 중 3명꼴이다. 그 이유는 교육 여건, 경제적 여유, 생활의 편리함, 문화적 혜택 등 삶의 질을 좌우하는 모든 것이 서울에 집중돼 있기 때문이라는 것이다. 그러다보니 수도권은 인구의 47%를 빨아들인 공룡으로 전락하고 말았다는 말이 나오는 것이다."

이어 이 사설은 "이 같은 결과는 지방이 행정 · 재정 권한을 실질적으로 확보하지 못한 채 '무늬만 자치' 로 중앙정부에 예속됐기 때문이다. 김대중 정부가 지역 균형 발전을 위해 의욕적으로 추진한 중앙 업무의 지방 이양도 대상 1만 2,000여 개 가운데 1%도 안 되는 111개 업무만 겨우 지방에 넘긴 것을 보아도 실상이 짐작된다. 지자체의 재정 자립도는 해마다 뒷걸음질 쳐 54.6%에 머물며 지방세를 거둬 공무원 인건비도 못 주는 곳이 수두룩하다" 며 다음과 같이 말했다.

"이런 재정으로 삶의 질을 어떻게 생각하겠는가. 지방 발전을 앞서서 이끌어가야 할 대구, 부산, 대전, 광주 등 광역시의 경제가 수렁에 빠져 지역 발전의 부담이 되고 있는 것이 현실이다. 지금까지 수도권과 지방의 입장 대립으로 지방 정책이 표류해왔다. 게다가 최근 대선을 앞두고 선거용으로 난무하는 여러 가지 지방 발전 공약들은 지방 사람들에게 또 다른 상처를 줄 수 있다는 점에서 걱정이다. 지방 살리기 문제는 수도 권과 지방이 함께 사는 길을 찾는 국가적 개혁 차원에서 전략적으로 신 중하게 추진돼야 한다. 대중요법으로는 근본 문제가 해결되지 않는다."

도대체 어느 정도였기에 보수 신문마저 "지방 살리기 더 늦출 수 없 다"고 주장하게 된 걸까? "지방 살면 뒤떨어진다"고 생각하는 사람이 전 체 국민의 80.5%에 이를 정도로 이른바 '내부 식민지' 체제가 완성된 상 태였다. 그 실상을 자세히 살펴보기로 하자.

지방 살면 뒤떨어진다 80.5%
'내부 식민지'의 완성

복거일이 서울로 유턴한 이유는?

"지방에서는 마땅히 투자할 곳이 없어요. 여윳돈을 은행에 두자니 손해 보는 것 같아 서울이나 신도시의 수익형 부동산에 관심을 가지는 거죠." [142] 2002년 초 어느 지방 사람이 한 말이다. 이런 사정을 겨냥, 왜 돈을 지방에서 썩히느냐, 서울로 가져 와라, 돈 불려주마, 그런 광고가 활개를 치고 있었다.

"수도권 대학 졸업 예정자의 취업률이 지난해의 '반 토막'이라면, 지방대생들의 취업률은 '반의 반 토막'이다." 『한국일보』(2002년 1월 4일)에 실린 「지방대 졸업생 K씨 "졸업장이 천형 같아요"/명문대 졸업 앞둔 S씨 "3개 사에 합격했어요"」라는 제목의 기사가 내린 평가다.

취업 이전에 더욱 기가 막힌 일이 벌어지고 있었다. 한국의 연간 교육

---

142) 「지방 돈 '상경(上京)' : "서울·신도시 부동산에 묻어두자」, 『중앙일보』, 2002년 1월 4일, 29면.

비 63조 원 중 국가 부담이 28조 원인 반면 가계 부담이 35조 원에 이르렀다. 똑같이 고통당한다면, 무엇이 문제랴. 서울에 있는 대학 재학생 40여만 명 가운데 지방 출신은 절반가량인 20만 명이나 되며, 이들의 학부모들이 서울로 보내는 등록금만 연간 9000억 원에 이르렀다.[143] 등록금뿐이랴. 집을 떠나 객지에서 대학에 다니기 때문에 드는 돈은 말할 것도 없거니와 그 밖의 다른 불이익도 만만치 않았다.

국토연구원 연구위원 김선희는 "2002년 현재 우리나라의 수송 부문 에너지 소비는 전체 에너지 소비의 22%로 1980년에 비해 2배 이상 증가했다. 따라서 국토 공간 구조를 개편하거나 계획할 때 에너지 소비를 최소화할 수 있는 지식과 지혜를 총동원한다면 에너지 소비를 구조적으로 줄일 수 있다"며 다음과 같이 말했다.

"만약 우리나라 지방 도시들이 경제적, 문화적으로 일정한 자족성을 확보하게 되면 수송 에너지를 얼마나 줄일 수 있을까? 단순히 인구의 재배치에 따라 교통량이 변화될 수 있다는 가정 아래 최적화 시뮬레이션으로 분석한 결과, 서울권의 인구 16.7%와 부산권의 인구 5.1%를 대전, 광주, 대구 및 마산·창원·진해권으로 배치할 경우, 26.3%의 지역 간 유발 교통량 절감 효과가 있음이 예측되었다. 따라서 '지방분권형 국가 만들기'가 성공해서 수도권 '일극 집중'이 시정된다면 우리 국토도 에너지 소비를 근본적으로 줄이는 절약 시스템으로 기능을 할 수 있을 것이다."[144]

지방에 사는 것이 무슨 죄인가? 죄는 아닐망정 '서울 공화국' 체제하

---

143) 특별취재팀, 「지방을 살리자: 인재도 문화도 '서울 독식'」, 「중앙일보」, 2001년 4월 26일, 1면.
144) 김선희, 「수도권 집중 막아야 에너지 절약」, 「대한매일」, 2003년 5월 14일, 15면.

의 내부 식민지인 건 분명했다. 이를 증명하듯, 소설가 복거일이 2002년 초 서울로 유턴했다. 1978년 결혼 이후 24년을 대전에서 살아온 그가 고향을 떠난 것이다. "Y대 재학 중인 딸이 교육·문화 혜택이 풍요로운 서울로 가자는 겁니다. 저도 사람 만나러, 신간 서적 구하러 자주 상경하는 게 불편했고요. 나만이라도 고향을 지키자고 다짐했었는데……." 대표적 예향론자였던 그는 이젠 "지방에는 미래가 없다"며 '탈(脫)지방'을 외쳐 지역 인사들로부터 변절자로 몰렸다. 복거일은 그러나 "지방은 외딴 섬"이라며 "수도권에 행정·금융·교육·문화기관이 모두 몰려 있는데 지방에서 삶의 질을 말한다는 것은 가식"이라고 잘라 말했다. 정부의 수도권 진입 규제에 대해서도 "버스를 이미 탄 사람들(기득권층)이 차 안이 복잡하다고 그만 태우라는 식"이라고 반박했다.[145]

복거일이 서울로 이사 간 뒤 그곳에서 '지방 살리기'를 위한 발언을 하면 좋았으련만, 그는 그렇게 하지 않았다. 복거일은 『주간조선』(2002년 9월 26일) 칼럼에서 "'수도권 집중 억제 정책'은 결코 대책이 못 된다. 그것은 본질적으로 수도권 진입을 막는 장벽이다. 그래서 시장의 결정을 왜곡시켜서 자원의 효율적 배제를 방해한다"며 다음과 같이 주장했다.

"그리고 이미 수도권에서 자리 잡은 사회적 강자들의 이익을 지키기 위해서 이제 막 수도권에 들어오려는 사회적 약자들의 이익을 희생시킨다. 게다가 그것은 그리 효과적이지도 못하니, 서울에 있는 학교나 직장을 얻은 사람들이 '수도권 집중 억제 정책 때문에 수도권으로 못 들어올 리 없다. 이제는 이론적으로 그르고, 현실적으로 비효과적이고, 도덕적

---

145) 「"지방 살면 뒤떨어진다" 80.5%」, 『중앙일보』, 2002년 10월 17일, 10면.

으로 혐오스러운 그 정책을 버릴 때가 되었다. 도시화에 대한 좋은 정책이 없다는 사실이 잘못된 정책을 고집하는 것을 정당화하지는 않는다."

교수님이 서울로 갔어요

2002년 9월 4일 김대중 정부는 수도권 신도시를 서둘러 개발하겠다고 발표했다. 오직 『국민일보』만 9월 6일자 사설 '경기도를 서울화하려는 가'를 통해 가볍게 비판했을 뿐, 다른 중앙지들은 모두 침묵했다.

『문화일보』 사회2부 차장 김광주는 9월 24일자에 쓴 「지방 키워야 집값 잡힌다」라는 칼럼에서 "왜곡된 아파트 가격을 바로잡기 위해서는 우선 보유 과세 중심의 세제 개편이 시급하지만 무엇보다도 지방을 살려 전국의 토지 효율성을 높여야 한다. 서울에 우수한 대학과 의료 기관, 문화시설 등 모든 것이 집중돼 지방의 인재와 자금 등을 빨아가는 '블랙홀'로 남아 있는 한 지금과 같은 부동산 대책은 임시방편일 뿐 근본적인 치유책은 될 수 없다. 지방을 살리기 위해서는 사회간접자본(SOC)의 대폭 투자와 함께 지방대학의 육성책이 절실하다"라며 다음과 같이 말한다.

"우수한 지방대학에서 인재를 육성하지 않고는 장기적으로 지방의 발전을 기대하기 어렵기 때문이다. 해마다 우수한 지방의 인재들을 서울로 뺏기는 바람에 지방은 인재와 자금의 유출이라는 악순환에 시달리고 있다. 최근 정부는 집값이 폭등하자 수도권 그린벨트를 해제하고 절대 농지를 풀어가면서까지 신도시 건설 등 수도권 개발을 하겠다고 한다. 이는 그동안 국가의 중요 정책 기조 가운데 하나인 수도권 집중 억제

책을 포기하고 수도권 집중화를 강화시키겠다는 발상이다. 정부 부처와 대학의 과감한 지방 이전 없이 수도권 억제를 푸는 일은 주택 및 교통 문제를 악화시킬 뿐이다. 권력을 가진 정부 부처가 중앙에 있는 한 인구와 자본은 권력 쪽에 몰릴 수밖에 없기 때문이다. 수도권 억제 정책의 지속이 주택과 교통, 환경문제를 해결하고 국토의 균형 발전을 통한 윈윈(win-win) 전략이라는 사실을 왜 모르는가."

『교수신문』(2002년 7월 22일)은 「지방대를 살리려면」이라는 사설을 통해 "우선 지방대 교수들과 지자체의 장들이 발 벗고 나서야 한다"고 했지만, 문제는 그렇게 간단치 않았다. 지방대 교수들이 발 벗고 나서기 어려운 문제가 있었기 때문이다.

『한국일보』(2002년 4월 4일)에 실린 「"교수님이 서울로 갔어요"」라는 제목의 기사에 따르면, "경북 지역 A대의 정보통신 관련 학과에 올해 특차 입학한 조 아무개 군은 입학한 지 한 달도 안 돼 휴학을 하고 다시 대입을 준비하고 있다. 공부하고 싶은 분야의 교수 2명이 모두 서울 소재 대학으로 자리를 옮겨 전공 수업이 불가능한 상황이기 때문이다. 특히 이들 교수는 지난해 조 군이 전국 규모의 컴퓨터 경진 대회에서 수상한 후 직접 찾아와 A대 정보통신 관련 학과의 장래성을 홍보하며 입학을 권유했던 사람들이어서 조 군을 더욱 허탈하게 하고 있다. 조 군은 '교수 3명 중 2명이 빠져 나갔지만 교수 충원은 요원한 것 같다'며 '특차 입학한 친구들은 대부분 휴학을 고려하고 있다'고 전했다."

『교수신문』(2002년 4월 15일)은 "경북의 K대학 김 아무개 교수, 철학과 학과장을 맡고 있는 그는 학기 초만 되면 안절부절 못한다. 교수들이 보따리를 싸 하나둘씩 서울 소재 대학으로 자리를 옮기고 있기 때문이다.

지난 3년간 학과 교수 5명 중 3명이 서울로 떠났다. 김 교수는 '교과목을 배분하고, 좀더 나은 교육을 위해 머리를 모아야 할 때에 '그만두겠다'는 교수들의 통보는 힘을 쭉 빠지게 한다'며 '옮기는 이유를 모르는 바 아니지만, 야속한 마음은 어쩔 수 없다'고 털어놓았다"며 다음과 같이 말했다.

"우리 신문이 조사한 바에 따르면 지방대 교수들의 서울 이동은 올 들어 최고조에 이르고 있다. 지난 학기 서울로 자리를 옮긴 지방대 교수는 90여 명에 불과하지만, 이번 학기 들어서는 파악된 수만 250여 명, 파악되지 않은 수까지 감안한다면 300여 명에 이를 것으로 보인다. 서울로 옮긴 지방대 교수들의 자리는 시간강사로 대체된다. 그렇지만 2~3년씩 학생들과 한솥밥을 먹었던 교수들에 비해 교육 효과가 떨어지는 건 어쩔 수 없다. 교수들의 서울 이동으로 인한 피해는 고스란히 학생들에게 돌아간다. 그 피해는 대학원생들에게 더하다. 법학 박사 학위를 목표로 대학원에 입학했던 장 아무개 씨는 얼마 전 학업을 그만 두고 취업 전선에 뛰어들었다. 지도 교수가 서울 소재 대학으로 옮겨간 것이 장 씨가 학업을 중단하게 된 이유이다. "석사 과정을 시작한 지 6개월 만에 지도 교수가 서울에 있는 대학으로 자리를 옮겼다. 대학원 과정을 밟게 된 것이 순전히 지도 교수 때문이었는데, 낙동강 오리알 신세가 되고 말았다."

"지방 살면 뒤떨어진다" 80.5%

2002년 10월 초 『중앙일보』 여론조사팀이 전국 성인 남녀 1,239명을 대상으로 전화 여론조사를 벌인 결과, 10명 중 9.5명꼴로 수도권 집중화가

『중앙일보』의 여론조사 결과 지방에 살면 뒤떨어진다고 생각하는 국민의 비율이 80.5%로 나왔다. 이런 상황이니 젊은이들은 계속 서울로 떠나고 지방엔 노인들만 남게 되었다.

갈수록 심화하고 있다고 응답했으며, 이들은 수도권 집중의 가장 큰 이유로 교육 문제를 꼽았다. 또 10명 중 8명은 지방에 있으면 뒤떨어진다고 생각하고 있었다. 지방에 살면 뒤떨어진다는 데 공감한 국민은 2001년 4월 조사에서 70.6%였으나 이번엔 80.5%로 급격히 불어난 것이다. 이 때문에 서울로 이사할 생각이라는 응답도 10명 중 3명꼴로 2001년보다 6.4%p 증가했으며, 그 이유는 무엇보다 교육(46.6%) 때문이고 다음으론 경제적 이유(16.8%), 생활의 편리함(15.0%), 문화적 혜택(13.6%)이 꼽혔다.[146]

서울이 권력과 부를 독식하는 한, 한 푼이라도 돈을 더 타내기 위해 중

---

146) 「"지방 살면 뒤떨어진다" 80.5%」, 『중앙일보』, 2002년 10월 17일, 10면.

앙의 권력자들을 향한 지방의 로비도 영원히 근절되지 않을 것이고 그로비가 연고주의는 말할 것도 없고 각종 부정부패로 얼룩지리라는 건 불을 보듯 뻔한 일이었다. 예컨대, 『세계일보』(2002년 10월 28일)에 실린 「지자체 예산 로비 '과열' : 선물-향응 제공 버젓이/간부들 상경(上京) …… 업무 공백」이라는 제목의 기사가 그걸 잘 보여주었다.

'지방분권 운동'의 첫걸음은 지방민들의 '자존심 회복'이라는 걸 강조하는 전 경북대 총장 박찬석은 『대구사회 비평』제5호(2002년 9~10월)에 실린 대담에서 "지금 지방마다 큰 병에 걸려 있는데, 그것은 바로 지방민들이 하나같이 자존심을 잃어버렸다는 겁니다"라면서 다음과 같이 말했다.

"돈 있고 재주 있고 머리 있는 사람들은 다 서울로 떠났다는 인식이 지방민에게 깔려 있어요. 지방에 남은 사람들은 부족하고 못한 사람들이란 자기비하 의식인 거죠. 심한 열등의식까지 있거든요. 이래서는 지방이 발전할 수 없지요. 지방민들이 그런 열등감에 빠져 있어서는 지방은 갈수록 쇠락해갈 수밖에 없고, 그러면 인재는 더욱더 빠져나가게 되고요. 악순환이지요. 대구권의 대학들에서 보면 학생들 가운데 그래도 의과대학이나 교대 정도 학생들이 좀 자존심을 갖고 있을까 다른 전공 학생들은 사기가 크게 떨어져 있지요. 대학이든 지방이든 발전하는 데 가장 큰 문제는 바로 자존심을 회복하는 겁니다."

『한겨레』민권사회2부장 성한용은 11월 28일자에 쓴 칼럼 「서울의 음모를 깨라」에서 "지방 명문 고교 출신으로 서울의 일류 대학을 나와 현재 서울에서 살고 있는 사람은 서울 사람인가, 지방 사람인가? 그는 서울 사람이다. 그는 앞으로도 계속 서울에 살 것이기 때문이다. 자식들의 고

향도 물론 서울이다. 이들은 자신의 지역 정체성을 출신 지역에 두고 있을까? 아니다. 이들은 서울로 올라오지 못한 자기 지역 사람들을 속으로 경멸한다. 이 사람들이 자신의 출신 지역을 강조하는 경우는 서울에서 같은 지역 출신들끼리 조직적 일체감을 확인할 필요가 있을 때뿐이다"며 다음과 같이 말했다.

"지방 출신 서울 사람들은 겉으로는 지방분권 운동에 찬성하는 척하지만, 속으로는 반대한다. 어렵사리 서울에 진출해 부와 권력을 잡았는데, 지방으로 나눠주라고? 어림없는 일이다. 그들은 '현실론'이나 '시기상조론'을 내세울 것이다. 지방으로 권한을 이양하면 국가 전체의 종합적인 관리가 불가능해지고, 중복 투자로 효율성이 떨어진다는 등 온갖 이론이 동원될 것이다. 지방분권 운동의 성공 여부는 결국 '서울의 음모'를 얼마나 효과적으로 분쇄하느냐에 달려 있다."

지방자치로 배 아픈 사람들

전 남해군수 김두관은 언론인 정지환과 같이 2002년에 출간한 『남해군수 번지점프를 하다: 풀뿌리 자치혁명 1번지 '사령관' 김두관 이야기』에서 지방자치를 제대로 하려면 기존의 '1할 7푼 자치'를 깨야 한다고 역설했다. 그는 "국가기구 업무 가운데 지방정부에 이양된 권한이 17%(1할 7푼)라는 것인데, 인사와 예산의 운용 등 거의 모든 사안에 대해서 중앙정부의 승인을 받아야 하는 것이 엄연한 현실입니다"라면서 다음과 같이 말했다.

"지방자치제가 도입된 1995년 이후에도 권한 이양 비율은 단지 4%에 불과합니다. 이런 상황에서 중앙 정부가 말하는 '자율권 신장'과 '권한 이양'은 한낱 말장난일 뿐입니다. 지방자치단체장의 인사·조직·재정권을 확대하고 지방 세제 개편을 통해 자립적 재원의 비율을 높여주어야 진정한 의미의 지방자치가 정착될 수 있을 겁니다. 현재 상당수의 자치단체가 중앙정부의 재정적 지원을 받지 않고서는 행정을 꾸려 나갈 수 없는 것이 솔직한 형편

전 남해군수 김두관은 그의 책에서 지방자치를 제대로 하려면 '1할 7푼' 자치를 깨야 한다고 역설했다.

입니다. 따라서 지금처럼 중앙정부가 재정권을 틀어쥐고 있는 상황에서는 진정한 의미의 자치는 있을 수 없다고 봅니다."[147]

그러나 중앙 정치 무대에선 '1할 7푼 자치'도 과하다는 듯, 국회의원들의 단체장 임명직 법안 발의마저 시도되고 있었다. 이 문제를 다룬 일부 언론의 보도 태도는 사실상의 '지방자치 죽이기'였다고 해도 과언이 아니었다. 이에 대해 김두관은 다음과 같이 말했다.

"지방자치가 위기에 처해 있다고 부추긴 것은 사실상 언론입니다. 일부 단체장의 문제를 전체의 문제인 양 침소봉대함으로써 지방자치에 대한 정치적 불신과 국민의 무관심을 조장한 측면도 강합니다. 이번 논란

---

147) 김두관·정지환, 『남해군수 번지점프를 하다: 풀뿌리 자치혁명 1번지 '사령관' 김두관 이야기』(새움, 2002), 246쪽.

도 중앙집권 체제가 유리하다고 판단한 보수 언론이 일부 국회의원을 비롯한 반자치 세력과 합작해 지방자치를 원점으로 돌리려 시도한 것이라고 봅니다. 저는 거꾸로 언론이 평소 지방자치 발전에 얼마나 관심을 보였는지 묻고 싶습니다. 솔직히 중앙 정치권의 대권 투쟁에만 눈이 멀어 있었던 것 아닙니까?"[148]

국민대 교수 김병준도 2002년에 출간한 『김병준 교수의 지방자치 살리기』의 '머리말'에서 '지방자치 죽이기' 시도에 대한 분노를 토로했다. "화가 나서 쓰기 시작한 책이다. '지방자치로 나라가 망했다'는 소리에 화가 났고, '손바닥만 한 나라에 지방자치는 무슨 지방자치냐'는 소리에 화가 났다. 42명의 국회의원이 기초자치단체장을 임명제로 전환하자고 할 때는 더 이상 참을 수가 없었고, '주민청구징계제도'와 같은 이상한 이름의 제도를 도입한다고 할 때에는 무슨 역사적 사명감 같은 것을 느꼈다. 쓰다보면 화가 가라앉을 수도 있다고 생각했다. 그들도 그들 나름의 논리가 있을 것이라 생각했다. 그러나 글을 정리해나가면서 점점 더 화가 났다. 잘못된 상식과 억지 논리, 그리고 자신들의 기득권을 지키기 위한 파렴치한 시도들이 점점 더 선명히 드러났기 때문이다."

김병준은 '지방자치로 배 아픈 사람들'로 중앙 부처 공무원들과 국회의원들을 지적했다. 이들은 지방자치제와 '권력 싸움'을 할 수밖에 없는 처지에 놓여 있다는 것이다. 김병준은 특히 기초자치단체장을 임명제로 전환하자고 했던 42명의 국회의원에 주목하면서 "'철없는' 국회의원들이 철없이 휘두른 입법권의 칼에 이 나라 지방행정이 죽고 이 나라

---

148) 김두관 · 정지환, 『남해군수 번지점프를 하다: 풀뿌리 자치혁명 1번지 '사령관' 김두관 이야기』(새움, 2002), 229~230쪽.

미래가 죽을 뻔했다"고 말한다. 이어 김병준은 "배아픈 사람들은 이들 중앙부처 공무원들과 국회의원들만이 아니다. 중앙집권 체제 아래 큰 이익을 누렸던 많은 사람들이 불안을 느끼거나 아픈 배를 어루만지고 있다"며 다음과 같이 말했다.

"지방분권에 따른 지방지의 성장을 경계하는 중앙 언론, 중앙정부와 깊은 터널을 뚫어놓은 기업, 지역 건설업체의 성장을 경계하는 거대 건설회사 등 열거를 하자면 끝이 없다. 이들이 그냥 있을 리 없다. 어쩌다 시작된 지방자치이지만 되돌릴 수만 있다면 지금이라도 되돌리고 싶다. 그래서 온갖 생각을 다 해본다. 행여 자치단체에 부정이라도 발생했다는 소리를 들으면 자다가도 벌떡 일어나 박수를 친다. 수갑 찬 시장·군수가 TV 화면에 뜨면 '지방자치로 나라가 망했다'라고 큰소리치고, 지역이기주의로 나라가 시끄러우면 '어떤 놈이 지방자치 하자고 했느냐'고 고래고래 고함을 지른다."[149]

사정이 이와 같았던 만큼 노무현의 행정 수도 이전론은 설사 그것이 '충청권을 노린 정략'이었다 할지라도 많은 국민의 심금을 건드리는 파괴력을 가진 의제였다.

---

149) 김병준, 『김병준 교수의 지방자치 살리기』(한울, 2002), 178~179쪽.

'줄서기'는 생존 전략이다
대선은 이합집산의 시즌

'줄서기'는 생존 전략이다

대통령 선거 기간은 정치인과 정치 세력들의 이합집산이 이루어지는 시즌이며, 2002년 대선도 예외는 아니었다. 『경향신문』 논설 고문 이광훈은 2002년 10월 1일자에 쓴 「'줄서기'는 생존 전략이다」라는 칼럼에서 "문제는 이 같은 '줄서기'나 '줄 대기'가 장차관 같은 정무직뿐만 아니라 중하위직 공직 사회에까지 널리 확산되고 있다는 점이다. '아랫것들이야 위에서 시키는 일이나 잘하면 되지 무슨 걱정이냐' 던 것은 옛날 얘기다. 이제는 중하위직도 정권 쪽의 실세에 줄을 대지 않고는 승진은커녕 제자리 지키기도 어려울 정도로 줄서기 현상이 극심해졌다는 것이다. 남들 다 뛰는데 혼자만 독야청청했다간 자리조차 유지하기 어렵다는 것을 그동안의 경험을 통해 터득했기 때문이다" 며 다음과 같이 말했다.

"따지고 보면 이 같은 줄서기는 지난 40여 년 동안 계속되어온 편중 인사가 가져온 업보다. TK니 뭐니 해서 지연을 찾는 것으로도 모자라 성골·진골을 따진다 했더니 갑자기 어느날 PK 세력이 등장하면서부터는 K1이니 K2니 해서 동창 선후배들 간에 '앞에서 끌어주고 뒤에서 밀어주는' 학연이 판치기 시작했다. 공직자들이 이런 저런 끈에 의해 인사가 좌지우지되는 것을 보면서 줄서기에 나서는 것은 당연한 일이다. 따라서 공직자들의 줄서기를 염량주의(炎凉主義)로 비난만 할 일이 아니다. '굽은 솥 비웃지 말라 바람에 휘었노라'의 옛 시조의 한 구절처럼 정권 따라 줄을 바꾸어 서는 것도 그들에겐 목숨을 건 생존 전략이다. 더군다나 학연도 지연도 닿지 않는 공직자들로서야 자신이 취득한 정보를 갖고 새 정권에 줄을 댈 수밖에 없지 않는가. 공직자들의 줄서기를 개탄하고 분개할 게 아니라 편중 인사의 악순환부터 고쳐야 한다. 공직 인사가 학연과 지연으로 얽힌 폐쇄회로 속에서 나눠 먹기식으로 왜곡되는 한 임기 말에 되풀이되는 공직 사회의 줄서기는 계속될 수밖에 없을 것이다."

한나라당은 줄을 서겠다는 사람들이 너무 많아서 고민이었다. 『동아일보』 10월 8일자 A5면에 실린 기사 제목이 재미있다. '정권 말 공직 사회 줄 대기: 한나라 "제발 그만 와라"'다. 대선의 계절엔 정치인들만 바쁜 게 아니라 일부 교수들도 바빴다. 어느 후보의 정책 자문단은 700명의 교수로 구성되었는데, 이런 대선 캠프에 끼고 싶어 안달하는 교수들이 많았다.

한림대 교수 전상인은 『중앙일보』(2002년 10월 9일)에 기고한 「누가 지식인을 두려워하랴」라는 칼럼에서 "한국 정치는 그러나 지식인을 무서워하는 대신 우습게 여길 법하다. 왜냐하면 일부 지식인들의 정치적 지향이 도덕성의 측면에서 전혀 나아 보이지 않기 때문이다. 정치권의 러브콜에 기다렸다는 듯이 화답하는 경우가 많은 데다 먼저 추파를 던지

한나라 "제발 그만 와라"

대통령선거가 70여일 앞으로 다가오면서 정부 공직자들의 '정치권 줄대기'가 노골화되고 있다. 주로 '정보제공'을 매개로 이뤄지고 있는 최근의 정치권 줄대기는 대개 한나라당을 대상으로 하고 있다는 것이 특징이다.

▽'정치권 줄을 찾아라'=국가정보원 간부 L씨는 "요즘 국정원은 출신지역간 알력이 꽤 세다. 영남 출신 직원들은 주로 한나라당 정형근(鄭亨根) 의원에 줄을 대고 있다. 정 의원이 오히려 '이젠 그만 와도 된다'고 만류할 정도라고 한다"고 말했다.

박지원(朴智元) 대통령비서실장과 요시다 다케시(吉田猛) 신일본산업 사장의 전화 통화, 한화 김승연(金昇淵) 회장과 청와대 K 비서관의 전화 통화 내용을 담은 '국정원 도청자료'가 정 의원에게 넘어간 것이 줄대기의 대표적 사례로 꼽힌다.

국정원은 공식적으로는 이런 도청자료의 존재를 부인하고 있으나 박 실장이 요시다 사장과의 통화 사실을 시인한 것을 비롯해 여러 정황으로 볼 때 정 의원이 특정한 내용은 도청자료에 바탕한 것일 가능성이 높다는 게 일반론이다. 국정원도 내부적으로 자체 감찰팀을 동원해 도청자료 유출 장본인을 색출하는 작업에 착수

나라당이 정권을 잡으면 '넘어덕'을 받을 수도 있다고 생각하기 때문이다.

▽현 정권과 거리두기=청와대 고위관계자는 "직업 공무원들이 청와대 과천을 기피하기 시작한 것은 이미 오래전 현상"이라며 "심지어 어떤 선거관은 해당부처 장관의 추천을 받아 청와대 과천을 통보받자 '나는 연수를 가야 한다. 어떤에는 곤란하니 다음에 넘겨달라'며 노골적으로 거부한 경우도 있었다"고 말했다.

대통령 임기말 청와대 근무가 위험하다는 정부와 정치적 운명을 같이할 연결고리로 각 언론사 각 정부 틈이 인사에 불리하게 작용할지도 모른다는 우려 때문이다.

청와대 근무만 기피의 대상은 아니다. 일반 정부 부처에서도 정치권과 접함이 많고, 그만큼 출세가 보장돼 온 요직이 최근에는 기피 대상이 되고 있다. 단적으로 청와대 해평 사건을 조사하는 경찰청 특수수사과장 자리는 정권에 줄을 댈 수 있는 핵심 요직으로 선망의 대상이었으나 '최규선(崔圭善) 게이트'에 연루돼 최성규(崔成圭) 전 과장이 해외로 도피하자 후임자 인선 과정에서 일부 후보자들이 고사해 인선이 한달 이상 지연되기도 했다.

정부대학원 과천, 부처 내 연구직 등 근무, 해외 연수 등 이반부 '한직'을 지원하는 경우도 많아지고 있다. 국정과 관계가

내부정보·도청자료 들고
이黨 저黨에 '기웃기웃'

특정지역출신 "몸피하자"
해외연수 신청 크게 늘어

2002년 대선을 앞두고 한나라당은 줄을 서겠다는 사람들이 너무 많아서 고민이었다.(「동아일보」, 2002년 10월 8일)

는 일 또한 적지 않다고 하니 선비의 지조는 과연 죽었다. 철새 정치인을 연상케 하는 지식인 철새들의 희박한 정조 관념도 이젠 역겹고 지겹다"며 다음과 같이 주장했다.

"아니나 다를까 대선 캠프를 수시로 바꿔 다니는 버릇은 후일 아무 권력자에게나 몸을 파는 것으로 쉽게 이어진다. 국정 실패가 잇따라 일어나도 정권의 '개국공신' 지식인조차 도대체 미안해하거나 부끄러워하는 법이 없지 않은가. 게다가 무슨 대단한 전문 지식을 정치권에 공급하는 것도 아니어서 머리를 빌려주러 갔다가 머리를 빼앗기는 경우가 더 많은 형편이다. 물론 이번에 각 대선 캠프에 속한 지식인들은 과거와 다를 수

있고 또 달라지기를 충심으로 바란다. 하지만 정치 참여에 있어서 혹여 지식인 본연의 사회적 책무와 국가적 사명을 또다시 망각한다면 저질 정치의 공범자라는 국민적 화살을 더 이상 피하기 어려울 것이다. 이번만큼은 '머리 대여'에 나선 지식인들의 확고한 신조와 당당한 처신, 그리고 분명한 진퇴를 간곡히 당부한다. 머리와 돌은 다르기 때문이다."

10월 10일 희대의 '살인 사기극'으로 국민적 관심을 모았던 '수지 김 살해 사건' 1심 공판이 남편 윤태식의 살인 혐의를 인정하는 것으로 일단락됨으로써 이른바 '국가 폭력'에 관심이 모였다. 윤 씨는 1987년 홍콩의 한 아파트에서 아내를 목 졸라 죽인 후 범행이 드러날 것을 우려, 싱가포르 주재 북한 대사관으로 망명을 시도하다 여의치 않자 아예 사건을 '납북 탈출극'으로 조작한 혐의로 2001년 11월 구속 기소됐는데, 당시 국가정보원은 공안 분위기 조성에 활용할 목적에서 살인범인 윤씨를 반공주의자로 둔갑시켰기 때문이다. 윤 씨는 국가정보원의 지원을 배경으로 패스21을 설립하는 등 벤처 기업가로 승승장구했고 이 과정에서 정관계에 로비를 벌인 사실이 드러나 '윤태식 게이트'로까지 사건이 비화하기도 했다.[150]

그간 간첩 가족으로 몰려 고초를 겪어야 했던 수지 김 유족들의 비참했던 삶은 누가 보상할 것인가? 나중에 이 사건이 종결되자 『조선일보』(2002년 12월 20일)는 「공권력이 '살인(殺人)'한 나라」라는 사설에서 국가 폭력의 주체가 된 김대중 정권을 비난했으며, 『동아일보』(2002년 12월 20일)는 「국가 폭력의 아픔 함께 나누자」라는 사설에서 "이 희대의 국가 폭

---

150) 노원명, 「윤태식 1심 일단락/"수지 김, 끈 압박에 의한 질식사" 홍콩 경찰 보고서 증거 인정」, 『한국일보』, 2002년 10월 11일, 29면.

력 사건을 초기부터 제대로 규명하지 못한 언론으로서도 책임을 통감한다"고 했다.

한승수·전용학의 한나라당 입당

대선 열기가 점차 뜨거워지는 가운데 2월 초까지 김대중 정부의 외교통상부 장관을 지냈던 한승수 의원의 한나라당 입당이 화제를 모았다. 강원도 춘천이 지역구인 그는 16대 총선에서 한나라당 공천에서 탈락, 민국당으로 출마해 당선됐다. 자신의 공천을 거부한 당에 다시 입당한 것이다. 10월 9일 입당 기자회견에서 기자들이 "외교부 장관 때와 지금, 햇볕정책에 대한 견해가 달라졌습니까?"라는 질문을 던지자, 한승수는 "대북정책은 통일부 소관"이라거나 "남북 화해 협력 정책에는 정당 간 이견이 없는 것으로 안다"는 식으로 물음의 본질을 피해갔다.

『한겨레』(2002년 10월 10일)는 "그러나 한 의원이 아무리 눈감으려 해도 분명한 사실은, 대북 정책은 그가 몸담았던 정부와 한나라당이 가장 첨예하게 맞섰던 사안이고 외교부 장관은 늘 햇볕정책에 대한 국제사회의 지지를 다지기 위해 뛰어왔다는 점이다. 바로 이 점이 한 의원의 발빠른 변신을 여느 '철새 정치인들'의 당적 바꾸기와 달리 보게 하는 대목이다. 한 나라의 외교 수장이 그동안 정부 정책과 다른 생각을 갖고 외교에 임했거나, 아니면 처지에 따라 외교 정책에 대한 소신을 수시로 바꿀 수 있다는 고백이 되기 때문이다"며 다음과 같이 말했다.

"그래서 한 의원의 한나라당 입당에 대한 비판적 시각은 '현 정부에서 장관까지 지낸 사람이 어떻게……'라는 식의 '의리론'과도 다른 차원의 문제다. 그가 과거 6공화국에서 상공부 장관을, 김영삼 정부 시절에는 주미 대사와 청와대 비서실장을 지냈고, 지난 2000년 총선을 앞두고 공천에서 탈락하자 한나라당을 탈당했다는 이력을 새삼 들먹일 필요는 없는 것이다. 이회창 대통령 후보는 이날 한 의원의 입당 인사를 받는 자리에서 '세계화 속의 수권 정당으로서 외교의 좌표를 세우는 데 한 의원의 귀중한 힘을 얻을 것'이라고 말했다. 화기애애하게 오가는 덕담을 지켜보면서, 한나라당이 세우려는 외교적 좌표가 어떤 원칙과 소신에 기초한 것인지 쉽게 답을 떠올릴 수 없었다."[151]

『한국일보』(2002년 10월 10일)는 '한승수 의원의 경우'라고 제목을 단 사설을 통해 "정치인이 개인의 입지 강화와 영달을 위해 이합집산을 하는 게 하나도 이상할 게 없는 우리 정치판이지만, 그의 경우는 사뭇 다르다. 그는 이 정부에서 민주당, 자민련, 민국당의 정책 연합 결과물로 외교통상부 장관에 임명됐고, 이를 발판 삼아 유엔총회 의장이라는 국제적 중책까지 지냈다"며 다음과 같이 말했다.

"국민의 정부와 한나라당은 통상의 여야 관계가 아니다. 마치 불구대천지 원수나 되는 것처럼 사사건건 충돌하고, 서로가 서로를 부정하는 사이다. 그가 한때 사령탑을 맡았던 외교 정책에 대해서도 극한적 대치를 계속하고 있다. 국민의 정부 임기가 채 끝나기도 전에 말을 바꿔 타는 모습은 대선이 무엇이며, 정치가 이런 것인가 하는 회의를 느끼게 한다. …… 한나라당이 한 의원을 영입한 것은 대선에서 강원도 표를 의식해서다. 아무리 득표에 도움이 된다 해도 의원 영입에는 최소한의 원칙이

151) 박용현, 「한승수 의원의 발 빠른 처신」, 『한겨레』, 2002년 10월 10일, 11면.

있어야 할 것이다. 한나라당은 자민련 의원 영입에는 신중을 기하고 있다. 자민련 의원 상당수가 한나라당행을 원하고 있지만, 김종필 총재를 자극할까봐 삼가고 있다. 힘없는 곳의 의원만 빼간다는 지적을 받을 수 있다. 국민의 정부도 한 의원의 경우를 보고 느끼는 바가 있어야 한다. 비록 소수 정권이었지만 자신들의 정체성을 확고히 지키는 인사를 했더라면, 이런 일이 일어났을지를 곰곰이 생각해봐야 할 것이다."

10월 14일에는 천안시를 지역구로 둔 전용학 의원이 민주당에서 한나라당으로 당적을 옮겼다. 그는 방송기자 출신으로 한나라당과 이회창 후보의 주 공격수였던 민주당 대변인이었기에 한승수의 한나라당 입당 이상의 논란을 불러 일으켰다. 그는 지구당 전체 회의를 두 차례 했고, 지역 자체 여론조사를 다섯 번이나 했는데 70% 이상의 지역 주민들이 탈당을 찬성했다. "나이도 젊고, 사업체를 운영하는 사람도 아니어서 원외 지구당 위원장이 될 수 있다는 위험을 감수하기 어려웠다"고 괴로운 심정을 밝혔다. "이렇게 마음이 힘들 줄 몰랐다. 결혼했다가 이혼하는 것이 바로 이런 기분일 것 같다. 당적 변경 후 2kg 정도 몸무게가 그냥 줄었다."

서울대 생물학과 교수 최재천은 『중앙일보』 10월 24일자에 기고한 「철새 아닌 '진드기' 정치인」이라는 칼럼에서 '철새 정치인들'을 '진드기 정치인들'로 부르자며 그들의 '박멸'을 주장했다. 박멸이라는 표현은 너무 과격하다는 생각이 들긴 하지만, 정치 개혁을 이루는 데 있어서 언제까지 구조 탓만 할 게 아니라 정치인 개개인의 각성이 중요하다는 선의로 이해하는 것이 좋을 것 같다.

민주당의 대선 후보 단일화 추진 협의회

10월 들어 민주당의 대선 후보 단일화 추진 협의회(후단협)의 논리가 본격 부각되기 시작했다.

민주당의 후보 단일화를 시도한 민주당 의원 김영환은 "정몽준이라는 사람이 재벌 2세이기 때문에 우리는 자꾸 정몽준과 노무현이 맞지 않을 것으로 생각한다. 그러나 각종 여론조사를 보면 정몽준 지지자와 노무현 지지자가 서로 이동하고 있다. 수평 이동을 하고 있다. 이것이 왜 가능하냐. 두 집단 자체가 이념적 · 정서적 동질성이 있기 때문이다. 노 후보를 지지하는 계층과 정 후보를 지지하는 계층이 기본적으로 정치 개혁을 원하는 집단이다. 그리고 20~30대를 포함해 탈지역주의 세력이고 탈냉전 세력이다"라고 주장했다.

김영환은 "노 후보 쪽은 소속 의원들이 한나라당 수준으로 일사불란하게 뭉친다면 지금도 경쟁력을 가질 수 있다고 하는데"라는 기자의 질문에 대해 "그러니까 그것이 현상적인 분석이라는 거다. 왜 뭉치지 못하는가에 대한 본질적 · 과학적 분석이 필요하다. 가장 중요한 것은 전략의 문제다. 대중적인 표현으로 말하자면 '덧셈의 정치'를 해야 하는데 '뺄셈의 정치'를 하고 있다"며 다음과 같이 말했다.

"지금 노 후보는 본인이 가지고 있는 현재 역량으로는 승리할 수 없기 때문에 세 가지 덧셈이 필요하다. 하나는 호남-비호남 구도라는 지역 구도를 벗어나는 덧셈이 필요하다. 다른 여타의 지역에 있는 세력과 지지 기반을 확충하기 위한 외연 확장이 필요하다. 두 번째는 노 후보가 가지고 있는 선명하면서도 진보적인 스펙트럼, 민주당보다는 왼쪽에 있고 민노당보다는 한참 오른쪽에 있는 스펙트럼이 밴드가 너무 얇다. 이 반대를 넓히기 위해 합리적인 보수 세력을 개혁 세력과 결합해야 한다. 세 번째의 덧셈은 노 후보는 지지 계층이 지나치게 20~30대에 의존해 있다." [152]

10월 4일 노무현은 "정몽준 의원과의 (대통령 후보) 단일화는 민주화를 주도해온 광주의 대의명분과 원칙을 훼손하는 일이다"고 주장했지만, 그는 얼마 후 식언(食言)을 하게 된다. 그리고 10월 17일 노무현은 "원칙과 대의명분, 역사와 정통성을 가진 정당(민주당)으로 자부심을 지켜간다면 국민의 지지를 확보할 수 있다"고 주장했지만, 이 또한 나중에 열린우리당 창당으로 또 한 번의 식언이 된다.

10월 24일, 김영환과 같이 후보 단일화를 주장한 동국대 교수 황태연은 "자기 색깔에 집착해 JP를 비난하여 충청도와의 지역 갈등을 야기하는 것은 정치적 자책골이다. 가령 영국 노동당은 스코틀랜드와 웨일스 가운데 한 지역을 잃으면 집권과는 인연이 없어질 뿐만 아니라 종국에는 정치 세력으로서 소멸한다. 서유럽의 여타 개혁 정당의 '지정학적' 처지는 영국 노동당과 유사하다. 마찬가지로 지정학상 민주당은 충청도를 잃으면 수도권에서 대패하여 이른바 '호남당'으로 전락해 아예 권력과는 인연이 없어진다. 따라서 충청도를 잃을 위험을 자초하는 '뺄셈 정치'란 있을 수 없는 것이고, 수십 년 고립무원의 처지에서 눈물지은 호남을 다시 고립시켜 냉전·수구 세력들에게 무자비하게 보복당하게 만들 무책임한 정치다"라며 다음과 같이 말했다.

"이런 '뺄셈 정치'는 대선 패배는 말할 것도 없고 다음 총선에서 '정

152) 이병한, 「"단일화하지 않으면 다 죽는다": 김영환 의원의 세 가지 '덧셈론'」, 『주간 오마이뉴스』, 2002년 10월 1일, 10면.

치 세력'으로서의 평화·개혁 세력의 소멸을 가져올 것이다. 이런 정도는 호남인과 충청인들이라면 모두 '몸으로 알고 있는 사실'이다. 주변세력이 냉전·수구 진영으로 투항을 거듭할 때는 어쩔 수 없이 독야청청이라도 하기 위해 '뺄셈 정치'가 필요할지 모르겠다. 하지만 선거 국면에서는 반드시 '덧셈 정치'에 능해야 한다. 이런 능력이 없는 후보는 수많은 사람들의 눈에서 피눈물 나게 하지 말고 정치를 그만 두는 게 낫다. 평화 개혁과 냉전 회귀의 민족사적 갈림길에서 평화·개혁 세력은 자민련까지 아우르려는 따뜻한 '덧셈 정치'로 단일대오를 이루어 준엄한 민심에 화답해야 한다. 군왕도 민심을 잃으면 옥좌를 내놓아야 했고 대통령도 지지 기반을 잃으면 하야한 역사를 아는지 모르는지 작은 절차적 정당성과 자기 색깔에 사로잡혀 후보직을 고집하면 그것은 1997년 당시 후보직을 던진 JP의 내공만도 못한 것이다."[153]

충청 유권자에게 달렸다

한국외국어대 정외과 교수 이정희는 『한국일보』 10월 17일자 6면에 쓴 「충청 유권자에게 달렸다」는 제목의 칼럼에서 "결국 중요한 것은 충청권 유권자의 선택이다. 정치권의 힘겨루기와 서바이벌 경쟁의 대선 마당에서 진정한 정치력을 발휘할 주체가 바로 충청권의 유권자다. 충청권은 결코 무주공산이 아니다. 이인제 의원이 민주당 국민 참여 경선에서 중도 탈락하고 김종필 총재의 정치력이 약화되었다고 아무나 충청권

---

153) 황태연, 「황태연 교수의 후보 단일화 지지론: '뺄셈 정치'를 할 것인가」, 『한겨레21』, 2002년 10월 24일, 46면.

에서 새로운 주인이 될 수 있다고 생각하는 정치인이 있다면 자격 미달이다"며 다음과 같이 말했다.

"정치인이 주인이 아니라 유권자가 주인임을 아직도 모르는가. 지역주의 타파라는 시대정신을 구현할 선거 혁명의 선두에 충청권 유권자가 있음을 믿는다. 충청권의 유권자들은 더 이상 특정 정치인이나 정당의 볼모가 아니며, 몇몇 철새 정치인을 따라 지지 후보를 좇아가는 유권자가 아니다. 호남, 영남이 특정 후보에게 표를 몰아주듯 충청권도 똘똘 뭉쳐 특정인에게 몰표를 던져야 충청인의 자존심을 지키는 것이라며 '핫바지론'을 내세웠던 적이 있었다. 이번 대선을 통해 그 '핫바지론'을 진짜 '핫바지'로 만들어버려야 한다."

고려대 행정학과 교수 염재호는 『뉴스메이커』 10월 24일자에 쓴 「또 하나의 과도기 정권」이라는 제목의 칼럼에서 "지금 대통령 후보들과 참모들의 국정 운영 비전이나 정치적 행태를 볼 때 과연 다음 정권에다 한국의 국정 운영을 믿고 맡길 만한가 하는 걱정이 앞선다. '하늘이 두 쪽 나도 정권을 잡겠다'든지, '정권 창출을 위해서는 무슨 일이든 하겠다'든지, '대통령이 되기 위해서는 누구와 단일화를 해도 좋다'든지, '정권을 못 잡아도 내 방식대로 간다'든지 하는 거친 이야기들이 난무한다. 국정 운영의 비전보다는 정상배들의 모습만 국민에게 각인되고 있다"고 말했다.

한성대 교수이자 참여연대 경제개혁센터 소장인 김상조는 『참여사회』 2002년 11월호에 쓴 「경제 위기와 대통령 선거」라는 제목의 칼럼에서 "5년 후 한국 국민들은 '실패한 대통령'을 한 명 더 가질 확률이 높아졌다"고 주장했다. 자신의 "이 불길한 예측에는 두 가지 근거가 있다"고

한 김상조는 "첫째, 국내외 경제 불안정성이 점증하고 있음에도 불구하고, 이를 진지하게 고민하고 구체적 대안을 제시하는 '준비된 대통령감'을 눈을 씻고 찾아보아도 도저히 찾을 수 없다는 것이다"며 다음과 같이 말했다.

"5년 전에 스스로를 준비된 대통령이라 칭했던 김대중 대통령도 나라를 이 모양으로 만들어놓았다. 하물며 현 상황에서도 잠재성장률을 초과하는 성장 목표치와 세계 몇 번째 경제 대국 건설 등의 장밋빛 청사진을 제시하는 데에만 몰두하고 있는 현재의 유력 후보들의 머릿속에 무엇이 준비되어 있는지 가늠할 길이 없다. 1997년의 위기가 아시아, 러시아, 남미 등 이른바 주변부에서 발생한 것이라면, 최근의 경제 불안은 미국 등 중심부에서 유래한 것이다. 따라서 '어서 커서 고래가 되겠다'는 약속보다는 '고래 싸움에 새우등 터지지 않게 하겠다'는 약속이 더 절실한 상황 아닌가."

이어 김상조는 "둘째, 현재의 경제 불안 조짐은 그렇지 않아도 그 나물에 그 밥인 유력 후보들 경제 정책 기조의 차이를 더욱 좁혀놓고 있다. 즉, 누가 대통령이 되든 단기적인 경기 부양책에 관심을 집중시킬 수밖에 없을 것이며, 이는 경제 개혁을 촉진하기보다는 오히려 지체시킬 것이다"라며 다음과 같이 말했다.

"필자가 보기에, 이번 선거는 외부의 강제에 의해서나마 사회 전반의 변화를 가져왔던 1997년 대선보다는 내부의 구조적 문제를 심화시켰던 1992년 대선과 유사한 측면이 강하다. 취임 초기 장기적인 경제 개혁 프로그램보다는 '신경제 100일 계획'이라는 단기 부양책에 집중하여, 결국 재벌의 포로가 된 채 위기로 치달았던 김영삼 정부의 실책이 되풀이 될 가능성이 없지 않다. 필자의 이 불길한 예측이 틀리기를 바란다. '역시 경제학자는 미래를 보는 상상력이 결핍된 천박한 존재다'라는 평이 사실이기를 바란다. 진심으로……. 그러나 왠지 자꾸 불안하다."

'막가파 정치, 국민은 짜증나'

『참여사회』 2002년 11월호는 커버스토리로 「2002 대선, 유권자의 선택은?: 막가파 정치, 국민은 짜증나」를 싣고 있다. 기자 한태욱이 쓴 「"병역비리 사실이면 어때! 이회창 찍겠다": 강남 찜질방 민심, 대통령은 이미 정해졌다?」라는 제목의 기사가 전한 강남 지역의 민심이 재미있다.

의견을 물으려 하자 손사래를 치며 성급히 자리에서 일어나던 한 아주머니는 "대선 민심 알고 싶으면 골프장 한 번 가봐요. 거기 가면 다들 DJ, 박지원 죽일 놈들이라고 그래요"라며 기자에게 조언(?)을 아끼지 않았다고 한다. 스스로를 공공기관에서 근무한다고 밝힌 논현동에 사는 김은주 씨는 정몽준 후보를 지지한다고 말했다. "정몽준 씨는 이미지가 젊고 참신한 느낌이에요. 월드컵을 통해 국민들에게 좋은 이미지를 심어주었구요. 노무현 씨요? 왠지 생활에 찌든 사람이란 느낌이에요. 물론 그런 것으로 사람을 평가해서는 안 되겠지만 그래도 일국의 대통령은 그러면 안 될 것 같아요. 민주노동당의 권영길 후보는 너무 과격하다는 생각부터 들고요."

기자는 "대선 민심 기행을 위해 강남의 한 찜질방을 찾은 기자는 혹시 '내가 부산이나 대구에 와 있는 것은 아닌가?' 하는 생각까지 가질 정도로 그곳 사람들의 반DJ 정서는 강했고, 정치에 전혀 무관심하다고 답한 이를 제외하고는 대부분 한나라당 이회창 후보를 지지한다고 밝혔다"
며 다음과 같이 말했다.

"강남의 찜질방에서 확인한 민심은 반DJ 정서가 극심하고, 이러한 정
서가 그대로 이회창 지지로 나타나고 있다는 것이었다. 고소득층이 몰
려 사는 강남 지역의 특성상 보수적인 성향을 가지는 한나라당을 지지
하는 것은 당연한 결과이지만 현장에서 만난 민심의 편향은 도가 지나
칠 정도였다. 이러한 지역 여론의 편향을 지켜보며 그동안 지역주의에
묻혀 있던 계층적 분화에 의한 지지 성향이 조금씩 드러나기 시작하는
조짐이라고 판단하며 그나마 위안을 삼는 것은 무리한 생각일까?

황지희 기자가 쓴 「"대통령 선거가 개그냐?": 술집에서 알바를 하며
민심을 캐다」라는 제목의 기사는 "서울 대학로에 위치한 한 술집. 자원
봉사를 하는 인터넷 카페 회원들과 술을 마시러 왔다는 강명섭 씨는 대
선 이야기를 꺼내자 술이나 한잔하자며 소주잔을 꺼냈다. 함께 술을 마
시러 온 친구들의 반응도 마찬가지다. 여기저기서 '대선 웃긴다. 집안
잔치다'라며 목소리를 높였고 '지금 심정 같으면 투표 절대 안 한다'고
소리쳤다"며 다음과 같이 말했다.

"숭실대 4학년에 재학 중이라는 한 대학생은 '요즘은 차라리 허경영
의원에게 제일 관심이 많다. 『딴지일보』에서 대선 출마 선언식 기사를
보니 너무 재밌었다. 결혼을 하면 5000만 원 준다고 하지 않는가?'라며
웃음을 보이니 함께 술을 마시던 친구들이 호기심을 보였다. …… 술집
에서 만난 사람들은 대부분 대선이란 말만 꺼내도 짜증스런 표정을 지
었다. 노무현 후보냐 권영길 후보냐고 고민하던 젊은이들의 고민도 벌
써 한물 간 느낌이다. 연일 철새 같은 의원들의 이야기가 뉴스에 나오고

상호 비방에 바쁜 민주당과 한나라당을 보면서 아예 정이 떨어진 듯하다. 술자리의 안주, 그 이상 그 이하도 아닌 게 바로 정치인들의 행보다."

또 이인향 기자가 쓴 "'국민을 섬길 줄 아는 사람이 돼야지!': 노년층의 표심, 보수 단정은 금물' 이라는 제목의 기사는 "거리에서 만난 어르신들의 정치에 대한 불신과 불만은 더할 수 없을 정도였다. 고개를 흔들며 아예 말을 못 붙이게 하는 이가 절반을 넘었다. 다만, 우리 시대 노년층이 청장년층과 다른 점이 있다면 더럽다고 외면하지 않는다는 것이리라"고 했다.

전체 유권자의 50%를 점하면서도 투표율이 가장 낮은 20~30대 유권자들의 투표 참여를 독려하기 위해, 10월 22일 '2030유권자네트워크' 가 출범했다. 2030유권자네트워크는 "열심히 욕한 당신! 이젠 찍어라" 라는 슬로건을 내걸고 100만 젊은 유권자 투표 참여 서약 운동을 벌였다. 300여 개 시민단체로 구성된 '2002대선유권자연대' 도 가세했다.

10월 22일 노무현은 고위 공직자의 재산 등록 때 현 재산 보유 실태만 신고하도록 되어 있는 조항을 고쳐 재산 형성 과정을 모두 소명토록 의무화하는 법안을 추진하겠다고 밝혔다. 이에 대해 노 후보의 국민참여운동본부 본부장인 정동영 의원은 "재산 형성 과정이 소명되면, 부정한 방법으로 축재한 인사들의 면면이 드러나 17대 총선을 통해 현 정치권의 절반 이상이 물갈이될 수 있는 인적 청산 방안" 이라고 의미를 설명했다.[154]

---

154) 「노무현 '정치권 물갈이' 법안 추진」, 『내일신문』, 2002년 10월 23일.

한나라당 대선 승리 관리 전략 가동

『내일신문』 10월 24일자에는 장병호 기자가 쓴 「한나라당 대선 승리 관리 전략 가동: 대통령 아들 사면 검토」라는 기사가 실렸다. 이 기사는 "지난 22일 열린 한나라당 선거 전략회의에는 평소 참석하지 않던 정형근 의원이 나왔다. 대선 기획단 전략기획팀을 이끌고 있는 정 의원은 이 자리에서 새롭게 변화된 정세에 대한 분석과 함께 대선 전략 수정 방침을 보고한 것으로 알려졌다"며 다음과 같이 말했다.

"그 요지는 4자연대(정몽준＋노무현＋자민련＋이한동)의 실패로 다자 구도가 정착됨에 따라 사실상 대선은 끝났다는 판단을 내리고, 향후 대선 전략은 '승리 관리'라는 관점에서 네거티브는 자제하고 포지티브를 강화해야 한다는 것으로 알려졌다. 한나라당은 대북 4000억 지원설, 공적 자금 비리, 대통령 아들 비리 등 그동안의 비판 공세를 자제하고 비전 제시, 비토 세력 껴안기 등에 적극 나서고 있다. …… '김대중 정부 연착륙을 돕는다'는 방침이 대표적이다. 국가원로 자문회의법 추진도 같은 맥락이다. 공약 발표 시기도 앞당기고 비중도 높아졌다. …… 호남에 대한 껴안기에도 나선다는 방침이다. (한) 당직자는 '지금은 시기상조이지만 적절한 시기에 대통령 아들에 대한 사면을 건의하는 방침도 검토 중'이라고 밝혔다."

『내일신문』 10월 25일자에 따르면, "노 후보가 정치 개혁을 주창하고 있지만, 여론조사에서 정치 개혁과 부패 척결은 한나라당 이회창 후보가 가장 적임자로 나온다. …… 3김 정치 전반을 물갈이하겠다는 노 후보의 주장은 DJ 정권의 부패 권력층을 척결하라는 여론에 막혀 호소력이 약화된다는 것이다." 이 기사는 한 택시 기사의 말을 다음과 같이 소개했다. "손님들은 그 아저씨(DJ) 주변에서 해먹은 놈들 다 잡아넣어야 하는데 이회창 씨가 제대로 할 것이라고들 말한다."

『문화일보』 논설위원 윤창중은 10월 25일자에 쓴 「합종연횡의 미학(美學)」이라는 칼럼에서 "지난 23일 청와대 북핵 회담에 앞서 김대중 대통령과 대선 후보들이 일렬로 서서 기념 촬영한 모습에 대한 소회는 한국 정치의 현실에 대한 답답함이고 각박함이었다"며 다음과 같이 말했다.

"김 대통령의 생기 없는 미소에 이젠 보는 사람들도 적응이 됐을 법한데도 여전히 현 정권의 짜증스런 진퇴양난을 그대로 말해주는 것 같았다. 여기에, 나라를 이끌겠다는 인물들의 한결같이 딱딱하고 드라이하고, 심지어 무표정하게 보이는 얼굴들은 이 나라가 얼마나 인물난에 허덕이고 있는지를 보여주는 것 같았다. 정치 지도자가 6명이나 모였으니 그중에서 한두 명쯤은 사람의 냄새, 서민의 냄새, 덕장의 표정이 들어있어야 할 텐데, 누구 할 것 없이 '한판 붙어볼래' 하는 전사의 표정, 인생 자체를 독불장군으로 살아온 고약한 성격의 인물들로 일관하는 모습에 차라리 절망하고 싶었다."

그게 사실이라면 언론이 져야 할 책임도 있었으리라. '정치 과잉'의 문제였다. 특히 조중동의 정치 보도가 과잉이었다. 정치 관련 기사를 1면 머리기사로 다루는 비율이 평균 56%에 이르렀는데, 이는 다른 신문들에 비해 2~3배에 이르는 엄청난 양이었다.[155]

원로 언론인 정달영은 『내일신문』(2002년 10월 29일)에 쓴 「증오의 시대의 언론」이라는 칼럼에서 "일방적인 주장에 불과할 수도 있는 폭로

---

155) 『미디어오늘』, 2002년 10월 17일.

내용을 따옴표 안에 넣어 대서특필한다. 사실의 확인이나 검증 노력은 뒷전인 듯이 보인다. 따옴표 안에 넣어 보도한 것이므로 사실 여부가 어떠하든 신문은 면책(免責)이라는 태도다. 예수에게 사형을 선고한 뒤 '나는 무관하다' 는 제스처로 손을 씻는 빌라도를 꼭 닮았다. '따옴표 저널리즘' 의 무책임 면모다. 정치권의 '아니면 말고' 에 언론이 편승하는 순간 그 언론은 한 정파(政派)의 사익에 봉사하는 정론지가 되고, 시민의 공익을 위한 정론은 외면하는 싸구려 선정지로 추락할 수밖에 없다. 그런 다음, 따옴표 보도는 곧바로 '……라면 사설' 로 이어진다"며 다음과 같이 말했다.

"'증오 언론' 이라는 신조어도 나왔다. 신문이 특정 정파와 특정 정치인들을 증오하는 나머지 지면이 현저히 형평을 잃고 있는 현상을 말한다. 불편부당이라거나 가치중립 같은 개념은 발붙일 곳이 없다. 증오로 똘똘 뭉쳐 거침없이 밖으로 분출한다. 비판이 아니라, 비판이라는 이름으로 뒤섞인 증오다. …… 지금 우리 사회에서는 갈등-불신-혐오를 넘어 극한적인 증오가 만연한다. '죽기 살기' , '하늘이 두 쪽 나도……' 식의 정서가 지배하는 집권 지상주의 정치, 그에 뇌동하고 부추기는 언론이 그곳에 있다. 단 한번도 역사 앞에 반성하거나 과거 청산의 대열에 나서 본 일이 없는 우리 언론이다. 이 증오의 시대에 책임의 일단을 스스로 지는 모습을 언론부터 보여줘야 할 때라고 생각한다."

병풍의 손익계산서

2002년 10월 25일 검찰은 한나라당 대통령 후보 이회창의 아들 이정연의 병역 비리 의혹에 대해 증거가 없다고 발표했다. 이와 관련, 소설가 복거일은 『동아일보』 10월 28일자에 쓴 「병풍(兵風)의 손익계산서」라는 칼럼에서 "검사 1명이 관행에 따라 수사하면 일상적 사건이다. 검사 2명이 팔을 걷어붙이고 수사하면, 우연의 일치다. 검사 5명을 포함한 39명의 수사관들이 85일 동안 170명을 조사하고 대통령 후보 비서의 계좌까지 뒤지면 그것은 병풍이다"며 다음과 같이 말했다.

"국가의 공권력은, 특히 검찰권은 그렇게 쓰여선 안 된다. 그런 편향적 수사는 우리 사회에서 시행되는 법과 정의의 본질과 권위를 훼손하고, 사회 질서를 가장 근본적 수준에서 흔든다. 저번에 주요 신문사들의 부정을 캔다고 국세청이 대규모 세무조사를 벌인 일에서 이미 그 점이 잘 드러났었다. 이제 누가 그 조사를 정의를 위한 조사였다고 변호하는가. 검찰의 수사는 많은 자원이 드는 일이다. 직접 비용이 클 뿐 아니라 당사자들이 경험하는 경제적·심리적 손실과 사회 전체에 미치는 부정적 영향이 무척 크다. 이번 사건으로 우리 사회가 본 손실과 비용은 엄청나다. 이번 사건에 대한 배후를 찾아내고 책임을 물어야 한다는 목소리가 높은 것은 당연하다."

이어 복거일은 "그러면 병풍이란 이름을 얻은 이번 사건은 궁극적으로 사회 자원의 순수한 낭비였는가. 찬찬히 살피면, 그렇지도 않다는 것이 드러나 쓴웃음을 짓게 한다"고 했다. 그는 "이번 수사를 통해, 이 후보는 그에게 가장 괴로움을 준 의혹 하나를 말끔히 벗었다. 엄청난 권력과 자원이 동원된 수사를 받고도 깨끗하다는 판정을 받았다는 사실만을 가리키는 얘기는 아니다. 가장 확실한 증거들로 여겨졌던 당사자 정연 씨의 병적 기록표와 김대업 씨가 제출한 테이프에서 의혹을 떠받치는 증거들이 나오지 않았다"며 다음과 같이 말했다.

"무작위로 조사한 2,000장의 병적 기록표 가운데 1,200장에서 정연 씨의 병적 기록표에서 발견된 오류들이 드러났고, 여러 증거들은 테이프의 조작 가능성을 가리킨다. 원래 이런 종류의 의혹은 성격상 말끔히 해소될 수 없는데, 예상보다 훨씬 깨끗하게 해소된 셈이다. 이 후보는 다수당의 대통령 후보이며, 현재 지지율과 당선 가능성이 가장 높다. 그런 정치인이 모두에게 괴로운 의혹에서 벗어난 것은 사회적으로 큰 의미를 지닌다. 이제 그의 지지자들은 보다 편한 마음으로 그를 지지할 수 있고, 그를 지지하지 않은 시민들도 그가 대통령에 당선되었을 경우 그를 흔쾌히 대통령으로 받아들일 수 있게 되었다."

이어 복거일은 "마침 민주당 노무현 대통령 후보는 지지율 하락과 분당 가능성이라는 두 가지 위기를 극복하는 과정에서 그의 뛰어난 정치적 능력을 인상적으로 입증했고, '국민통합21'의 정몽준 후보도 자신의 견해와 정책을 점점 뚜렷이 밝히기 시작했다. 후보들이 부정적 선거운동(negative campaign)에서 벗어나, 모두들 입에는 올리지만 실천은 좀처럼 하지 않는 정책 대결을 드디어 할 수 있게 된 것이다"며 다음과 같이 말했다.

"북한의 핵무기 개발이라는 중대한 문제에 우리 사회가 진지하게 대처해야 하는 지금, 정책 대결은 단순히 시민들이 지지할 후보를 고른다는 기능을 넘어, 이 중대한 문제에 관한 시민들의 여론이 보다 뚜렷한 모습을 갖추도록 돕는 기능도 지녔다. 이렇게 보면, 이번 병풍의 손익계산서는 아주 어둡지 않다. 보기에 따라서는 이익을 냈다고도 할 수 있다. 이 세상엔 역설적인 일들이 많다. 김대업 씨는 자신이 의도하지 않은 방식으로 사회에 공헌한 셈이다."

복거일은 "말끔히 벗었다", "깨끗하다", "말끔히 해소", "훨씬 깨끗하게 해소" 등을 강조했지만, 이 사건을 둘러싼 갈등은 여전했다. 『국민일보』 주필 백화종이 10월 28일자에 쓴 「입 있다고 다 말하나」, 『문화일보』 사회1부장 조용이 10월 29일자에 쓴 「병풍과 민심 3등분론」, 변호사 박원순이 『동아일보』 10월 29일자에 쓴 「씁쓸한 '검찰의 휴업'」, 『국민일보』 논설위원 노동일이 10월 29일자에 쓴 「실체적 진실·정치적 진실」 등은 복거일의 주장과는 다른 의견을 제시했다.

백화종은 "검찰의 수사 결과가 '비리 증거 없음'으로 나왔다고 해서 그동안 비리가 있었을 것으로 믿었던 사람들 중에 몇 명이나 '아, 비리가 없었구나' 하고 자신의 믿음을 바꾸겠는가. 설령 검찰의 수사 결과가 지금과는 반대로 나왔다고 해도 의혹 제기가 정치 공작이라고 믿었던 사람들 중 자신의 생각을 바꿀 이는 또 몇 명이나 되겠는가. 병역 비리 의혹이 이회창 후보의 지지율에 미치는 영향도 크지 않을 것이라는 게 기자의 생각이다"며 다음과 같이 말했다.

"이 후보를 지지하기로 마음먹은 사람은 병역 비리가 있었다는 수사 결과가 나왔더라도 계속 이 후보를 지지할 것이고, 이 후보에 반대하는 사람은 지금처럼 '비리 증거 없음'으로 결과가 나왔어도 생각을 고치진 않을 것이다. 아직 표의 향방을 정하지 못한 부동층엔 수사 결과가 영향을 미칠 것이라는 견해도 있다. 그럴 수도 있을 것이다. 그러나 만일 수사 결과가 지금과는 반대로 '비리 증거 있음'으로 나왔을 경우, 정권적 차원의 공작이라는 역풍이 휘몰아쳤을지도 모르는 일이다. …… 한나라당과 민주당이 이 문제를 놓고 공방을 계속해봤자 그들의 주장에 귀 기울일 국민이 많지 않을 것 같다. 각자 주관을 가지고 이미 나름대로 판단이 서 있다는 얘기다. 거기에 쏟을 정력을 새로운 이슈나 정책 개발에 쏟는 게 득표에 도움이 될 것이다."

예비역 장성 500여 명 한나라당 입당

2002년 10월 28일 오후 한나라당 당사 10층에서는 안보결의대회 및 국방안보위원회 발대식이 열렸다. 참석자들은 퇴역한 장성들과 영관급 군인이 대부분이었다. 참석자들과 연사들은 한 목소리로 현 정권의 대북정책에 대한 성토로 일관했다. 연사로 나선 이재오 의원은 한나라당 내부에서도 잘못된 대응으로 비판받았던 노벨상 로비설을 다시 거론하며 참석자들을 자극했다. 이어 김용갑, 박세환 의원 등 보수 색채의 의원들이 잇따라 연단에 서며 강경 발언을 쏟아냈다. 이날 발대식을 앞두고 한나라당에는 예비역 장성 500여 명이 대거 입당했다. 또한 영관급 750명 등을 포함해 한나라당 선대위 산하 국방안보위원회에 500~600여 명이 조직화됐다는 게 한나라당의 공식 발표다. 퇴역 장성 모임인 성우회의 회원이 2,300여 명 정도임을 고려하면 이번 500여 명의 한나라당 입당은 놀라운 수치였다.[156]

『내일신문』은 "이처럼 최근 한나라당엔 사람들이 대거 모이고 있다. 집권 가능성이 과거 어느 때보다 높기 때문이다. 그런데 입당자들의 면면을 보면 특징적인 흐름이 있다. 보수 진영 러시에 비해 젊은층이나 개혁 진

---

156) 정재철, 「갈수록 보수색 짙어지는 한나라당」, 『내일신문』, 2002년 10월 29일.

영의 영입은 거의 눈에 띄지 않는다는 것이다. 최근 영입설이 나도는 인물들도 대부분 한나라당과 구원 관계에 머물렀던 사람들이 대부분이다. 박근혜, 이인제, 김윤환, 박태준 등이 대표적이다"며 다음과 같이 말했다.

"물론 이 같은 흐름은 최근 정세와 무관하지 않다. 대북 지원설과 북핵 문제 등이 잇따라 터지면서 한나라당 내 보수·강경파의 목소리에 힘이 실렸기 때문이다. 하지만 이런 사정을 감안하더라도 한나라당 내 개혁·소장파들의 목소리는 전혀 찾아보기 힘들다. 지난번 이완구, 전용학 의원의 영입 때 소장파인 김부겸 의원이 무조건 받아들이는 것만이 능사가 아니라는 요지의 발언을 했지만 적극적인 지지세를 얻지 못했다. 이에 대해 개혁파 한 재선 의원은 '지금 상황에서 다른 얘기를 하면 역적으로 몰리기 십상인데 누가 감히 얘기를 하겠느냐'고 말했다."[157]

『조선일보』(2002년 10월 30일)는 "한나라당은 지난해 12월 250명 규모로 출범시킨 국방보훈직능대책위원회의 덩치를 불과 열 달 만에 이렇게 키웠다. 이처럼 한나라당은 안보·국방만이 아니라, 사회 각 분야를 세분화해 영역별로 직능대책위란 것을 구성해 '전직(前職)'들을 끌어모으고 있다. …… 선거 때면 사람을 떼로 몰고 다니는 세몰이 정치는 3김 시대 정치의 유물이다. 그 유물을 3김 정치를 극복하겠다는 후보들이 그대로 답습하는 모습은 그다지 아름답지 못하다. 전직들 대거 끌어모으기는 또 다른 문제를 안고 있다"며 다음과 같이 말했다.

"국정은 어디까지나 현역 중심으로 이뤄지는 것이고, 전직들은 한발 뒤로 물러서 있는 것이 상식이다. 정책을 만들고 입법을 하는 정당들이

---

157) 정재철, 「갈수록 보수색 짙어지는 한나라당」, 『내일신문』, 2002년 10월 29일.

■ 東西南北

洪準浩

엊그제 한나라당 당사에서는 '안보결의대회 및 국방안보위원회 발대식'이란 긴 이름의 행사가 있었다. 그 긴 이름이 어색하지 않을 만큼 참석자들의 행렬도 길어 무려 1000여명이 붐볐고, 예비역 장성만도 500명이 넘었다고 한다.
한나라당은 지난해 12월 25일 규모로 출범시킨 국방보훈직능대책위원회의 덩치를 불과 열 달 만에 이렇게 키웠다.

경륜갖춘 少數이면 족한데

이처럼 한나라당은 안보 국방만이 아니라, 사회 각 분야를 세분화해 영역별로 직능대책위란 것을 구성해 '전직(前職)'들을 끌어모으고 있다.

전직들의 자발적인 행차도 틀다고 한다. 각급 후보 후원회의 경우 왠년에 한때 곳씩 날리던 인사들로 북적댄다는 소식이다. 당초 당으로 올려면서 짜냈어야 할 판단 이런 주변 조직들에 발을 들여놓아 연(緣)을 만들어 놓으려 한다는 것이다.
전직들의 정당 참여를 사시(邪視)할 이유는 없다. 전직들의 경륜과 지혜는 어느 조직에든 약(藥)이 된다. 문제는 각 정당이 다투어 이들을 끌어모으는 진정한 이유가 거기에 있지 않다는 데 있

'前職'의 행렬과 勢불리기

다. 각 후보진영으로 진정으로 지혜와 경륜을 원한다면 분야별로 유능한 전직 몇 분, 많으면 몇십명만 조용히 모시면 된다. 수백명 수천명을 모아놓고 박수치고 만세 부르고 할 하등의 이유가 없다.
선거 때면 사람을 떼로 몰고 다니는 세몰이 정치는 3김 시대 정치의 유물이다. 그 유물을 3김 정치를 극복하려는 후보들이 그대로 답습하는 모습은 그지 아름답지 못하다.
전직들 대개 끌어모으기는 또 다른 문제를 안고 있다. 국정은 어디까지나 현역 중심으로 이뤄지는 것이고, 전직들은

한발 뒤로 물러서 있는 것이 상식이다. 정책을 만들고 입법을 하는 정당들이 주로 호흡을 맞춰야 하는 상대 역시 현역들이다. 이런 정당에, 특히 집권당에 전직들이 과도하게 들어가 자리를 차지하고 있을 경우 현역 중심의 국정 운영과 조화를 이룰 수 있을 것인지 의문을 갖지 않을 수 없다.
그러나 이보다 더 심각한 문제는 집권 시 이들에게 어떤 형태로든 보상을 해줘야 할 것이란 대목이다. 옛날처럼 집권자가 수천억원의 정치자금을 주무르던 시절에는 돈을 비롯해 보상 방안이 다양할 수 있었겠지만 지금은 오로지 한 가지, '자리' 밖에 없다. 정치자금이 줄어든 요즘엔 대선캠프마다 활동비도 제대로 받지 못한 채 자비(自費)로 일하는 자원봉사형 전직들도 적지 않다. 따라서 이들에게 집권하면 한 자리 차지할 것이란 기대마저 포기하라는 주문은 애당초 말이 되질 않는다. 결국 정당들이 전직들을 경쟁적으로 끌어들이는 것은 집권시 보상할 자리를 그만큼 많이 약속하는 셈이 되는 것이다.
전문성 있는 전직들을 직접 활용하는

것은 국가적으로 좋은 일이고 장려해야 할 일이다. 하지만 그 참꾸로서 정치권을 거치는 것이라면 거기엔 부작용이 따르게 돼 있다. 전문분야에서는 당연히 능력이 우선 고려될 것이나 일단 정치권에 들어오게 되면 충성도·대선기여도 등 정책 다른 요인들이 더 암도적으로 작동하게 돼 있는 것이다.

집권시 '한 자리' 기대 품고

각 후보진영이 전직들을 선호하는 것은 당장 돈 들이지 않고 효과를 볼 수 있다고 여기기 때문이다. 그러나 이야말로 근시안적인 발상이 아닐 수 없다. 한 표가 아쉬운 입장에서 세몰이를 권한 포기할 수는 없겠지만, 이제는 후보 이미지와 비전, 새로운 정책 등에도 눈길을 주는 시대가 됐다는 점을 인식할 필요가 있다. 그리고 심성한 아이디어는 아무래도 전직보다는 현장을 뛰는 현역에서 더 많이 나오게 돼 있다.
현직에 대한 무자비는 훨씬 더 많이 들지만, 대신 정당 대가를 비러 지급해 아이디어나 정책까지 끌고가 닿는 신사적인 계약이 가능한 게 선거판의 우리도 그런 방향으로 가야 머릴수 중심의 쾌속음이 아닌 비전의 승부를 구현할 수 있을 것이다.

/정치부장 jhhong@chosun.com

『조선일보』조차 한나라당의 '전직' 끌어모으기가 세몰이 정치의 답습이라고 비난했다. (『조선일보』, 2002년 10월 30일)

주로 호흡을 맞춰야 하는 상대 역시 현역들이다. 이런 정당, 특히 집권당에 전직들이 과도하게 들어가 자리를 차지하고 있을 경우 현역 중심의 국정 운영과 조화를 이룰 수 있을 것인지 의문을 갖지 않을 수 없다. 그러나 이보다 더 심각한 문제는 집권 시 이들에게 어떤 형태로든 보상을 해줘야 할 것이란 대목이다. 옛날처럼 집권자가 수천억 원의 정치자금을 주무르던 시절에는 돈을 비롯해 보상 방안이 다양할 수 있었겠지만 지금은 오로지 한 가지 수단, '자리' 밖에 없다. 정치자금이 줄어든 요즘엔 대선 캠프마다 활동비도 제대로 받지 못한 채 자비로 일하는 자원봉사형 전직들도 적지 않다. 따라서 이들에게 집권하면 한자리 차지할 것이란 기대마저 포기하라는 주문은 애당초 말이 되질 않는다. 결국 정당들이 전직들을 경쟁적으로 끌어들이는 것은 집권 시 보상할 자리를 그

만큼 많이 약속하는 셈이 되는 것이다."[158]

'배신의 정치, 소신의 정치'

언론인 임춘웅은 『내일신문』(2002년 11월 6일)에 쓴 「들쥐론(論)」이라는 칼럼에서 "예비역 장성이라고 해서 정치하지 말라는 법이 어디 있을까 마는 군 장성 출신들이 떼를 지어 특정 정당에 가입하는 일을 어떻게 보아야 할까. 군 출신들이 그토록 강조하는 군의 정치적 중립과 이번 '사태'와는 아무런 관계가 없게 될 것인가"라면서 다음과 같이 말했다.

"국가 최고의 정보기관인 국정원의 주요 정보가 줄줄이 정치권으로 빠져나가고 있다는 것도 이제 더 이상 비밀이 아니다. 전직 국정원장은 누가 고급 정보를 정치권에 빼내는지도 알고 있다고 기자들에게 까발렸다. 그렇다면 정보를 부당하게 빼돌리는 그 사람의 목이 잘리게 됐든지, 수사를 받게 됐다든지 하는 기사는 왜 보이지 않는지도 모를 일이다. 얼마 전에는 군의 특급 정보부대장이란 사람이 직속 상관들에 더 이상 충성을 할 수 없다며 군의 극비 문서인 '블랙북'이란 것을 국회에 들고 나와 의원들 앞에 흔들어대는 코미디마저 연출했다. 이런 모든 것들이 다음 정치권력과 관련된 촌극들이라는 데 심각성이 있다. 양심도 최소한의 명분도 팽개치고 권력을 향해 돌진하는 들쥐 떼의 모습인 것이다. 정치권력이 모든 것을 말하는 우리 사회의 적나라한 모습이다. 정치권력이 너무 크기 때문인 것이다."[159]

---

158) 홍준호, 「'전직(前職)'의 행렬과 세(勢) 불리기」, 『조선일보』, 2002년 10월 30일.

사실 대선에서 정책 대결이 이루어질 수 없는 이유도 바로 여기에 있었다. 대선의 이해관계자들의 도박판 성격이 농후했으며, 이런 이치는 집권 후 국정 운영에까지 이어졌고 김대중 정권의 경우에도 다를 게 없었다.

『문화일보』 정치부장 이용식은 10월 31일자에 쓴 「배신의 정치, 소신의 정치」라는 칼럼에서 "먼 옛날이야기처럼 들리지만 1998년 2월 김대중 대통령 취임 직후 정권 핵심부는 정부 외곽 조직 전반을 점검했다. 정부 구조조정과 예산 절감 등이 공식적 이유였지만 정권 차원에서 인사에 영향력을 행사할 수 있는 자리를 파악하는 데도 관심이 있었다. 공기업은 물론 부처 산하기관, 연구소, 예산 지원을 받는 반관반민 단체 등이 대상이었다. 그 결과 소문나지 않은 '물 좋은 자리'가 예상보다 훨씬 많다는 것을 확인했다. 월 지급액 500만 원 안팎, 사무실에 자동차, 비서까지 제공되지만 하는 일은 별로 없었다. 어떤 부서에서는 그런 자리가 200여 개에 달했으며, 전체적으로 3,000개 정도인 것으로 집계됐다. 정권은 개혁의 칼날을 휘둘러 많은 자리를 없애거나 월 활동비 50만 원 정도의 비상근 자리로 바꾸었다"며 다음과 같이 말했다.

"아뿔싸! 임기 중반기가 되면서 뭔가 문제가 있다는 사실을 깨달았다. 현 정권에서 고위직을 지낸 사람들은 물론 정권의 울타리 역할을 해줄 사람들을 예우할 방법이 없어진 것이다. 한자리씩 줘서 모신다면 그들의 불만도 없애고, 정권 말기 또는 그 이후까지 분명한 우군으로 잡아둘 수 있을 텐데. 때마침 김대중 대통령을 만들기 위해 평생을 바치다시피 했던 사람들이 한자리를 기다리다 지쳐 불만을 노골적으로 표출하기 시

---

159) 임춘웅, 「들쥐론(論)」, 『내일신문』, 2002년 11월 6일.

작했다. 설상가상으로 야당과 언론은 호남 편중 인사를 맹렬히 비판하고 있었다. 과거 역대 정권들이 '옥상옥' 등 온갖 비난을 감수하면서도 왜 그런 자리를 고집했는지 이해했지만 때가 늦었다. 현 정부의 한 핵심 인사가 국민의 정부 말기에 '배신자'들이 유달리 많은 이유를 분석하면서 소개한 이야기다. 실제로 이 정부에서 장관을 지낸 한 인사는 퇴임한 뒤 김대중 대통령이 초청한 식사 자리에도 가지 않았다. 차관 출신 한 인사는 '부 개설 이후 차관을 하다 곧바로 실업자가 된 경우는 내가 처음'이라면서 등을 돌렸다."

한나라당의 호남 공략 계획

『세계일보』 정치부장 백영철은 10월 30일자에 쓴 「창(昌)과 DJ의 '밀월'」이라는 칼럼에서 "한나라당과 청와대가 '밀월 관계'다. 한나라당에선 '김대중 정부의 연착륙을 돕겠다'고 공공연히 말한다. 청와대도 '요즘 같은 태평성대가 언제 있었느냐'고 맞장구를 친다. 한나라당은 '더 이상 김대중 대통령을 공격하는 일은 하지 않을 것'이라고 약속한다. 청와대는 한발 더 나아간다. '우리는 5년 전 이맘때 YS를 공격하지 않았다'고 못 박는다. 한나라당도 자기들처럼 하라는 것이다"며 다음과 같이 말했다.

"한나라당과 청와대가 서로 웃는 모습을 보이는 것은 좋은 일이다. 으르렁대던 두 권력 집단이 화해하는 것은 국민의 정신 건강에도 유익하다. 다만 괴이쩍은 것이 있다. 권력 집단 양측의 진심에 관해서다. 한나라당은 대선 정국에서 청와대의 중립을 확보하려는 계산을 하고 있다. 대세론을 내외에 과시하려는 의도도 배제할 수 없다. 또 다른 속셈이 숨겨져 있을 수도 있다. 청와대의 의중 또한 복잡할 것이다. 권력의 정상에서 내려올 때 생기는 상실감을 최소화하는 데서부터 정치 보복의 두려움을 줄이고, 대통령 퇴임 후의 신변 안전 보장을 받고 싶은 사람도 적지 않을 것 같다. 그중에는 구속된 김 대통령 두 아들의 신변 문제에 대한 원모(遠謀)도 있어 보인다. 청와대 관계자는 '5년 전 YS 아들 현철 씨가 11월 초 보석으로 석방됐을 때 우리는 전혀 비난하지 않았다' 고 한나라당을 향해 말했다. 실제로 그랬다. 1997년 11월 3일 김현철 씨가 보석금 1억 원을 내고 풀려나자 김대중 후보는 '사법부를 간섭할 수 없다' 고 얼버무렸다."

이어 백영철은 "한나라당과 청와대의 화해 분위기 속에서 청와대가 5년 전 현철 씨의 보석 석방을 언급하는 것은 이번 대선 정국에서 두 아들 중 최소한 한 명의 석방을 검토하는 게 아니냐는 시각이 한나라당에 있다"며 이렇게 말했다. "홍걸 씨는 지난 15일 구형 공판에서 '나는 벌레요, 백성의 조롱거리다' 라고 성경 구절을 되뇌면서 부모와 국민들에게 용서를 빌었다. 현철 씨와 비슷한 경로를 밟고 있다. …… 한나라당은 집권하면 김 대통령을 국가원로 자문회의 의장으로 모시겠다고 공약했다. 그것도 모자라 측근들의 정치자금 성격을 불문에 부치고 조사하지 않겠다는 당근을 건넸다. 받는 사람 입장에서는 이만한 선물도 없다. 청와대와 관계 호전에 조급성을 보이는 이 후보 측근들 머리에서 나온 것으로 여겨진다."

『국민일보』 기자 남도영은 11월 1일자 기사에서 한나라당의 호남 공략 계획을 소개했다. 남도영은 "호남 공략의 방향은 크게 두 갈래다. 우선 예산 심의에서 호남에 대한 배려가 눈에 띈다. 이환의 선거대책 부위원장의 문제 제기로 전남도청 이전 예산을 삭감키로 내부 방침을 정했다. 광주와 전남 여론이 도청 이전에 반대하고 있는 것을 고려한 것이다. 또 김제에 착공 중인 민항 공항이나 새만금 사업도 전북 주민들을 배려하는 차원에서 예산 심의를 하겠다는 방침이다"며 다음과 같이 말했다.

"이회창 후보는 직접 나서서 정치 보복 금지를 거듭 강조하고 있다. 호남에 끊임없는 메시지를 던지고 있는 것이다. 집권하게 된다면 군과 검찰 등 각종 행정조직과 국영기업체 등에서 불이익을 주지 않겠다는 의사표시인 셈이다. 고무적인 것은 호남 민심이 서서히 변화하고 있음이 감지된다는 것이다. 이 부위원장은 '6·13 지방 선거 때보다 좋아졌다'면서 '사회단체와 직능단체들 사이에서 이 후보는 무조건 안 된다는 분위기는 많이 사라졌다'고 말했다. 대세론이 힘입은 바도 크다. '표를 어느 정도는 모아줘야 나중에 호남 배려를 말할 근거가 있지 않느냐'는 논리가 먹혀들고 있다는 주장이다. 양창식, 오탄 등 전북 출신 전 의원들과 조철권 전 노동부 장관, 이강년 전 전북지사 등이 속속 한나라당에 합류하는 것도 이 같은 분위기를 보여주는 사례로 꼽힌다."

『한겨레』 논설위원 김효순은 11월 5일자에 쓴 '대쪽의 '두 쪽 나도' 다짐'이라는 제목의 칼럼에서 "정치 보복 없음을 선거 구호로 활용한다면 몇 가지 의문점을 풀어주지 않으면 안 된다. 그(이회창)의 발언은 자신이 정치 보복의 희생물이었다는 인식을 깔고 있는 듯하다. 그는 유력한 대선 후보로서 이 부분을 명확히 할 의무가 있다"며 다음과 같이 말했다.

"구체적으로는 세풍·병풍·총풍 등의 사건이나 안기부 자금의 총선 동원 의혹에 대한 자신의 견해를 분명하게 밝혀야 한다. 이런 사건들을 부당한 정치 보복이라고 믿는다면 그가 만약 대선에서 승리한다 하더라도 김대중 정권 아래서 자행됐을 각종 비리를 청산할 자격과 의지가 있는지 의문스럽다. 국민 다수가 의혹이 있는 것으로 생각해 법 집행 절차를 밟는 것이 정치 보복이라면, 정권 교체가 되더라도 정의를 세우는 것을 기대하기는 대단히 어렵다. 그것을 우회하는 길은 '내가 하면 로맨스고 남이 하면 불륜'이라는 가치도착밖에 없다."

노무현·정몽준 후보 단일화 합의

민주당의 노무현 후보와 국민통합21의 정몽준 후보가 11월 15일 밤 10시 30분부터 단독 담판에 들어가 16일 새벽 0시 20분께 양당 대변인을 불러들이자 회담장 주변에는 극도의 긴장감이 흘렀다. 두 후보는 대변인을 대동해 20분쯤 뒤 귀빈 식당 기자회견장에 들어섰고 대변인들은 곧바로 8개 항의 극적인 합의 내용을 교대로 1개 항씩 발표했다. 합의 보따리가 모두 풀리자 숨죽이며 이를 지켜보던 양당 당직자들은 큰 박수와 환호를 보냈고 민주당 이낙연, 국민통합21 김행 선대위 대변인 등 일부 당직자들은 눈시울을 붉히기도 했다. 두 후보 진영 당직자들은 악수를 나누며 "잘해보자"고 덕담을 나누기도 했다. 두 후보는 기자회견이 끝난 뒤 여의도 한 포장마차로 가 소줏잔을 기울이며 '뒤풀이'를 했다. 두 후보는 '러브 샷'(서로 팔을 걸고 마시기)으로 친밀감을 과시하기도 했다.[160]

16일 오전에 열린 한나라당 선거 전략회의는 후보 단일화 성토장으로 변했다. 김영일 총장 등은 "단일화는 DJ 양자들이 벌이는 DJ 후계자 뽑

---

160) 고태성, 「전격 합의에 양측 환호성/盧·鄭 포장마차서 뒤풀이」, 『한국일보』, 2002년 11월 16일, 3면.

기"라고 규정했다. 김 총장은 "단일화는 정권 실세들의 시나리오에 따른 꼭두각시놀음"이라고 비난한 뒤 "청와대에 올려 DJ의 낙점을 받으면 되는데, 괜히 국민을 기만하는 쇼는 그만두라"고 말했다. 김 총장은 특히 "단일화의 결과는 정몽준으로 결론이 나 있는 것 같다"며 "노 후보나 이한동 후보가 들러리에 불과할 단일화 과정은 민주당 후보 교체의 명분 쌓기 사기극에 불과하다"는 등 교란작전도 병행했다. 남경필 대변인은 "노선도 이념도 정체성도 다른 두 사람의 유일한 공통점은 DJ의 양자라는 것 뿐"이라는 등 DJ 색깔 칠하기를 시도한 뒤 TV 토론과 여론조사를 통한 후보 단일화 방식에 주로 문제를 제기했다. 남 대변인은 "인기투표로 일국의 대통령 후보를 정하겠다는 것은 저질 코미디의 극치"라고 비난했고 TV 토론은 "명백한 선거법 위반"이라고 말했다.[161]

성균관대 정치학과 교수 김일영은 『동아일보』 11월 20일자에 쓴 「'뺄셈의 정치' 포기할 건가」라는 칼럼에서 "대선은 짧고 정치는 길다. 헌데 요즘 벌어지는 단일화 논의를 보면 정치는 짧고 대선은 영원하다고 착각하는 것 같아 안타깝다. 대선 이후에도 한국 정치는 계속되어야 하며, 그 방향은 발전적이어야 한다. 그러나 노무현, 정몽준 두 후보 간의 단일화 논의는 이 점을 전혀 고려하지 못하는 것 같다. 아울러 이번 단일화는 과거 DJP연합보다 성격 면에서 더 퇴행적일 수도 있다는 점에서 심히 우려된다"며 다음과 같이 말했다.

"누구나 느끼는 한국 정치의 문제점 중 하나는 기존 정당들이 성격 면에서 거의 차이가 없다는 사실이다. 진보 정당이 전혀 없지는 않았지만

---

161) 김세동, 「'단일화 합의' 한나라 반응 −대책」, 『문화일보』, 2002년 11월 16일, 3면.

민주당의 노무현 후보와 국민통합21의 정몽준 후보는 단독 담판 끝에 후보 단일화를 이루어냈다.

주목을 끌 만한 의미 있는 정당은 없었다. 그동안 유권자들이 이념이나 정책보다 지역에 끌려 투표를 했던 것은 그들만의 잘못이 아니라고 할 수 있다. 그러므로 한국 정치가 발전하기 위해서는 서로 다른 이념과 정책을 지닌 정당들이 공존하는 방식으로 정당 구도가 재편되어야 한다. 이 점에서 노 후보의 등장과 민주당의 '뺄셈의 정치'는 상당히 고무적인 일이었다. 광복 이후의 한국 정치사에서 대중성과 진보성을 겸한 정치인은 그리 많지 않았다. 이 점에서 노 후보는 흔치 않은 정치인 중 하나다. 더구나 민주당 내의 온갖 철새들이 그를 흔들어대고 있을 때 그가 보여준 뺄셈의 정치에 대한 결단은 우리 정치에도 잡탕 정당이 청산되고 이념과 정책 면에서 순도 높은 정당이 탄생되는 게 아닌가 하는 기대감을 갖게 했다. 그러나 그가 '유권자 통합'을 내세우며 단일화에 나섬으로써 이런 기대감은 물거품이 되고 말았다."

『동아일보』 논설위원 김순덕은 11월 23일자에 쓴 「대통령 꼭 있어야 하나」라는 칼럼에서 "현재의 빅3 후보들을 암만 순한 맘으로 들여다봐도 뽑고 싶은 대통령이 없다"고 말했다. 김순덕은 "내가 간절히 원하는 대통령은 초인(超人)이다. 삶의 질, 민주 사회, 평화통일까지는 바라지도 않는다. 그저 역사는 발전한다는 희망만 뺏지 않아도 족하다. '집권 때 어떤 어려움이 있어도 우리에게 주어진 국민의 신뢰를 저버리지 않겠다고 다짐했다' 던 싱가포르의 리콴유처럼, 추상같은 신념과 탁월한 비전을 지닌 영웅이 왜 우리에겐 나오지 않는가"라면서 다음과 같이 말했다.

"남 탓할 것 없다. 영국의 조직행동학자 나이젤 니컬슨의 말을 인용하지 않더라도, 조직은 딱 제 수준에 맞는 장(長)을 갖는다는 게 정설이다. 지금까지의 대통령이 실패한 대통령인 것은 우리 국민이 그 정도 수준밖에 안 됐기 때문임을 분하지만 인정할 수밖에 없다. 단, 더 이상 용납해선 안 된다. 대통령 한 사람으로 달라질 현실이 아니라면, 나 혼자 이민 간다고 해결될 일이 아니라면, 모든 인간이 본능적으로 제몫밖에 모르는 반사회적 존재라면 이제는 사람보다 시스템으로 문제를 풀어가게끔 우리가 두 눈을 부릅떠야 한다. 누가 대통령이 되든 국민 무서운 것을 뼈저리게 깨달을 수 있도록."

11월 24일 노무현 후보가 정몽준 후보와의 단일화를 위해 실시된 여론 조사에서 정 후보를 제치고 양당의 단일 후보로 확정됐다. 노 후보는 이 날 실시된 2개의 여론조사 결과 유효로 인정된 리서치앤리서치의 조사에서 단일 후보로 46.8%의 지지를 얻어 42.2%에 그친 정몽준 후보를 누르고 승리했다. 또 다른 조사 기관인 월드리서치 조사에서는 한나라당 이회창 후보의 지지도가 28.7%를 기록, 최근 이 후보의 최저 지지도인

30.4%보다 낮아 무효로 처리됐다. 양당은 이번 조사에서 이회창 후보 지지자들의 역선택을 방지하기 위해 23~25일 3일 동안 국내 매출액 순위 15위 이내 여론조사 회사가 신문·방송사와 계약해 실시한 여론조사 중 가장 낮게 나온 이 후보의 수치보다 낮게 나올 경우 무효화하기로 합의했었다. 여론조사 결과를 발표한 국민통합21의 단일화 협상단장 민창기 홍보위원장은 "한 여론조사 기관의 결과가 무효 처리됐으나 결과적으로 노 후보가 1대 0 우세를 보여 단일 후보로 확정됐다"고 선언했다.

노 후보는 승리가 확정된 뒤 "불투명한 전망 아래서 단일화를 결단해 준 정몽준 후보에게 감사드린다"며 "오는 12월 19일 대선에서 승리해 떳떳한 대통령으로서 국민의 성원에 보답하겠다"고 소감을 밝혔다. 그는 또 "나의 승리보다 정치인이 양보하는 페어플레이를 한 데 대해 국민들이 다소 희망을 갖는 계기가 되지 않을까 생각한다"고 말했다. 정 후보도 기자회견을 갖고 "노무현 후보의 승리를 축하하며 노 후보가 대선에서 당선될 수 있도록 열심히 노력할 것"이라고 말했다.[162]

대선을 불과 25일 남겨둔 시점이었다. 이합집산의 시즌인 대선에서 '줄서기'를 생존 전략으로 믿고 있던 사람들에게 엄청난 혼란을 초래하는 대사건이었다. 한윤형의 지적처럼, 노무현-정몽준 단일화는 "판돈을 모두 걸고 벌이는 도박"이었기에,[163] 줄서기의 도박성이 증폭된 셈이었다. 노무현-정몽준 후보 단일화도 놀라운 드라마였지만, 그것보다 더 놀라운 드라마의 반전이 기다리고 있었으니, 한국을 가리켜 '드라마 공화국'이라고 부르는 건 결코 과장은 아니었다.

---

162) 김봉선·최재영, 「노무현 단일 후보 확정」, 『경향신문』, 2002년 11월 25일, 1면.
163) 한윤형, 『안티조선운동사: 대한민국 현대사를 관통하는 또 하나의 역사』(텍스트, 2010), 267쪽.

노무현의 대통령 당선:
제16대 대통령 선거

다시 문제는 '호남'과 'DJ'인가?

2002년 12월 5일 밤과 6일 새벽 사이에 생방송으로 진행된 MBC〈100분 토론〉에서 이화여대 강혜련 교수는 "엊그저께 보니 노 후보가 호남 지역 에서 97% 이상의 지지율을 얻는다고 했는데, 특정 지역에서 특정 후보의 지지율이 97%나 나온다는 것은 이라크에서 후세인을 지지하는 그런 수 준에서나 있을 수 있는 일"이라며 "민주 사회에서 이럴 수 있다는 것은 참 우려되는 상황이며, 노 후보가 지역주의를 극복하는 후보라고 주장하 려면 호남 지역에서 지지율이 70% 이하로 떨어져야 한다"고 말해 논란 을 빚었다.

민주당 이미경 대변인은 "호남 지역 노 후보의 지지율은 60~70%대" 라며 "강 교수가 한나라당 주장대로 호남에서 일방적으로 노 후보를 지 지한다는 거짓말로 지역감정을 자극했다"고 비난했다. 김한길 미디어 본부장은 "강 교수가 방송에서 했던 발언은 한나라당의 각종 유세에서 나온 것"이라고 비난하고, "MBC는 왜 방송을 중단시키지 않았느냐"고 말했다. 반면 한나라당 남경필 대변인은 논평을 내고 "강 교수에게 협박 전화나 인터넷 게시판을 통한 욕설이 쏟아진다"며 "노사모는 즉각 사이버 테러를 중단하고 노 후보 역시 광적인 지지자들의 민주주의 파괴 행태에 대해 사과하라"고 말했다.[164]

대선 직전 시사평론가 변희재는 부산 국제사우나에서 만난 50대 이회창 지지자와의 대화에 대해 다음과 같이 말했다. "한증탕 안의 온도는 계속 올라갔고 50대 아저씨의 열기도 덩달아 올라갔다. 우리는 노무현과 이회창을 소재로 뜨거운 한증탕의 대화를 하고 있었지만 그 안에는 노무현과 이회창은 없었다. 오직 DJ만 있었을 뿐이다. 언론에서만 듣던 영남권의 DJ에 대한 한 맺힌 원한을 하필이면 이렇게 섭씨 40도를 웃도는 한증탕 안에서 직접 들을 수 있었다. 꼭 텔레비전 드라마 속의 인물을 보는 듯했다."[165]

다시 문제는 '호남'과 'DJ'란 말인가? 그랬다. 그래서 노무현은 '민주당 후보'라는 사실을 드러내지 않으려고 애를 썼다. 선거 포스터에는 당 이름이 조그맣게 들어갔고, 한나라당의 공격이 있을 때마다 노무현은 "한나라당은 민주당과 싸우십시오. 노무현은 21세기와 싸우겠습니다"고 대응하곤 했다.[166]

그래도 선거 이슈를 다원화(?)해보겠다고 애쓴 이가 있었으니, 그는 바로 서울시장 이명박이었다. 12월 11일 이명박은 "수도 지방 이전은 서

164) 이천종 · 박성준, 「"호남 몰표 이라크와 같다" 논란」, 『세계일보』, 2002년 12월 7일, 4면.
165) 서프라이즈, 『노무현과 서프라이즈: 세상을 바꾼 드라마』(시대의창, 2003).
166) 한윤형, 『안티조선운동사: 대한민국 현대사를 관통하는 또 하나의 역사』(텍스트, 2010), 334쪽.

울의 공동화(空洞化)를 초래해 경쟁력을 떨어뜨릴 뿐 아니라 반(反)통일적인 사고의 산물"이라고 단언하면서 행정 수도 이전에 100조 원 이상이 든다고 주장했다. 또 그는 12월 13일 "행정 수도를 충청권으로 옮기면 현재의 국가 안보 체계가 엄청나게 달라져야 한다"며 "이런 고려 없이 행정 수도를 옮기는 것은 서울 지역의 안보를 포기하는 것이나 다름없다"고 주장했다. 이틀 간격으로 말하기로 작정했던 걸까? 그는 12월 15일에는 수도 이전 비용은 최소 54조 원이라고 발표하면서 "수도 이전은 서울은 물론 국가적 대재앙을 초래할 것"이라고 주장했다. 이전 비용을 100조 원 이상에서 54조 원으로 내린 게 변화라면 변화였다.

성균관대 정치학과 교수 김일영은 『동아일보』 12월 13일자에 기고한 「참된 지도자 감별법」이라는 제목의 칼럼에서 "참된 지도자는 어른이 될 만한 사람이어야 한다. 이 사회의 가장 큰 문제는 어른이 없다는 점이다. 어른의 지위는 자연 연령만으로 얻어지는 것이 아니다. 사회가 어느 한 방향으로 편향되게 갈 때 과감하게 떨치고 나서 균형을 잡아주는 역할을 하는 것이 어른이다. 지금 우리 사회에 필요한 것은 바로 이런 어른 역할을 할 지도자다"며 다음과 같이 주장했다.

"사회가 급속하게 고령화로 치닫고 있는 데도 어른을 무시하는 것은 사회의 발전 방향을 전혀 파악하지 못한 것이며, 역경 속에서 국가를 건설하고 발전시킨 세대에 대한 모독이다. 가장 이상적인 사회는 노-장-청이 조화를 이루는 것이다. 노인의 경륜과 장년의 원숙함과 청년의 패기가 어우러질 때 사회는 안정 속에서 발전을 도모할 수 있다. '파파 스머프'를 기억할 것이다. 그는 어린이 애니메이션 〈개구쟁이 스머프〉에 나오는 스머프 마을의 '어른'으로 지혜와 경륜의 상징이다. 아마도 우리가 찾는 참된 지도자의 상이 가장 잘 구현된 모습이 아닐까. 그렇다면 이번 선거는 파파 스머프를 찾는 게임이 될 것 같다."

도대체 무슨 말을 하려는 것이었을까? "어른의 지위는 자연 연령만으로 얻어지는 것이 아니다"고 말했던 사람이 "사회가 급속하게 고령화로 치닫고 있는 데도 어른을 무시하는 것" 운운해대면 어쩌자는 것인지 이해하기 어렵다.

이문열의 '뽀뿔리시모'

소설가 이문열은 『동아일보』 12월 14일자에 「뽀뿔리시모(포퓰리즘)를 경계한다」는 칼럼을 썼고, 이어 『조선일보』 12월 17일자에 「폭력이 제도화되는가」라는 칼럼을 썼다. 그는 이 두 번째 칼럼에서 자신에 관한 이야기를 했다.

이문열은 "어느 시대에나 정치적 견해에 따른 문화 내용의 차이는 있었고, 그 차이를 둘러싼 갈등과 대립 또한 있었다. 하지만 치열했던 1980년대에도 그 대립과 갈등은 오직 문화 안에 머물렀으며, 그 범위를 벗어나면 모두에게서 비난받았다. 그런데 1990년대 후반 들어 우리 문화에는 전에 없던 현상이 나타났다. 문화적 갈등, 특히 정치적 견해를 달리하는 문화 내용 사이의 충돌과 대립은 여과 없는 언어적 폭력으로 표출되었고 나아가서는 집단적 테러로 자행되었다. 네거티브 문화의 불행한 변종이었다"며 다음과 같이 말했다.

"물론 그런 현상은 인터넷 문화로 대표되는 시대 상황의 급변과 무관하지 않다. 그러나 최근에 우리 문화를 짓누르고 있는 폭력의 가장 큰 원인은 아무래도 정치적 집단의 위장 침투가 될 것이다. 그들은 겉으로는 문화 내용을 문제 삼지만, 실제로는 거기에 투영된 정치적 견해를 겨냥한다. 그게 자신과 다르면 문화적 비판이 아니라 문화적 다수를 가장한 소수의 극렬 하수(下手) 집단을 내세워 갖가지 폭력으로 상대를 말살시키려 든다. 그 전형적인 예는 이 나라의 한 작가가 작년 7월부터 그 일부는 아직까지 겪고 있는 모욕과 수난이다. 그들은 먼저 자신들과 정치적 견해를 달리하는 책을 인질로 삼아 반환 운동을 벌였다. 하지만 그게 별로 실효를 거두지 못하자 이번에는 책 장례식이라고 하는 세계 문화사에도 유례가 없는 해괴하면서도 끔찍한 해프닝을 벌였다."

이어 이문열은 "그들이 일부 신문과 방송의 지원까지 받아 석 달에 걸친 요란스러운 운동으로 모은 그 작가의 책은 정신병자의 비율보다 더 작았지만 상징적 효과는 컸다. 자신이 무슨 짓을 하고 있는지도 모르는 어린 소녀를 상주 삼아 거창한 장례식을 치러 세상 사람의 이목을 끌었고, 그 뒤 일 년이 넘는 지금까지 한 작가의 창작 의욕을 끊어놓는 데도 온전히 성공하였다"며 다음과 같이 말했다.

"그들의 잔인한 폭력은 석 달 뒤 충복 옥천에서 한 번 더 가열하게 표출되었다. 먼저 그 작가의 책을 상징하는 조형물을 불사르고, 풍장(風葬)이란 이름으로 나무에 매달았다. 까막까치가 파먹란 뜻인데, 작가의 책을 인질로 삼은 폭력은 그걸로 그치지 않았다. 그들 중에 하나는 자기 집 마당에 그 작가의 책을 흩어 소, 돼지가 밟고 비도 맞게 하며, 필요하면 불쏘시개로 쓰다가, 그 광경을 사진으로 찍어 인터넷에 올리기도 했다. 거기다가 그들의 적반하장은 더 있었다. 그같이 표독스럽고 집요한 폭력으로도 모자라 그들은 다시 형사 · 민사 합쳐 세 건이나 소송을 벌였다. 형사는 '혐의 없음'으로 결정 나고 민사는 '기각'으로 결정이 난 소송으로 일 년이나 그 작가를 괴롭혔다."

또 이문열은 "구경하는 이들은 그 모든 일이 문화 내부의 갈등과 대립인 줄 알고 있지만 이번 대선으로 그들 가해자의 성격은 분명해졌다. 특정 정당과 후보를 지지하는 모임으로 들어가 자신들의 정치적 성격을 명백히 했기 때문이다. 곧 그 일은 그 정치적 집단이 문화에 가한 폭력이었다. 그런데 더 큰 걱정은 이제 그 폭력 집단이 이 선거를 통해 제도화를 꿈꾸고 있다는 점이다. 멀리 충북 옥천에까지 찾아가 두 번째 책 장례식에도 참여했고, 형사·민사 고소에도 이름을 빌려준 그 집단의 대표격인 어떤 배우는 이제 당선 가능성이 없지 않은 집권당 후보의 간판 연설원 중의 하나가 되었다. 작가의 책을 인질로 삼은 그 폭력의 다른 공범들도 그 후보 지지 모임의 열성적인 일꾼이 되었다고 한다"며 다음과 같이 말했다.

"만에 하나 그 후보가 당선이 되면 그들은 일등공신으로 논공행상에 들게 될 것이고, 그 결과는 바로 그들이 저질렀던 폭력의 정당화와 제도화로 나타날 것이다. 이는 바로 한국적 문화혁명의 본격적인 전개이며, 지금까지 한 번도 겪어보지 못한 새로운 형태의 지식인 수난사가 시작될 것이다. 어젯밤 TV 합동 토론이 지금까지 알려진 대로 언필칭 문화 분야에 관한 것이었다면 후보들은 마땅히 그 점에 대해 언급이 있어야 했다. 또 그런 문화적 폭력 집단을 중요한 지원 세력으로 삼고 있는 후보도 그들에 대한 명백한 인식과 그에 따른 태도 표명이 있어야 했다."

'정몽준 폭탄'

이문열이 선거 직전의 상황에서 다소 흥분한 걸까? 그러나 더욱 흥분할 만한 일이 바로 다음 날 밤 그러니까 대선 전야에 일어났다. 12월 18일 저녁 서울 종로 제일은행 본점 앞에서 노무현과 정몽준의 마지막 공동 유세가 열렸다. 노 후보는 이날 제일은행 본점 앞 유세에서 청중 가운데 한 명이 '다음 대통령은 정몽준' 이라는 문구가 적힌 피켓을 들고 나오자 "국민통합21에서 나온 분 같은데 속도위반하지 말라"며 "다음 대통령은 경쟁을 통해서 올라와야지 그냥 주는 게 아니다"고 말해 정 대표에 자동적으로 후계를 넘기지 않을 방침임을 밝혔다.

노 후보는 이어 "내 주변에는 젊은 개혁적 정치인들이 많은데 내가 흔들릴 때 행여나 검은돈 받으려고 할까 내 멱살을 붙잡고 말릴 수 있는 대찬 여자 추미애 최고위원도 있고 나와 함께 끝까지 국민 경선을 치러준 정동영 의원도 있다"고 말했다. 이때 노사모 회원들이 '추미애! 추미애!'를 외쳤다. 그는 이어 "이런 분들이 내가 대통령에 당선되면 서로 경쟁해서 원칙 있는 정치를 펼쳐나갈 수 있지 않겠느냐"고 주장했다.

노 후보의 발언 직후 연설장에 앉아 있던 정 대표의 표정이 순간 일그러졌으며 노 후보는 발언 직후 연설장 분위기가 미묘해지자 머쓱한 표정을 지었다. 이에 대해 정 대표는 노 후보 발언 직후 종로 4가 한 음식점에서 국민통합21 주요 당직자들을 소집해 긴급 대책회의를 갖고 "노 후보가 단일화 정신을 훼손한 채 이미 대통령이 된 것을 전제로 전횡을 하는 듯한 졸렬함을 드러냈다"며 지지를 철회키로 의견을 모았다. 정 대표는 이에 따라 저녁 늦게 열릴 예정이던 노 후보와의 공동 유세 일정을 취소한 채 서울 평창동 자택으로 귀가했다.

밤 10시 20분쯤 김행 국민통합21 대변인은 서울 여의도 당사에서 기자회견을 갖고 "노 후보 측이 단일화 정신을 깨뜨리는 발언을 해 더 이상 대선 공조가 불가능해진 만큼 일체의 지지를 철회하고 독자적으로 향후 당의 진로를 결정하겠다"고 말했다. 김행은 "정 대표는 우리 정치에서 가장 나쁜 병폐는 배신과 변절이고 이런 현상이 더 이상 반복되어서는 안 된다고 믿고 있다"고 말했다. 김행은 "오늘 서울 명동 합동 유세에서 노무현 후보가 '미국과 북한이 싸우면 우리가 말린다'는 표현을 썼다"며 "정몽준 대표는 미국은 우리를 도와주는 우방이며, 미국이 북한과 싸울 이유가 하나도 없다고 생각한다"고 했다.

정몽준이 노무현에 대한 지지를 철회한다는 이른바 '정몽준 폭탄'이 터진 것이다. 밤 10시 30분경 이 뉴스를 내보낸 YTN을 시작으로 각 방송에 자막으로 긴급뉴스가 나가기 시작했다. 『오마이뉴스』 대표기자 오연호는 당시 상황을 대해 다음과 같이 말했다.

"『오마이뉴스』편집국 전화통에 불이 났다. 전국 각지의 뉴스게릴라(기자 회원)들이 '사실이냐'고 물어왔다. 그런 후에야 그 터져버린 폭탄을 '사실'로 받아들이고 1면 머리기사로 배치했다. 밤새 '정몽준 폭탄 그 후'를 취재하는 현장중계팀의 전화를 받아 기사를 정리하면서 독자 의견에 홍건하게 고인 네티즌들의 눈물을 보았다. 분노를 보았다. 편집국에 걸려오는, 울분을 참지 못하는 네티즌들의 전화를 받느라 기사 정리 작업은 수차례 중단됐다. 그들은 대부분 울먹였다. '어떻게 이런 일이 일어날 수 있습니까?'"

19일 새벽 0시 5분, 노 후보는 서울 평창동 정 대표 자택으로 갔다. 그러나 "만나지 않겠다"는 말에 발길을 돌렸다. 노사모 회장을 지낸 명계

투표일인 12월 19일까지도 『조선일보』의 노무현 공격은 멈추지 않았다.(『조선일보』, 2002년 12월 19일)

남 씨와 회원들은 밤새도록 당사 주변에서 노래를 불렀다. 그곳엔 노 전 대통령을 상징하는 노란색으로 가득 찼다.[167]

다시 오연호에 따르면, "새벽 4시경에 걸려온 전화를 받았더니 아무 말도 없고 훌쩍훌쩍 우는 소리만 들려왔다. 그렇게 한참 동안 울먹이기만 했던 여성은 이화여대 조기숙 교수였다. 그는 '아, 정몽준, 내가 범한 3가지 잘못'이라는 제목의 글을 『오마이뉴스』기사로 올리고 유권자들에게 '긴급 호소'를 하던 참이었다. 그 사이 조중동 등 기존 언론 권력들

---

167) 강인식 · 이정봉, 「논쟁 즐기던 달변가 "면목이 없습니다" 도덕적 실패 자인: 노무현 전 대통령 '가장 긴 하루'」, 『중앙일보』, 2009년 5월 1일.

은 이미 써놓은 사설도 바꿔가면서 쾌재를 불렀다."[168]

투표일인 12월 19일자 『조선일보』와 『동아일보』는 이 사실을 대서특필했다. 『조선일보』의 1면 머리기사는 「정몽준 "盧 지지 철회"-어젯밤 전격 선언 …… "국민의 현명한 판단 바란다"」였다. 새로 쓴 사설 제목은 「정몽준, 노무현 버렸다」였다. 이 사설은 유권자에게 이렇게 권했다. "어쩔 수 없이 벌어진 급격한 상황 변화 앞에서 우리 유권자들의 선택은 자명하다. 지금까지의 판단 기준 전체를 처음부터 다시 뒤집는 것이다. 선거운동이 시작된 20일 동안 모든 유세와 TV 토론, 숱한 유권자들의 마음을 졸인 판세 및 지지도 변화 등 모든 상황은 노-정 후보 단일화를 전제로 한 것이었는데, 이 같은 기본 구도는 변했기 때문이다."

이어 사설은 다음과 같이 말했다. "오늘 하루 전국의 유권자들은 새로운 출발을 기약하며 투표소로 향할 것이다. 지금 시점에서 분명한 것은 후보 단일화에 합의했고, 유세를 함께 다니면서 노무현 후보의 손을 들어줬던 정몽준 씨마저 '노 후보는 곤란하다'고 판단한 상황이다. 이제 최종 선택은 유권자의 몫이다."

노무현의 대통령 당선

정몽준은 노무현을 버렸지만, 유권자들은 노무현을 버리지 않았다. 12월 19일에 치러진 제16대 대통령 선거에서 민주당 후보 노무현은 총 유효 투표의 48.9%인 1200만여 표를 얻어 1143만여 표(46.6%)를 득표한 한

168) 오연호, 「[긴급진단] 2002 대선의 의미―한국 사회 새로운 주류의 탄생」, 『오마이뉴스』, 2002년 12월 19일.

득표 순위	기호	이름	정당	득표수	득표율	비고
1	2	노무현	새천년민주당	48.9%	12,014,277표	당선
2	1	이회창	한나라당	46.6%	11,443,297표	
3	4	권영길	민주노동당	3.93%	957,148표	
4	3	이한동	하나로국민연합	0.3%	74,027표	
5	6	김길수	국태민안호국당	0.2%	51,104표	
6	5	김영규	사회당	0.1%	22,063표	
7	7	장세동	무소속	기권		
			합계		24,784,963표	

제16대 대통령 선거 후보별 득표 순위. 노무현은 이회창을 57만여 표(2.3%p)차로 이겼다.

나라당 후보 이회창을 57만여 표(2.3%p) 차로 이겼다. 노무현은 광주에서 최고득표율(95.2%)을, 대구에서 최저득표율(18.6%)을 올린 반면 이회창은 같은 지역에서 최고득표율(대구 77.8%), 최저득표율(광주 3.6%)을 보였다. 민주노동당 후보 권영길은 3.9%(95만여 표)로 3위를 기록했으며, 하나로국민연합 후보 이한동은 0.3%(7만 4,000여 표), 호국당 후보 김길수 0.2%(5만 1,000여 표), 사회당 후보 김영규는 0.1%(2만 2,000여 표)를 각각 득표했다.[169]

대통령 당선자 노무현은 당선 확정 직후 "대화와 타협의 새로운 시대를 열어나갈 것"이라고 밝히고 "나를 지지한 분들뿐만 아니라 반대한 분들까지 포함한 모든 분들의 대통령, 심부름꾼으로서 최선을 다할 것"이라고 약속했다.

『한국일보』는 "노 당선자는 유권자의 70.8%가 참여한 투표에서 48.9%를 득표했다"며 "투표율을 감안하면 총 유권자의 약 34% 정도만

---

169) 박래용 · 이기수, 「노무현 대통령 당선-이회창 후보에 57만여 표 앞서……」, 『경향신문』, 2002년 12월 20일, 1면.

이 표로써 적극적 지지를 보인 것이어서 60% 이상의 잠재적 반대를 앞두고 있다고 볼 수 있다"고 했다. 이어 이 신문은 "이런 과제는 연령별 투표율을 보면 더욱 심각하다. 20, 30대는 각각 62.1%, 59.3%의 표를 노 당선자에 몰아주었다. 반면 40대는 평균 득표율보다 낮은 47.4%에 그쳤고, 특히 50대 이상은 39.8%만이 노 당선자에 표를 던졌다"며 "더욱이 핵심 지지층인 20, 30대의 지지 견고도가 의외로 취약하다는 점도 염두에 두어야 한다"고 했다.

"국민통합21 정몽준 대표와의 후보 단일화 논의가 본격화하기 이전 노 당선자의 지지율은 15.9%(9월 23일)까지 떨어졌다. 후보 단일화 논의가 무르익으면서 26.7%(11월 23일)까지 오르고 단일 후보로 확정된 후 비로소 40%대로 올라섰다. 민주당 국민 경선 직후 50%를 넘기도 했던 지지율이 15%대까지 빠졌던 것은 지지층이 정책·이념 노선에 대한 확고한 선택보다는 다른 변수에 흔들렸음을 뜻한다. 따라서 노 당선자는 지지층의 지지를 묶어두어야 하는 한편 절반을 넘는 잠재적 반대층의 반발을 누그러뜨려야 하는 양면적 과제를 안고 있다. 그 방안은 노 당선자가 제시한 대로 대화와 타협의 기조에서 찾을 수밖에 없다는 지적이다. 특히 이는 안정을 선택했던 표심에게도 답을 준비해야 한다는 과제로 이어지고 있다." [170)]

노무현의 대통령 당선에 경악한 일부 보수 언론은 대선 패배의 원인 분석에 들어갔다. 『문화일보』 논설위원 윤창중은 「벼랑 끝에 선 한나라당」이라는 칼럼에서 한나라당 내 보수 세력과 관련, 다음과 같이 말했

170) 황영식, 〈40, 50대 지지도 낮아 국정 부담/盧 당선자, 지지층 분석으로 본 과제〉, 『한국일보』, 2002년 12월 23일, 5면.

다. "영남권 유권자는 DJ를 욕하면 흥분하고 표를 주는 성향이 다른 지역보다 훨씬 강한데, 그것이 전국 유권자에게도 먹힐 것으로 믿고 계속 DJ만 물고 늘어지는 전략으로 나간 것이고, 재벌 정책이나 대북 정책 등 정책 대부분이 고루한 내용이 주조를 이루는 것도 사실은 영남권 인맥이 정책들을 만들기 때문이다. 정치인 이회창 씨는 그런 영남식 발상에서 벗어나지 못하는 참모들에 의해 희생당했다."[171]

『한겨레』 12월 21일자에 기자 김훈이 쓴 「노무현 시대 개막-고뇌에 찬 50대: 사회 변혁 젊은 힘에 충격/늙음이 낡음인가 '자괴감'」이라는 기사에는 이문열에 관한 이야기가 나온다. 다음과 같다. "소설가 이문열 씨는 19일 밤 개표 방송을 보다가 술을 마시고 대취했다. '선동성에 노출된 젊은이가 다수가 되었다. 빨간 옷을 입고 다수의 힘으로 광장을 점거하는 젊은이들을 신뢰할 수 없다'고 그는 말했다. 20일 아침까지 그는 술이 덜 깨어 있었다."

『동아일보』 기자 출신인 경기대 교수 김재홍은 『한겨레』 12월 21일자 칼럼에서 "보수 언론은 여중생 촛불 시위에 대한 보도 태도부터 문제가 많았다. 여중생 사망 사건에 대해 초기에 우리 정부뿐 아니라 미국 정부도 사태를 안이하게 봤는데 그 이유는 그때 조중동이 기사를 조그맣게 다뤘기 때문이다"며 다음과 같이 말했다.

"미국 정부가 참고하는 한국 자료는 한국 언론 보도가 중요한 위치를 차지하는데 그 언론이 영문판 조선과 중앙이다. 그런데 이들이 이런 것을 크게 보도하지 않는 것을 보고 미국이 대수롭지 않게 생각한 것이다.

---

171) 윤창중, 「벼랑 끝에 선 한나라당」, 『문화일보』, 2002년 12월 30일.

따라서 이 문제가 꼬인 것은 상당 부분 보수 언론에 책임이 있다. 보수 언론은 바닥 정서와 너무나 괴리돼 있고 민심을 읽지 못하는 구시대 언론으로 전락했다."

세대 전쟁이었나?

오연호는 "정몽준이 버린 노무현을 네티즌들은 살려냈다. '행동하는 네티즌'의 힘은 정몽준 폭탄이 터진 이후 더 빛을 발했다. 그들은 『오마이뉴스』의 독자 의견란에서, 노하우 게시판에서, 포털 사이트 게시판에 '긴급 행동 강령'을 주고받았다. 그리고 실천했다. 그 결과, 초박빙의 싸움 끝에 '배신자 정몽준'에게 철퇴를 가했다. 조갑제의 애절한 훈수와 『조선일보』 사설의 선동으로 대변되는 기존 언론 권력을 물리쳤다"며 다음과 같이 선언했다.

"2002년 12월 19일, 대한민국의 언론 권력이 교체됐다. 조중동이 길게는 80여 년간 누려왔던 언론 권력이 드디어 교체된 것이다. 언론 권력은 종이 신문 직업 기자의 손에서 네티즌, 인터넷 시민기자에게 이양됐다. 네티즌은 본성적으로 인터넷 시민기자들이다. 『오마이뉴스』의 모토처럼 '새 소식을 가지고 있고, 그것을 남에게 전파하는 모든 시민, 네티즌은 기자다'. 이번 대선은 네티즌, 인터넷 시민기자가 이뤄낸 혁명이다." [172]

그러나 12월 21일 밤 KBS 〈심야토론〉에 출연한 이화여대 교수 김수진은 노사모의 '대승적인 결단'을 주문하면서 사실상 해체 필요성을 시

---

172) 오연호, 「[긴급진단] 2002 대선의 의미-한국 사회 새로운 주류의 탄생」, 『오마이뉴스』, 2002년 12월 19일.

사했다. 연세대 교수 김호기는 『동아일보』 12월 23일자에 기고한 「세대 긴장 풀어야 한다」라는 글에서 "영호남 지역주의를 잠시 접어둔다면 이번 대선을 '세대 전쟁' 또는 '세대 혁명'이라 부르는 것도 무리는 아닐 것이다"라고 말했다. 연세대 교수 정갑영은 「5060의 불안과 기대」라고 하는 칼럼에서 다음과 같이 말한다.

"5060 세대가 받은 충격이 의외로 상당히 컸던 것 같다. 세대 교체 속에 20년을 잃어버렸고, 인터넷 문화에서도 소외됐으니 머지않아 폐기 처분될 신세라고 푸념한다. 속절없이 지나가는 세월의 허망함 속에 자신들의 아성이던 정치적 선택권마저 잃게 됐으니 당연한 푸념일지도 모른다. 그래서 세금도 내지 않는 2030에 밀려 사회주의가 스며든다고 흥분하는 5060이 적지 않다."[173]

서울대 교수 장달중은 「대립적 긴장 시대를 넘어」라는 제목의 칼럼에서 다음과 같이 말한다. "대선 후 시중의 화제 중 단연 으뜸은 투표를 둘러싸고 부모와 자식 간에 일어난 갈등이었다. 가족 내부에서도 커뮤니케이션이 어려운 문화적 충돌이 일어나고 있는 것이다. 이러한 2030의 오리엔테이션을 386에 접목시키는 작업은 물론 노 당선자의 몫이다. 만일 2030의 오리엔테이션이 힘을 받는다면, 5060의 견제와 길항의 역할은 아예 불가능할지도 모른다. 이렇게 될 경우 5060은 냉소와 허무주의로 대응하거나 아니면 반대의 조직화로 이어질지도 모른다. 5060은 국민 정서의 절반을 반영하고 있을지도 모르기 때문에 잘못하면 배타적 대립 관계가 앞으로 5년간 계속될 위험이 있다."[174]

---

173) 정갑영, 「5060의 불안과 기대」, 『중앙일보』, 2002년 12월 30일.
174) 장달중, 「대립적 긴장 시대를 넘어」, 『중앙일보』, 2003년 1월 1일.

『중앙일보』 주필 권영빈은 「상심한 아버지들에게」라는 칼럼에서 다음과 같이 말했다. "선거가 끝난 지 보름이 지났고 해가 바뀌었건만 아직도 TV를 보지 않는 사람, 이럴 수가! 한탄하며 술만 마시는 아버지 세대의 근심은 줄지 않고 있다. (중략) 유권자 45%의 중심 세력이 정권 비토 세력이 돼선 나라 꼴이 안 된다. 잘못되면 비판하고 건전한 대안을 내놓는 데 보다 적극적이고 보다 긍정적이어야 한다. 상심한 아버지들이여! 이제 자리를 박차고 일어나 건강한 정신, 강한 실천력으로 새 해 새 일을 꾸며보자." [175]

다 나름대로 타당한 주장이었지만, 세대 전쟁은 과장된 면이 있었다. MBC-코리아리서치의 조사에 따르면, 20대의 투표율은 47.5%, 30대의 투표율은 68.9%에 지나지 않은데다, 20대와 30대의 34%가 이회창에게 표를 던졌으며, 50대의 40%, 60대의 34%가 노무현에게 표를 던졌기 때문이다.

노무현에게 표를 던진 유권자들이 20대와 30대에 더 많고 이회창에게 표를 던진 유권자들이 50대와 60대에 더 많은 이유도 그들의 매체 이용 행태의 차이와 관련이 있는 것이었다. 당시 20대의 인터넷 이용률은 86%인 반면, 50대 이상의 인터넷 이용률은 9%에 지나지 않았다. 대선에 관한 정보를 얻는 데 2030이 주로 의존하는 인터넷과 5060이 주로 의존하는 이른바 조중동 사이에 큰 시각 차이가 있었다는 것이다. 바로 이런 매체 의존의 차이가 노무현 집권 후 진짜 '세대 전쟁'을 불러일으키는 이유가 된다.

---

175) 권영빈, 「상심한 아버지들에게」, 『중앙일보』, 2003년 1월 3일.

제4장

2003년: 민주당 분당, 열린우리당 창당

평화와 번영과 도약의 시대로
노무현의 제16대 대통령 취임

노-민 연대 논쟁

노무현 정권의 출범을 앞두고 보수 세력은 감성적 집단주의와 정권-시민운동의 연대 가능성에 주목하면서 경계의 목소리를 내기 시작했다. 한림대 교수 전상인은 『동아일보』 1월 3일자에 기고한 「보수, 위축돼선 안 된다」는 칼럼에서 다음과 같이 주장했다. "모두가 '붉은 셔츠'를 입고, 모두가 '노란 풍선'을 들며, 또한 모두가 '촛불시위'에 참가하는 것 자체는 필요에 따라 있을 수 있는 일이라 치자. 문제는 그러한 감성적 집단주의가 최근 일상화되고 내면화되고 있다는 점이다. 그것은 차이와 다양성에 대한 관용을 질식시키고 개인을 개체적 시민이 아닌 익명적 군중으로 전락시킬 수 있다는 점에서 민주화 이후 한국 정치의 미래를 오도(誤導)할 개연성을 포함한다."

『동아일보』(2003년 1월 7일)는 「시민단체 정치 세력화 우려된다」는 제목의 사설을 통해 "시민단체는 권력이나 당파성으로부터 독립되어 견제와 감시, 대안 제시를 할 때만이 제 역할을 할 수 있는 것이다. 김대중 정부하에서 일부 시민단체가 보였던 친권력적, 친당파적 행태가 시민단체의 정체성을 훼손하고 국민을 실망시켰던 점을 잊지 말아야 한다"며 다음과 같이 주장했다.

"노 당선자 측도 시민단체를 '정치적 동반자'로 끌어들이려 해서는 안 된다. 시민단체가 권력의 건강한 비판자, 감시자로 기능할 수 있도록 그 순수성을 보장해야 한다. 그러자면 이제부터라도 정부와 시민단체 간의 적절한 긴장 관계를 설정해야 한다. 그것이 새 정부도 살고 시민단체도 사는 길이다. 정치 세력화된 시민단체는 이미 시민단체가 아니다. 우리의 우려가 기우에 그치기를 바란다."

『조선일보』(2003년 1월 8일)는 「시민운동 본연의 자세 지켜야」라는 사설을 통해 "시민단체가 섣불리 정치 세력화하다보면 시민단체의 본령인 감시와 비판, 견제와 대안 제시 등 본연의 존재 이유는 퇴색될 수밖에 없다. 시민운동이 활성화되려면 내실을 다져 시민단체 본래의 자세를 확립해야 한다. 시민단체들은 '정치 예비 사단'이 아니라는 점을 명심해 진로를 심사숙고해야 할 것이다"고 주장했다.

중도적 입장에서 나온 우려의 목소리도 있었다. 고려대 사회학과 교수 조대엽은 『동아일보』 1월 8일자에 기고한 「시민단체 '권력의 길' 가나」라는 칼럼에서 노무현 정부와 시민단체의 협조 관계를 '노-민 연대'라 불렀다. 그는 "무엇보다도 '노-민 연대'는 새로운 정부의 핵심적 과제라고 할 수 있는 국민 통합에 장애가 될 수 있다. 곧 출범할 노무현 정부는 여전히 뚜렷한 지역 균열에 기반하고 있으며, 이른바 2030세대의 약진을 통해 세대 기반을 새롭게 갖게 되었고, 또한 분단 체제하에서 과도하게 지탱되고 있는 이념적 균열이 집권의 또 다른 기반이 되고 있다. 따라서 지역, 세대, 이념의 골을 메우는 국민 통합의 과제가 다른 어떤 정부보다 중요하게 부각되었던 것이다. 더구나 우리 사회에서 시민단체는 청년 세대와 진보 이념이 중첩된 지점에 서 있다. 특히 최근 비정부기구(NGO)를 주도하는 단체들은 민주화운동의 연속선상에 위치하고 있어 동질성이 비교적 높은 편이다. 만일 노-민 연대를 그 반대편에서 보게 된다면 '균열의 정치'로 보기 쉬울 것이다"라며 다음과 같이 말했다.

"노-민 연대는 시민단체의 전망과 관련해서 또 다른 우려를 낳는다. 그간 우리 시민단체들은 정치 개혁을 압박하면서 엄청난 영향력을 보여 왔다. 그 과정에서 주요 시민단체들이 크게 성장하기도 했다. 그러나 주요 시민단체들이 추구하는 영향력 중심의 활동은 겉모습만을 키워 실제 회원 수를 늘리거나 풀뿌리 기반을 다지는 내실화에는 성공하지 못했던 것이 사실이다. 풀뿌리 시민들의 실질적 기반을 개척하는 '시민을 향한 활동'이 현실적 요청이고, 이 점에서 시민단체들의 활동은 어쩌면 '이제부터'라는 기대를 갖게 했다. 그러나 '노-민 연대를 통한 시민단체의 권력으로의 이동은 이러한 기대를 흔들리게 하고 있다. 특히 시민단체에서 중요한 역할을 하던 학계 인사들의 대거 이동은 시민단체의 공백과 권력 편향성을 우려케 한다."

『국민일보』 수석 논설위원 이진곤은 1월 8일자에 쓴 칼럼 「시민의 힘 시민의 역할」에서 "시민운동은 압력과 유도의 영역에 머무르는 것이 좋다. 그 선을 넘어 국가 권력 작용에 직접 뛰어들면 조직이나 운동의 순수성은 훼손되기 십상이다. 선(善), 도덕성, 애국심 등의 독점 위험성 또한 배제하기 어렵다. 사공이 넘쳐나 배가 산으로 가고 말 위험성도 있다"라며 다음과 같이 말했다.

"소수 정당 출신의 대통령으로서는 거대 야당을 견제할 수단으로 인식할 수도 있지만 새로운 권력기관들을 양산함으로써 지게 될 부담도 덜하지는 않을 것이다. 그러기보다는 의회와 정당들이 건전성·건강성을 회복하도록 대화·설득·노력을 기울이는 게 더 효과적이다. 시민단체들이 정치 과정의 주체 중 하나로 직접 참여한다고 할 때 순수한 완충대, 공익을 위한 압력단체, 선의의 조언자가 없어지고 만다는 점도 유념할 필요가 있다. 시민운동의 과두화 가능성 역시 감안되지 않으면 안 된다. 더 걱정스러운 점은 기존의 국가 관리 구조를 불신하는 차기 대통령의 의식이다. 이는 자신의 도덕적 우월성을 자극해 독선, 독단, 독주로 치닫게 할 요인이 될 수 있다. 자신과 시민단체의 봉사·희생정신을 아름답게 지켜가기 위해서라도 역할을 분명히 나눠 갖는 것이 중요하다."

그러나 진짜 문제는 감성적 집단주의나 정권–시민운동의 연대 가능성이 아니라 날로 피폐해지는 서민의 삶이었다. 1월 9일 새벽 6시 30분경 두산중공업 노동자 배달호가 분신자살했다. 노조 활동에 대한 보복으로 회사 측이 '손해배상 청구 소송 및 재산 가압류'를 단행하자 이로 인한 고통과 저항의 표현이었는데, 10월 들어 이른바 '분신 정국'이라고 해도 좋을 정도로 분신자살을 하는 노동자들이 속출한다. 민생을 외면한 정치의 과잉, 그 어두운 그림자가 노무현의 반대자와 지지자 모두를 덮치고 있는 것처럼 보였다.

"노무현 정권이 『조선일보』를 이길 수 있나요?"

2003년 1월 10일 북한이 핵확산금지조약(NPT: Nuclear Nonproliferation Treaty) 탈퇴를 선언했지만, 남한 내부의 관심은 여전히 이제 곧 출범할 노무현 정권에만 쏠려 있었다.

『조선일보』의 이사 기자 김대중은 1월 11일자에 쓴 「'점령군'의 진주(進駐)?」라는 칼럼에서 "어느 지역은 TV는 물론 신문도 안 보는 상황이 벌어지고 있다"고 했다. 그는 또 "'늙은 세대'는 일이 손에 잡히지 않고 마치 패잔병처럼 밀려나는 수모와 패배감에 어쩔 줄 몰라 하고 '젊은 세대'는 인터넷 파워를 자랑하며 윗 세대를 '변화를 모르는 수구', '현실과 타협해온 무사안일' 계층으로 몰아간다"고 주장했다.

이에 『경향신문』 기자 이재국은 1월 13일자에 쓴 '김대중 이사 기자에게'라는 제목의 [기자 메모]에서 다음과 같이 주장했다. "무엇보다 후배 언론인들이 지적했던 '사실 왜곡과 여론 호도'를 또다시 글쓰기의 기조로 삼는 일이 없기를 바란다. 굳이 과거의 사례로 거슬러 올라갈 것 없이 '편집인 명의'로 마지막으로 쓴 지난 11일자 '김대중 칼럼' 같은 기사를 '기자 명의'로는 쓰지 않았으면 한다. 아무리 '노무현 차기 정권'에 대한 거부감이 크다 하더라도 사회 현상을 왜곡해가며 국민 통합에 어깃장을 놓는 그 같은 곡필을 되풀이해서는 안 된다."

김대중은 『조선일보』 2월 6일자에 쓴 「기자 수첩: 워싱턴으로 떠나며……」라는 칼럼에서 "근자에 촛불시위와 반미 움직임, 그리고 주한 미군 철수를 둘러싼 미국 내 분위기에 관해 글을 썼을 때 어느 사이버 논자가 나를 가리켜 '미국의 앞잡이', '미국 대변인' 운운하며 비판했다. 새삼 30여 년 전 당국의 '입맛'을 거역해 '비애국자', '미국 앞잡이'란

소리를 들은 것이 기억이 났다. 그러면서 새삼 기자란 무엇인가를 생각했다"고 말했다.

동아대 사회학과 교수 박형준은 "한국에서 가장 영향력이 큰 언론인으로 조사된 『조선일보』의 김대중 칼럼의 대부분은 '대통령에 대한 발언'이다. 『조선일보』뿐만이 아니라 모든 언론이 대통령에 대한 영향력을 언론의 파워와 직결시키는 태도를 지니고 있음은 사설과 칼럼들을 조사해보면 어렵지 않게 확인할 수 있다. 이런 과정은 일종의 악순환을 만들어낸다"며 다음과 같이 말했다.

"'자원 독점적 권력관—제왕적 대통령—대통령을 정치 중심으로 부각하는 미디어의 영향—대통령 과잉 의존의 사회 분위기—대통령에 영향을 미치는 공식 · 비공식 연줄망(network)의 자원 독점—대통령을 정점으로 하는 극한적 정쟁' 이런 악순환 구도가 형성되는 것이다. 노무현 후보가 당선된 이후에도 언론의 보도는 지나칠 만큼 노무현 당선자 개인의 동정과 발언, 그리고 인수위에 대한 보도에 많은 부분을 할애한 것도 바로 이런 구도 때문이다. 이러한 과도한 권력 정치가 지배하는 조건 하에서 비전과 정책에 대한 논의는 부차화될 수밖에 없다. '정치 공방의 과잉'과 '비전 · 정책 담론의 과소'는 민주화 이후 한국 정치의 특징으로 나타난다."[1]

2월 14~16일 시범 육로 관광의 물꼬가 트이면서 본격적인 금강산 관광의 길이 열렸지만, 보수층의 시선을 싸늘하기만 했다. 연세대 교수 송복은 『월간조선』 2003년 3월호 인터뷰에서 "노무현 당선자가 삼성을 이

---

1) 박형준, 「한국의 정치 문화, 변화의 징후 읽기」, 『당대비평』, 제21호(2003년 봄), 137~138쪽.

금강산 호텔 사진. 육로 관광의 물꼬가 트이면서 본격적인 금강산 관광의 길이 열렸지만 보수의 시선
은 싸늘했다.

길 수 있나요? 노무현 정권이 『조선일보』를 이길 수 있나요? 이길 수가
없어요. …… 펀더멘털이 되어 있고, 예산의 15% 이상을 좌지우지 못하
고, 노무현이 등장해도 파워 시프트 안 일어납니다. 국가가 잘못 가도록
보수 우파가 놔두지 않을 겁니다. 보수 우파는 약한 것 같아도 굉장히 셉
니다"라고 말했다.

　소설가 오정인은 『조선일보』 2월 25일자에 쓴 「잔치는 끝났다」라는
칼럼에서 노무현 측을 겨냥해 "자신들에게는 지나치게 관대하고 그 외
에는 잔인하게 대할 적(敵)으로 몰아가는 단순 분리법은 유치한 아이들
의 전쟁 놀이 논리다"라고 말했다. 백 번 옳은 말씀이지만, 오정인이 지
난 대선 결과와 관련하여 "나머지 1300만 명의 절대적 박탈감"이라는
표현을 쓴 것이야말로 전형적인 단순 분리법은 아니었을까?

"정의가 패배하고 기회주의가 득세한 역사"

2003년 2월 25일 노무현이 제16대 대통령에 취임했다. 그는 '평화와 번 영과 도약의 시대로' 란 제목의 취임사를 통해 "새 정부는 개혁과 통합 을 바탕으로 국민과 함께하는 민주주의, 더불어 사는 균형 발전 사회, 평 화와 번영의 동북아 시대를 열어나갈 것" 이라고 선언했다. 그는 이 같은 내용의 3대 국정 목표와 함께 "원칙과 신뢰, 공정과 투명, 대화와 타협, 분권과 자율을 새 정부 국정 운영의 좌표로 삼고자 한다" 며 4대 국정 원 리도 제시했다. 또 그는 "우리는 오랜 세월 동안 변방의 역사를 살아왔 지만 이제 새로운 전기를 맞았고 21세기 동북아 시대의 중심 국가로 웅 비할 기회가 찾아왔다" 면서 '동북아 번영 공동체, 평화 공동체' 건설 구 상을 밝혔다.[2]

2월 28일에 보도된 『문화일보』 · TNS 정기 여론조사 결과에 따르면, 일반 국민들의 92.2%가 노무현 대통령의 향후 5년간의 국정 운영과 '참 여정부' 에 기대를 가지고 있는 것으로 나타났다. 노무현의 국정 운영 전 망에 대해 '매우 잘할 것' 이 26.6%, '비교적 잘할 것' 이 65.6%로 전체의 92.2%가 '잘할 것' 이라고 답했다.[3]

노무현은 대통령 취임사에서 대한민국 역사를 "정의가 패배하고 기 회주의가 득세한 역사" 라고 주장했는데, 이런 이분법적 시각은 그의 대 통령 업무 수행에 큰 지장을 초래하게 된다. "출세한 사람치고 기회주의 자 아닌 자 없다"[4]는 속설은 한국은 역사적 굴곡이 심한 데다 사회 변화

---

2) 고태성, 「"동북아 시대 열어가겠다"/盧 대통령 취임 …… "번영 · 평화 공동체" 구상 밝혀」, 『한국일보』, 2003년 2월 26일, 1면.
3) 허민, 「문화일보 · TNS 정기여론조사/盧 대통령 정책 지지도 "재벌 개혁 공감" 85.3%」, 『문화일보』, 2003년 2월 28일, 8면.

2003년 2월 25일 노무현이 제16대 대통령에 취임했다. 일반 국민들은 노무현 대통령과 참여정부에 큰 기대를 가지고 있었다.

속도가 워낙 빨라 기회주의자 아닌 사람이 매우 드문 사회라는 걸 말해주는 게 아니었을까? 일부 김대중 정권 사람들이 노 정권을 그런 관점에서 보기도 했다는 건 무엇을 말해주는 것이었을까?

박찬수 『한겨레』 논설위원에 따르면, "2002년 12월 대선에서 노무현 민주당 후보가 승리하자 청와대는 '정권 재창출'에 환호했다. 정권이 바뀌지 않으니 청와대 직원의 상당수는 자리를 보장받을 수 있으리라 기대했다. 현실은 냉정했다. 40여 명의 청와대 비서관 가운데 노무현 정부에서도 살아남은 이는 딱 두 사람, 권재철 노동 비서관과 김형욱 시민사회 비서관뿐이었다. 3급 이하 행정관 중에서 그대로 청와대에 남은 이들 역시 손가락에 꼽을 정도였다. 당시 정권 이양 과정을 지켜본 한 인사는 '인사에 관한 한, 노무현 정부는 청와대를 거의 완벽하게 물갈이했다. 이건 김대중 정부 사람들에게는 충격이었다. 상당수 인사들이 새 자리도 잡지 못한 채 청와대를 나가야 했다. 두 정권의 냉랭한 관계는 그때부터 시작된 거나 마찬가지다'라고 말했다."[5]

그게 바로 '승자 독식'을 추구하는 권력의 속성이었다. 권력의 속성은 보수와 진보를 막론하고 작동하는 철칙과도 같은 것이지만, 그마저 개혁과 진보를 위한 것으로 보기 시작하면 판단이 흐려진다. 이제 곧 노무현 정권하에서 일어날 일들이었다.

---

4) 백영철, 「기회주의」, 『세계일보』, 2004년 5월 26일, 22면.
5) 박찬수, 「DJ·노무현의 한랭전선은 언제 시작됐을까」, 『한겨레21』, 2009년 1월 16일.

대통령직 못해먹겠다
노무현과 월드컵 신드롬의 퇴조

대북 송금 특검법 논란

김대중 정권하에서 일어난 대북 송금 사건을 두고 야당이 전력을 집중한 가운데 그 진상 규명을 위한 특검법에 세간의 이목이 집중되었다. 2003년 3월 14일 노무현 대통령은 임시 국무회의를 열어 대북 송금 특검법에 대한 거부권을 행사하지 않고 원안대로 공포했다.

노 대통령은 특검법 공포 직후 기자회견을 갖고 "여야가 합의를 도출하지는 못했지만, 특검을 하되 제한적으로 하자는 데 의견이 일치하고 있기 때문에 특검 법안을 공포키로 결정했다"고 밝혔다. 노 대통령은 "한나라당은 특검법에 관한 약속을 지킬 것으로 본다"면서 "이번 결정은 여야 간 신뢰를 성숙시키는 계기가 될 것"이라고 말했다. 노 대통령은 "정치권을 믿고 법안 공포에 서명한 만큼 조사는 하되 국익에 손상이 없도록 범위를 적절히 제한해 조사하길 바란다"고 한나라당의 '선(先) 공포, 후(後) 수정' 약속에 기대를 표시했다. 한나라당 박종희 대변인은 특검법 공포에 대해 "노 대통령의 결단을 진심으로 환영하고 높이 평가한다"면서 "이제 여야 정치권은 대북 뒷거래 진상 규명은 특검에게 맡기고 신뢰를 바탕으로 민생과 경제 문제 등 국정 현안 해결에 머리를 맞대야 한다"고 말했다.[6]

반면 민주당은 노무현 대통령의 대북 송금 특검법 공포에 대해 겉으론 "고심 끝에 내린 결정으로 존중한다"고 했으나 "오늘은 우울한 날, 우리가 판정패한 셈"이라면서 강한 아쉬움을 드러냈다. 이 같은 공식적인 논평과 달리 내부적으로는 의견이 엇갈렸다. 신주류 측이 조순형 의원은 "대통령이 어려운 결단을 내렸다. 현명한 결단이다. 대통령 판단이 옳다고 본다"고 밝혔다. 반면 같은 신주류인 추미애 의원은 "대통령이 거부권을 행사할 것으로 봤는데 정말 의외"라며 "북핵·경제 문제가 자꾸 어렵게 꼬여가고 있는데 문제를 더 심화시켜갈 것으로 보이기 때문"이라고 비판적 반응이었다. 한 일반 당직자도 사후에 수정해줄 수 있다는 한나라당 주장을 인용하며 "상대를 믿어야 한다"는 노 대통령 지적에 대해 "한나라당 생리를 모르고 하는 소리"라며 불쾌감을 드러냈다.[7]

3월 17일 민주당 정대철 대표는 당무회의에서 "당내 대부분이 요청한 특검법 거부권 행사를 청와대가 받아들이지 않아 유감"이라며 "청와대는 민주당의 의사를 경청하고 존중하는 자세를 가져야 한다"고 청와대를 정면 비판했다. 구주류 측과 김성호 의원 등 일부 소장파 의원들도 지도부 인책 사퇴를 주장하며 청와대를 집중 성토했다. 이들과 달리 신주

6) 박래용 외, 「北 송금 특검법 공포-盧 대통령, 거부권 행사 않고 원안대로 수용」, 『경향신문』, 2003년 3월 15일, 1면.
7) 박현갑·박정경, 「北 송금 특검법 공포/정치권 반응-한나라 "환영" 민주 "판정패 당했다"」, 『대한매일』, 2003년 3월 15일, 4면.

류 중에서도 신기남 · 이미경 의원은 "대통령이 취임 후 첫 조치로 거부권을 행사하면 정치적 부담이 된다"며 특검법 공포를 옹호했다.[8]

청와대와 민주당 게시판에는 특검 수용에 대한 비판글이 쏟아지고, 그것을 반박하는 댓글도 꼬리를 물었다. 논란이 가열된 까닭은 일부 네티즌들이 "햇볕정책 계승을 내걸고 당선한 노 대통령이 자신의 소신과 원칙을 파괴하고 한나라당과 그 지지 세력에 손을 내민 것은 배신행위"라는 공격을 퍼부었기 때문이다. 노 대통령이 김대중 전 대통령의 세력을 정치권에서 내몰고, 그의 영향력에서 자유로워지고자 특검을 수용했다는 시각이 제기되면서 토론은 김대중 지지자와 노무현 지지자의 대결양상을 띠었다. 일부는 호남 대 영남의 대결로도 이어졌다.

김대중과 햇볕정책을 성원해온 노무현 지지자들은 특검 수용을 "친구를 버리고 수구 세력과 결탁한 것이며, 정치적 흥정을 위해 민족을 버리는 일"이라고 비판했고, 노사모 게시판엔 지지 철회 선언이 이어졌다. "DJ를 희생양으로 삼는 굿판을 벌여 영남의 한을 달래려는 것인가. 민주당 대신 개혁당과 노사모, 영남의 지지 세력 등을 통해 새 판을 짜겠다는 것 아닌가. 남의 집 토끼를 탐내다 제집 토끼를 잃어버려서는 안 된다." (한사람/『오마이뉴스』), "특검 수용은 노무현이 정치를 위해 원칙과 정도를 버린 정치 행위다. 이라크 파병과 재벌 수사 유보 등에서 보인 태도가 특검 수용에서도 드러났다. 영남에서 노의 지지율을 높였을지 모르지만, 그 바깥의 지지자들에게 안긴 실망과 좌절은 도를 넘어섰다." (무명/『오마이뉴스』)

---

8) 박정철, 「與 구주류 지도부 집중 성토/당무회의 "특검" 충돌」, 『한국일보』, 2003년 3월 18일, 5면.

특검 수용을 민주주의 원칙에 충실한 것으로서, "역시 노무현답다"라고 평가한 네티즌의 견해와, 소신과 원칙을 포기하고 다수의 힘에 굴복한 것이라고 보는 의견이 충돌했다. "김대중은 호남 정권이라는 한계 때문에 한나라당과 수구 언론의 눈치를 보며 힘들게 5년을 보냈지만, 노무현은 호남의 원죄가 없기 때문에 당당할 줄 알았는데 실망이다. 민족의 운명을 화해로 개척한 업적마저 깎아내리는 여론 몰이와 다수를 앞세운 수구 세력에 무릎 꿇고 특검을 받아야 하는가."(바램이/『인터넷한겨레』), "햇볕정책을 흔들려는 정치 공세인 특검법을 왜 수용해야 하는가. 특검이 겁나는 게 아니라, 그 정도의 정치 공세를 막아낼 배짱도 없는 게 우려스럽다. 영남 민심에 구애하는 일련의 행태는 노무현의 정체성을 의심하게 만든다."(cho/『인터넷한겨레』)

특검의 명분인 절차적 투명성과 합법성에 대한 요구 못지않게 남북 관계의 특수성을 거론하며 통치 행위와 국가 기밀 차원에서 바라보는 우려도 적지 않았다. "현행법으로만 남북 관계를 해나가라는 것은 관계 진전이나 통일을 하지 말라는 것이다. 알 권리, 투명한 정치도 좋지만 사안에 따라 다르다. 국가 기밀이 없는 나라가 어디 있는가."(개털/『인터넷한겨레』), "특검법은 남북 관계 후퇴를 가져올 것이다. 장관급 회담, 이산가족 상봉, 금강산 관광 등이 휴지 조각이 될지 모른다. 긴장이 높아지면 한국 경제의 신뢰도 결정적 타격을 입는다."(이병재/청와대), "강을 건넜으면 뗏목을 버려야 하는데, 고맙다고 뗏목을 머리에 이고 가자는 사람들이 많다. 거부권을 행사해 집권 초기 몇 달을 야당과 정쟁하며 허송세월하자는 말인가."(정명주/『인터넷한겨레』), "단지 김대중 개인을 배신해서가 아니라 햇볕정책이라는 남북 관계의 기본틀을 자신의 정략적 목적을 위해 악용한다고 생각해 배신감을 느끼는 것이다. 노무현은 햇볕정책을 계승·발전시키겠다고 공약했지만, 특검 수용은 자신의 공약을 파괴하는 것이다."(추카추카/『인터넷한겨레』)[9]

기자실 개방과 브리핑 제도 논란

대북 송금 특검법이 공포된 날 문화관광부 장관 이창동이 내놓은 홍보 업무 운영 방안도 큰 논란을 불러일으켰다. 이 홍보 업무 운영 방안은 기자실 개방과 브리핑 제도의 도입에 따라 문광부 청사 내 취재 제한을 한다는 게 주요 내용이었다. 다음과 같은 기사들이 시사하듯이, 보수 신문들은 이에 격렬한 비난을 퍼부었다.

「"군사정권보다 더한 언론 길들이기 의도"」(『중앙일보』 3월 15일자),
「"정권에 유리한 기사만 보도 …… 국민 알권리 침해"」(『조선일보』 3월 17일자),「이창동 감독 '언론과 전쟁'」(『조선일보』 3월 17일자),「"5공 땐 보도 제한하더니 노 정권은 취재 제한하나"」(『조선일보』 3월 18일자),「"공무원 취재 제한 옛 동독서나 가능"」(『중앙일보』 3월 18일자),「언론의 손발을 묶나」(『조선일보』 3월 29일자),「5공 시절 국방부 취재 봉쇄 닮아가나」(『조선일보』 3월 29일자)

고려대 영문학과 교수 서지문은 『조선일보』 3월 18일자에 쓴 「'오아시스'의 분노」라는 칼럼에서 이창동의 영화 〈오아시스〉에 대해 "배우들의 연기와 이창동 감독의 연출은 매우 훌륭했다. 그런데 그 영화가 그

---

9) 구본권,「온라인 민심 기행/대북송금 특검 수용 공방」,『한겨레』, 2003년 3월 18일, 36면.

"공무원취재 제한 옛 東獨서나 가능"

정부 부처 취재 외국에선

취재원 실명제 NYT·AP 등 익명 인용보도 잦아
취재공간 제한 사전연락땐 백악관 사무실도 방문

미국을 비롯한 선진국에서는 공무원의 기자 접촉을 제한하거나 상부 보고를 의무화하는 법적, 제도적 장치가 없다. 조지 W 부시 미국 대통령이 지난 6일 백악관에서 이러한 문제를 설명하던 도중 출입기자의 질문을 듣고 있다. (워싱턴 로이터=뉴시스)

문화관광부 장관 이창동이 내놓은 홍보 업무 운영 방안에 보수 신문들은 격렬한 비난을 퍼부었다.(「중앙일보」, 2003년 3월 18일)

냥 소외된 사람들, 반사회적으로 보이는 사람들에 대한 따뜻한 이해와 포용을 촉구하는 것을 넘어, 소위 '정상인'에 대한 불신과 적의를 부추기고 있다고 느껴졌다"며 다음과 같이 말했다.

"우리 사회 각 분야에서 개혁의 필요성을 부인하는 국민은 없으리라고 본다. 그러나 개혁이 너무 성급하고, 그 방법이 강압적이고, 개혁이 이루어내려고 하는 사회의 비전이 선명히 제시되지 않기 때문에 저항과 두려움을 야기하고 있는 것이다. 새 정부의 대통령과 신임 장관들의 발언을 보면 개혁의 목표가 개혁 그 자체—또는 기존 질서의 전복—라는 느낌을 받을 때가 많다."

상명대 교수이자 영화평론가인 조희문은 『동아일보』 3월 19일자에 쓴 「자유를 말하던 이창동 감독이⋯⋯」라는 칼럼에서 이창동의 홍보 업무 운영 방안이 '조폭적 행동' 이라고 비난했다.

『미디어오늘』 기자 이영환은 3월 20일자에 쓴 글에서 "옳고 그름을 따져보기 위해 문화관광부의 이번 운영 방안을 다시 한 번 읽어봤다. 어떤 내용이 문제일까. 답을 찾아가다가 엉뚱하게도 '역지사지' 라는 한자 성어에서 생각이 멈춰버리고 말았다. '아, 그래. 우리도 언론 통제를 당하고 있지.' 본지의 특성상 『동아』, 『조선』, 『중앙일보』는 중요한 출입처다. 본지 기자들은 이들 신문사를 취재하고, 또 기자들의 의견을 들어 좁게는 언론계에, 넓게는 본지를 읽는 국민들에게 언론의 현실을 알려주는 일을 하고 있다" 며 다음과 같이 말했다.

"하지만 3개 신문사를 상대하는 본지 기자들은 출입 자체에 꽤 애를 먹고 있다. 자유로운 출입이 허용되지 않기 때문이다. 언론사 가운데 보안 의식이 철저하기로 소문난 『조선일보』는 편집국에 들어가기가 불가능에 가깝다. 본사 사옥 1층 로비에서부터 외부인의 출입이 철저히 '걸러지고' 있다. ⋯⋯ 모두가 보안상의 이유라고 하지만 그 속에는 속된 말로 '척 보면 아는' 모순이 숨겨져 있다. 문화관광부의 운영 방안을 가장 강도 높게 비판하고 있는 3개 신문사는 지금도 국민들을 상대로 자신들의 '겉 다르고 속 다른' 모습을 고스란히 노출하고 있다."

『중앙일보』 3월 29일자 사설은 "우리는 기자실 개방과 브리핑 제도의 도입에 반대하지 않는다. 정부가 브리핑을 1주에 한 번 하든 두 번 하든 자체적인 판단에 따라 진행하면 그만이다. 하지만 신제도의 도입과 함께 강행하고자 하는 취재 제한 방침은 분명히 문제가 있다. 언론에 대한 불신감을 바탕에 깔고 이루어진 취재의 제한은 정권에 유리한 자료와 정보만을 일방적으로 흐르게 하는 정권 홍보의 방편이 될 가능성이 크기 때문이다"고 주장했다.

이런 싸움의 와중인 3월 28일 청와대 정무 수석 유인태가 『조선일보』 사람들(편집국장 변용식, 정치부장 홍준호, 청와대 출입기자 신정록)과 양주 폭탄주를 마셔 말썽을 빚기도 했다.

노무현의 '굴욕 외교' 논란

2003년 3월 19일 미국 대통령 조지 W. 부시는 전시 내각 회의를 주재한 자리에서 이라크 전쟁 개전을 명령하면서 "신(神)이여, 우리 군대를 축복하소서"라는 기도로 회의를 끝냈다. 카타르의 사령부에 있으면서 백악관에 설치된 화상에 모습을 드러낸 토미 프랭크스(Tommy Franks) 중부군 사령관도 "신이여, 미국을 축복하소서"라는 말로 응답했다.[10]

3월 20일 오전 6시 13분(바그다드 시각) 미국의 미사일 공습으로 드디어 이라크 전쟁이 시작되었다. 그날 CNN 방송은 한국의 노무현 대통령이 이라크에 공병대 등을 파병하기로 결정했다는 내용을 하루 종일 보도했다.[11]

4월 10일 후세인 정권의 몰락이 기정사실화되자 그간 이라크 전쟁과 거리를 두었던 프랑스와 독일은 재빨리 전쟁의 조기 종식에 환영을 표시하며 미국에 화해 제스처를 보냈다. 그러나 이에 대한 미국 측의 반응은

---

10) 주용중, 「정말 재미있는 사나이 부시의 신념과 배짱」, 『월간조선』, 2003년 6월, 186~199쪽.
11) 최우석, 「다큐멘터리/독재자 후세인의 몰락, 3주간의 기록」, 『월간조선』, 2003년 5월, 630~650쪽.

© jim gordon

노무현 대통령이 국군을 파병하기로 결정한 이라크 아르빌의 전경. 이라크 파병 결정은 그의 지지자들에게 실망을 안겼다.

냉랭했다. 5월 1일 부시는 주요 전투 종료를 선언함으로써 이라크 전쟁은 '42일 전쟁'으로 끝나는 듯 보였다. 전쟁은 그 후 새로운 국면으로 접어들지만, 당시엔 '팍스 아메리카나'의 기세가 하늘을 찌르는 듯 했다.

그런 분위기에 압도당했던 걸까? 5월 11일에서 17일까지 미국을 방문한 노무현 대통령은 5월 13일 뉴욕 피에르호텔에서 가진 미국 내 친한(親韓) 인사 모임인 '코리아 소사이어티' 초청 연설 말미에 "미국과 여러분이 한국을 도와줘야 한다"는 말을 다섯 차례나 반복해 강조하면서 "만약 53년 전 미국이 우리 한국을 도와주지 않았다면 저는 지금쯤 정치

---

12) 김정훈, 「[盧 대통령 訪美] "미국이 한국 도와줘야" 다섯 차례 반복」, 『동아일보』, 2003년 5월 13일.

범 수용소에 있을지도 모른다는 생각을 하고 있다"고 말했다.[12] 이 발언은 한국에서 '굴욕 외교' 논란을 불러일으켰다.

노무현은 미국에서 돌아오자마자 5·18을 맞아 광주를 방문했다. 그는 5월 18일 전남대 강연에서 자신의 '대미 굴욕 외교' 논란과 더불어 당시 이뤄지고 있던 정치인 및 전 김대중 정부 고위 인사 사정 등에 대해 해명했다. 노무현은 "김영삼 정부 때는 박철언 씨를 구속하면서 5년 임기 내내 대구·경북이 등을 돌렸고, 김대중 정부는 영남 사람들이 마음을 안 열었다"며 "새 정부를 시작해보니 각 정부의 초기에 나타났던 이런 지역감정 현상이 나타나고 있어 당혹해하고 있다"고 토로했다. 그러면서도 노 대통령은 "제가 취임한 지 80일 남짓 됐다. 아직 시간이 많이 남아 있다. 호락호락 그동안에 추구한 가치를 포기하지 않겠다"며 여전히 지지해줄 것을 요청했다. 이날 한총련 학생들이 전남대까지 몰려와 "굴욕 외교한 노무현 광주 방문 반대"라고 외치며 시위를 벌이자 주최 측은 질문자도 세 명으로 제한하는 등 황급히 1시간여 만에 강연을 끝냈다.[13]

5월 21일 원로 지식인 리영희는 CBS 시사 프로그램 〈시사쟈키 오늘과 내일〉과의 인터뷰에서 "방미 전후 노 대통령의 발언이나 행동을 보면 표현이 안 됐지만 미국이란 나라의 정책이나 부시 정부의 근본적 목표가 뭐라는 것인지 전혀 모르고 있었고 국가원수로서 국제 관계의 기본적 움직임에 대한 이해나 지식, 인식이 너무도 막연했던 것 같다"며 "변한 것은 없고 무식하다는 것"이라고 비판했다. 그는 또 노 대통령이 병자호란 당시 최명길, 김상헌의 예를 들어 '굴욕 외교' 비난을 반박한 것

13) 고주희·배성규, 「盧 '갈릴레오' 例들며 현실論 제기」, 『한국일보』, 2003년 5월 19일; 최우규, 「盧 "난 끊임없이 변해왔다", 전남대 특강서 '굴욕 訪美 논란' 해명」, 『경향신문』, 2003년 5월 19일, 3면.

노무현의 방미는 '굴욕 외교' 논란을 일으켰다. 특히 원로 지식인 리영희는 노무현이 국가원수로서의 자세가 부족하다고 혹평했다.

에 대해 '노 대통령의 자기변명 정신 자세는 상당히 위험하다'고 비난했다. 그는 이어 미국에서의 노 대통령의 행동을 시골 사람이 서울에 올라와 겪는 문화 충격에 비유해 "노 대통령의 방미 태도 등은 시골 사람이 옳은 인식한다고 하다가 주저앉은 것과 같다"고 혹평했다.[14]

민주당 신주류의 신당 창당 선언

"호남인이라면 '하와이', '목화밭', '더플백(따블백)', '쿠르드족' 이런 비속적인 표현의 의미와 그 속에 담겨 있는 아픔을 모르지 않는다. …… 초년병 기자 시절이던 1980년대 초 필자는 이름만 대면 알 수 있는 저명

---

14) 안준현, 「"대통령 방미 때 발언과 행동 노 변한 건 없고 무식한 탓"」, 『한국일보』, 2003년 5월 24일, A2면.

한 언론인과 공직자 등 전북 출신 명사 몇 분이 통음한 뒤 술에 취한 채 '그 옛날 검둥이 시절'이라는 노래를 울부짖듯 부르는 모습을 보고 충격을 받은 기억이 아직도 선명하다."

전 언론인 김기만이 전주에서 발행되는 『열린정책포럼』 2003년 5월호에서 한 말이다. 그야말로 격세지감이었다. 호남당인 민주당에서 이른바 호남 소외론의 효용 가치를 외치는 목소리가 나오고 있었기 때문이다.

4월 28일 민주당 신주류 22인의 신당 창당 선언이 나오고, 이로 인해 5월 민주당 내분이 일어나자, 민주당 분당에 앞장선 신기남은 "호남 소외론이 더 확산되고, 구주류가 신주류를 더 공격해야 한다. 호남 쪽이 흔들흔들해야 영남 유권자들로부터 표를 달라고 할 수 있다"고 주장했다.

5월 15일 민주당 의원 추미애는 신당 추진은 "호남의 뺨을 때려 영남 표를 얻겠다는 정의롭지 못한 일"이라고 비판했다. 그는 과거 역사의 유산 때문에 현 단계에서 이미 민주당은 주된 지지층인 호남인의 '계층적 소외'까지를 담지하고 있다며, 오히려 민주당이 개혁을 동력으로 외연을 확대해가는 것을 개혁 정당의 지름길로 보았다.

『참여사회』 기자 장흥배는 "민주당 내부에서의 신당 세몰이가 함축하는 딜레마는 일차적으로 신당 창당을 주도해온 신주류에게 상당한 책임이 있다. 구체적인 정치 개혁 청사진에 대한 합의를 중심으로 신당을 추진하기보다 수도권 호남 유권자의 표심, 호남 지역 민심의 향방, 영남 지역의 여론 등 내년 총선에 영향을 미칠 정치공학적 변수를 중심에 놓았다는 비판에서 자유롭지 못하기 때문이다"며 다음과 같이 말했다.

"사실 애초부터 신당 주도 세력이 설정한 인적인 배제와 참여의 기준이 인물 위주로 이뤄지는 것은 설득력이 약했다. …… 5월 16일 민주당 워크숍에 참여한 의원들 중 이번 설문조사에 응한 22명(김원웅 개혁당 대표 포함)의 답변을 집계한 결과, 상당수 의원들이 그동안 시민사회에서 정치 개혁 의제로 삼은 주요 개혁안에 반대하거나 유보적인 입장을 밝혔다. 심지어 신당 추진 강경파로 분류되는 인사들 중에서도 정치자금 공개 같은 중요한 개혁안에 대한 반대가 심심찮게 눈에 띄었다."[15]

유시민의 민주당 해체 작업

개혁당 의원 유시민도 민주당 해체 작업에 본격적으로 뛰어들었다. 그는 어떻게 국회의원이 되었던가? 2003년 4 · 24 경기 고양 덕양 갑 재선거에서 민주당은 자체 후보를 선출했으나, 당시 사무총장 이상수 등 '친노' 계 신주류는 다른 당 소속인 유시민으로 후보 단일화를 밀어붙였다. 정동영은 유시민의 선대위원장을 맡아 덕양 갑 선거구에서 살다시피 하면서 전력 지원을 했지만, 유시민은 당선 후 "민주당은 망할 정당"이란 주장을 대놓고 하고 다닌다. 당시 유시민 캠프의 한 조직책(현 민주당 당직자)은 " '망할 정당' 이라던 민주당의 금전적, 물적, 인적 지원을 전혀 부끄러워하지 않고 민주당 관계자들을 찾아다니며 호소하기도 하는 유 내정자의 모습을 보면서 도덕적 이중성과 배신감을 느꼈다"고 했다.[16]

『한겨레21』(2003년 5월 15일)에 따르면, "유 의원은 대선 이후에도 민주당을 자극했다. 그는 '개혁당의 목표는 2004년 총선 때 전국 모든 선거

---

15) 장홍배, 「"새 부대엔 새 술을 담아라"」, 『참여사회』, 2003년 6월, 26~27쪽.
16) 조수진, 「DJ–민주당–정동영과 '인연' 이 '악연' 으로」, 『동아일보』, 2006년 2월 3일, A8면.

구에서 후보를 내는 것이
다. 적어도 서울을 포함한
수도권에서 개혁당 후보들
이 일정한 득표를 한다면
구태의연한 민주당 후보들
에게 위협이 될 것이다' 라
고 했다. 개혁당 후보들은

열린우리당 로고. 열린우리당 창당은 사실상 노무현이 진두지
휘하는 정권 차원의 과업이었다.

당선은 안 되더라도 최소한 민주당 의원은 떨어뜨릴 수 있다는 '협박'
이다. 유 의원은 '협박' 이었음을 인정했다. 그리고 이를 '치킨 게임' 에
비유했다. 마주 보고 달리는 기관차처럼 두 사람이 서로를 향해 돌진해
오다 먼저 피하는 사람이 지는 경기 말이다." [17]

5월 15일 유시민은 김근태에게 민주당 분당에 동참할 걸 요구하는 도
발적인 공개편지를 보냈다. 유시민은 그 편지에서 김근태와 결별할 수
도 있다고 위협했다. "김 의원님은 '수평적 정권 교체와 정권 재창출을
이룬 대중을 분열시킬 위험' 만을 강조하십니다. 쉽게 말해서 선거 때마
다 민주당 후보를 지지한 유권자들을 그대로 안고 가야 한다는 것입니
다. 저는 또 반문합니다. 그렇다면 지금까지 죽어라고 한나라당만 찍어
온 대중은 어떻게 하시렵니까? 정권 재창출을 이룬 대중은 소중하고 거
기 협조하지 않은 대중은 그냥 버려두어도 좋다는 말입니까? 만약 개혁
신당 말고 영호남 유권자를 통합하는 다른 길을 제시하신다면 저도 개
혁신당론을 접고 그 길을 따르겠습니다."

---

17) 김의겸, 「허무느냐, 후퇴하느냐……」, 『한겨레21』, 2003년 5월 15일, 45면.

이에 유시민의 오랜 민주화 동지인 이명식은 인터넷 신문 『이원컴』 5월 17일자에 올린 반론에서 "개혁을 이루고 국민 통합을 지향해가는 과정에서 동지들 간에 방법론적인 차이가 있을 수 있습니다. 그런데 이 차이를 지나치게 부각시켜 '정치적 결별' 운운하는 것은 옳지 않습니다"라며 다음과 같이 말했다.

"김근태 의원과도 함께할 수 없다면 도대체 유시민 동지가 함께할 수 있는 정치인들이 어떤 사람인지, 유 동지가 하고자 하는 정치가 어떤 정치인지 참으로 궁금합니다. 명분과 시대의 흐름도 중요하지만 민주화와 통일로 가는 험난한 과정을 함께해온 동료 선후배들에 대한 애정과 배려도 중요합니다. 진정으로 국민을 믿고 개혁 세력의 독립 선언을 시도한다면 우선 역사와 국민 앞에 겸손해지고 스스로를 낮출 줄 알기를 진심으로 당부드립니다."(그러나 이명식은 김근태의 열린우리당 합류 이후엔 태도를 바꿔 민주당에 대해 유시민 못지않은 공격성을 보이게 된다.)

서남대 교수 김욱은 『오마이뉴스』 5월 20일자에 올린 글에서 다음과 같이 말했다. "유 의원은 전국적인 득표가 가능한 정당만 만들어지면 지역주의가 사라질 것이라고 보는가? 천만의 말씀이다. 가치판단이 무엇인지를 모르는 유 의원이야 지역주의의 원인이 양 김이고 모든 것을 단절시킨 채 새 출발(?)만 하면 지역주의가 사라질 것이라고 생각할지 모르겠다. 하지만 우리 최근사의 지역주의의 핵심은 5·18이고 우리들 마음속에서 이 5·18에 대한 평가가 우리를 분열시키고 있는 한 지역주의는 절대로 사라지지 않는다."

그러나 신당 창당은 유시민만의 과업이 아니었다. 사실상 노무현이 진두지휘하는 정권 차원의 과업이었다. 이제 곧 우리는 그런 생생한 증거들을 수없이 목격하게 된다.

대통령직 못해먹겠다

2003년 5월 18일 한총련 학생들이 이라크 파병 결정에 항의하며 '광주 5·18 행사'를 위해 광주를 방문한 노 대통령을 가로막는 시위를 벌였다. 이에 노 대통령은 "난동 행위에 대해 엄단하라"는 지시를 내렸다. 이 발언이 논란을 빚자, 오히려 조중동이 노 대통령을 두둔하는 희한한 일이 벌어졌다.[18]

5월 19일 노무현의 측근 이강철은 기자들에게 신당을 같이할 수 없는 5인을 지목했다. 김옥두, 정균환, 박상천 의원과 후단협 소속이었던 최명헌, 유용태 의원 등이었다. 이강철은 며칠 후인 26일엔 다시 신당에 반대하는 당무위원 15인의 명단을 밝혔다. 김경천·김옥두·김충조·박상천·박종우·유용태·이윤수·이훈평·장성원·정균환·장재식·최명헌·추미애·한화갑·윤철상 의원 등이었다.

이때 개혁당은 "민주당은 아무리 화장해도 부패 정당, 지역주의 정당"이라며 "결코 지역주의자, 부패한 자를 모두 아우르는 무분별한 통합 신당을 하지 않겠다"는 성명을 발표했다. 그러자 민주당 의원 김옥두는 김원기·이상수·장영달·정동영·신기남·천정배·이강철·유인태 등에 대해 "신주류 8인방은 민주당의 막가파"라며 반격에 나섰다.[19]

정부 정책 차원에서는 NEIS(National Education Information System: 교육

---

18) 한윤형, 『안티조선운동사: 대한민국 현대사를 관통하는 또 하나의 역사』(텍스트, 2010), 329~330쪽.
19) 김동민, 「내년 총선이 이강철을 위한 무대인가?」, 『시대소리』, 2003년 6월 23일.

전교조 로고. 전교조는 '정보 인권'을 지키기 위해 NEIS에 반대했다.

행정정보시스템, 나이스) 논란이 뜨겁게 달아오르고 있었다. 이 논란은 2001년 5월 17일 정부가 전자정부 11대 과제 중에서 NEIS를 중심 과제로 선정하면서부터 시작되었다. 교육부는 2002년 9월에서 2003년 2월까지 NEIS의 교무학사 영역을 전국 267개 학교에서 시범 운영하였으며, 2003년 4월 11일 NEIS 27개 전 영역을 개통하였다. 정보 유출의 가능성이 크다는 이유로 NEIS에 반대한 전교조는 NEIS를 '정보 인권'의 문제로 보았다. 2003년 5월 2일 전교조는 NEIS 반대 조합원 연가투쟁 총투표를 5월 16일에서 19일까지 실시하기로 공고하였다. 2003년 5월 12일 국가인권위는 교무 학사, 보건, 입학·진학 영역의 NEIS 제외와, 학교종합정보관리시스템(CS) 보안 강화 등을 권고함으로써 갈등은 새로운 국면을 맞게 되었으며, 이 문제는 2003년 내내 노무현 정부를 괴롭힌다.

그렇게 시끄럽고 어지러운데다 대선 자금 문제가 정권의 발목을 잡고 있어 노무현의 심사는 영 편치 못했다. 5월 21일 노무현은 "전부 힘으로 하려고 하니…… 국가 기능이 마비될 수밖에 없다. 이러다 대통령직을 못해먹겠다는 생각이, 위기감이 든다"고 했다. 흥미롭게도 월드컵 열풍과 노무현에 대한 열광은 닮은꼴을 보였다. 바로 그날 K리그 포항 대 전북 경기엔 고작 1,320명이 입장하는 등 잠시 반짝했던 프로축구 열기도 싸늘하게 가라앉았다.[20]

3 · 4월에는 산부인과 병원들이 때아닌 '월드컵 특수'를 맞았다. 10개월 전 한국팀의 잇단 승리로 고조된 분위기 속에서 사랑을 나눴던 부부들의 출산이 줄을 이었기 때문이다. '월드컵 베이비'였다. 한 33세 여성은 "월드컵 16강전 때 안정환 선수의 골든골이 터지는 순간 터져 나온 이웃 주민들의 환호성 때문에 잠에서 깬 뒤 남편과 함께 기뻐하다 그만 아이를 갖게 됐다"며 "월드컵의 기운을 받아 우리 아이가 훌륭하게 커줬으면 좋겠다"고 말했다.[21] 하지만 월드컵의 기운은 급격히 퇴조하고 있었다.

2002 월드컵 그 후 1년

노무현의 측근이자 민주당 국가전략연구소 부소장인 안희정은 대선 자금 문제로 검찰에 출두하기 직전인 5월 22일 지인들에게 보낸 이메일에서 "일부 수구 언론이 노무현 대통령을 흠집 내기 위해 악의적으로 의혹을 키우고 있는데도, 검찰이 언론의 눈치를 보느라 나를 억지로 구속하려 하고 있다"고 주장했다. 또 그는 "검찰의 논리는 내가 구속되지 않으면 봐주기 수사했다고 언론이 공격해댈 것이고, 그렇게 되면 수사를 기껏 해놓고도 욕먹을 판이니 내가 무조건 구속되지 않으면 안 된다는 것이었다"고 주장했다.[22]

그러나 안희정이 그렇게 큰소리쳐도 좋을 상황은 아니었다. 『내일신문』고문 주섭일은 "(정권 출범) 100일도 안 돼 국가가 대혼란에 빠졌다.

---

20) 이종수, 「재미없는 K리그, 깨진 부활 꿈」, 『주간한국』, 2003년 6월 5일, 23~24면.
21) 황대진, 「산부인과 때 아닌 월드컵 특수?: 3 · 4월 월드컵 베이비 출산 절정」, 『매일경제』, 2003년 4월 7일, 39면.
22) 김상연, 「"노 측근 표적 수사 검찰서 자인" 안희정 씨 지인에 이메일」, 『대한매일』, 2003년 5월 24일, 4면.

설상가상으로 노 대통령과 형의 땅 투기 의혹이 터졌다. 대통령이 해명했음에도 국민은 대통령의 해명을 납득하지 못하는 분위기다. 차라리 대통령 스스로 검찰 수사를 지시했다면 파문은 가라앉았을 것이다. 그러나 '그만 추적하면 좋겠다'고 하소연함으로써 발뺌이라는 인상을 남겼다"며 다음과 같이 말했다.

"국가원수는 고도의 도덕성과 윤리를 갖고 국민의 모범이 돼야 한다. 국가원수가 도덕적 모범이 되지 못하면 국가의 도덕성은 붕괴될 것이다. 대통령 가족의 모든 의혹은 한 점 의혹 없이 규명돼야 하는 이유다. ······ 특히 '장수천 경영'의 문제도 대통령 능력을 의심하게 한다. 생수 회사 하나 제대로 경영하지 못해 주변 사람들에게 막대한 피해를 준 사람이 국가 경영을 어떻게 할 수 있나라는 의문을 제기하기 때문이다. 이것은 국민에게 희망을 빼앗는 국가원수의 결정적 결함이 될 수도 있다."[23]

5월 30일 노무현은 중앙 언론사 편집 · 보도국장들과 만난 자리에서 다음과 같이 말했다. "대통령은 국책만 쥐고 나머지는 부처에 맡기려고 한다. (청와대의) 분야별 수석을 그래서 없앴다. 그런데 자꾸 들고 와서 결정을 묻는다. (자신들이) 바로 결정하면 되는데······. 문화가 전파되는 데 1년 이상 걸릴 것 같다." 청와대 비서실장 문희상도 "청와대의 지침을 받는 데 수십 년간 길들여졌던 정부 부처 관료들이 그 지침을 없애니까 일시적으로 혼란을 느끼는 것 같다"며 "부처 자율로 넘어가기에 앞서 '엄마 젖'을 떼어가는 과정"이라고 설명했다.

박창식은 이 문제를 '알아서 해달라' 대 '우리는 절대로 알아서 할 수

---

23) 주섭일, 「노통, 국민 총동원한 인사 탕평을」, 『내일신문』, 2003년 5월 30일.

청와대에서 지침을 없애고 결정권을 부처 자율에 맡겼으나 청와대의 지침을 받는 데 길들여진 정부 부처들은 사건이 생기면 어떻게 해야 할지 당황해했다.

없다'는 세력 간의 일대 문화 충돌로 표현했다. "예를 들어 NEIS 파동이 한창일 때 청와대 부근 효자동에서는 전교조 교사 몇 사람이 NEIS 철회를 요구하며 노숙 시위를 벌였다. 그러자 경찰은 청와대 정무 수석실에 '강제 해산시킬지 말지'를 묻고 또 물었다. 청와대 쪽이 '그런 건 당신들이 법대로 알아서 하라'고 답해도 경찰은 요지부동이었다. 한마디로 말해 경찰 스스로 판단해 행동했다가 일이 잘못되면 누가 책임질 거냐며 '지침과 함께 책임도 청와대가 져달라'는 이야기였다. 화물연대 파업 때 어떤 경제 부처가 청와대의 각 부서로 무려 16군데나 상황 보고서를 올렸는데, 그 배경도 역시 지침을 달라는 것이었다."[24]

『조선일보』 2003년 5월 30일자는 '2002 월드컵 그 후 1년'을 평가하면

---

24) 박창식, 「'알아서 해달라' vs '알아서 못해'」, 『한겨레21』, 2003년 6월 12일.

서 대통합 정신 간 데 없고, 남녀노소·지역에 상관없이 한 마음이 됐던 월드컵이 끝난 지 1년밖에 안 됐지만 시위·집단이기주의·편 가르기가 만연하면서 갈라지고 주저앉아 나라는 혼란에 빠져 있다고 주장했다. 그러면서 2002년의 붉은악마 응원 사진과 함께 "그때 우린 하나였다"며 "붉은악마로 돌아가 벅찬 감동 되살리자"고 했다.

이에 이수강은 "월드컵의 감동을 그리워하는 것이야 한국인이라면 인지상정일 수 있다"지만 "'붉은악마'로 돌아가면 모든 사회 갈등과 파열음이 사라질까"라는 의문을 제기했다.[25] 모든 사회 갈등과 파열음은 월드컵 신드롬으로 인해 잠시 감춰졌거나 유예되었다고 보는 게 옳으리라. 이제 그 신드롬의 열기가 가라앉으면서 본격적인 사회 갈등과 파열의 폭발음이 들리게 된다.

---

25) 이수강, 「월드컵 1년 만에 국민 통합 무너졌나?」, 『미디어오늘』, 2003년 6월 4일.

당장 대통령을 때려치우시오!
'실패한 100일' 인가?

노 대통령, 당신은 통치를 포기하려는가

국정 운영이 여의치 않자, 노무현의 '말'은 갈수록 문제가 되었다. 『내일신문』(2003년 6월 2일)에는 「대통령의 말: 국민 불안 부르는 '가벼움의 극치'」라는 기사가 실렸다. 이 기사에 인용된 경기대 교수 박상철은 "대통령의 말에 대해 마치 부모가 자식 꾸짖듯 문제 삼는 사람들은 대통령 한마디에 세상이 좌우됐던 전통적 관념에 머물러 있기 때문"이며, "대통령 못해먹겠다는 식의 말은 가십성에 불과한데도 이면을 따지지 않고 몰아붙이는 수구 세력의 공세"라고 주장했다.

그 이유가 무엇이었건 노무현의 지지자들까지 돌아서고 있는 판국이었다. 4월 중순 노무현의 대통령 취임 50일을 맞아 그를 단독 인터뷰한 뒤 노무현을 극찬하는 글을 쓴 바 있고, "시정잡배들의 쇄설에 괘념치 마시"고 "성군(聖君)이 되시옵소서"라는 말도 한 바 있는 도올 김용옥까지 돌아섰다.

김용옥은 『문화일보』(2003년 6월 3일)에 쓴 「노 대통령, 당신은 통치를 포기하려는가」라는 글에서 "국정이 흔들리고 있다. 민생이 풍전등화와도 같은 벼랑길로 치닫고 있다. 국가의 안위가 위협을 받고 있다. 이 땅의 진보를 자처하는 사람들은 배신감을 느끼며, 보수를 자처하는 사람들은 분노에 부르르 떨고 있다. 나같이 아무것도 아닌 범용의 인간들은 인내의 한계를 넘어서고 있다. 모든 이권 단체들은 사사로운 이익만을 주장하고, 모든 개인들은 자기만의 관점으로 세상을 바라보며, 입 달린 모든 사람들은 떠들어야 할 하등의 필요가 없는 이야기까지 다 떠들고 있다. 국가 사직이 언어의 홍수 속에 표류하고 있는 것이다"며 다음과 같이 주장했다.

"노무현 대통령! 그대는 나에게 말했다. 내가 개입을 하지 않는 것이야말로 민주 혁명의 제1보라고! 그래서 나는 그대를 찬양했다. 무위(無爲)의 실천가라고. 그런데 무위란 반드시 무불치(無不治, 다스리지 아니함이 없다)를 전제로 한 것이다. 그대의 무개입은 나약한 회피요, 무능력의 표출이요, 비겁한 말 바꿈이요, 당연한 의무의 포기다. …… 당신은 통치를 포기하고 있다. 국가를 우습게 알고 국민을 우롱하며 진실성이 의심스러운 말로 위기만을 모면하고 있다. 대통령 노릇 못해먹겠다구? 우리도 이제 국민 노릇 못해먹겠다. 당신은 정말 대통령 노릇 못해먹을 사람이 되어가고 있는 것이다. 순진을 가장한 미소 속에 당신의 양심이 썩어가고 있는 것이다."

김용옥은 "새만금, 특검, 남북문제, NEIS. 이러한 문제는 진보의 명분이며 바로 그러한 명분 때문에 당신은 대통령이 된 것이다. 그런데 그 소이연(所以然)을 당신이 배반하고 있는 것이다"며 다음과 같이 말했다.

"NEIS는 전교조의 문제도 아니요, 교총의 문제도 아니다. 그것은 인권의 문제며 상식의 문제며 결단의 문제며 실천의 문제다. 왈가왈부할 하등의 대상이 될 수 없는 문제다. 그것이 논란의 대상이 될 수 없도록 만들 수 있는 유일한 권한의 소유자가 곧 당신 노무현 대통령이다. 그런데 당신은 무개입과 타협을 말하고 책임을 회피하면서, '성질을 보여주고 싶었다'는 등 엉뚱한 소리를 하고 있는 것이다. 당신을 어찌 이 나라의 통치자라 말할 수 있으리오? 당신은 말하리라. '나는 통치자가 아니오.' 그러면 나 도올은 말하리라. '당장 대통령을 때려치우시오!'"

노무현은 불안하지 않다

『중앙일보』 논설위원실장 문창극은 6월 3일자에 쓴 「실패한 100일」이라는 칼럼에서 "100일의 실패에는 원인이 있다"며 다음과 같이 주장했다. "정부가 떼를 짓는 쪽과 한편을 이루어 그들의 소리만 들어주었기 때문이다. 시장터에서 불경기를 걱정하는 상인들, 골목골목 셋방에서 뛰는 아파트값에 한숨짓는 셋방살이들, 대학을 나와도 취직을 못하는 구박둥이들, 팔팔한 나이에 쫓겨나 퇴직금으로도 살 수 없는 실직자들……. 이들의 한숨과 분노는 집단을 이루지 못했기 때문에 전달되지 않는다. 열심히 일하는 사람은 보이지 않고 집단 선동 기술자들이 판을 치는 세상이 되어가고 있다."

『조선일보』 논설위원 양상훈은 6월 4일자 칼럼에서 "대통령의 취임 100일 기자 간담회를 본 사람들이 혀를 차는 소리가 여기저기서 들린다. 대통령이 화를 내고 사람들이 그 장면에 기막혀하는 모습은 마치 한계에 부딪힌 한국 민주주의가 덜그럭거리는 소리처럼 들린다"고 했다.

『국민일보』 수석 논설위원 이진곤은 6월 4일자에 쓴 「노 대통령의 노기(怒氣)」라는 제목의 칼럼에서 "언론에 대한 과도한 피해 의식은 스스로 극복할 일이다. '언론 자유를 이렇게 보장한 적이 단군 이래 있나. 대통령을 이렇게 비판해도 되나.' 문희상 대통령 비서실장이 그렇게 말했다. 언론의 자유를 정부가 보장해준다고 생각하는 데서 섭섭함이 생긴다. 그건 정부가 주고 말고 할 수 있는 게 아니라 국민의 당연한 권리다. 이를 인정하면 언론에 대한 분노도 추스를 수 있을 것이다"고 했다.

한림대 객원교수인 김옥조는 『내일신문』 6월 4일자에 쓴 「노 대통령, 왜 언론 탓만 하나」라는 칼럼에서 "공인에 대한 의혹 보도는 정도만 지킨다면 활발하고 격렬할수록 좋다. 국민은 권력과 언론이 항상 팽팽한 긴장 관계에 있기를 바란다. 언론이 입법·행정·사법부를 감시하는 제4부라는 말이 정당성을 가지려면 권력으로부터 항상 불편하다는 소리를 들어야 한다. 대통령은 언론의 이런 속성을 이해하고 언론에 책잡힐 일은 극력 피해야 한다"고 했다.

『중앙일보』 대기자 김영희는 6월 4일자에 쓴 칼럼 「루스벨트가 부러운가」에서 다음과 같이 주장했다. "언론에 대한 노 대통령의 피해 의식은 병으로 치면 중증이다. 그는 언론이 자신의 거칠고 자극적인 발언을 보도하는 데 대해 '제가 아니었더라면 그런 것은 보도되지 않았을 것'이라고 말한다. 틀린 지적이다. 국민은 항상 대통령의 말은 획 하나 안 놓치고 경청한다. 대통령의 말은 중천금이다. 미국이나 유럽의 지도자가 노 대통령의 화법을 쓴다면 지도자가 국어를 심각하게 오염시킨 스캔들이 될 것이다."

『기자협회보』6월 4일자 사설은 "편집 책임자들은 역대 대통령의 이미지에 익숙해져 대통령의 말은 항상 근엄해야 한다고 믿고 있는 듯하다"고 말했지만, 언론뿐만이 아니라 민심마저 돌아서고 있었다. 어려운 경제 탓도 있었다. 『내일신문』6월 3일자 기사에 따르면, 운전 경력 23년의 택시 기사 하종태 씨는 "정치인들이 아무리 싸움을 해도 경제만 좋으면 잘한다고 한다. 그런데 요즘 다들 난리다. 손님도 강남이나 여의도 가야 있다"고 했다.[26] 그런 민심을 믿은 걸까? 한나라당 의원 하순봉은 급기야 6월 4일 최고위원 회의에서 노무현을 향해 "이런 식으로 나라를 어지럽히고 혼란스럽게 하려면 차라리 대통령 자리를 물러나야 한다"고 주장했다.

6월 4일 대통령 비서실장 문희상은 "'청와대가 부처 조정 기능을 다 포기했는데 총리실에서 왜 조정을 안 하고 있느냐, 총리실에서 나서서 하라'고 내가 고건 총리를 많이 질타했다"고 말해 논란을 빚었다.

한신대 교수 윤평중은 『조선일보』6월 5일자에 쓴 「참여정부가 곤경에 빠진 이유」라는 칼럼에서 "참여정부의 가장 큰 문제점은 참여 민주주의를 이룬다는 명분 아래 자유주의적 제도와 절차를 생략하고자 하는 성급함에 있다"며 "이익집단들의 요구나 사회 갈등을 풀어나가는 데 있어 가장 중요한 원칙은 법의 지배 같은 자유주의적 제도와 절차의 준수에 있다"고 했다.

전여옥은 『조선닷컴』칼럼에서 "노무현은 대통령이 되지 않는 것이 좋았다"고 주장했는데 그 주된 이유 역시 노무현의 '말'이었다. 이에 시

---

26) 정재철 · 전예현, 「참여정부 출범 100일─현장에서 본 노무현 정부」, 『내일신문』, 2003년 6월 3일, 3면.

인 노혜경은 『여성신문』 6월 6일자에 쓴 「노무현은 불안하지 않다」라는 반론을 기고했다. 노혜경은 "전여옥 씨가 대통령의 언어를 황당하다고 말하는 이면에는 …… 대통령다운 말투가 따로 있다는 것을 전제하는 의식이 있다"며 다음과 같이 주장했다.

"기득권층이 진짜로 불안해하는 것은, 노무현 대통령의 언행의 가벼움이 아니라, '가벼움', '불안함'으로 딱지를 붙여 노 대통령 스스로 버리게 만들고 싶은 저 '출신 성분의 다름'을 드러내는 대통령의 '다른 말'이다. '다른 말'은 필연적으로 다른 존재의 지배력을 강화하므로, 노 대통령 5년간에 달라질 문화를 생각하면 언어의 품격과 의전상의 예의 바름을 요구하는 것이 절박한 일이 아닐 수가 없는 것이다. …… 노 대통령은 앞으로도 서민적 말투를 결코 버려서는 안 된다. 바로 그 서민적 말로써만 드러낼 수 있는 서민들의 정서를 대통령이 대변할 때, 친일과 부역과 정경유착과 인맥, 혼맥, 학맥으로 얽혀 우리 사회를 지배하던 저 사람들의 기득권이 흔들리며 건강한 평등 사회가 앞당겨질 것이다."

현 상황 4 · 19 직후 혼란기와 비슷

원로 목사 강원용의 『내일신문』 6월 5일자 인터뷰가 화제가 되었다. 『조선일보』와 『동아일보』 6월 7일자에는 각각 「"현 상황 4 · 19 직후 혼란기와 비슷": 강원용 목사, 고 총리 '원로 초청' 오찬서 밝혀」, 「고 총리-각계 원로 오찬: 강원용 목사 "현 상황 4 · 19 직후 혼란기와 비슷"」이라는 기사가 실렸다. 두 기사 모두 강원용의 『내일신문』 인터뷰 기사를 인용한 것이었다.

그 인터뷰에서 강원용은 "언론 중에서 나는 조중동이 하는 것이 옳다고 생각하지는 않습니다. 그렇지만 독자인 우리가 평하고 독자가 막을 일이지 집권자가 거기에 개입할 일이 아닙니다. 조금만 언론에 나오면 신경질적인 발작을 하면 못씁니다"라고 말했다. 또 그는 김대중과 관련해서 다음과 같이 말했다.

"노무현 대통령이 김대중 대통령을 계승하라는 말 아닙니다. 그러나 후계자임에는 틀림없는 것 아닙니까. 민주당 후보로 대통령이 되지 않았습니까. 내가 하고 싶은 얘기는 전직 대통령으로서 예우를 받고 내려온 적이 없다는 것입니다. 우리나라의 비극입니다. 김대중 대통령이 잘못한 점 많지만 그래도 이분이 사형 언도까지 받고 살아났고 노벨 평화상 받은 사람인데, 이제는 나이도 80이 됐고 예우를 해줘야 합니다. 국민들에게 교훈을 주기 위해서도 예우를 해야 합니다."

민주당 의원 이강래는 6월 7일 SBS 라디오와의 인터뷰에서 노무현의 친인척과 측근들의 비리 의혹 및 검찰 수사와 관련, 야당 · 언론 · 검찰 등의 '3각 커넥션' 의혹을 제기했다. 즉 야당이 의혹을 제기하고 일부 언론이 이를 확대재생산 해 수사를 간접 촉구하면 검찰이 수사에 나서고 있다는 것이다. 그는 노 정권하에서 이루어진 검찰 독립을 거론하면서 "그러나 아이러니하게도 야당에서 막가파식 폭로를 하면 언론은 이를 받아 수사 압력을 넣고 검찰이 여권 인사를 수사하는 등 일종의 사이클 현상을 보이고 있다"고 말했다. "검찰이 여당과 정부로부터 분리됐지만 야당과 언론에 포획된 상태"라며 "검찰이 여당 권력이 아니라 야당 권력으로 탈바꿈된 것 같다"는 것이다.

경제 문제도 심각했다. 경희대 교수이자 경실련 정책위 의장인 권영준은 『조선일보』 6월 6일자에 「경기 부양보다 구조 개혁을」이라는 칼럼을 기고했는데 "포퓰리즘 아래 각종 현안에 대한 무원칙적 대응은 책임성의 원칙을 무너뜨려 시장에서의 도덕적 해이가 더욱 창궐하게 되어 마침내 체제적 위기의 발생 확률을 더 높이고 있다는 데 문제의 심각성이 있다"고 했다.

홍익대 경영학과 교수 김종석은 『중앙일보』 6월 7일자에 쓴 「갈라먹기 부추기는 개혁」이라는 칼럼에서 "문제는 현 정부의 개혁이란 것이 사람들을 부지런하고 생산적으로 일하도록 바꾸는 것이 아니라, 되도록 적게 일하고 남의 돈으로 편하게 사는 것을 부추기고 있다는 점이다. 가난한 이웃을 돕고, 사회적 약자를 보호하는 것에 반대할 사람은 없다. 그러나 소득 재분배와 복지의 이름으로 사람들을 게으르게 만들고, 형평과 국민 통합의 이름으로 목소리 큰 이익집단의 기득권이나 보상해주고 갈라먹기를 부추기는 것은 개혁이 아니다"고 했다.

홍익대 경제학과 교수 전성인은 『한겨레』 6월 9일자에 쓴 「성장을 구걸하는 정부」라는 칼럼에서 "집권 전의 대중적 지지를 지난 100일 동안 허송세월을 통해 다 까먹은 현재의 집권 세력은 지금 금단증상을 겪고 있다. 그들은 내년 총선에서 승리할 수만 있다면 기꺼이 자신의 영혼을 팔 각오가 되어 있는 파우스트로 변해버렸다. 투자만 활성화될 수 있다면 재벌 총수 몇십 명과 어울려 삼계탕을 먹는 것 정도야 식은 죽 먹기보다 쉬운 일이다. 재벌들이 원한다면 몇몇 개혁 법안의 시행 시기를 연기하는 것도, 수도권 인구 억제책을 무원칙하게 완화하는 것도 전혀 거리낄 것이 없다"고 했다.

노무현 대통령은 6월 9일 일본 정계 지도자들과의 간담회에서 일본

공산당 위원장 시이 가즈오에게 "나는 한국에서도 공산당 활동이 허용될 때라야 비로소 완전한 민주주의가 될 수 있다고 생각한다"고 말해 논란을 빚었다.

6월 12일 한나라당 박진 의원은 국회 통일외교안보 분야 대정부 질문에서 고건 총리를 향해 "헌법을 위반한 언행인 만큼 탄핵 소추 대상"이라며 "탄핵 소추되는 불명예 대신 대통령이 스스로 하야할 것을 건의할 뜻이 없느냐"고 말했다. 이에 앞서 박희태 한나라당 대표는 오전에 열린 의원총회에서 "노 대통령은 자유민주주의 국헌을 부정하고 호시탐탐 남쪽을 노리는 북한 정권을 정당화하는 논리를 제공했다"며 "노 대통령이 과연 대한민국 대통령이 맞는지 의심을 갖게 됐다"고 말했다. 한나라당은 의총 뒤 결의문을 채택해 "노 대통령의 발언은 헌법과 국체를 부정하는 망언"이라고 규정하고 대국민 사과와 해명, 헌법에 대한 입장을 밝힐 것을 요구했다.[27)]

'돈벼락'에 정신 팔린 한나라당

그러나 한나라당도 한심하긴 마찬가지였다. 『내일신문』(2003년 6월 10일)은 "대선 패배 이후 '변하지 않으면 죽는다'며 환골탈태를 부르짖던 것도 잠시, 당 개혁 논의는 용두사미로 끝났다. 오히려 지금은 노 대통령의 실정에 편승해 과거로 회귀하는 움직임이 일고 있다. 노 대통령의 측근 및 친인척 비리 관련 의혹을 제기하면서 구태 정치의 상징인 '폭로

---

27) 김소희, 「한나라 '공산당 허용 발언' 맹공」, 『한겨레』, 2003년 6월 13일, 5면.

정치'도 되살아났다"며 다음과 같이 말했다.

"한나라당의 앞날을 책임질 당 대표 선출을 위한 경선은 더욱 가관이다. 후보들의 흑색선전, 금품 선거, 줄 세우기 등 잘못된 선거의 모든 행태를 보여주는 전시장이 되고 있다. 당의 비전 제시와 정책 선거는 혼탁 선거의 치부를 가리려는 장식품으로 전락했다. 마침내 참다못한 김정숙 최고위원이 공개회의에서 '누구는 100억 원을 썼다는 이야기도 있고 각종 흑색선전도 들려온다'며 경선의 혼탁 양상과 관련 후보들을 강하게 비난했고 다른 참석자들이 김 의원을 제지하는 해프닝도 연출했다."[28]

김수진 이화여대 정치학과 교수도 "한나라당 내에 노 대통령의 실정에 편승해 반사이익을 챙기겠다는 구태 정치의 기미가 보이고 있다"며 "한나라당이 노 대통령의 측근 비리에 대해 까발리기식의 네거티브 전략을 구사하고 있는데 이는 스스로 무덤을 파는 행위"라고 경고했다.[29]

그럼에도 한나라당 의원 박진은 6월 12일 대정부 질문에서 총리 고건에 대한 질문 형식을 빌려 "탄핵 소추를 당하기 전에 대통령이 스스로 하야할 것을 건의할 뜻이 없느냐"고 물었다. 이어 박진은 "남북 정상회담이 이뤄지면 노 대통령은 김정일 국방위원장에게 '남한에 조선노동당 남한지부를 둬야 민주주의가 완성된다'고 말할지도 모른다"고 말했다.

6월 13일 한나라당 사무총장 김영일은 주요 당직자회의에서 "노무현 대통령이 기업을 직접 방문해 투자 마인드를 살리겠다는 것은 (북한의) 수령님과 위원장이 생산을 독려하는 현장 지도와 뭐가 다르냐"고 말했다. 그는 이어 "북한 공산 정권 흉내 내기인지 알 수가 없다"며 "이러니

---

28) 김병국, 「아직도 정신 못 차린 한나라당」, 『내일신문』, 2003년 6월 10일.
29) 위의 글.

2003년 당시 한나라당은 '돈벼락'에 정신이 팔려 있었다. 사진은 현재 한나라당 당사 사진.

공산당 소리가 나온다"고 주장했다.

　그렇다면 한나라당은 어떠했던가? 『내일신문』 기자 전예현이 6월 25일자에 쓴 「한나라 지구당 위원장에 '돈벼락'」이란 기사에 따르면, "'100만 원짜리 돈 봉투는 더 이상 약발도 먹히지 않는다. 최고급 양주에 고급 수입 넥타이 선물도 하급이다. 이제는 몇백만 원대 봉투가 아니면 명함도 못 내민다.' 한나라당 정책위 의장 선거를 앞두고 한 후보가 자조적으로 내뱉은 말이다. 오는 30일 경선을 앞두고 지구당 위원장들에게 돈다발이 쏟아지고 있다는 것이다. …… 당 대표 경선에도 거액의 돈이 뿌려졌다는 것은 공공연한 비밀. 모 후보의 경우 50억 원에서 100억 원대 돈을 뿌렸다는 얘기도 나돈다."

한나라당은 '돈벼락'에 정신이 팔려 있었던 반면, 여당은 신당 창당에 몰두하고 있었다. 신당 창당은 민주당의 골육상쟁을 수반하는 것이어서 그렇잖아도 떠나가기 시작한 민심은 노 정권으로부터 더욱더 멀어져가기만 했다.

신당 논의 정말 신물 난다
민주당의 골육상쟁

'6월 항쟁과 개혁신당'

2003년 6월 9일 이화여대 교수 조기숙은 개혁국민정당의 후원으로 열린 「6월 항쟁과 개혁 신당」이라는 심포지엄에서 개혁 신당에 대해 긍정적인 평가를 내리면서도 "노무현 대통령의 측근을 중심으로 호남을 일부 포기하더라도 영남에서 세를 얻어보겠다는 기류가 흐르고 있는 것이 사실이다. 하지만 그런 포부가 실현되기는 쉽지 않을 것이다"며 다음과 같이 말했다.

"우리의 유권자들은 단순한 지역주의 투표를 했다기보다는 정당 투표를 해왔다. 만일에 유권자의 투표가 순전히 지역주의라면 노무현 현 대통령은 영남에서 대승을 했어야 했다. 오랫동안 특정 정당에 감정적 유대가 형성돼 있는 유권자가 하루아침에 정당의 선택을 바꾸는 일이 쉽지는 않을 것이다. 신당이 영남권에서 일부 의석을 획득하는 것이 가능하다 하더라도 호남에서 민주당에 잃는 것보다 더 많이 얻을 수 있다고 가정하는 것은 무리다. …… 신당이 하루아침에 영남을 공략하겠다는 생각으로 무리수를 두는 것보다는 신당의 탄생이 미래를 위한 옳은 투자라는 데에 만족해야 한다."

6월 10일 개혁당 의원 김원웅은 "정동영, 신기남 의원 등 민주당 신당 추진 세력이 신당을 하려면 탈당하고 반성문부터 써야 한다"고 주장했다. 그는 "지역 구도를 타파하겠다는 정동영, 신기남이 한나라당 김문수, 이재오와 뭐가 다른가. 한쪽은 호남향우회 표를 모으고 다른 쪽은 반DJ 정서에 호소해 의원이 된 사람들 아니냐'고 비판했다. 그는 민주당 신-구주류의 갈등에 대해서도 "권력 다툼일 뿐"이라고 단언했다.[30]

한국일보 논설위원 고종석은 『한국일보』 6월 12일자에 쓴 「추미애가 옳다」는 제목의 칼럼에서 "한나라당은 지난 몇 차례 선거에서 당세를 호남으로 넓히려는 노력을 거의 하지 않았다. 호남에서 배척받아야만 영남에서 환영받을 수 있다는 판단 때문이었을 것이다. 영남과 호남의 유권자 수가 크게 차이 나므로 이것은 합리적인 전략이었다. 그러나 그것은 지역적 소수파를 희생양으로 삼아 지역적 다수파에게 영합하려 했다는 점에서 두드러지게 비윤리적인 전략이기도 했다. 그런데 지금 '개혁적'이라는 신당론자들이 이 아이디어를 베끼고 있다"며 다음과 같이 말했다.

"자신들이 간절히 원했던 노무현 정부의 탄생에 결정적으로 이바지한 호남 유권자들의 투표용지에서 몹쓸 병균이라도 발견한 듯, 이들은 난처한 표정으로 손사래를 치고 있는 것이다. 더 얄궂은 것은, 이들의 분별없는 호남 때리기가 민주당 박상천 최고위원이나 정균환 원내총무 같

30) 류순열, 「"정동영-신기남 의원 등도 신당하려면 반성문부터" 개혁당 김원웅 대표 일침」, 『세계일보』, 2003년 6월 12일, 4면.

"NEIS가 교육 승부 가르는 문제냐"

盧대통령, 전교조·교총 싸잡아 비난

12일 대구를 방문한 노무현(盧武鉉) 대통령이 교육행정정보시스템(NEIS) 시행을 둘러싼 교단 갈등과 관련, '연가투쟁'과 '교육부 장관 퇴진서명'이라는 극한투쟁으로 맞선 전교조(전국교직원노동조합)와 교총(한국교원단체총연합)에 대해 강한 불만을 드러냈다.

노 대통령은 이날 대구 지역 인사들과의 오찬간담회에서 "생산성 있는 것 갖고 죽고 살고 목숨 바쳐 싸워야지 쓸데없는 것 갖고 죽어

라 싸우면 나라가 무너져 내린다. 나이스인지 네이스인지 모르지만 그게 무슨 우리 교육의 승부를 가르는 결정적인 문제냐"고 말했다.

노 대통령은 먼저 전교조가 제기하고 있는, NEIS 시행에 따른 인권침해 우려에 대해 "(인권) 인권 하는데, 나도 인권변호사"라며 "궁극적으로 정보 집적은 막을 수 없다. 아침에 카드 쓰고 점심에 뭐 먹고 백화점 가서 뭐 사고 다 집적되지 않느냐. 이런 것 취합하는 데 근거법을 만들어야 정보 집적 자체를 거부할 수 있느냐"고 말했다.

노 대통령은 교총을 향해서도 "이거 가지고 죽기 살기로 싸우고 취임한 지 3개월도 안된 장관을 사표 내라고 서명받아 가지고 다니고 중대한 교육현안은 뒷전으로 내치고…"라고 비판했다.

／崔源至기자

> NEIS 문제 등으로 여당이 신당 창당에 '올인' 해도 좋을 만큼 정국이 편안하지도 않았다.

은, 지난 대선 과정에서의 후안무치한 배덕으로 마땅히 당 변두리로 밀려나야 했을 사람들에게 '비빌 언덕'을 마련해주고 있다는 사실이다. …… 그들의 분별 있는 개혁파 동료 추미애 의원이 적절히 지적했듯, 전국 정당화는 개혁의 한 수단이지 그 자체로 정당의 이념에 우선하는 절대적 가치가 아니다. 정당명부식 비례대표제 도입 등을 포함한 시스템 개혁을 통해 중장기적으로 지역 구도를 허물어야 한다는 추 의원의 견해에 이들 '개혁파' 의원들이 귀를 기울였으면 한다. 박상천의 그름이 신기남의 옳음을 증명하는 것은 아니다."

여당이 신당 창당에 '올인' 해도 좋을 만큼 정국이 평안한 것도 아니었다. 무엇보다도 전교조의 '연가 투쟁'에 이어 NEIS를 찬성하는 쪽의 '교육부 장관 퇴진 서명'이라는 극한투쟁으로 교단 갈등이 심화되고 있었다. 이에 대통령 노무현은 6월 12일 "생산성 있는 것 갖고 죽고 살고 목숨 바쳐 싸워야지 쓸데없는 것 갖고 죽어라 싸우면 나라가 무너져 내린다. 나이스(NEIS)인지 네이스인지 모르지만 그게 무슨 우리 교육의 승

부를 가르는 결정적인 문제냐"고 불만을 토로하였다.[31]

개혁 주체 조직 논란

노무현 주변의 비리 의혹도 문제였다. 노무현은 6월 13일 전국 세무관
서장을 청와대로 초청해 특강을 한 자리에서 자신의 주변을 둘러싼 의
혹에 대해 우회적으로 해명 및 반론하면서 다음과 같이 말했다. "나는 1
급수에서 사는 열목어나 산천어처럼 깨끗한 대통령이라고 말하지는 않
겠다.", "나는 2급수, 3급수를 헤엄치며 진흙탕을 건너고 지뢰밭을 건너
서 정권을 잡았다.", "오염되고 바짓가랑이에 흙을 묻히며 지나왔다.",
"보통의 정치인과는 다르게 도덕적 원칙과 긴장을 유지하려고 노력했
으며 흠이 많은 것을 감추려고 노력하지는 않았다.", "간절한 소망은 다
음 대통령은 누가 되든 간에 구김이 없었으면 좋겠다."

　노무현은 이 특강에서 행정부의 "각 부처에 공식 · 비공식의 개혁 주
체 조직을 만들겠다"는 말도 했는데, 한나라당과 보수 신문들이 주목한
건 바로 이 발언이었다. 한나라당은 "대통령이 나서서 줄서기를 강요하
고 있다"며 "이는 공무원에 대한 협박을 넘어 국민에 대한 협박"이라고
주장했다. 『문화일보』 6월 14일자 사설 「'개혁 주체 조직' 옳지 않다」는
"노 대통령이 공직자들에게 '내게 투자를 하라. 안 된다는 데 줄을 한번
서라'고 한 것도 참으로 적절하지 못한 발언이다"고 비판했다.

　경북대 교수 김석수는 『문화일보』 6월 16일자에 쓴 「개혁 주체 심기

---

31) 최원규, 「"전교조 · 교총 나이스 갈등이 교육 승부 가르는 문제냐": 노 대통령, 양측 싸잡아 비난」, 『조선일
　　보』, 2003년 6월 13일, A5면.

는 위험한 발상」이라는 제목의 칼럼에서 개혁 주체 조직이 강제적으로 형성되거나 비밀 조직이 되어서는 안 된다는 노 정권의 단서를 거론하면서도, "그러나 아무리 이런 단서를 달아도 이 주장은 참여정부의 기본 이념과 충돌하는 측면을 지닐 수 있다. 참여정부는 합리적으로 개혁하고 수평적으로 소통하여 국민을 통합하는 데 목적을 두고 있다"며 다음과 같이 말했다.

"그런데 이런 개혁 주체의 조직에는 현 정부의 뜻과는 무관하게 실제로는 위로부터의 개혁이라는 전근대적 요소가 스며들 여지가 얼마든지 있으며, 또한 국민 통합이 아니라 갈등을 더 증폭시키는 결과를 낳을 수도 있다. 그러므로 달갑지 않은 보수 진영으로부터 친위대니 홍위병이니 하는 비난을 받지 않으려면, 현 정부는 밑으로부터 자발적으로 개혁이 이루어지도록 협조해야지, 과거 군사정권 시절에 사용되었던 '개조'라는 개념을 근간으로 하는 엘리트주의적 개혁 논리로 이어져서는 안 될 것이다."

6월 16일 한나라당 사무총장 김영일은 당직자회의에서 다음과 같이 주장했다. "대통령의 말은 공무원 조직에 홍위병을 만들겠다는 것이다. 이는 공산당 발언과 맥을 같이 하며 법질서를 근간부터 흔드는 위험한 발상으로, 공산당식 독재 정권의 전형적인 국정 운영 방식이다. 공무원은 대통령 사조직이 아니며 대통령 입맛대로 놀아나는 꼭두각시가 아니다. 인사권자가 공무원을 권력의 시녀로 만드는 것은 공산당식 수법이며 중국과 소련의 국가 운영 방식과 다를 게 없다. …… 이 정권은 국민에게 고통을 주는 데서 희열을 느끼는 사디스트 정권이다."[32]

『조선일보』 6월 17일자는 「'개혁 주체'는 구시대적 발상이다」라는 사설을 통해 "국민들이 가장 궁금해하는 것은 갑작스레 공무원 사회 내에 개혁 주체를 만들겠다고 나온 배경이다. '개혁 주체'라는 단어 자체가 쿠데타로 집권한 권위주의 정권 시대의 유산이라는 점에서도 이번 개혁 주체 조직 논란은 우리 정치의 낙후를 증명하는 사건이기도 하다"고 말했다.

『동아일보』 6월 17일자는 「'개혁 주체'보다 '경제 주체'에 힘을」이라는 사설을 통해 노무현 대통령의 발언을 비판하고, A3면에선 「'비공식 혁신 조직' 정체 아리송」,「"정권 코드 맞추기 강요 하나회와 다를 게 없어"」라는 기사로 또 비판했다. 이뿐만 아니라 A7면엔 서울대 행정대학원 교수 최병선이 쓴 「'강한 정부'의 아이러니」라는 칼럼이 실려 있다. 이 칼럼은 "아무리 국가 개조가 시급하기로 대통령이 정치적 중립을 지켜야 할 일반 공무원들에게 어느 줄에 서겠느냐고 다그칠 수는 없는 일이다"고 했다.

반면 『매일경제』 기자 김선걸은 6월 17일자에 쓴 「'개혁 주체' 음모론 맞나」라는 칼럼에서 "지난 주말 노무현 대통령이 정부 부처별로 '개혁 주체'를 만들겠다는 얘기를 했다. 그 즉시 야당은 '사조직', '홍위병', '문화혁명'이라며 비판을 시작했다. 일각에선 소설 같은 '음모론' 시나리오도 공개했다. 그러나 그것이 본질일까"라며 다음과 같이 말했다.

"참여정부는 인수위 시절부터 공공 개혁에 관심을 기울였다. 외국 사례도 많이 연구했다. 가장 적합한 벤치마킹 대상으로 미국 클린턴 대통

---

32) 이 발언들은 기사에 토막으로 인용된 걸 합해놓은 거라 발언 순서는 다를 수도 있다. 장덕수, 「야 "공산당식 국정 운영" 발끈」, 『국민일보』, 2003년 6월 17일, 4면; 남정호, 「"총선용 전위 조직 만드나"」, 『중앙일보』, 2003년 6월 17일, 5면.

령 시절 공공 개혁 보고서인 '앨 고어 리포트'를 꼽았다. 리포트의 핵심 요체는 '공무원의 자발적인 개혁'이다. 미국은 당시 고어 부통령을 위원장으로 국가업적평가위원회를 만들고 부처별로 '재창조팀', '재창조 연구실'을 만들어 개혁을 이끌었고 큰 성과를 봤다. 이미 다 아는 이야기다. 이처럼 선진국에서 성공적으로 검증된 모델을 도입하겠다는 한마디가 '홍위병 완장 채우기'로 변한 것이다."

그러나 보수 신문들의 비판은 계속되었다. 한나라당의 주장을 대서특필한 『조선일보』 6월 18일자 A6면의 기사 제목은 '야(野) "홍위병 같은 '노(盧)위병' 아니냐''였다. 『동아일보』 6월 18일자 A4면의 머리기사 제목도 '"홍위병 같은 '노(盧)위병' 만들자는 것'이었다. 『조선일보』 정치부장 홍준호는 6월 19일자에 쓴 「통역이 필요 없는 대통령」이라는 칼럼에서 노무현의 해명을 거론하면서 이렇게 말했다. "이런 해명대로라면 앞으로 국민들은 처음부터 대통령의 말을 액면 그대로 받아들이지 않는 훈련을 해야 할지 모른다. 대통령의 말이 무엇을 뜻하는 것인지 제대로 전달할 수 있는 해설자나 통역자를 인내를 갖고 기다려야 하는 것이다."

『동아일보』 논설 주간 최규철은 6월 19일자에 쓴 「'신권위주의' 등장인가」라는 칼럼에서 노무현의 '나에게 줄을 서라'라는 표현을 문제 삼으며 "프랑스 루이 14세의 '짐(朕)은 국가다'라는 말이 생각나는 것도 무리가 아니다"라고 했다. 『중앙일보』 논설 고문 송진혁은 6월 24일자에 쓴 「'약체 정부'로는 어렵다」라는 칼럼에서 다음과 같이 말했다. "요즘 보면 노 대통령은 공무원들에게 사뭇 사정을 하는 것 같다. '나한테 투자해라', '지금 노무현은 안 된다고 하는데 투자하면 배당이 클 것'이라는 말을 하고 다닌다. 처량한 일이다. 공무원은 승진과 영전을 바라는 사람들이다. 어떻게 하면 승진·영전할 수 있을지 구체적인 목표와 기준을 줘야 뛰게 된다."

노무현의 결정론

개혁 주체 조직 논란은 노무현의 신당 창당 의지가 그만큼 강하다는 걸 말해주는 사건이기도 했다. 『대한매일』 기자 김상연은 6월 14일자에 쓴 「구주류 신경성 위장병?」이라는 제목의 기사에서 "신주류에 의해 인적 청산의 위협을 느끼고 있는 (민주당) 구주류 의원들의 대응 전략은……상상을 초월할 정도로 치밀하다. 10여 명의 구주류 핵심 의원들은 벌써 몇 주째 거의 매일 저녁을 함께 먹으면서 작전을 숙의하고 있다"며 다음과 같이 말했다.

"이에 따라 주로 고령인 구주류 의원 중 상당수는 위장 장애를 호소하고 있다. D의원은 '매일 저녁 외식을 하다보니 식당 음식에 질려, 요즘은 집에 들러 따로 저녁을 먹고 약속 장소로 간다'고 말했다. 저녁 식사를 겸해 회의를 하다보니 밥값 부담도 만만치 않다. 몇 주 전 각자 100만 원씩 각출했는데, 돈이 다 떨어져 며칠 전 다시 '회비'를 걷었다고 한다. E의원은 '그들(신주류)이 우리를 이렇게 만들었다. 우리 목숨을 내놓으라는 식이니, 우리도 사생결단으로 할 수밖에 없지 않느냐'고 말했다."

노무현은 6월 14, 15일 부산 지역 인사들을 초청, 식사를 함께한 자리에서 "모든 강물은 바다로 흘러간다"며 "그러나 어떤 강도 직선으로 흘러가는 강은 없다"고 '자연의 섭리'를 예로 든 결정론을 펼쳤다.

이에 대해 『한국일보』 기자 고태성은 6월 16일자에 쓴 「"청(靑), 독선

짙어지나" 우려 라는 제목의 기사에서 "많은 역경을 딛고 대통령이 됐기 때문에 앞으로 어떤 고통이 있어도 성공할 수 있다는 것이 노 대통령의 결정론인데, 이것이 어떠한 비판도 허용치 않고 또 개의치 않겠다는 뜻이라면 문제가 심각하다고 볼 수밖에 없다"고 했다.

또 고태성은 "노 대통령이 깊은 불신감을 갖고 있는 언론과의 관계는 그렇다 치고, 청와대 내의 언로(言路)는 트여 있는지, 청와대의 자체 비판 기능이 작동하고 있는지에 대해서도 회의적인 시각이 많다. 언론을 믿지 않겠다면 청와대 내에 '건강한 비판 세력'이 있어야 하는데, 여전히 노 대통령과의 코드만이 중시되고 있다는 얘기다"며 다음과 같이 말했다.

"다소 코드가 덜 맞는 직원 사이에 냉소적인 기류가 감지되고 있는 것도 이와 무관하지 않다. 이들 사이에서는 대통령의 발언 등이 물의를 일으킬 때마다 '왜 말을 저렇게 쉽게 하는지 모르겠다', '말을 못하게 할 수도 없고 참 걱정이다'라는 등의 얘기가 흘러다닌다. '재봉틀', '접착제' 등의 자극적인 단어가 동원되기도 한다. 심지어 386 그룹 등 핵심 측근 사이에서도 '대통령이 잘못 가고 있으면 제대로 충언을 해야 하는데 극소수의 인사가 대통령의 눈과 귀를 독점하고 있다'고 얘기할 정도다. 노 대통령이 이런 현실을 모르는지, 또는 알고도 모르는 것처럼 하는지 분명치 않으나 여전히 '누가 뭐라고 해도 그대로 간다'고 말하고 있다."

시민 참여 없는 참여정부

『동아일보』 사회1부장 정동우는 6월 16일자에 쓴 「노 대통령의 언론 계산법」이라는 칼럼에서 "그의 논리가 안고 있는 가장 큰 문제는 다른 의견을 모두 '흔든다'거나 '공격한다'로 치부해버리고 아예 무시해버린 다는 점이다. 그러니 비판자들은 그러한 자세까지 비판하게 되고 대통령 본인은 그 비판 역시 악의적인 것으로 치부해 더 무시하거나 반격하는 악순환이 되풀이되는 것이다"라며 다음과 같이 말했다.

"필자는 가끔 노 대통령이 스스로를 현직 대통령이 아니라 아직도 특정 정당의 대통령 후보인 것으로 착각하고 있는 듯하다는 느낌을 받을 때가 있다. 특히 특정 언론이 자신을 악의적으로 공격했으나 타협하지 않고 맞공격을 하여 성공했다며 '내 방식이 옳았다'고 말할 때가 그렇다. 아마 대통령은 후보 때의 경험을 바탕으로 주요 언론에 대해 대립각을 세우는 게 전체 국민의 지지를 얻어내는 데는 오히려 유리하다고 판단했을지도 모른다. 하지만 그것은 국정에 직접적인 책임이 없는 후보 때나 통하는 계산법일 것이다. 대통령이 된 이후에는 국민들이 비판 언론을 되받아쳐 공격하는 그의 태도에 박수를 보내기보다는 언론이 제기하는 비판 내용에 더 귀를 기울이는 경향을 보이고 있다. 그것은 그가 이제는 국정 전반에 대해 책임을 져야 하는 위치에 있기 때문이다."

성균관대 신문방송학과 교수이자 『동아일보』 객원 논설위원인 백선기는 『동아일보』 6월 16일자에 쓴 「언론과 바보 논쟁」이라는 칼럼에서 "한 국가의 통치권자라면 언론 매체가 자신을 지지하든 지지하지 않든 동등하게 배려해야 하는데, 대통령이 먼저 '우군(友軍)' 대 '적군(敵軍)' 식으로 편 가르기를 하여 사회 내부의 갈등을 유발하고 있는 것은 큰 문제가 아닐 수 없다"며 "정부의 활동을 비판하는 것이 주요 업무인 언론을 어떻게 '우군'과 '적군'으로 구분하여 대하려 하는지 걱정스럽기 짝이 없다"고 했다.

© www.smgc.go.kr

참여정부는 물류 대란, NEIS 논란, 노사문제, 부동산 가격 폭등, 새만금 간척 사업 등 중요한 문제 처리에서 무능을 드러냈다. 사진은 새만금 방조제 전경.

서울시립대 경제학과 교수 이근식은 『조선일보』 6월 16일자에 쓴 「이념, 구세대의 옛 노래」라는 칼럼에서 "우리는 젊은 대통령의 취임에 큰 기대를 걸었다. 그러나 지금까지 그의 업무 수행은 잘한 면도 적지 않으나 크게 보아 실망스럽다"며 다음과 같이 말했다. "화물자동차업주들에 의한 물류 대란, NEIS 강행, 부동산 가격 폭등, 노사문제, 새만금 간척 사업 등의 중요한 문제 처리에서 보여준 것은 무능과 무소신이며, 언론과 인사 문제에서 보여준 것은 편협함이기 때문이다. 이렇게 좋은 여건을 활용할 생각은 안 하고 한나라당은 여전히 구시대의 인사들이 모여서 이념 논쟁이란 흘러간 옛 노래를 제 흥에 겨워 합창하고 있다."

인하대 교수 최원식은 『한겨레』 6월 16일자에 쓴 「정책 판단의 '황금

잣대」라는 칼럼에서 "노무현 정부가 사면초가 형국에 놓였다. 정부는, 틈만 나면 물어뜯는 보수 언론을 비롯한 반대층의 조직적 교란에 그 탓을 돌린다"며 "권력의 핵심을 감시하는 큰 언론이 아니라 권력의 주변을 가십적으로 할퀴는 작은 언론이 횡행하는 현실이 한심스럽지만 이는 이미 예상됐던 일이 아닌가. 대선 직후 숨죽이던 그들이 왜 저처럼 당당해졌는지 반성거리로 삼으면 그뿐이다. 문제는 새 정부의 출현에 반대했던 계층이 아니라 지지층이 의구심 속에 비판 쪽으로 돌고 있는 사태다"고 말했다.

한양대 교수 정상호는 『한국일보』 6월 18일자에 쓴 「시민 참여 없는 참여정부」라는 제목의 칼럼에서 '참여의 과잉'이 아니라 '참여의 과소'가 여전히 문제라며 "노무현 정부는 시민의 자발적 참여 의욕을 고무하기는커녕 소진시켰고, 다양한 채널을 제공하기보다는 자꾸만 축소시키고 있다"고 했다.

신당 논의 정말 신물 난다

그러나 참여정부의 주요 관심은 여전히 신당 창당 문제였다. 『동아일보』 2003년 6월 17일자 사설 「아수라장 민주당, 여당 자격 있나」는 "민주당은 지금까지 신당 논의에 매달리느라 북핵, 경제, 노사문제 등 국정 현안에 대해 당 차원의 공식적 대책 회의 한 번 제대로 열지 못했다. 총체적 국가 위기 상황을 타개해야 할 책임이 있는 집권당이 국정에 도움을 주지는 못할망정 오히려 부담을 주고 있으니 과연 '여당' 자격이 있는지 의심스럽다. 우리 정당사상 정권 출범 초기에 집권당이 이처럼 제 역할을 하지 못한 채 '밥그릇 싸움'만 한 적은 일찍이 없었다"고 했다.

대구『매일신문』6월 17일자 사설「'민주당 이혼' 노 대통령 뜻 밝혀야」는 "지금껏 계속된 집권당의 당무회의가 국정 현안에 대한 대책 논의는 한마디도 없이 '신당'이란 의제 하나만 달랑 올려놓고 '선혈이 낭자하도록' 싸움박질이나 해댔으니 이건 여당이 아니다. 지금 국민들은 민주당의 밥그릇 싸움에 피곤하다"고 했다.

『경향신문』6월 18일자 사설「민주당 언제까지 이럴 건가」는 "민주당의 집안싸움이 갈 데까지 간 듯하다. 막말과 몸싸움이 난무하고, 심지어는 '합의 이혼' 주장까지 나온다는 보도다. 어쩌다 우리 정치 수준이 이 지경에 이르렀는지 개탄스러울 뿐이다"며 "신당 논의를 지켜본 국민들의 입장에선 배신감을 느끼기에 충분하다"고 했다. "신당 싸움이 장기화하는 것은 당정 분리 원칙을 내세우면서도 현 민주당에 대해선 불신감을 가진 노무현 대통령의 모호한 입장에도 원인이 있다. 노 대통령은 '의원 10명' 운운하는 식의 변죽만을 울릴 것이 아니라 구상이 있다면 분명히 밝혀야 한다."

『국민일보』6월 18일자 사설「신당 논의 정말 신물 난다」는 "신당을 둘러싼 민주당 내 신구주류의 갈등이 날로 험악한 양상으로 치닫고 있다. 지난 16일 열린 민주당 당무회의는 한마디로 아수라장이었으며 지리멸렬한 집권당의 현주소를 다시 한 번 적나라하게 보여주었다"고 했다.

『세계일보』6월 18일자 사설「이러고도 집권 여당인가」는 "폭력 사태로 인해 당무회의가 사실상 마비된 민주당은 집권당의 역할은 물론 정당의 고유 기능마저 상실한 '식물 정당'이나 다름없다"며 "'당정 분리'도 좋지만 민주당을 지금 이대로 방치하는 것은 나라를 위해서도 바람직하지 않다. 대통령이 소속된 집권당의 당무회의가 난장판인데 나라가 잘되겠는가"라고 했다.

『중앙일보』 6월 18일자 사설 「이 난국에 멱살잡이 신당 싸움만」은 "집권 민주당이 새 정부 출범 110여 일이 지나도록 날이면 날마다 신당 타령에 빠져 있다. 급기야 신당 추진 여부를 놓고 신구주류 사이에 멱살잡이까지 하는 추태를 벌였다. 막 출범한 새 정부의 국정 운영 방침을 뒷받침할 의정 활동과 사회 갈등의 해결에 전력투구해도 시원찮을 집권당이 국정은 팽개치고 내분으로 날을 지새는 사이 사회적 갈등이 폭발 직전에 있다. 이런 집권당이 국민 혈세로 운영된다니 기가 찬다"고 했다.

『한겨레』 6월 18일자 사설 「신당 문제 정리할 때 됐다」는 "신당을 둘러싼 민주당 안의 갈등이 마침내 폭언과 폭력이 난무하는 지경에 이르렀다. 이른바 민주 정당, 그것도 집권 여당의 공식 회의가 '용팔이식' 폭력으로 얼룩진 데 대해 개탄과 놀라움을 금할 수 없다. 한국 민주주의의 정통성을 이어받았다는 정당의 수준이 고작 이 정도인가"라고 했다.

김욱은 6월 19일 『오마이뉴스』에 올린 「추미애는 왜 노무현과 싸우는가」라는 제목의 글에서 "노 대통령은 아마 자신의 구상이 왜 신지역주의와 반역사주의로 흐르는지를 이해하지 못할 수도 있을 것이다. 이유는 간단하다. '지역'과 '역사' 문제를 해결하기 위해 '가치판단'의 문제를 제거해버렸기 때문이다. 그러면서도 그는 자신이 지역과 역사 문제를 해결하기 위한 '선한 의지(가치 판단!)'를 갖고 있다고 믿기 때문에 웬만해선 그(들)를 말릴 수가 없는 것이다"고 말했다.

『조선일보』 정치부 차장대우 김창균은 6월 20일자에 쓴 「이러고도 '민주당' 간판 달 수 있나」라는 칼럼에서 "현재 민주당 내 분란은 골육상쟁이라는 단어가 연상될 정도로 처절하다. 다시 힘을 합쳐 국사를 논하는 것이 가능할까라는 의문이 든다. 가장 심각한 문제는 그 정당이 이 나라의 국정을 앞으로 5년 가까이 책임져야 할 집권당이라는 데 있다"고 했다.

언론인 김성우는 『문화일보』 2003년 6월 20일자에 쓴 칼럼 「온 나라의 종을 울리자」에서 "대통령 선거 결과 대한민국은 하향 평준화되었다. 월드컵 4강은 아무나 우승할 수 있다, 아무나 대통령이 될 수 있다는 망상을 키웠다"며 "자기 수준의 대통령을 뽑음으로써 자기도 대통령이 될 수 있다는 자위심을 만족시키기 위해 선거가 있는 것은 아니다"고 했다. "자기 자식들에게는 최고의 교육 수준을 요구하면서 자기 수준 아닌 수준은 끌어내리려는 모순을 정당화하기 위해 선거가 있는 것도 아니다. 선거가 유희일 수도 오락일 수도 없다. 그 책임을 누가 질 것인가. 어떻게 질 것인가. 르상티망(약자의 강자에 대한 원한)으로 나라를 상대하여 복수하는 것은 나라에 대한 위해 행위다. 치열한 경쟁의 국제사회에서 수준이 폭락한 나라의 운명은 추락밖에 없다."

내년 총선이 이강철을 위한 무대인가?

변호사 김형진은 『대한매일』 6월 23일자에 쓴 「다 잘되고 있다고?」라는 제목의 칼럼에서 노무현 정권의 문제점들을 거론한 뒤 "문제는 자기들이 평지풍파의 근원인데도 이를 언론이나 남의 탓으로 돌리는 태도다"라면서 "자기들과 코드가 다른 모든 것을 악으로 돌리고 전투적인 자세를 견지하면서, 만인에 대한 투쟁을 하는 방법으로는 목표가 무엇이든 절대로 개혁을 이룰 수 없다"고 했다.

"개혁은 일단의 핵심 세력이 극단적으로 다양한 생각과 이해를 가지고 있는 다수의 국민들을 불러일으키고 설득하여, 원하는 지점으로 동원해 나가는 피곤하고 힘든 과정이다. 내 맘을 몰라준다고 투정하는 것은 철부지 행동에 지나지 않는다. 노무현 100일 동안 쌓인 여러 가지 팩트들로부터 실패의 암울한 그림자를 엿보았다고 말하는 것은 지나치게 비관적인 전망일까."

동국대 정치학과 교수 박명호는 『세계일보』 2003년 6월 23일자에 기고한 '발전적 정계 개편 되려면……' 이라는 제목의 칼럼에서 "지금까지 그들이 한 것은 오직 권력투쟁뿐이다"며 "'집권 민주당' 은 정당 본연의 기능을 하기는커녕 밥그릇 싸움에만 몰두하는 모습을 보여주었다"고 했다.

신당 지지파인 한일장신대 교수 김동민은 6월 23일 『시대소리』에 올린 「내년 총선이 이강철을 위한 무대인가?」라는 제목의 글에서 "지금 정치권, 즉 민주당과 개혁당 및 한나라당 일부 의원들의 꼴사나운 움직임을 볼 때 희망을 접어야 하지 않나 하는 생각이 짙어지는 게 사실이다. 특히 신당파의 무능하고 지리멸렬해가는 모습이 그러하다. 이제 비난의 화살은 후단협으로부터 신당파로 옮겨가고 있다. 이럴 바엔 당초 대선 직후 탈당했던 후단협 정치 모리배들을 받아들이지나 말지, 이제 와서 끌어안지도 못하면서 '살생부' 나 들먹인단 말인가? 살생부를 처음 꺼내든, 탈레반 중의 탈레반이라는 이강철의 행적을 더듬어보도록 하자"며 다음과 같이 말했다.

"살생부를 퍼뜨려 일을 한없이 꼬이게 만드는 이강철은 누구인가? 이렇게 분탕질을 칠만큼 떳떳하고 믿을 만한 사람인가? 꼭 그런 건 아닌 것 같다. 이강철은 1974년 민청학련사건에 연루돼 7년을 복역한 대구·경북 지역 재야의 상징이라고 일컬어지지만, 1997년의 대선에서는 한나라당 김부겸·김홍신 의원, 이철 전 의원, 지금은 고인이 된 제정구 전 의원 등 통추 멤버들과 함께 '신정치추진연합'을 결성하여 이회창 후보 지지를 선언한 바 있다. 나는 오히려 이 사람들과 더불어 함께 입에 오르는 이부영이나 이우재, 장기표 같은 자들이 참여하는 신당이 탄생한다면 지지하지 않을 것이다."

이어 김동민은 "그래, 정권 교체의 기회를 저지하고 이회창 후보를 지지하는 게 신정치인가? 대구를 지키며 그간이나마 지조를 지킨 점을 높이 평가하며, 정치적 활로를 모색하는 과정에서의 애로야 이해할 수도 있다. 그러나 정치적 선택에 대해서는 책임을 지는 자세를 보여야 하지 않을까? 적어도 자중하는 모습이라도 보여야 한다고 믿는다. 그런 점에서 개혁 신당을 명분으로 살생부를 심심치 않게 입에 올린 태도는 경솔하다 하지 않을 수 없다. 이런 사람에게 정치 개혁을 맡겨도 되겠는가?"라고 했다.

"지하철과 철도, 버스, 택시 등의 파업이 줄줄이 기다리고 있다고 한다. 한나라당은 방송 장악을 획책하는 한편으로 다시 특검법을 제정한단다. 이 와중에도 여당은 오로지 신당 타령만 하면 되는가? 이강철이만 대구에서 국회의원 당선되면 정치 개혁이 되고 대통령에게 힘이 될 수 있는가? 득점 찬스에서 타자가 어깨에 힘이 들어가면 십중팔구 병살타가 나온다. 먼저 마음부터 비워라. 그러면 길이 보일 것이다."

그러나 이강철이 자기만 살겠다고 한 일이었겠는가? 신당 창당에 관한 한 그는 노무현의 분신과도 같은 사람이었다.

6월 24일 추미애는 자신의 홈페이지에 올린 글에서 "신한국당과 한나라당에는 운동권 경험을 개혁의 트레이드마크인 양 십분 활용하면서 국회의원이 된 사람들이 있다. 그들은 군부독재의 법통을 이은 한나라당 안에도 개혁 세력이 있다는 대국민 선전전의 전위대로서 장식물 역할을 톡톡히 하였다. 지역주의 영남 패권 구도에 대해서는 한마디 말이 없던 그들이 군부독재 협조자들과 한목소리로 반김대중을 외쳤다. 국민의 정부로 정권 교체가 이루어지자 당황한 그들은 개혁에 어떤 힘을 보탠 적도 없다. 아니, 오히려 그들은 개혁 법안을 거부하는 데 일사분란하게 힘을 보탰던 것이다"며 다음과 같이 말했다.

"그런 그들이 아무런 양심의 가책도 없이 이제 와서 신당을 주장하며 지역주의 청산을 외치고 민주당 세력을 지역 정치 세력으로 호도하는 데 대해서 과연 사람들은 노 대통령이 주장한 그런 상식과 원칙을 느낄 수가 있을까? 오히려 염량세태와 혼란, 기회주의 처세를 느낄 따름이다. 원칙과 상식은 합리성을 추구하면서 점진적으로 이끌어갈 때 지켜지는 것이다."

대북 송금 특검 수사 기간 연장 거부

그 어떤 비난에도 불구하고 노무현과 청와대의 주된 관심은 여전히 신당 창당이었다. 6월 23일 노무현은 대북 송금과 관련된 특검의 수사 기간 연장 승인을 거부했는데, 이것도 신당 창당과 무관치 않았다. 연세대 법대 학장 박상기가 잘 지적했듯이, "이번 수사는 특검이 의도하지는 않았겠지만 결국 국내외의 다양한 DJ 반대 세력이 DJ 정권 5년을 심판하는 정치 보복 방향으로 나아가고 있다"는 시각이 유력했기 때문이다.[33] 노무현의 최종 거부가 나오기 전 대구 『매일신문』은 6월 16일자 사설에서 「특검을 '지역감정' 제물로 삼나」라는 사설을 통해 특검과 호남 지역감정을 연결하기까지 했다.

보수 신문들이 마치 약속이라도 한 듯이 6월 24일자에 일제히 게재한 다음과 같은 기사들을 어떻게 이해해야 할까?

「동교동 "이미 우릴 범죄 집단 만들어놓고선……" '노 대통령 연장 거부' 조치 불구 DJ측 시큰둥」(『조선일보』), 「DJ · 동교동 떨떠름: "특검 수용해놓고 이제 와서야……"」(『중앙일보』), 「"잔뜩 모욕 주고 나서는……" 동교동계 '연장 거부' 시큰둥 …… DJ 구체 언급 없어」(『동아일보』).

『중앙일보』 6월 24일자 [김상택 만평]은 '목포극장'에서 상영되는 영화의 제목을 "전(前) 소대장 DJ 구하기"로 달고, 감독 · 주연은 노무현이라고 했다.

반면 『한겨레』는 「DJ "알았다" 짧은 말 긴 여운」이라는 기사를 통해 "김 전 대통령은 이날 오전 비서진으로부터 보고를 받은 뒤에도, '알았다'라고만 한 뒤 입을 닫았다고 한 관계자가 전했다. 이런 반응은 그동안의 특검 수사로 이미 남북 정상회담의 역사적 의미가 크게 훼손됐다는 실망과 함께, 그나마 더 이상의 사태 악화는 막을 수 있게 됐다는 안도가 엇갈리는 복잡한 심경을 내비친 것으로 풀이된다"고 보도했다.

특검의 수사 기간 연장 승인 거부에 반대하는 보수 신문지상에는 「돈

---

33) 박상기, 「평화 공존 포기하자?」, 『시사저널』, 2003년 6월 26일, 100면.

으로 산 정상회담」이니 「추잡한 뒷거래」니 하는 기사들이 난무했다. 『조선일보』 6월 26일자 사설 제목은 '역시 돈 주고 산 정상회담이었나' 였다. 『동아일보』는 행여 『조선일보』에 뒤질세라 6월 26일자 사설 제목을 ''돈 주고 산 정상회담'이었으니'로 달았다. A3면의 머리기사는 「"경협 자금" 주장은 모두 거짓말」이었고, A6면에 실린 세종대 석좌교수 남시욱의 칼럼은 "뇌물까지 바치면서 정상회담을 구걸한 저자세 외교"라는 표현을 썼다.

『중앙일보』 6월 26일자 사설 제목은 '미완(未完)의 특검'으로 비교적 점잖긴 했지만, 다음과 같은 내용은 『조선일보』와 『동아일보』보다 한술 더 떴다. "어떤 나라의 국가원수든 타방의 정상에게 돈을 몰래 주어 정상회담을 성사시켰다는 것은 그 명분이 무엇이라 해도 국가와 국민에 대한 모독이자 치욕이다. 그럼에도 전(前) 정부 측은 여전히 궤변으로 진실을 가리려고 골몰하고 있다."

"정상회담과의 연관성을 부인할 수 없다고 판단하였음"이라는 특검의 결론을 그렇게 해석한 것이다. 특별검사 송두환이 6월 26일 "고민 끝에 수사 발표 어디에도 '(정상회담) 대가'라는 단어는 안 썼다"며 언론 보도에 문제를 제기하면서 "언론이 우리만큼도 고민하지 않고 쓰는 것 같다"고 불만을 토로했다.

특검도 면책될 수는 없었다. 변호사 최재천은 다음과 같이 주장했다. "특검은 평화통일이라는 대통령의 헌법상 의무는 무시한 채 단지 헌법의 하위법인 남북교류협력법 등에 따른 절차적 정당성이 확보되지 않았다는 이유만으로 연관성을 긍정했다. 통일 비용에는 수긍하면서도 비용 지출이 통일의 전 단계에서도 이루어질 수 있으리라는 점은 애써 부정

노무현 대통령이 대북 송금 특검의 수사 기간 연장 승인을 거부하자 보수 단체들이 성역 없는 수사를 촉구하며 시위를 벌였다.

했다."[34] 또 변호사 김형태는 『한겨레』 6월 27일자에 기고한 「특검의 세 가지 잘못」이라는 칼럼에서 특검은 표현이야 어찌됐건 '정상회담 대가론'을 불거지게 했고, 기소 범위가 지나쳤고, 책임지는 자세가 부족했다고 비판했다.

　사정이 이와 같은데도 한때 진보적 지식인이었던 정운영은 『중앙일

---

34) 최재천, 「정상회담이 '매매물' 인가」, 『시사저널』, 2003년 7월 10일, 46면.

보』논설위원 자격으로 이 신문 6월 27일자에 쓴 「놓친 버스에 대한 아쉬움」이라는 칼럼에서 특검이 과연 남북 관계를 해쳤느냐고 반문하면서 특검 기한 연장을 주장하고 나섰다.

망망대해에서 태풍 만난 배

「지금 한국 상황은 망망대해에서 태풍 만난 배와 같다」, 「대통령 말 믿을 수 있게 해야/기분에 따라 달라져선 안 돼」, 「노(盧), 난국 타개 능력 있는지 의문」 등과 같은 기사가 말해주듯이, 김수환 추기경은 『동아일보』 6월 24일자 인터뷰에서 노무현에 대해 쓴소리를 쏟아냈다. 그는 "노 대통령은 말 바꾸기를 잘하는 것 같습니다. 자신의 기분에 따라 말이 달라지는 것 같습니다. 국민 모두에게 자신의 말을 믿을 수 있게 해줘야 합니다"며 다음과 같이 말했다.

"그리고 특별히 강조하고 싶은 것은 신문을 제대로 읽으라는 것입니다. 싫어하는 신문도 읽어야 합니다. 거기에는 『동아일보』도 포함되는 줄 압니다. 노 대통령은 신문 때문에 뭐가 안 된다는 얘기를 하는 것 같은데 나는 역대 대통령들에게 항상 신문을 잘 읽으라고 얘기했습니다. 신문을 꾸준히 읽어야 민의가 어디에 있는지를 정확히 알 수 있기 때문입니다."

이에 대해 이화여대 교수이자 『동아일보』 객원 논설위원인 진덕규는 「올곧은 원로」라는 칼럼을 통해 "'양지족' 원로들의 '연출'된 장면을 보다가 김 추기경의 고언(苦言)을 접하니 '원로의 가르침이란 바로 이런 것이구나' 하는 생각을 갖지 않을 수 없다. 김 추기경께 고마움의 인사

를 드리고 싶다"고 했다.[35]

동국대 철학과 교수 구승회는 『조선일보』 2003년 6월 24일자에 쓴 칼럼 「대통령의 '색맹(色盲) 정치'」에서 "무엇 때문에 날만 새면 말싸움일까? 시기심 때문이다. 시기심이란 자기의 이득을 감소시키지 않는 타인의 행복이나 그들이 소유한 사회적 선(善)을 적대적으로 보는 심리 상태다. 이는 증오를 어머니로 해서 태어난다"며 다음과 같이 말했다.

"'하늘이 두 쪽이 나도 나는 내 길을 간다'는 타협을 모르는 독단은 비판의 불리한 결과만 생각하게 되고, 그래서 증오에 길들여지게 된다. 비판을 용납하지 못하고, 자신의 지위를 넘보는 자들을 질투로 짓밟는 시기심은 '너 죽고 나 죽자'는 식의 쌍방 불행을 요구하는 악행이다. 그런데 문제는 대통령 선거라는 대규모 투쟁에서 승리함으로써 이런 명백한 악행인 시기심을 '도덕적 의분(義憤)'으로 포장한다는 점이다. 눈엣가시 같은 언론 권력에 맞설 건설적인 승부수가 없기 때문에 권력의 경쟁적 시기심을 정의로운 분노라고 호소한다."

『경향신문』 논설위원 송영승은 6월 24일자에 쓴 「'거물(巨物) 정치'의 종언」이라는 칼럼에서 "노무현 대통령에 대한 줄기차고 격심한 논란은 그가 언론 평계를 대고 있지만 8할 정도는 스스로 초래한 것이라고 본다. 한때 '일부 언론'이라는 용어가 유행했지만 이제는 '일부'라는 수식어를 제거하는 것이 진실에 가깝다. 그 정도로 노 대통령에 대한 비판은 매체의 성격을 가리지 않고 있다. 뭔가 리더십에 문제가 있다는 징표다"고 했다.

---

35) 진덕규, 「올곧은 원로」, 『동아일보』, 2003년 6월 30일, A6면.

『내일신문』 객원 논설위원 임춘웅은 6월 25일자에 쓴 칼럼 「언론 탓이 아니다」에서 언론에 대한 "노무현 정권의 과장된 피해 의식"을 비판했다.

『내일신문』 고문 주섭일은 6월 26일자에 쓴 「'노통 코드' 장애물임을 깨달아야」라는 칼럼에서 "신주류가 벌써부터 대통령에게 아첨해 국민을 구토하게 만든다. 노무현 측근이 나라종금 비리 사건으로 형사처벌되자 관대한 처분을 요구하는 등의 이지러진 모습은 꼴불견이다. 대북송금 의혹 사건 특검 연장 반대를 당론으로 정해 대통령에게 압력을 가함으로써 진실 은폐에 급급하는 반민주적이며 반도덕적 작태마저 보였다. 민주당은 노무현 정권 등장 후 대통령에 아첨하기와 신구주류 간 싸움질한 것밖에 없다고 해도 과언이 아니다"며 다음과 같이 말했다.

"국가 경영을 제대로 준비하지 못한 소수 폐쇄적 패거리가 나라를 어디로 끌고 가는가. 노무현 정권을 최후의 개혁 세력으로 기대했고 그래서 필자는 신당 창당의 필요성을 역설했었다. 그런데 벌써부터 싹수가 노랗다. 김영삼도 김대중도 제왕적 대통령으로 지역주의와 끝없는 권력형 부패를 저지른 악의 유산을 남겼기에 마지막으로 노 정권에 일말의 기대를 걸었다. 그런데 '대통령 형님'의 부동산을 둘러싼 지저분한 잡음과 측근 염모와 안모가 비리 사건으로 구속되거나 기소되는 모습에서 구정권과 오십보백보임을 알았다."

주섭일은 "민주당은 신당에 매달리기보다는 국민 여론을 수렴해 정책을 국정에 반영하는 정당 본래의 모습을 되찾아야 한다", "집권 세력은 특히 검소하고 정직하며 성실하고 진솔한 생활 태도로 모범을 보여야 한다", "노 대통령은 코드가 장애물임을 깨달아야 한다"고 주장했다.

연세대 교수 조영일은 『문화일보』 6월 26일자에 쓴 칼럼에서 "'그는 대통령이 되지 않는 것이 좋았다' 는 여인네도 어루만져주고 '당신은 통치를 포기하려는가' 라며 대드는 남정네도 쓰다듬어주며, '4·19 혁명 직후의 민주당 정권 시대' 가 현 정치 상황과 비슷하다는 어느 원로의 의견도 새겨듣는 대통령을 우리는 기대한다"고 했다.

2003년 6월 26일 정신문화연구원 개원 25주년 학술 대회에서 정윤재는 노무현의 직설 화법은 마음속의 '화(火)' 에서 나오는 것인데, 이는 성장 과정에서 한국 정치에 대해 가졌던 문제의식과 3남 2녀 중 막내로서의 '두고 보자' 는 식의 심리적 특성 때문이라고 주장했다.

2003년 6월 27일 『문화일보』 논설위원 윤창중은 미국 대통령 클린턴이 첫 번째 대통령 임기 초반을 망친 것은 후보 시절 거리에서 햄버거를 우적우적 씹어 먹으면서 해진 반바지를 입고 조깅했던, 그 평범한 친구나 동네 아저씨 이미지가 대통령이 된 뒤에도 그대로 연결됐기 때문이라는 미국의 정치 자문가 딕 모리스의 주장을 거론하면서 이를 노무현의 문제와 연결했다.

"얼마 전 노 대통령은 특검 수사 연장 요청 거부라는 국가적으로 큰 결심을 내린 사실을 동네 사람들과 배드민턴을 친 뒤 정자에 앉아 쉬면서 털어놓는 모습이 TV 뉴스로 나왔다. 노 대통령의 가벼운 언행이 또 노출되었다. 대통령은 최고 지도자의 느낌을 주어야 한다는 점을 정말 청와대는 아직도 모르고 있는가."[36]

---

36) 윤창중, 「대통령과 '막내 의식'」, 『문화일보』, 2003년 6월 27일, 7면.

노무현의 카오스 이론

『조선일보』6월 26일자에는 머리기사로 「"지역주의 맹주(盟主), 신당 참여 안 돼" 유인태 수석, 한화갑·박상천 정면 비판」이 실렸다. 이 기사는 "청와대와 민주당의 신주류 고위 인사들이 신당 창당에 반대하고 노무현 대통령의 국정 운영에 대해 비판해온 구주류 인사들을 '지역주의에 안주하려는 사람들'이라고 정면으로 비판하고 나섰다"며 다음과 같이 말했다.

"청와대 유인태 정무 수석은 25일 기자와의 전화 통화에서 '신당을 하자는 것은 지역주의를 넘어서는 정당을 만들자는 것인데 지역주의에 안주하거나 맹주가 되려는 사람은 신당에 참여할 자격이 없다'고 말했다. 유 수석은 '누구를 겨냥하는 것은 아니다'라고 전제, '그러나 지역주의를 자신의 정치적 입지를 위해 활용하려는 유혹에서 벗어나지 못하는 사람들이 있다'고 공격했다. 청와대 내에선 유 수석의 이 언급을 최근 신당 창당에 반대하면서 '표 얻으려면 탈(脫)노무현 해야 할 판'이라고 노 대통령을 비판한 민주당 한화갑 전 대표와 박상천 최고위원, 정균환 등 구주류 핵심 인사들을 염두에 둔 것으로 해석하고 있다."[37]

유인태는 6월 27일에도 구주류 인사들에 대한 공격에 나섰다. 그는 기자들에게 신당의 공천 방식과 관련, "기존의 당원 대의원만으로 공천을 하겠다는 민주당 구주류의 발상은 어불성설"이라고 비판하면서 "한나라당도 국민 참여형 공천을 하겠다는데 우리가 후퇴한다는 게 말이 되느냐"고 따졌다.[38]

---

37) 신정록, 「"지역주의 맹주(盟主), 신당 참여 안 돼" 유인태 수석, 한화갑·박상천 정면 비판」, 『조선일보』, 2003년 6월 26일, A6면.

이에 맞장구를 치듯, 노무현 대통령도 6월 27일 관리직 여성 공무원 142명을 청와대로 초청해 오찬을 함께한 자리에서 "지금 정치 현실은 마지막 몸부림, 마지막 혼돈"이라고 규정하면서 "그러나 지난 대선에서 봤듯이 혼돈이 극에 달하면 새로운 질서가 된다"고 주장했다.

노무현의 이런 생각에 '카오스 이론'이라는 이름을 붙일 수 있겠다. 노무현의 대통령 당선은 그런 '카오스 이론'의 덕을 꽤 보았기 때문에 노무현이 '카오스 이론'에 애착을 갖는 건 이해할 수 있는 일이었지만, 대통령 후보와 대통령은 입지가 다르다는 것이 문제라면 문제였다.

『국민일보』 정치부장 김진홍은 6월 27일자에 쓴 「민주당부터 추스려야」라는 칼럼에서 노무현에게 "전국 정당에 대한 집착을 버리고 민주당부터 추슬러 국정의 안정적 운영에 전념해달라"고 건의했다. 그러나 그는 그런 건의를 하면서도 노무현이 이 건의를 수용할 소지는 희박할 것이라고 말했다. 그는 청와대 고위 관계자의 말을 빌려, 무엇보다 노 대통령은 민주당 구주류를 다독일 생각이 없다고 했다.

청와대 고위 관계자는 "민주당에서 국정의 안정적 운영을 위해 노 대통령에게 이런저런 것들을 건의한다고 상정하면 노 대통령이 뭐라고 할 것 같으냐"며 "아마 '너희나 잘해'라고 할 것"이라고 딱 잘라 말했으며, 이어 "노 대통령은 총선이나 자치단체장 선거 때 부산에서 몇 차례 출마해 낙선하는 등 무리할 정도로 도전을 거듭하다 결국 대통령이 됐다"며 "노 대통령이 민주당에 바라는 것은 자신과 같은 도전 정신으로 지역주의에 도전, 전국 정당을 실현해달라는 것"이라고 말했다는 것이다.

---

38) 고태성, 「유 수석 신당 발언 배경 궁금」, 『한국일보』, 2003년 6월 30일, A6면.

노무현의 대통령 당선은 통추 이념의 성공

유인태의 발언에 대해 박상천은 격분했다. 박상천은 6월 30일 반격에 나서면서 분을 이기지 못해 '그 자식'이라는 말까지 썼다. 그는 국회에서 기자들과 만나 "그 자식은 신문도 안 보느냐"고 거칠게 말문을 열었다. 그는 "유 수석이 '구주류는 자신들이 고른 대의원들로 총선 후보를 뽑자는 것'이라고 말했던데 이는 사실과 전혀 다르다"면서 "유 수석이 그동안 우리가 기자회견을 통해 밝힌 공천 방식을 알아보려고 하지도 않았다는 얘기 아니냐"고 주장했다. 그는 "정무 수석이라는 사람이 그렇게 당 돌아가는 상황에 대해 보고도 받지 않고, 알려고도 하지 않는데 어떻게 일이 풀리겠느냐"고 일갈했다. 그는 "정무 수석은 정국을 해소해야 할 책임이 있는 사람인데 기자회견문 하나 읽을 성의가 없느냐"며 "청와대가 정말 걱정된다"고 덧붙였다.[39]

박상천은 중도파가 제안한 '선(先) 당 개혁, 후(後) 통합 신당' 방식을 신주류가 전향적으로 검토키로 한데 대해 "당 밖에 신당을 만든 뒤 민주당과 일대일 합당하자는 건데, 그렇게 되면 신당의 진보 세력 50%, 민주당 내 진보 세력 25% 등 신주류 지지 세력이 75%를 차지하게 돼 민주당은 사실상 해체되고 만다"고 부정적인 입장을 밝혔다.[40] 박상천의 이런 반격이 『한국일보』와 『국민일보』에만 실렸다는 게 흥미롭다. 이미 대세는 대통령을 소유한 신당파 쪽으로 기울고 있었다는 걸 말해주는 건 아니었을까?

『전라일보』의 서울팀장인 유승렬은 "이번 한나라당 대표 경선에서 선

39) 『한국일보』, 2003년 7월 1일.
40) 『국민일보』, 2003년 7월 1일.

전을 했지만 석패를 한 영남 출신의 한 후보가 이런 발언을 했었다. '당 대표가 된다면 우리 정치사의 최대 현안인 지역감정 해소, 한나라당의 전국 정당화를 위해 비례대표 의원 정수의 60%를 호남 출신 인사들에게 배려하겠다' 라고. 현실성의 여부를 떠나 그 소식을 접한 호남인들은 큰 충격을 받았다" 며 다음과 같이 말했다.

"호남 지역의 대의원 표를 노린 것일 수도 있지만 그 후보가 처음부터 당선권은 아니었다는점에서 그의 발언은 참으로 많은 것을 생각케 했다. 지금의 민주당 간판으로는 영남에서 표 안 나오니 쪼개고 부셔야 한다는 논리와 한나라당 불모지인 호남에 비례대표 60% 줘서 민심을 잡겠다는 약속 중 어느 것이 더 설득력이 있고 또 현실적인 대안이 될 것인지 깊이 생각할 수 있게 한 발언이기 때문이다."[41]

여권의 신당 창당은 '인적 청산'과 더불어 영남에 '보여주기'의 목적이 컸기 때문에 '현실적인 대안'의 모색은 애초부터 논외였다고 보는 게 옳으리라. 노무현과 그 일행의 꿈은 국민통합추진회의의 부활이었다. 1996년 당시 통추 3인방은 김원기, 노무현, 김정길 등이었는데, 통추의 대표를 맡았던 김원기는 "노무현의 (대통령) 당선을 통추 이념의 성공"이라고 했다.[42] 이제 남은 건 통추 이념의 제2차 성공이었고, 그건 바로 신당 창당이었다.

---

41) 유승렬, 「한나라 동서화합 복안 있나」, 『전라일보』, 2003년 6월 28일.
42) 윤석진, 「와이드 인터뷰/노무현 당선자의 '정치적 사부' 김원기 정치 고문」, 『월간중앙』, 2003년 2월, 80쪽.

'개혁파' 의원 5명 한나라당 탈당
국민통합추진회의의 부활

'하로동선'의 부활

국민통합추진회의(통추)란 무엇인가? 통추는 1995년 정계에 복귀한 김대중 전 대통령이 국민회의를 창당하자 합류를 거부했던 인사들의 결사체였다. 3김 청산, 지역주의 타파라는 철학으로 모여 자신들이 먼저 분열했다. 1997년 대선 때 노무현 현 대통령과 김원기 통추 대표, 유인태, 김정길, 원혜영 등은 정권 교체(DJ) 쪽에 몸을 실은 반면 김부겸, 김홍신, 김원웅, 이철, 박계동 등은 3김 청산(한나라당) 쪽을 선택했다. 이후 몇 차례의 헤쳐 모인 끝에 통추 멤버들은 민주당, 한나라당, 개혁국민정당, 국민통합21 등으로 뿔뿔이 흩어졌다.

『중앙일보』 2003년 7월 1일자는 "옛 국민통합추진회의(통추) 멤버들이 재결합을 앞두고 있다"며 "김부겸 의원 등 한나라당 통추 멤버들이 탈당을 기정사실화함에 따라 재결합이 초읽기에 들어갔다"고 했다. 이 기사는 "통추의 복원에는 '유인태-이철' 라인이 가교 역할을 한 것으로 알려지고 있다. 이철 전 의원은 지난 4월부터 한나라당 탈당파 의원들이 신당 창당을 논의할 때 줄곧 합석해왔으며, 유 수석과도 자주 접촉한 것으로 전해졌다. 두 사람은 서울대 사회학과 68학번(유 수석)·69학번(이 전 의원)으로 민청학련 사건 때 사형선고를 같이 받았다"며 다음과 같이 말했다.

"한나라당 통추 멤버들은 이번 기회에 자신들이 주축이 돼 정동영, 천정배, 신기남 의원 등 민주당 신주류를 끌어내겠다는 구상이다. 신당이 성사된다면 통추와 민주당 신주류, 김근태, 이부영, 장기표, 이우재 의원 등 재야 출신이 세 축이 될 전망이다. 변방을 떠돌면서 빛을 볼 것 같지 않던 통추가 이젠 정계 개편의 진원지로 떠오른 것이다. 노 대통령 등 통추 출신들이 출자해 '당장은 쓸모없지만 세상이 변하면 유용하다'는 취지로 만든 '하로동선(夏爐冬扇)'이라는 음식점 이름을 연상시키는 대목이다."[43]

유시민이 '하로동선' 이념의 돌격대장으로 나섰다. 그는 7월 1일 일부 민주당 의원을 지칭하며 "대통령의 지지도가 오를 때는 편승했다가, 지지가 떨어지니까 돌변해 비판을 퍼붓는 사람한테는 침을 뱉어주고 싶다"고 했다. 그는 "지금 노 대통령이 어려움을 겪는 것은 여당이 국민과 대통령 사이의 완충지대 역할을 못하고, 대통령이 직접 대중과 '맞장'을 뜨고 있기 때문"이라며 민주당 신주류에 '신당 결행'을 촉구했다. 그는 민주당 구주류가 노 대통령에게 신당 관련 입장 표명을 요구하는 것은 "DJ의 양자를 하든지, 배신자를 하든지 양자택일하라는 억지"라고

---

43) 강민석, 「'통추' 옛 멤버들 다시 손잡는다」, 『중앙일보』, 2003년 7월 1일.

비난했다. 그는 철도 파업을 맹비난하고 "공권력 투입은 어쩔 수 없는 일"이라면서 "진정한 지지자라면, 대통령이 어려울 때 막아주지는 못할 망정 다른 사람들과 똑같이 돌을 던져서는 안 된다"고도 했다.[44]

신당 문제에 관한 한 노무현에게는 입이 없었던 걸까? 왜 이렇게 유시민과 같은 측근 인사들이 나선 걸까? 『국민일보』 기자 김호경은 7월 2일 자에 쓴 「당정 분리 공허하다」라는 칼럼에서 "노 대통령은 과거 대통령이 당 총재를 겸임하면서 전횡을 일삼았던 데 대한 반성 차원에서 당정 분리를 강조하는 것으로 보인다. 그 취지는 충분히 공감하지만 이제 재고할 때가 된 것 같다"며 노무현이 이제 신당 문제를 정리해야 할 필요성으로 다음 세 가지를 말했다.

"첫째는 책임감의 문제다. 여당을 실질적·상징적으로 대표하는 노 대통령이 신당 분란으로 인해 수시로 난장판을 연출하고 '최악의 식물 여당'으로 전락한 민주당을 더 이상 나 몰라라 하는 것은 무책임하다는 지적이다. 국정 운영에 있어 필수 불가결한 국회의 협조는 집권당의 적극적인 뒷받침이 있어야 가능한 것인 만큼 민주당의 극심한 분란을 방치하고 있는 노 대통령의 자세는 자칫 국민에게 그 피해가 돌아갈 수 있다."

"둘째, 실효성의 문제다. 노 대통령 본인이 이미 '내가 속한 정당이 단 10석을 얻는 데 그치더라도 전국 정당을 지향하겠다', '신당에 대한 내 마음은 뻔하다'고 공식·비공식 자리에서 신당의 방향을 제시한 것이 언론에 보도됐다. 더 이상 침묵의 실효성이 없다는 얘기다. 게다가 본인

44) 김상연, 「"대통령에 돌 던지지 말라": 유시민 의원, 철도 파업 맹비난 "공권력 투입은 어쩔 수 없는 일"」, 『대한매일』, 2003년 7월 2일, 4면.

은 입을 다물지언정 주변 인사들이 노 대통령의 심중을 외부에 흘리고 있다. 유인태 청와대 정무 수석은 민주당 구주류를 비난하면서 '대통령 뜻은 묻지 않아도 아는 것 아니냐'고 기자들에게 말했다. 문희상 비서실장은 '개혁은 하되 다 같이 했으면 하는 것이 대통령의 뜻 아니겠느냐'고 말한 바 있다. 더 이상 노 대통령의 의중을 국민이 '스무고개' 식으로 헤아려야 한다는 것은 피곤한 일이다."

"셋째, 일관성의 문제다. 노 대통령은 국정 전반에 걸쳐 '특강 정치'까지 펼치며 다변을 쏟아내고 있다. 그런데 유독 신당 문제에 대해서만 입을 다문다는 것은 이해하기 어렵다. 자신에 대해 대통령직 하야 운운하며 탄핵 공세까지 벌인 야당은 '상생의 정치'를 이유로 끌어안으려 하면서 유독 여당에 대해서만 오불관언하고 있다."

구주류는 궐기, 신주류는 골프

2003년 7월 2일 추미애는 의원회관에서 가진 기자 간담회에서 "노무현 대통령이 과거 영남 출신이라는 이유로 당에서 많은 혜택을 누리고도 대통령에 당선되자 당을 국정 운영에 별다른 도움도 되지 않으면서 귀찮게 하는 존재 정도로 생각하는 것 같다"며 "내가 등을 돌린 게 아니라 노 대통령이 당을 버린 것"이라고 했다. 그는 "노 대통령은 대선 때 공약으로 내건 주요 정책에 대해 당 여론에 귀 기울이지 않고 있다"면서 "지난 3개월 동안 당은 메아리 없는 일방적 구애를 한 데 불과하다"고 했다. 그는 "DJ 정권 인물들은 가만 놔둬도 물러날 사람들인데 이 정부가 철저히 정리하려고 나서고, 신주류 소장파가 인적 청산을 외치는 바람에 그들에게 희생의 기회만 줬다"고 했다.

또 그는 노무현의 노동 정책에 대해선 "춘투~하투가 많은데 노 대통령이 원칙 없이 공권력 투입 등 강경한 방침보다는 지지 계층에게 '경제가 어려운데 참아달라'고 호소를 했어야 했다"며 "자신은 골프를 치고 재벌 총수들과 삼계탕을 먹으면서 '2만 달러 시대'를 얘기한다면 지지 계층이 계층 갈등을 느낄 수도 있는 것 아니냐"고 말했다. 또 그는 공권력을 투입하기에 앞서 "노동자들과 충분한 인식의 공유가 이뤄졌어야 했다"고 비판했다.[45]

민주당 의원 한화갑도 『주간조선』 7월 3일자 인터뷰에서 자신이 노무현을 만나기 위해 몇 번 면담 신청을 했지만 받아들여지지 않았다고 했다. 그는 "내가 청와대 비서실장에게 전화로 부탁했다. 그런데 답이 없었다. 그래서 다시 전화를 걸어보니 비서실장 말이 '정무 수석에게 얘기했다'는 것이었다. 그 후에 아무런 연락도 못 받았다. 만일 면담이 이뤄졌다면 신당에 대한 대통령 생각이 무엇인지를 확인하고 싶었다. 그리고 당의 발전을 위해 내가 생각하는 몇 가지 안(案)을 제시하려 했다"고 말했다.[46]

민주당 의원 김경재는 『대자보』 및 『시대소리』 7월 3일자에 실린 장신기와의 인터뷰에서 노무현의 최측근 이강철에 대해 "1997년 대선 때 그는 분명히 이회창을 밀었는데, 민주당에 들어와 호남을 극복하고, 인적

45) 박정철, 「노, 당(黨)서 혜택 누리고도 당선되자 귀찮게 여겨」, 『한국일보』, 2003년 7월 3일; 「"민주당 단물 먹은 노 대통령 당선 후 등 돌리고 나 몰라라"」, 『세계일보』, 2003년 7월 3일; 방성수, 「"노 대통령, 민주당 단물 먹고도 당선된 뒤엔 당을 귀찮게 생각"」, 『조선일보』, 2003년 7월 3일.
46) 조성관, 「단독 인터뷰/한화갑 민주당 전 대표: "이대로 가면 '탈(脫)노무현'이야"」, 『주간조선』, 2003년 7월 3일, 47면.

청산을 해야 한다고 말하는 것은 어불성설이다. 적어도 노무현 대통령을 따르는 사람이라면 겸손할 줄 알아야 한다고 생각한다"고 말했다.

민주당 내분에 대해 『문화일보』 7월 3일자 사설 「구주류는 궐기, 신주류는 골프」는 "어제 민주당 구주류는 광주에 내려가 '반노(反盧) 궐기대회'를 열었고, 신주류 핵심 십수 명은 평일인데도 골프장으로 우르르 몰려가 '이젠 마이웨이다'며 신당 창당을 외쳤다"며 "구주류가 주최한 대회는 말만 공청회일 뿐 사실은 '호남당 출정식'에 가까워 보였다. ……신주류 역시 평일인데도 버젓이 골프장에 나가 라운딩을 하는 것은 권력에 취해 있지 않았다면 감히 하기 어려운 일이다. 국민이 욕해도 별 신경을 쓰지 않겠다는 것이다"고 했다.

대통령이 미덥지 않다

『동아일보』 2003년 7월 2일자 인터뷰(A10면 전면 인터뷰 기사)에서 강원용 목사는 노무현에게 "마지막으로 언론에 대한 태도를 바꿔야 합니다. 비판적 신문은 반드시 읽고 소화를 할 수 있어야 합니다. 이건 박정희 대통령도 했던 일입니다. 아침에 일어나면 다른 일에 앞서 신문의 얘기를 경청해야 합니다"라고 말했다.

한림대 교수 김영명은 『한국일보』 7월 3일자에 쓴 「대통령은 권위를 세워야」라는 칼럼에서 "지금 많은 국민들이 대통령을 얕잡아 보고 있다. 조롱 투도 난무한다. 이는 기득권층이 자기 계급에 미달하는 '서민' 대통령을 배척하는 이기심과 시기심의 발로이기도 하다. 주류 보수 언론의 태도가 바로 그렇다. 그러나 원인을 대통령 자신이 제공하기도 했다는 점은 아무도 부인할 수 없다. 아직도 대통령은 국가원수나 국민의 선도자라기보다는 비밀결사 단원이나 야당 국회의원 같이 행동하고 있다"고 했다.

한국사회여론연구소장 김헌태는 『문화일보』 7월 5일자에 쓴 「'대통령이 미덥지 않다'」는 칼럼에서 "언론을 탓하는 소리도 들린다. 국민이 언론에 대한 비판 능력이 없다고 생각해서는 안 된다. 정작 노 대통령 본인이 적대적 언론의 견제에도 불구하고 승리했다고 생각하는 건 아닌가. 대통령이 너무 나설 일이 아니다"고 했다.

국민대 교수 조중빈은 『중앙일보』 7월 5일자에 쓴 칼럼 「'참여'가 능사 아니다」에서 "문민정부 포퓰리즘의 원조는 김대중 대통령이 아니었나 생각된다. 그래도 그때는 포퓰리즘이 내면화되었다기보다 전략적 선택이라는 측면이 강했다. 포퓰리즘의 구사도 기술적 차원에 머물러 있었고, 심사숙고의 필요성을 부정하는 정도는 아니었다고 본다. 그런데 작금의 포퓰리즘은 전략적 선택이라기보다 내면적 가치의 발로라는 생각을 갖게 한다"고 했다.

『문화일보』 논설 주간 윤구는 7월 7일자에 쓴 「보수·진보로 가는 게 어떨까」라는 칼럼에서 "DJ 집권 5년이 우리 정치사에 기여한 것 중 가장 값진 것은 이 나라에 진보가 자리할 토양을 만든 것이다"며 "노무현 대통령도 DJ가 없었다면 있을 수 없는 존재다. DJ가 만들고 노무현이 승계한 그 민주당에서 지금 DJ 직계와 노무현 패가 갈라져 신당이니 분당이니 하고 있다. 신당 패들은 개혁적인 신당을 만들어야 한다며 DJ 직계들은 빠지라고 한다"고 했다.

"문제는 DJ가 바로 '진보'인데 DJ 직계를 빼고 만들려는 뜻이 어디에 있는가다. 국민 정당을 강조해 노무현 출신지인 PK(부산·경남) 지역을 아울러 보자는 뜻일 게다. 호남도 DJ 직계만 빼면서 나머지는 좀 살려나가고 PK도 아우르면 국민 정당이 되지 않겠나하는 아이디어다. 꿩 먹고 알 먹자는 식이다. 세상이 자기 뜻대로 다 될 수는 없다. 신당 패들은 여기서 하나를 잡아야 한다. 이념이냐 지역이냐. 같은 진보인 DJ 직계를 빼고 새 진보를 표방하며 중도 개혁 운운하는 것은 논리적으로 맞지 않다."

'개혁파' 의원 5명 한나라당 탈당

2003년 7월 7일 '개혁파' 의원 다섯 명(이부영, 이우재, 김영춘, 안영근, 김부겸)이 한나라당을 탈당했다. 이와 관련, 『조선일보』(2003년 7월 8일)는 "7일 한나라당에서는 희한한 장면이 연출됐다. 소속 의원 5명이 자신이 몸담았던 당을 전면 부정하고 탈당하는 '사태'가 벌어졌지만 조용하기만 했다"며 다음과 같이 말했다.

"그들은 지난 대선에서 그렇게 정권을 맡겨달라고 호소하던 당을 '냉전적 극우 정당', '미래가 없는 지역주의 정당'이라고 했고, 6개월 만에 최병렬 체제가 들어서자 '도로 민정당'이라고 힐난했다. 거기에서 그들은 탈당의 명분을 찾았다. 그런 근본적인 존재 부정의 '극언'을 쏟아내며 소속 의원들이 집단으로 떠나가는데도, 비난도 흥분도, 그렇다고 비장한 각오도 보이지 않고 '건승'을 기원하는 한나라당은 무감각한 것인가, 스스로 부끄러워 아무 말도 못하는 것인가."[47]

『조선일보』7월 8일자 사설 「탈당 의원들은 행선지를 밝혀라」는 "이

2003년 7월 7일 '개혁파' 의원 다섯 명이 지역주의 타파와 정치 개혁을 내세우고 한나라당을 탈당했다.

번 탈당 의원들은 한나라당을 때로 극우 정당이란 말로 비판해온 사람들이고 결국은 이들이 새로 만들어질 '대통령당'에 합류할 것이란 예상도 많다. 그렇다면 솔직하게 '진보적 대통령 정당'이란 가치를 분명히 하는 게 정치인다운 태도일 것이다"고 했다.

『중앙일보』 7월 8일자 사설 「탈당·신당 …… 정치 혼돈 이젠 끝내라」는 "우선 탈당 의원들은 국민의 시선이 그렇게 호의적이지 않다는 것을 유념해야 한다. 그들이 당초 한나라당을 선택할 때 한나라당이 어떤 정당인지 몰랐다는 말인가. 또 한나라당이 집권했다면 과연 그들이 탈당했을지 많은 국민은 의문을 갖고 있다"며 "탈당 의원들은 이런 비판을 수용하는 바탕 위에서 새 정치 세력 결집에 미력이나마 보탠다는 겸허한 자세를 갖기 바란다. '우국충정'이나 '비장한 각오' 운운하면 그들

---

47) 허용범, 「기자수첩: 희한한 '탈당(脫黨) 풍경」, 「조선일보」, 2003년 7월 8일.

의 작은 뜻마저 비웃음의 대상으로 전락하고 말 것이다"고 했다.

7월 9일 이부영이 민주당을 비하하며 "신당은 호남당과 부패 정당까지 승계할 수 없다"고 발언한 사실이 전해지자 민주당이 분노했다. 장전형 민주당 부대변인은 "자신의 표현대로 '영남당'에서 6년간이나 몸담았던 사람이 이제 와서 '영남당, 호남당' 하면서 부정적인 과거를 지우고 독야청청하려 한들 어떤 국민이 믿겠느냐"면서 "본인의 과거를 한번 돌아보고 양심이 있으면 가슴에 손을 얹고 자숙하기 바란다"고 비난했다. 김재두 부대변인도 "양지를 좇아 이회창의 우산 속에 들어가 정치 개혁을 사사건건 발목 잡더니 지금 무슨 자격으로 지역주의와 부패 청산을 말하느냐"며 "기회주의적 작태를 하는 자가 정치권에서 사라지는 날 진정한 정치 개혁이 앞당겨질 것"이라고 비난했다.[48]

『내일신문』 7월 10일자는 "집권 여당을 포기한 민주당의 직무 유기에 국민들이 화났다. 민주당의 뇌사 상태는 하루 이틀의 일이 아니다. 지난해 대선이 끝난 뒤부터 집권 여당의 면모는 찾을 길이 없다. 이미 반 년 이상을 신당 논쟁으로 허비하고 있는 실정이다"며 다음과 같이 말했다.

"'신구 주류 갈등은 지긋지긋할 정도'라는 얘기가 곳곳에서 들린다. 오죽하면 민주당 홈페이지에선 네티즌들조차 양쪽으로 갈려 연일 사이버 논쟁을 하고 있다. 7월 들어서는 더욱 가관이다. 가뜩이나 어려운 체감 경기 속에서 민생과 직결된 추경을 비롯해 특소세, 특검법 논란 등 정책 현안이 쌓여 있는 데도 불구하고, 민주당은 '공식 일정 없다'는 말밖에 없다. 신당 논란을 위한 회의는 하루에도 수차례씩 하면서, 정작 집권

---

48) 장호경·김덕수, 「"이부영 의원은 양지 좇던 사람 무슨 자격으로 우리 비난하나"」, 『국민일보』, 2003년 7월 10일.

당의 책무를 위해선 회의 일정조차 못 잡는 실정이다."⁴⁹⁾

한림대 교수 전상인은 『조선일보』 7월 10일자에 쓴 「완충 지대 없는 사회」라는 칼럼에서 "최악의 상황은 노무현 정부 스스로 포퓰리즘의 달콤한 유혹에 자꾸 넘어가는 경우에 예견된다. 그것은 각자의 소리(小利)만 좇다가 우리 모두의 대의(大義)를 잃어버리는 일이다. 그래도 기왕 가던 포퓰리즘의 길을 재촉할지, 아니면 다른 길을 한 번 시도해볼지는 물론 현 정권의 선택이다"고 했다.

2003년 7월 11~12일에 실시된 『한겨레』 여론조사 결과에 따르면, 노무현의 국정 운영에서 문제점이 무엇이라고 보느냐는 질문에 전체 응답자의 30.3%가 '대통령에게 어울리지 않는 말과 행동'을 꼽았다. 한나라당 지지자들의 39.7%가 '대통령의 언행'을 가장 큰 문제점으로 꼽았으나, 민주당 지지자들은 '여야 정치권 통합 능력 부족'(25.7%), '대통령의 언행'(23.7%), '사회집단 간 갈등 해결 방식'(21.1%) 등의 순서로 답했다.

이 조사에서 '민주당이 어떻게 바뀌는 것이 낫다고 생각하느냐'는 물음에 '신당을 만들지 않고 민주당을 개혁한 뒤 외부 인사를 영입하는 리모델링 방식'을 지지하는 응답자가 50.5%로 가장 많았다. 반면 '민주당의 개혁 세력과 외부 개혁 세력이 결합하는 개혁 신당'과 '민주당 전체와 외부 세력이 결합하는 통합 신당'에 대한 지지는 각각 17.7%와 15.5%에 그쳤다. 광주와 전남 · 북 유권자 408명을 상대로 한 별도의 조사에서도 리모델링 56.1%, 통합 신당 15.4%, 개혁 신당 14.2%로 나타났

---

49) 정재철, 「민주당 뇌사 …… "분통 터진다"」, 『내일신문』, 2003년 7월 10일, 1면.
50) 김보협, 「개혁신당? 글쎄요 정치 참여? 좋지요」, 『한겨레』, 2003년 7월 14일, 5면.

다.[50] 그러나 '대통령 공화국' 인 한국에선 대통령의 뜻이 확고한 이상 호남의 여론도 점차 신당 창당을 선호하는 쪽으로 바뀌게 된다.

'희망돼지'는 어디로 갔나
노무현의 대선 자금 논란

대선 자금 논란

2003년 7월 11일, 굿모닝시티 대표 윤창열 씨에게서 4억여 원을 수수한 혐의를 받고 있던 정대철 민주당 대표가 지난 대통령 선거 과정에서 기업체에서 모금한 10억 원을 당에 전달하고, 대표 경선 때도 6억~7억 원을 썼다고 밝히면서, 대선 자금 모금과 경선 과정에서의 불법 정치자금 등 의혹이 새로운 쟁점으로 떠올랐다. 정치권에서는 정 대표가 자신의 금품 수수와는 직접 관련이 없는 대선 자금 문제를 꺼낸 것을 두고, 청와대와 민주당 등 여권 전체에 대해 일종의 '경고 메시지'를 보낸 게 아니냐는 풀이가 많았다. 특히 나중에 번복하긴 했지만 정 대표가 "'돼지 저금통' 외에 대선 자금을 200억 원 모금했다"고 말한 것은, 상황 전개에 따라 대선 자금이라는 '판도라의 상자'를 열 수도 있다는 뜻을 내비친 게 아니냐는 것이었다.[51]

정대철은 '대선 자금 200억 원' 폭탄 발언을 쏟아낸 7월 11일 저녁 민

정대철 민주당 대표가 희망돼지 외에 대선 자금을 200억 원 모금했다고 밝혀 대선 자금과 관련된 논란이 일어났다.

주당 고문 김원기, 청와대 정무 수석 유인태, 비서실장 이낙연 등과 만나 자정이 넘도록 술을 마시면서 "얼마나 억울했던지 통한의 눈물까지 보였다." 또 12일 저녁엔 민주당 고문 김상현 등을 만나 "검찰이 정치자금을 마치 뇌물인 양 언론에 흘리는 것은 용납할 수 없다"며 강한 불만을 터뜨렸다.[52]

『한국일보』 7월 14일자는 "민주당 신주류는 최근 정대철 대표의 비리 의혹과 대선 자금 파문에도 불구, 신당 논의를 이유로 연일 골프 회동을 갖고 있어 주변의 눈살을 찌푸리게 하고 있다"고 했다.[53]

51) 정광섭, 「정 대표 '폭로' 정치권 파문/여권 대선 자금으로 불똥 튀나」, 『한겨레』, 2003년 7월 12일, 3면.
52) 고태성, 「정 대표 '폭탄 발언' 왜: 청(靑) 수사 방관에 섭섭함 느껴」, 『한국일보』, 2003년 7월 14일, A2면.
53) 배성규, 「신주류 연일 골프 회동」, 『한국일보』, 2003년 7월 14일, A5면.

『한국일보』이사 장명수는 7월 14일자에 쓴 칼럼 「서민의 지갑을 턴 '정치자금'」에서 "제도 개혁 없이, 돈 드는 정치 풍토의 개선 없이 정치 부패를 청산하겠다는 것은 언어도단이다. 불합리한 인허가 제도와 법의 허점을 그대로 둔 채 뇌물을 추방하겠다는 것도 공허한 소리다"며 "개혁에 대해서도 보다 겸손하게 접근해야 한다. 개혁 대상이 따로 있는 것이 아니다. 이런 제도와 풍토에서는 너도 나도 자칫하면 수렁에 빠질 수 있다는 인식이 필요하다. 개혁의 본질은 제도 개혁이지 섣부른 인물 청산이 아니다"고 했다.

『경향신문』논설위원 고영신은 7월 15일자에 쓴 「신당과 '로또 대박론'」이라는 칼럼에서 "노 대통령이나 민주당 신주류 모두 이쯤에서 결단을 내려야 한다. 먼저 민주당을 추슬러 집권당으로서 제구실을 하도록 할 것인지, 아니면 사즉생(死卽生)의 자세로 뛰쳐나가 신당을 만들 것인지 양단 간에 결단을 내려야 한다. 대통령을 당선시킨 집권당을 허물어내는 데 당정 분리만을 내세워 오불관언의 자세를 취하는 것은 국민에 대한 도리가 아니다"고 했다.

대선 자금 공개 제안

2003년 7월 15일 노무현은 "이번 기회에 여야 모두 대선 자금의 모금과 집행 내역을 소상히 밝히고 여야가 합의한 방식에 따라 검증받자"고 제의했다. 7월 16일자 신문들은 일제히 민주당의 우선 공개를 요구하는 사설을 실었는데, 그 기사를 살펴보면 다음과 같다.

「대선 자금 고백 여권부터」(『경향신문』), 「민주당이 먼저 공개하라」

(『국민일보』), 「대선 자금 여당부터 밝혀라」(『대한매일』), 「대선 자금 의혹 모두 밝혀라」(『동아일보』), 「여권 고해성사 먼저 하라」(『문화일보』), 「'대선 자금 물 타기' 정도(正道) 아니다」(『세계일보』), 「거짓말 한 '돼지 저금통'과 대선 자금」(『조선일보』), 「검찰엔 압박, 대선 자금은 물 타기?」(『중앙일보』), 「여당이 대선 자금 공개 솔선하라」(『한겨레』), 「민주당부터 솔선 공개해야」(『한국일보』).

『중앙일보』는 "굿모닝시티 사건과 여기서 번진 대선 자금 파문에 대한 여권의 대응 방식이 점입가경이다. 물 타기에 억지 쓰기, 야당을 끌어들이는 '물귀신 작전' 등 정치권의 낡은 수법이 총동원되고 있다. 이런 여권의 태도에서 최소한의 도덕성과 양식, 법과 원칙은 그림자조차 찾아보기 어렵다"며 "지금이라도 여권은 속 들여다보이는 얄팍한 정치 공세에 집착하지 말고 법과 원칙을 지키는 정도로 돌아서야 실마리가 풀린다"고 했다.

『경향신문』은 "노 대통령이 기왕 대선 자금 문제를 정면 돌파하기로 작정했다면 민주당부터 공개하는 자기희생의 결단을 내리길 촉구한다. 그래야 야당과 국민들이 제안의 순수성을 믿는다"고 했다.

『대한매일』은 "순수성을 의심받으면 정치자금 관련 제도 개혁의 호기를 놓칠 수 있다는 점을 명심해야 할 것이다"고 했다.

『동아일보』는 "여야 합의로 대선 자금 검증 방식이나 검증 기구를 정하고, 공개 및 검증 과정에서 드러난 과거의 관행화된 불법 행위에 대한 면책을 명문화하는 특별법을 마련하려면 여권이 야당의 불신을 씻고 국민적 동의를 구하는 게 관건이다. 이를 위해서 우선 여당이 고백성사라는 말에 걸맞게 진술하고 겸허한 자세로 공개와 검증에 임해야 한다. 야당을 의식할 필요도 없다"고 했다.

『문화일보』는 "야당이 어떤 태도를 취하든 여권이 구애받지 않고 대선 자금의 실체적 진실을 털어놓음으로써 정치 발전의 큰 계기가 나올 수 있도록 하는 것이 그야말로 정면 대결 방식이다"고 했다.

『세계일보』는 "정치 상황이 어려울수록 정직하게 대처해야 국민의 이해를 구할 수 있다"고 했다.

『조선일보』는 "먼저 여권이 자신의 대선 자금 문제를 명명백백히 밝히고 거짓말을 한 것이 있다면 그걸 우선 국민 앞에 사죄하는 것이 바른 순서다. 그러고 나면 야당도 가만히 있지는 못할 것이다"고 했다.

『한겨레』는 "여권이 검찰 수사를 감수한다는 자세로 전모를 밝힌 뒤 야당의 공개를 요구하는 것이 사리에 맞다. 그래야 국민이 수긍하고 정치권에서 논의가 촉발될 수 있으며, 제도 개선에도 힘이 실린다"고 했다.

『한국일보』는 "노 대통령의 제의가 대선 자금 공개로 이어진다면 결국 한나라당도 당사자가 된다"고 했다.

'희망돼지'는 어디로 갔나

신문 칼럼들도 사설의 논조와 다르지 않았다.

『한겨레』 정치부 차장 여현호는 2003년 7월 16일자에 쓴 「대선 자금과 공범 자의식」이라는 칼럼에서 "노 대통령이 정치 개혁을 앞당기기 위해 이런 제안을 했다면, 야당의 대응을 의식하지 말고 좀더 분명하게 결단하는 모습을 보여야 할 것 같다. 정치자금 문제를 비롯한 각종 정치 개혁 방안은 이미 오래전에 마련돼 있기 때문이다. 자칫하다간 '여당뿐 아니라 야당한테도 아픈 곳이 있지 않으냐'며 타협을 강요하는 정치 공세로 비칠 수 있다"고 했다.

『대한매일』 주필 임영숙은 7월 17일자에 쓴 칼럼「'희망돼지'는 어디로 갔나」에서 "'여야 대선 자금 공개' 제안이 물타기나 꼼수가 아니라면 여당부터 진솔한 고해성사를 하고 야당도 뒤따르는 것이 당연하다. 다만 특별법을 만들어 고해성사한 대선 자금을 면책해주는 것은 신중히 생각해야 할 문제다. 검찰 수사와 사법부의 판단에 맡기는 것이 더 국민 정서에 가까울 듯싶다. 고해성사를 해야 할 정치인들이 자신들에 대한 면책 규정을 만든다는 것은 앞뒤가 안 맞는 일이다. 우리는 기소편의주의를 채택하고 있으므로 검찰 수사 후 기소 유예도 가능하다"고 했다.

『문화일보』 정치부장 민병두는 7월 17일자에 쓴「그래도 사회는 진화했다」는 칼럼에서 "무엇보다 노무현 대통령 스스로 자신이 만들어놓은 변화의 크기와 질에 놀라지 말고 이 현실을 극복해야 한다. '정대철 구하기'에 매몰되지 말고 대선 자금을 앞장서 공개하는 용단을 내려야 한다. 야당과 함께 공개하자는 제안은 물귀신 작전이라는 비판을 듣고 있다. 시대의 혁명아이자 반역자로 살았던 정치 인생의 연장선상에서 단안을 내려야 한다. 노무현 대통령은 지역, 자금, 조직에 의존해 대통령이 되지 않았다. 그는 인기를 바탕으로 대통령이 되었다. 그 인기를 유지하지 않고서는 대통령직을 유지하기 힘든 태생적 딜레마를 갖고 있다. 그가 인기를 유지하는 비결은 항상 그래왔듯이 국내 정치에 있어서는 기득권을 포기하고 세상을 변혁하는 것이다"고 했다.

『대한매일』 사회교육부장 김경홍은 7월 18일자에 쓴「법과 원칙이 무너진 세상」이라는 칼럼에서 "먼저 공개하면 될 일이지 상대를 끌고 들어가는 것이나, 특별법을 두어 면책 규정을 둘 수 있다는 설명은 앞의 제안을 무색케 한다"고 했다.

경희대 정치학과 교수 송병록은 『한국일보』 7월 18일자에 쓴 칼럼 「야당을 걸고 넘어지기 전에」에서 "여야 모두 지난 대선 자금을 공개하고 검증을 받자는 노무현 대통령의 발언은 한국 정치의 구태를 답습하는 것이어서 국민을 짜증나게 한다"며 "민주당의 신당 문제는 청와대가 관여할 사안이 아니고, 대선 자금 문제도 당이 자금을 모금·집행했기 때문에 전혀 모른다고 하던 노 대통령이 노회한 집권 여당 대표의 치밀하게 계산된 정치적 협박이 있고서야 여야의 대선 자금 공개를 제의한 것은 그에 대한 국민의 믿음을 배신한 행위다"고 했다.

"솔직한 고백까지 단죄할 만큼 이해심이 부족한 우리 국민도 아니며, 지금의 야당이 과거 여당이었을 때 어떻게 정치자금을 모았는지 말하지 않아도 다 알고 있다. …… 노 대통령이 존경한다는 정직한 링컨 대통령의 모습으로 스스로 거듭나기를 바란다면, 필자의 기대가 너무 크거나 순진하기 때문일까."

7월 19일 민주당 사무총장 이상수는 민주당이 대선 자금 내역을 미리 공개하겠다고 밝혔다. 7월 21일 노무현은 특별 기자회견에서 민주당만의 공개는 실효성이 없고 "어느 일방의 공개가 다른 일방의 공개로 이어질 만큼 신뢰가 높지 못하다"며 '여야 대선 자금 동시 공개'를 주장했다.

"국민은 '참여 폭발'을 걱정한다"

『대한매일』(2003년 7월 18일)이 창간 99주년을 맞아 한국사회과학데이터센터(KSDC)와 공동으로 실시한 '참여 및 개혁에 관한 국민 의식 조사'에서 각종 이익단체들의 참여 폭발로 국민들이 정치 불안정을 체감하고 있는 것으로 나타났다. 『대한매일』은 「국민은 '참여 폭발'을 걱정한다」는 제목의 사설에서 "각종 시위는 봇물처럼 늘었으나 이에 대한 정부의 대처 능력이 부족해 국민이 불안을 느끼고 있다는 사실이 수치로 확인된 것이다"며 다음과 같이 말했다.

"그동안 우리 사회의 크고 작은 갈등 표출로 어느 정도 예견된 결과이나, 구체적인 여론 추이가 제시됐다는 점에서 국정 운영에 참고가 되리라고 믿는다. 사실 화물연대 운송 거부 사태로 시작해 NEIS을 둘러싼 교육계 갈등, 새만금 사업 대치, 철도 파업, 양대 노총의 하투에 이르기까지 참여정부 5개월여는 각종 이익단체와 시민·종교단체들의 참여 폭발의 연속이었다. 그때마다 정부는 대화와 타협의 기조를 내세워 이익집단의 손을 들어주는 것처럼 국민의 눈에 비쳤다. 이러한 정국 운용 방식이 '국정 아마추어' 논쟁을 불러일으켰고, '코드론'이 여론으로부터 공격을 받는 빌미를 제공했다고 본다."

전북대 고고문화인류학과 교수 함한희는 『조선일보』 7월 21일자에 쓴 「국민을 우물 속에 가두지 말라」는 칼럼에서 "한반도에 드리워진 먹구름을 이번 여행길에서도 실감할 수 있었다. 국내에서 바라보았던 것보다 훨씬 강도 높게 북핵 문제가 연일 미국의 주요 언론에서 등장하고 있었다. …… 이라크전을 끝내고 최근 부시 행정부는 북핵 문제에 대한 돌파구를 찾으려고 신속하게 움직이고 있다. 미국의 주요 언론들은 정부를 향해 북핵 문제에 대한 외교적 해결을 촉구하고 나섰다. 중국도 미국과의 외교적 교섭에 적극적인 태도를 보이고 있다. 그런가하면, DMZ에서 일어난 총격전에 대한 보도와 분석 기사가 주요 언론에서 비중 있게 다루어졌다. 북한의 난민 수용에 대한 법안도 미국 국회를 통과하였다"며 다음과 같이 말했다.

"이 같은 일련의 움직임들이 의미하는 바를 정확하게 파악하는 것이 시급하다. 정부가 전문가들을 동원하여 정확하고도 신속하게 판단하겠지만, 국민들에게도 알권리를 주어야 한다. 우리를 둘러싸고 있는 국제사회의 움직임을 편견을 가지고 판단하거나 안이하게 바라보는 것은 여간 위험한 일이 아니다. 국내의 경제와 안보가 국제 관계와 직결되어 있는 상황에서 우리의 안목이 좁혀져 가는 것을 무엇보다도 경계해야 한다. 1994년 북핵 문제로 인해 일촉즉발의 전쟁 위험을 우리는 잘 모른 채 지나갔다. IMF 사태 당시에도 세계가 모두 알고 있던 한국의 경제적 추락을 마지막까지 몰랐던 것은 우리 국민들뿐이었다. 폭풍의 눈은 오히려 고요하다는 사실을 증명해준 사건들이었다. 이처럼 국민들이 우물 안 개구리들로 남는 것이야말로 불행의 시작이 아닐 수 없다."

그러나 노무현은 7월 21일 수석 보좌관회의에서 21일자 『뉴욕타임스』의 「북한, 제2의 핵 재처리 시설 보유」 보도를 언급하면서 "불투명하고 근거 없는 보도가 우리 경제에 찬물을 끼얹을 수 있다"고 불쾌감을 표시했다.[54]

---

54) 차세현, 「노, 미 언론에 노골적 불쾌감: "NYT 등 잇단 북핵 보도 한국 경제에 찬물"」, 『경향신문』, 2003년 7월 22일, 5면.

'오버' 하는 사회

2003년 7월 21일 한 네티즌(가난뱅이)은 친노 사이트인 『서프라이즈』에 올린 글에서 "자칭 개혁 세력의 모습을 보라. 사분오열하여 서로를 비난하고 증오한다. 서로를 수구 세력과 동일시하고 공격하고 모욕 주기를 서슴지 않는다. 서로를 욕하고, 서로를 비난하며, 서로를 배척하고 있다. 적이어야 할, 극복 대상이어야 할 한나라당과 조중동보다도 더 서로를 혐오하고 멸시하고 있다"며 다음과 같이 개탄했다.

"진정한 적, 우리가 그토록 물리치고자 마음을 모았던 그 적들 앞에서 적보다 개혁의 동지여야 할 사람들에게, 한때 동지였던 사람들에게 더 강한 적의를 보이고 있다. 적들에 대한 승리를 탐욕스럽게 갈구하던 그 모습은 어디론가 사라져버린 채 아직 적이어서는 안 되는 사람들에게, 경쟁 상대일 뿐 극복의 대상이어서는 안 되는 사람들에게 강한 적의와 의심, 비웃음을 보내고 있다. 개혁 세력의 이름으로, 개혁의 이름으로 말이다. 개혁 세력 스스로 같은 개혁 세력에 수구의 탈을 씌워가면서 말이다."

7월 22일 오후 핵 폐기장 백지화 범부안군민 대책회의는 부안군 부안읍 수협사거리에서 7,000여 명이 참가한 집회를 연 뒤 부안 군청 앞에서 경찰과 격렬한 몸싸움을 벌여 100여 명의 부상자가 발생했다. 정부 측이 2000년부터 2003년 7월말까지 언론 홍보비 명목으로만 사용한 금액이 83억 6600만 원이었지만, 이는 언론 홍보만으론 넘어설 수 없는 근본적인 문제를 안고 있는 사업이었다.

조태경은 "노무현 정부는 독단적으로 유치 신청을 해버린 김종규 부안군수를 영웅으로 치켜세워주었다. 그래서 부안 군민들의 분노는 하늘

부안 주민 7,000여 명이 부안읍 수협사거리에서 '핵 폐기장 백지화'를 요구하며 집회를 열었다.

까지 치솟았다"며 다음과 같이 말했다. "그것은 21세기 첫 정권에서 발생한 '제2의 광주사태'였다. 부안의 새로운 역사를 기록하기 시작한 '7월 22일 전투'를 사람들은 '7·22 사태'라 부른다. …… 부안 주민들의 투쟁은 정부와 핵 산업계가 함께 공모한 주민 사기극에 대한 투쟁이며 진정한 지방분권에 대한 요구이자 지역 자치를 목표로 하는 것이었다."[55]

7월 23일 민주당 사무총장 이상수는 2002년 대통령 선거 자금 수입 및 지출 명세를 공개했다. 402억 5398만 원을 모았고 이 중 361억 4639만 원을 썼다는 것이 골자였다.

7월 24일 노무현은 청와대에서 통일고문회의 고문들과 가진 오찬 간담회에서 "대통령이 되면 나라를 멋지게 이끌어가고 싶다고 생각했으나 되고 나서 보니 마음대로 할 수 있는 게 별로 없다"고 말했다.

7월 24일 정치평론가 장신기는 『시대소리』에 쓴 글에서 노무현 노선의 가장 큰 두 가지 문제점으로 '신지역주의적 정치 행태'와 '햇볕정책의 사실상 포기'를 들면서 "호남 민중들의 자존심에 상처를 주고 호남 민중들의 신의에 비수를 꽂은 행위에 대해서 노 정권은 석고대죄를 해야 할 것이다"고 주장했다. "수구 세력들의 악의적인 공세 그리고 일부 진보 진영의 무책임한 비판은 어제오늘 일이 아니다. 과연 이들에 의해서 현재와 같은 난국이 형성되었을까? 나는 아니라고 본다. 노무현 정권을 중심적으로 지지한 세력들이 굳건하게 정권에 대한 확신을 가지고 지지를 보낸다면 그와 같은 공세에 쉽게 흔들리지 않는다. 문제는 바로 노무현이 스스로 자신의 핵심적인 지지 세력들로부터 멀어지고 있다는

---

55) 조태경, 「핵 폐기장 논란을 통해 본 한국 사회: 부안민주항쟁의 역사적 당위성」, 『황해문화』, 제41호(2003년 가을), 235쪽.

데에 있다. 변한 것은 노무현이지 노무현을 지지한 세력들이 아니다."

『문화일보』 2003년 7월 25일자는 "한국 사회가 '오버(Over)' 하고 있
다. 좁게는 개개인에서부터 넓게는 국민 통합이 목표가 되어야 할 정치
권에 이르기까지 한국 사회 전반이 '끓어 넘치고' 있다. 최근 연일 보도
되고 있는 카드빚으로 인한 개인 파산과 이에 따른 가족 자살 사건이 대
표적인 예다"고 했다.[56]

안희정의 인생 고백 5시간

노무현의 386 측근인 안희정의 『월간중앙』 2003년 8월호 인터뷰가 파문
을 불러일으켰다. 노무현은 2003년 5월 대선 자금 수사 정국에서 수사를
받는 안희정을 가리켜 "안희정은 나의 측근, 동업자요, 동지……. 나 때
문에 고통받고 있다"고 말한 바 있었는데, 이 인터뷰 기사의 제목은
'노무현의 동업자' 안희정의 인생 고백 5시간: "신당 사무총장, 내가 맡
고 싶다"' 였다.

> 기자: 더 구체적으로 앞으로 어떤 일을 하고 싶은 겁니까?
> 안희정: 제가 되뇌는 말이 있어요. 저는 배지를 달든 안 달든 집권당의 사무
> 총장이 될 거다, 21세기 신주류의 형성, 그리고 집권당의 사무총장론이 개
> 인적으로 자주 생각하는 제 자신의 진로입니다. 신주류론은 세대교체, 역
> 사적 주역의 교체를 의미합니다. 20세기식 빼앗고 거꾸러뜨리는 방식의 세

---

56) 김영번, 「'오버' 하는 사회: 욕망–좌절–자폭의 악순환 고리」, 『문화일보』, 2003년 7월 25일, 19면.

대교체론이 아닌, 시간이 흐르면서 사회의 패러다임이 바뀌면서 자연스럽게 이뤄지는 세대 간 역할의 변화, 그것이 21세기 신주류론이죠.

기자: 신당이 뜨자마자 사무총장을 하시는 겁니까? 그렇게 예정돼 있는 겁니까?

안: 서른여덟 살의 나이에 JP는 공화당의 당의장을 했습니다.(오랜 시간의 침묵) 또 반대로 얘기하면, 하늘에서 땅까지 왔다갔다하는 감은 있지만 저는 이번 재판에서 무죄 선고를 받으면 정계 은퇴 선언을 해버리고 싶기도 해요.

기자: 왜요?

안: 그만 하는 겁니다. 어찌 보면 내 몫은 다 한 겁니다. 지난 10여 년을 아주 어렵게 보내면서 제 개인도 가정도 엉망이 된 측면이 있어요. 애들도 제대로 못 키웠고 집사람도 제대로 건사하지 못했습니다. 정서적으로 피폐해져 있고요. 정치는 한마디로 한 개인에게는 남는 장사가 아닌 것 같아요. 나한테 큰 영광과 자존심과 긍지도 주지 못하는 이 일을 왜 계속해야 하는 것인지……. 집권당 사무총장을 해보고 싶다는 의욕과 정계를 떠나고 싶다는 은둔자적 생각이 왔다갔다하는 거예요. 인정사정 안 보고 출세 한 번 해보자는 사람들로 가득한 이 사회 현실 속에서 제가 이 정도로 '됐습니다' 하고 겸양을 보이고 훌쩍 떠나버리고 싶어요. 딱 반반입니다. 지역구에 내려가서도 그랬어요. 새마을 부녀회원들과 대화하는 자리에 제 후배들도 많이 있었는데, '후배들 중 금배지 다는 사람 나와도 상관없다. 나 배지에 연연하지 않는다'고 그랬어요. 대한민국에서 국회의원 안 해도 됩니다. 후배들은 질겁하지요. 그런 얘기 하지 말라고요. 한 초선 의원이 대통령이 되는 그 긴 과정을 본 사람입니다. 대통령 관저에 가서 대통령과 식사를 하는 데

까지 왔으니 더 욕심 부리면 부잣집 아들이 더 부자가 되려고 아등바등하는 꼴이고……. 나보다 더 헝그리 정신을 가진 사람이 도전한다면 그 사람 밀어주고 싶어요.

기자: 집권당 사무총장이 되고 싶다는 말은 또 어떻게 해석해야 하는 겁니까?

안: 40대 후반쯤 가서 남의 욕이나 하고 사는 그런 무기력한 인간이 되기는 싫다는 겁니다. 그리고 마담뚜의 역할, 남을 도와주고 밀어주는 역할을 하고 싶은 거예요.

안희정의 이런 '세대 혁명론'에 대해 정대철과 김원기는 '철부지' 발언이라는 코멘트를 했다. 이런저런 비판이 일자 안희정은 "사무총장이란 단어는 '내가 무엇이 되고자 하기보다는 개혁 세력의 결집을 위한 산파 역할을 하고 싶다'던 평소의 포부를 밝힌 것"이라고 해명했다.

어려운 시절 자신을 위해 모든 걸 바친 안희정 등에게 자신을 도구로 써달라고 했던 노무현의 말이 빈말이 아니라면, 사실 노 정권의 실세는 노무현이라기보다는 안희정이었는지도 모를 일이었다. 안희정이 꿈꾸는 '세대 혁명'을 위해서도 신당 창당은 선택의 문제가 아니라 결사적으로 쟁취해내야만 할 지상 과제였다.

'국민참여 통합신당'의 출범
민주당 분당

민주당 신주류의 비겁과 무능력

2003년 7월 말 여론의 악화로 인해 민주당 신주류의 '개혁 신당' 백지화 움직임이 일자, 노무현 및 신당 지지자들이 총출동했다. 7월 31일 『오마이뉴스』 논설위원 유창선은 「민주당 신주류의 비겁과 무능력: 김원기·정동영의 개혁 신당 '반성문'」이라는 글에서 민주당 신주류의 '비겁과 무능력'을 질타했다.

"'도로 민주당'이 되면 환성을 올릴 사람들이 눈에 보인다. '호남 고 정표' 하나로 금배지를 달고 있는 사람들이다. 물론 '영남표'의 위력으로 땅 짚고 헤엄치기식 선거를 할 수 있는 반대 당 사람들도 마찬가지다. 그러나 '도로 민주당'이 우리 정치, 그리고 민주당 전체에게는 돌이킬 수 없는 패착이었음을 깨닫는 데에는 그리 오랜 시간이 필요하지 않을 것이다. 이제 민주당에 신주류는 없다. 더 이상 새로울 것도 없고 주류도 아니라는 이야기다. 이제는 '신주류'라는 이름을 내리는 것이 낫다."

대북 송금 문제로 재판을 받던 정몽헌 회장이 투신자살한 현대 계동 사옥.

8월 1일 『서프라이즈』 대표 서영석은 「"김근태 · 추미애는 정균환 · 박상천의 어리석음을 답습하지 말라": 반복되는 역사, 어리석은 인간에 관한 단상」이라는 제목의 글에서 다음과 같이 주장했다. "필자는 이들이 노무현 대통령에 대해 날이 갈수록 각을 세우는 이유가 참여정부의 인기 추락에 있는 것이 아니기를 빈다. 하지만 참여정부와 운명을 같이 해야 할 이들 의원이 계속 비판보다는 비난에 치중한다면, 결국 작년 노풍의 추락 때 보였던 후단협 의원들과 조금도 다를 바 없는 길을 간다는 비난을 면치 못할 것이 확실하다."

이유는 다를망정 보수 신문들도 분노했다. 가장 분노한 『조선일보』는 8월 1일자 사설 「국민 우롱한 무책임한 신당(新黨) 놀음」을 통해 "또 한 번의 '아니면 말고' 식 국민 우롱"이라고 주장하였다.

8월 4일 대북 송금 문제로 재판을 받던 정몽헌 현대아산 이사회 회장의 투신자살은 한국 사회에 큰 충격을 안겨주었다. 남북공동선언 실천연대 등 시민단체들은 성명을 통해 정 회장의 죽음에 조의를 표하면서 "특검이라는 이름으로 애국이 범죄로 전도되는 비이성적 상황이 계속되어서는 안 된다"고 주장했다.[57] 『경향신문』(2003년 8월 5일)은 "청와대는 4일 정몽헌 현대아산 회장의 투신자살 소식이 전해지자 충격 속에서 곤혹스러워 하는 분위기였다. 남북 경협과 경제에 미칠 파장에 촉각을 곤두세웠고, 특히 '대북 송금 특검' 문제가 재론될 것을 우려했다"며 다음과 같이 말했다.

"청와대 측은 정 회장이 투신 직전 '비자금 150억 원'과 관련, 세 차례의 강도 높은 수사를 받은 것이 밝혀지면서 이 사건이 엉뚱하게 지나간 '대북 송금' 특검 쪽으로 연결되는 것을 경계하는 눈치다. 150억 원 비자금 사건은 '대북 송금' 특검에서 불거진 것이어서 자칫 특검법을 받아들인 청와대 쪽으로 원망이 돌아올 수 있다는 분석에서다."[58]

---

57) 황준범, 「정몽헌 회장 자살/충격의 시민들/"심적 고통 얼마나 컸기에……"」, 『한겨레』, 2003년 8월 5일, 15면.
58) 최우규, 「鄭 회장 자살 충격/盧 "그의 죽음 안타까워"」, 『경향신문』, 2003년 8월 5일, 5면.

머리끄덩이 사건

2003년 9월 4일 신당을 둘러싸고 5개월 넘게 갈등을 계속해온 민주당 신구 주류는 이날 당무회의를 '이혼 법정' 삼아 각자 살림을 차리게 됐다. 『한국일보』(2003년 9월 5일)는 "오전과 오후에 걸쳐 열린 당무회의는 몸싸움과 폭력 사태로 '유종의 추(醜)'를 보이고 말았다. 신구주류 양측은 이날 회의에서 전당대회 소집안 표결 처리를 놓고 멱살잡이와 집단 몸싸움을 벌이며 정면 대치했다"며 다음과 같이 말했다.

"충돌 사태는 정(대철) 대표가 오후에 속개된 회의에서 기습적으로 표결 처리를 선언하면서 시작됐다. '더 이상 합의가 힘든 만큼 표결로 결정하겠다'며 정 대표가 의사봉을 두드리자 구주류 측 김옥두, 이윤수 의원과 당직자들이 한꺼번에 달려들어 정 대표를 둘러싸고 의사봉을 빼앗았다. 신주류가 표결 강행을 주장하자 구주류 측 부위원장들은 정 대표를 회의장 밖으로 밀어내버렸다. 구주류 당직자 수십 명은 '신기남부터 때려잡자', '밟아버리자'며 신 의원에게 물을 뿌리며 달려들었다. 이들은 제지하는 신주류 당직자들과 멱살잡이를 벌였으며 테이블 위를 넘나드는 활극도 연출했다. 이 과정에서 이미경 의원이 한 여성 당원으로부터 머리채를 휘어잡히고 전등이 수차례 꺼지는 등 회의장은 아수라장으로 변했다. 정 대표는 오후 4시 45분께 '정상적인 회의 진행이 불가능하다'는 최고위원단의 건의를 받아들여 산회를 선포, 5개월여 간의 신당 논의에 마침표를 찍었다."

당무회의가 끝난 뒤 오후 5시께부터 8시께까지 서울 여의도관광호텔에서 열린 신주류 측 신당 추진 모임에서 김원기 고문과 이해찬, 장영달, 신기남 의원 등 원내 25명과 원외 35명은 창당 주비위 발족 선언에 뜻을 모았다. 회의 중간 "꼭 승리하자"는 참석자들의 함성이 터져나왔고 김원기는 만장일치 박수로 주비위원장에 추대됐다.

구주류의 최고위원 박상천은 "주비위 구성은 가장 질이 좋지 않은 해당 행위"라고 강하게 비난하면서도 "신주류 천정배 의원이 윤리위원장인 만큼 주비위 참여 의원에 대한 제명은 현실적으로 쉽지 않다"고 고민을 토로했다. 중도파 의원 김근태는 당무회의 직후 기자간담회를 갖고 "신당 결론을 내지 못한 책임을 지고 모든 당직을 사퇴하겠다"며 당무회의장에서 3일간 단식 농성에 들어갔다. 그는 "당무회의를 폭력으로 저지, 당을 위기에 빠뜨렸다"며 구주류를 강하게 비판하면서도 주비위 참여 여부에 대해선 "논의·검토한 적이 없으며 내 길을 가겠다"고만 말했다.[59]

당시 『조선일보』의 민주당 취재팀장이었던 김창균은 훗날 민주당 분당에는 '머리끄덩이'가 결정적이었다고 회고했다. 그는 "개혁 신당 추진은 만만치가 않았다. 구주류와 갈라서려면 탈당을 해야 하는데 정치생명을 건 도박을 하겠다고 선뜻 나서는 의원은 열 손가락 남짓이었다. 신주류 의원들은 매주말 탈당 결심을 밝혔다가 다음 주가 되면 주춤거렸다. 그러기를 몇 달이 흐르자 '민주당 신주류는 양치기 소년'이라는 말까지 나왔다. 2004년 4월 총선을 앞두고 시간에 쫓긴 신주류는 2003년 9월 4일 신당 추인을 위한 당무회의를 소집했다"며 다음과 같이 말했다.

"구주류가 당무회의 육탄 저지로 맞서면서 회의장은 뒷골목 싸움판처럼 변했다. 민주당에서 잔뼈가 굵은 구주류 여자 당직자가 신주류 이

---

59) 배성규·범기영, 「신주류 의원·원외 인사 66명 김원기 주비위장에 즉석 탈당書」, 『한국일보』, 2003년 9월 5일, 3면.

미경 의원 등 뒤로 다가가 머리끄덩이를 힘차게 잡아당겼다. 현장에 있던 수십 명의 사진기자 중 『조선일보』 기자가 이 장면을 포착했다. 다음 날 아침 『조선일보』 1면에는 머리채를 뒤로 잡힌 채 고통스러운 표정을 짓고 있는 이 의원의 사진이 실렸다. 그로부터 사흘 후인 9월 7일 탈당을 결심한 신주류 의원들이 한자리에 모였다. 교섭단체 규모(20명)를 넘는 27명이었다. 이로써 신당은 중요한 고비를 넘었다. 이들 중 상당수는 '이 의원이 머리채를 붙잡힌 것을 보고 마음을 굳혔다'고 했다. 이후 신주류 의원들로부터 '『조선일보』의 머리끄덩이 사진이 신당을 도왔다'는 말을 여러 차례 들었다."

이어 김창균은 "열린우리당 창당의 원동력은 민주당 구주류와의 대립 에너지였다. 민주당에 구주류를 떨어내고 나와 이들을 호남 군소 정당으로 만들어야 신당을 전국 전당으로 키울 수 있다는 정치 공학이 바탕에 깔려 있었다. 선혈 낭자 발언도, 머리끄덩이 사건도 그런 배경에서 비롯된 것이다"고 말했다.[60]

국민참여 통합신당의 출범

2003년 9월 10일 세계무역기구(WTO) 제5차 각료회의가 열린 멕시코 칸쿤에서 농민 이경해 씨가 WTO의 자유무역체제와 쌀 개방에 반대해 자결했지만, 노 정권의 관심은 시종일관 신당 창당에 집중되고 있었다. 신당 창당과 관련, 노무현은 9월 17일 "저는 이와 같은 것이 보기에 따라

---

60) 김창균, 「'선혈 낭자'와 '머리끄덩이'」, 『조선일보』, 2006년 11월 1일, A34면.

호남을 기반으로 했던 민주당 만 먼저 분열되고 한나라당은 당당하게 저렇게 서 있으면 호남만 분열되고 오히려 고립되는 것 아니냐는 불안을 많은 사람들이 가지겠지만 그러나 저는 그런 과정을 통해서 지역, 말하자면 증오와 분노를 부추기는 방식으로 자기 당의 결속을 유지해왔던 그런 정치 질서의 총체적 붕괴가 일어나리라고 생각한다"고 말했다.[61]

WTO 제5차 각료회의가 열린 멕시코 칸쿤에서 농민 이경해 씨가 WTO의 자유무역체제와 쌀 개방에 반대해 자결했지만 노무현 정권은 무관심했다.

9월 19일 신당파는 의원 총회를 열고 새 교섭단체인 '국민참여 통합신당(통합신당)'의 원내대표로 김근태를 선출했다. 내내 신당 창당에 반대하던 김근태가 합류와 동시에 원내대표를 맡은 것에 대해 말이 많았지만, 신당 창당이 대세라는 걸 보여주는 데에는 제격이었다. 이날 의원 총회에는 한나라당 탈당파 의원 모임인 '통합연대'의 5명이 참여했다. 이에 따라 통합신당은 민주당을 탈당할 36명의 지역구 의원을 포함해 41명, 그리고 개혁당 의원 김원웅과 유시민이 합류해 출범하기로 했다.[62]

『한국일보』 논설위원 고종석은 9월 18일자에 쓴 「진보 정치 싹틔우

61) 『인터넷 한겨레』, 2003년 9월 17일; 김욱, 『김대중의 끝나지 않은 이야기』(인물과사상사, 2005), 80~81쪽에서 재인용.
62) 박성원, 「신당 41명 20일 교섭단체 등록」, 『동아일보』, 2003년 9월 20일, 1면.

김근태가 통합신당의 원내대표를 맡음으로써 신당 창당이 대세가 되었다.

기」라는 칼럼에서 호남의 개혁적 유권자들은 대국적인 차원에서 신당 또는 진보 정당에 지지를 보내는 것이 바람직하다고 주장했다. 3개월 전 『한국일보』 6월 12일자에 쓴 「추미애가 옳다」라는 칼럼에서 당시 민주당 내에서 논의되고 있던 신당 창당에 비판적 자세를 취한 추미애의 생각에 지지를 표명했던 고종석이 왜 그렇게 달라진 걸까? 고종석은 "신당이 호남에서 배척받는다면, 참여정부의 앞날은 파산이라고 해도 좋다"는 점 때문에 신당을 지지해야 한다고 생각한 것 같다. 신당의 '배덕'을 꾸짖으면서도 노 정권의 앞날을 염려해 신당을 껴안을 걸 주문하는 고종석의 그런 변화는 당시 신당 창당이 개혁적이라고 보는 개혁·진보 진영의 흐름을 반영한 것이기도 했다.

신당의 열렬한 지지자인 김동민 교수는 『새전북신문』 2003년 10월 2일자에 쓴 「호남의 선택」이라는 칼럼에서 호남인들이 "어머니와 같은 도량과 품성으로 노무현 대통령을 감싸 안아야 한다"며 다음과 같이 말했다. "뭇사람들처럼 똑같이 그를 비난하고 있을 수만은 없다. 세상의 어느 어머니가 자식이 잘못한다고 매질만 하고 급기야 자식의 연을 끊는단 말인가. 가출을 했다 해도 마찬가지다. 따끔하게 질책은 하되 끝까지 책임지는 모습을 보여주어야 한다. 그래서 결국은 뜻을 성취하도록 뒷바라지를 해주어야 한다. 자식 이기는 부모가 없다지 않은가?"

이 주장이 거센 비난을 받자, 김동민은 10월 12일 『시대소리』에 올린 글에서, 다음과 같이 항변했다. "나는 한나라당 탈당파나 유시민 및 김원웅, 유인태, 이강철 등에게 가차 없는 비판을 했다. 그러나 미운 놈은 미운 놈이고, 나라의 중심은 바로잡아야 하는 것 아닌가? 그 책임이 우리 국민들에게 있는 것이며, 그중 가장 어렵고 중요한 선택을 해야 하는 게 호남 사람들이란 얘기다. 나는 협박한 적도 없으며 강요한 적도 없다. 이 대로 가면 민주당은 호남 지역당으로 전락하고, 신당은 부산·경남에서 두세 석 얻는 것으로 궤멸할 것이며, 한나라당의 세상이 올 것이란 우려에서 중론을 모아보자는 취지로 어젠다를 던진 것이다."

노무현의 재신임 발언 논란

2003년 10월 6일 총 1,100명에 이르는 남쪽의 대규모 민간인이 류경 정주영체육관 개관 행사를 위해 분단 반세기 만에 처음으로 육로를 통해 평양 방문길에 오르는 등 남북 화해 무드가 고조되었지만, 남한의 정국은 더할 나위 없이 혼란스러웠다. 특히 10월 8일 검찰이 SK에서 10억 원의 돈을 받은 최도술의 소환 계획을 발표하면서 혼란은 극에 달한 느낌이었다. 최도술은 노무현의 최측근 인사였기 때문이다.

10월 10일 오전 노무현은 청와대에서 예정에 없던 기자회견을 열어 최도술 수사와 관련해 "입이 열 개라도 그에게 잘못이 있다면 내가 책임을 져야 한다"며 "이런 불미스런 일이 생긴 데 대해 국민 여러분께 사죄

드린다"고 말했다. 그는 이어 "수사 결과가 어떻게 나오더라도 국민들은 저와 무관하다고 생각하지 않을 것"이라며 "대통령이 나는 관계없다는 어정쩡한 태도로 책임을 모면하려 한다면 국민들이 바라는 정치 개혁이 어떻게 이뤄질 수 있겠느냐"고 했다.

노무현은 "수사가 끝나면 결과가 무엇이든 그동안 축적된 여러 가지 불신에 대해 국민들에게 재신임을 묻겠다"고 밝혔다. 그는 "재신임의 방법으로 국민투표를 생각해봤는데 (헌법상 투표 대상이) 안보상의 문제로 제한돼 있어 적절할지는 모르겠다"며 "어떻든 공론에 붙여 적절한 방법으로 재신임을 받을 수 있을 것"이라고 말했다. 그는 재신임을 묻는 시기와 관련해 "국정의 공백과 혼란이 가정 적은 시점을 선택하는 것이 옳을 것"이라며 "아무리 늦더라도 총선 전후까지는 재신임을 받을 생각"이라고 밝혔다.[63]

노무현은 재신임 발언 직후 광주 노사모 오프라인 모임인 '사람 사는 세상' 개소식에 친필 편지를 보냈다. 그는 친서에서 "강물은 굽이쳐 흐르지만 결국은 바다로 갑니다. 저도 그렇습니다. 여러분도 함께 가고 있습니다"라며 "많은 사람이 이기고, 지고, 환호하고, 낙담하는 가운데도 나라와 국민은 언제나 이기는 길로 가야 합니다"고 했다.

10월 13일 노무현은 국회 시정연설에서 최도술 의혹과 관련해, 미리 낸 연설문 원고에 없는 자신의 심경을 즉석에서 3~4분에 걸쳐 토로했다. 다음은 그의 즉석 발언 요지다.

"재신임 선언에 대해 여러 추측과 평가가 있지만, 무모하고 쉽게 내린

---

63) 백기철, 「노 대통령 "재신임 묻겠다"」, 『한겨레』, 2003년 10월 11일, 1면.

결정이 아니다. 처음 인도네시아 발리에서 최도술 씨 의혹 보도를 봤을 때 눈앞이 캄캄했다. 미리 알고 있었지만, 눈앞에 드러나는 것은 또 다른 충격이었다. 한국에 돌아가면 국민을 어떻게 보나, 예정된 국정 연설을 위해 미리 준비한 말들이 무슨 의미가 있나, 국무회의에서 무슨 낯으로 바른 소리를 하나, 참으로 참담했다. 지난날 안희정·노건평·이기명·장수천의 기억이 떠올랐다. 이 문제들에 관해서는 큰 부끄럼 없이 감당할 수 있었다. 자신감이 있었기 때문이다. 그러나 이 문제(최도술 씨 의혹)에 대해서는 할 말이 없을 것 같았다. 수사를 통해 밝혀지겠지만, 그때까지 도저히 감당할 수 없을 것이다. 더욱이 나에 대한 정치적 지지 기반이 매우 취약하고 국민적 지지도도 낮다. 여소야대 정치를 모범적으로 성공시키고 싶었지만, 내가 부덕한 탓에 성공하지 못했다. 대통령이 제 할 일을 하기 어려운 상황에까지 이르렀다. 임기를 채우지 못하는 불행이 있을지라도, 대통령직을 걸고 정치 개혁의 계기로 삼고자 결심했다. 결단에 대한 내 잘못과 허물이 중요한 것이 아니라, 이런 자성의 결단을 계기로 정치가 한 단계 발전하길 바란다."[64]

10월 15일 김원기는 노무현의 재신임 국민투표 제안에 대해 한나라당과 민주당, 자민련이 반대 공조 움직임을 보인 것과 관련, "차라리 구정치가 합당해 한 당을 만들어라"라고 야3당을 싸잡아 비난했다. 김원기는 『한겨레』(2003년 10월 22일) 인터뷰에서도 "3당은 지역주의에 철저히 의존하고, 변화를 싫어하고, 기득권에 집착한다는 공통점이 있다"고 주장했다.

---

64) 서정민, 「최도술 씨 관련 즉석 발언/"의혹 알고 있었지만 큰 충격 국민에 할 말 없을 것 같았다"」, 『한겨레』, 2003년 10월 14일, 3면.

『경향신문』 논설고문 이광훈은 10월 16일자 칼럼에서 "돌이켜보면 참 여정부가 출범한 이후 지난 8개월간 우리 사회를 지배한 의제는 정치였다"며 "개혁이란 깃발을 내걸긴 했지만 속사정은 정치 주체들 간의 힘 겨루기요, 발목잡기였다. 386이 어떻다 기득권층이 어떻다, 진보가 어떻다 보수가 어떻다 해서 편 가르고 삿대질하고 갈라섰던 것도 따지고 보면 권력을 둘러싼 주도권 쟁탈전이었다"며 다음과 같이 말했다.

"그러다보니 위로는 대통령에서부터 아래로 여염의 장삼이사에 이르기까지 거국적인 관심사는 오로지 정치였다. 이처럼 모두가 정치에만 매달려 있는 동안 경제는 거덜나고 민생은 끝없이 표류하고 있다. 요즘 대통령 재신임 문제를 둘러싼 여야 간의 힘겨루기가 시작되면서 또다시 정치가 나라를 뒤흔들고 있다. 재신임을 위한 국민투표가 제대로 이루어질지 어떨지는 몰라도 아마도 연말까지는 이 문제로 시끄러울 것이고, 그러다보면 내년 4월 총선 때까지 우리는 계속 그 지겨운 정치 싸움을 지켜봐야 할 모양이다."[65]

고종석은 노무현의 재신임 카드를 "지지자들에 대한 정치적 자해 공갈"이라고 표현했지만,[66] 그 '자해 공갈'의 효과는 컸다. 정치판은 점점 한나라당-열린우리당의 2강 구도로 재편되는 길을 걷게 된다.

유시민의 생각

2003년 10월 20일 유시민은 『딴지일보』 총수 김어준과의 인터뷰에서 자

65) 이광훈, 「허업(虛業) 등쌀에 실업(實業)이 멍든다」, 『경향신문』, 2003년 10월 16일, 9면.
66) 고종석, 「이보다 더 좋을 수는 없다」, 『한국일보』, 2003년 10월 30일, A30면.

신을 반우스갯소리로 '노빠주식회사 대표이사'이자 '비공식 청와대 대변인'이라고 부르면서 자신과 노무현의 오랜 관계를 털어놓았다. 김어준은 유시민의 "노무현에 대한 신뢰는 정말이지 종교적이라고까지 하지 않을 수 없다"고 했다.

유시민은 "내가 인제 노무현 대통령하고 안 지가 15년이 넘었잖아요. 15년이 넘었는데…… 나는 그때 평민당에 있다가 이해찬 의원 보좌관하다가 그만두고, 아 씨, 정치 되게 재미없네 하면서 고만두고 이제 나왔는데 그리고 독일 유학을 갔잖아요. 근데 가끔 2년에 한 번씩 방학 때 들어왔는데 그때마다 노무현 대통령을 만났어요. 이제 안희정, 이광재는 내하고 친하니깐 내 들어오면 들어오는지 알지. 근데 어느 날 전화가 띠리리링 와. 유시민 씨 좀 시간 좀 내주이소. 예, 내지요. 그래서 가면 중국집에서 점심 먹고 나서 한 네 시간씩 물고 늘어져요"라면서 다음과 같이 말했다.

"네 시간씩 물고 늘어지는데 뭘 물고 늘어지느냐면 자기가 잘 이해를 못하는 정책적인 문제에 관해 가지고 특히 경제정책. 나 같으면 독일 갔다 중간에 들어오니깐 사회적 시장경제는 뭐냐? 그게 사회주의하고는 어떻게 다르냐? 그게 우리나라 시스템하고는 어떻게 다른 거냐? 미국하고는 왜 다르냐? 이런 거 가지고 하는 거라. 뭐에 관심 있다 그러면 내가 준비해가 가지고 오후 내내 세미나를 하는 거야. 둘이 앉아가지고……. 예를 들어서 1998년 2월, 3월 그때 월드컵 경기장을 신축하냐 상암동에, 아니면 인천 문수경기장을 수리해 갖고 주 경기장으로 쓰냐, 뭐 이거 갖고 논쟁이 붙어가지고 JP가 국민들도 허리띠 졸라매는데 정부도 허리띠 졸라매야 한다 이래 가지고 이 양반이 묻더라고 그걸……. 어찌 해야 되

유시민은 자신을 반우스갯소리로 '노빠주식회사 대표이사'이자
'비공식 청와대 대변인'이라고 불렀다.

냐고. 그래서 내가 멍청한 소리죠. 지어야죠. 그럼 왜 지어야 되냐? 그건 거시경제학에 케인즈니즘의 기본적인 패러다임인데 국민들이 허리띠 졸라매면 소비가 위축되니깐 소비가 위축되면 당연히 투자가 위축되게 되죠. 그러면 국가에서는 반대로 행동해야 된다고. 민간에서 허리띠를 조르면 정부는 돈을 퍼주고, 민간에서 너무 펑펑 쓰면 정부는 조이고. 그래서 민간 투자나 소비가 좋을 때는 정부는 긴축을 하고 민간 투자나 소비가 위축되면 정부는 적자 재정을 편성해서 돈을 막 퍼야 된다고. 금리 내리고…… . 이게 기본이라고. 그러니 큰일 났네, 이래. 그래서 왜 큰일 났냐? 그랬더니 아침에 당무위원회 하는데 지면 안 된다고 그랬다는 거야. 그럼 별로 큰일도 아니네, 그럼 어떻게 하지. 다음 번 회의에 가 가지고 다시 말씀하세요. 그랬는데…… . 그런 식으로 세미나 했는데."

유시민은 노무현에 대한 '팬클럽론', '무한책임론', 'AS(애프터서비스)론' 등을 주장하면서 "노무현은 변할 수가 없어요. 55년 넘게 살아온 양반이 어떻게 변하겠어"라고 말했다. "그건 너무 무리한 요구라고요.

우리가 15살짜리한테 '너 성격 바꿔' 그러면 못 바꾼다고. 근데 낼 모레 환갑 될 사람한테 '너 성격 바꿔' 하면 못 바꾸지. 우리가 아무리 주권자인 국민이지만 무리한 걸 요구하면 안 되잖아요. 대통령이 지난번 재신임 발언을 하고 나서 언론 환경도 나쁘고 국회 환경도 나쁘고 지역 민심도 나쁘고 그렇게 얘기했잖아. 근데, 언론 환경은 안 바뀔지 모르지만 국회 환경과 지역 민심은 바뀔 수 있다니깐. 이걸 기점으로 내년 4월 총선까지 쭉 진행됨으로써 국회 환경 바꾸고, 그 국회 환경을 바꾸는 과정에서 지역 민심도 바꾸고…… 이렇게……."

유종필 · 이충렬의 생각

2003년 10월 21일 민주당 대변인 유종필의 공개편지가 세간의 이목을 집중시켰다. 지난해 민주당 대선 후보 경선과 대선 과정에서 노무현의 입으로 맹활약했던 사람이 노무현과 열린우리당에 대해 혹독한 비판을 퍼부었으니 그럴 만도 했다. 유종필은 공개편지에서 자신은 노무현의 동서 화합 · 국민 통합 정신에 감동해 보좌했지만 "민주당 분당은 특정 지역과 특정 정당에 대한 배신의 차원을 넘어선 동서 화합과 국민 통합에 대한 배신"이라고 비판했다. 그는 노무현을 비판하는 심경에 대해 "이 나라 최고 권력, 국가원수인 분의 정치 행위를 배신이란 치명적 어휘를 동원하여 비판하고 있다"면서 "제가 아무리 사자의 심장을 가지고 있다 할지라도 어찌 내면의 떨림이 없겠느냐"고 밝혔다.[67]

---

67) 이춘규, 「'노무현 입속 가시' 되나: 유종필 민주당 대변인」, 『대한매일』, 2003년 10월 22일, 5면.

여기서 잠시 유종필의 이야기를 하지 않을 수 없겠다. 노무현 정권의 탄생에 결정적 기여를 한 이른바 '1등 공신' 이 바로 유종필이었기 때문이다. 그는 2002년 대선을 앞두고 노무현 후보에 대해 적대적이던 김대중 정권 실세 인사들의 마음을 노 후보 쪽으로 돌려놓거나 적어도 중립을 지키게 만드는 데에 결정적인 공을 세운 인물이었다.

2001년 6월 노무현 캠프에 합류한 유종필은 그때부터 민주당 경선이 본격화된 2002년 3월까지 청와대를 수시로 드나들면서 노 후보에 대해 적대적인 시각을 반전시키는 데에 성공했다. 김대중 정권 사람들이 노 후보에 대해 가장 염려했던 건 '배신' 의 가능성이었다. 그런 문제 제기가 나올 때마다 유종필은 노 후보가 김대중과 민주당을 배신할 사람이 절대 아니라고 노래를 불러대다시피 했다.

민주당 경선에서 노 후보에게 패배한 이인제 후보가 '청와대 음모론' 을 제기한 것도 바로 유종필의 이런 필사적인 노력과 관련된 것이었다. 그렇게까지 노 후보의 배신 가능성을 부정했던 유종필이었으니, 그가 민주당 분당과 함께 노 대통령과 결별하고 적대적 관계로 돌아선 건 당연한 일이었다. 그는 언젠가 기자들 앞에서 눈물을 흘리기까지 했다.

노 후보에 의해 '보석 같은 존재' 로 불렸던 유종필은 "노 대통령이 나를 포함해 측근들을 '동업자' 라고 표현했지만 지금 생각하면 정치자금과 관련된 사람만 동업자였고, 나는 언제나 버림을 받을 수 있는 애첩에 불과했다"고 말했다. 자신을 개혁파라고 생각하는 사람들은 노 대통령의 그런 배신을 '창조적 배신' 이라며 긍정적으로 평가했는데, 이는 개혁·진보 진영의 '마키아벨리즘과의 포옹' 이라 할 수 있겠다.

10월 24일 대통령 후보 시절 노무현의 국제 특보였던 이충렬은 "참여

정부 8개월의 실정은 이광재·안희정 두 사람의 독주에 의한 예고된 실패"라며 "이들을 배제하지 않으면 두 사람이 다시 인적 쇄신의 틀을 짜는 모순을 범하게 될 것"이라고 주장했다. 그는 "이들은 '민주 개혁 세력 내의 육사 11기'로 선배들을 밀어내고 내부 권력을 장악하는 과정에서 노 대통령에게 엄청난 부담을 지웠다"고 말했다.[68]

정범구의 생각

2003년 10월 27일 민주당 의원 정범구는 『딴지일보』 총수 김어준과의 인터뷰에서 신당 창당 정국에 대한 자신의 생각을 허심탄회하게 털어놓았다. 민주당 분당과 관련하여, "어, 이 사람은 왜 안 갔지…… 어, 이 사람은 왜 갔지……"라는 김어준의 질문에 대해 정범구는 이렇게 답했다.

"그런 걸 따질 때, 난 이렇게 한번 던져보면 어떤가 싶어. 찬밥 먹을지도 모르고, 지리산에서 고난 행군을 기약 없이 해야 될지도 모르는 순수 개혁 정당이라고 하면, 현역 의원들 중에서 저렇게 탈당해서 갈 수가 있을까? 난 한 명 정도면 많다고 생각해. 그래서 내가 노빠들한테 엄청 공격을 받았지만 내가 내놨던 질문이, 새로운 유형의 기회주의를 경계한다…… 하는 거라고. '개혁을 위해서 사심 없이 매진하자'…… 말하자면 이 '개혁'이 이 시대의 구호인데…… 이거는 1970년대식으로 말하면 '중단 없는 전진'이고 '싸우면서 건설하자' 식의 구호라고……. 그렇게 그런 구호에 지금 도취돼 있다 이거야. 그냥, 러프하게 말하면. 그러니까

68) 신용호, 「"이광재·안희정은 육사 11기"」, 『중앙일보』, 2003년 10월 25일, 4면.

개혁의 순수성 자체가 지금 의심받고 있는 거지. 진짜 권력에 대한 충동이 없고, 권력에 대한 해바라기성이 없이 자기를 다 보여주고 하는 개혁세력이라면, 저런 식의 모습을 보이진 않지."

정범구는 "일단 정치인한테 권력욕 그 자체는 욕할 게 아닌데"라는 김어준의 반론에 대해 이렇게 답했다. "이거 뭐 내가 이렇게 얘기를 하면 공개적으로 두드려 맞겠지만. 난 지금 이게 순수하지 않다고 봐. 권력의 풍향이 순수한가? 순수 개혁주의 세력인가? 지금까지의 경력이나 커리어를 볼 때, 나한테 그렇게 감동을 줄 수 있는 사람…… 아, 저 사람이라면 정말 개혁을 위해서 충무공처럼 백의종군하는 사람이라 따라갈 수밖에 없다…… 이런 감동을 주는 사람, 미안하지만 난 43명 중에 한 사람도 찾아볼 수가 없어요. 둘째는 오히려 과거 권력의 향배에 아주 민감했던 사람들이에요. DJ 정부…… 주요 권력에 민감했던 사람들이에요."

그밖에 정범구의 주요 발언 다섯 대목을 소개하자면 다음과 같다.

① 민주당이 문제가 많지만 그래도 이걸, 한국에서 제도권 정당에서 가장 민주적 포텐셜이 강하다는 거고, 그렇게 만들자고 우리가 지난 몇 년 동안 계속 그 안에서 싸우면서 당을 끊임없이 변화를 시켜왔고, 그런 개혁의 연장선상에서 노무현도 탄생을 했고. 그리고 민주당에 있어서 호남당이라는 한계가 있다면, 영남 출신 대통령 후보를 만들었으니 플러스알파를 외연으로 확대하면서 당을 강도 높게 개혁하면 되지. 저렇게 쪼개고 나가는 건 도대체 뭐야. 그거는 일부에서 얘기하는 새로운 영남 패권주의에다가 노무현 당이라고 하는 거고, 더 악랄하게는 민주 세력을 분열시킨다는 거지. …… 난 저게, 개혁을 빙자한 새로운 기회주의 집단이라고 봐요. 그렇다고 내가

남아 있는 민주당이 지고지선이라는 것도 아냐. 이거는 이 안에, 여전히 퍼내야 될 시궁창도 있고 뭐, 많지만. 난 이렇게 표현할 수 있어. 지금 민주당은 무능하지만 기회주의적이진 않아요. 저쪽은 참 팬시하긴 하지만, 기회주의적이야."

② 내가 신당이란 친구들 비판하는 것 중의 하나가, 이 사람들 꼭 정치를 평론가처럼 한다 이거야. 난, 내가 갖고 있는 고민은, 평론은 정말 무책임하게 끝날 수도 있어. 아니면 말고니까. 근데 현실 정치로 놓고 보면 아니라는 말은 있을 수가 없지. 자기가 발언한 것에 대해서 그걸 실현해내는 것까지가 자기 책임이기 때문에. 그거 정말 24시간 깨어 있으면서 어떤 놈을 끌어들이고 어떤 놈을 두고 가는지…… 고민해서 해야 되는 거란 말이지. (언성 높아진다.) 근데 노무현을 위시로 한 신당이라고 하는 건, 정치를 평론가 수준으로 해. 신문에 뭐 나오고 뭐고……. 그런 정치는 난 못하겠어. 정치라는 게 사회적 역할 분담인데, 아 그런 정치 누가 못하겠어. 평론 정치를 한다면 김어준 총수가 가장 확실하게 하지. 모든 국민들 즐겁게 해줄 수 있을 거 아냐. 매일매일 아드레날린을 분비시켜줄 수 있을 거 아냐. 내 분노는 이런 거야. 아주 무책임하고, 정말 정치를 평론처럼. 그럼 나가서 다들 평론에 종사하면 되잖아.

③ 신당파들도 보면 말하는 것과 행동하는 것과의 차이가 너무 커요. 아주 단순하게, 전국구 의원 같은 경우도 그래요. 자기네들이 정말 사심 없는 개혁에 매진하고자 하고 기존의 민주당이 그냥 기득권으로 똘똘 뭉쳐서…… 자기들 지구당 위원장 안 내놓고 가려고 하면, 새로운 정치 질서에 호응해서 간다면, 깔끔하게 해야 되거든요. 전국구 의원 같은 경우는 자기네들이 전국구에 당선될 때 민주당을 보고 찍어준 사람들의 표로 된 건데, 놓고 가

야 되는 거 아니에요? 내가 그들을 비난하려고 하는 게 아니라, 원론을 얘기하는 거야. 원론을. 그 전국구 의원이, 뭐 이름이 누군지는 관계없어요. …… 그런 가장 기본적인 자기 설득도 해내지 못하면서, 무슨 개혁이냐 이거죠.

④ 노 대통령이 철저하게 코드 중심의 인사를 한다는 건, 좋게 말하면 그쪽에 있는 동질적인 이념과 철학을 공유하는 사람들끼리 같이 간다는 건데, 그거는 찌라시 같이 읽던 애들끼리 그 세계관만 가지고 돌파하겠다는 거야. 이거는 옛날에 지하운동 시절에 게릴라 운동 방식이지, 지금 정규군의 육군 참모총장을 다 장악하고 있는 상황에서 하는 전략으로는 안 된다는 거예요. 내가 인제 제도권 정치인의 입장에서 한마디 더 하면, 주변에 노에게 영향을 주는 386 그룹이라는 게 다들 보좌진 출신 아니에요. 하다못해 구의원이나 시의원이라도 해보면, 그게 몇천 표를 얻든지 대중들과 직접 피드백을 하면서 세상의 굴곡을 경험한 친구들인데. 이 친구들은 한 게 계속 책상에서 뭐 정국 전망, 정세 분석…… 이런 것만 하는 거 아냐. 페이퍼 가지고 어떻게 5000만을 소탕할 수 있냐 이거야.

⑤ 사실은 내가 민주당에 잔류한 중요한 이유 중의 하나가 어쨌건 간에, 그 욕을 먹거나 어쨌거나 간에, 내가 민주당으로 공천을 받고 민주당의 공약과 정책을 갖고 국회의원이 된 친구가, 민주당이 뭐 어쨌든…… 배가 침몰하면 같이 산화하는 놈도 있어야지, 거기서 다 살겠다고…… 책임을 지는 놈도 있어야 될 거 아냐……. 실패하더라도 민주당과 운명을 같이해야겠다는 생각이 깊이, 있어요. 어……, 다음 선거에 출마하고 싶지 않다고 하는 이유는, 내가 처음에 들어왔던 민주당이 갈라지고, 찢기고 이러는 마당에, 내가 여기까지 책임을 지고, 이쯤에서 나는 책임지고 사라지는 게 좋지 않

겠나 하는 생각이 들어요.

정범구가 역설한 '책임 윤리'는 소중한 것이지만, 한국은 그걸 그렇게 대접해주는 사회는 아니었다. '빨리빨리' 정신 때문인지 과거와의 관계를 아날로그가 아니라 디지털식으로 단절하고 새로운 변화의 소용돌이에 휩쓸려 들어가는 걸 선호하는 풍토였다. 좋은 의미에서건 나쁜 의미에서건, 노무현의 말마따나, 대한민국 역사는 "기회주의가 득세한 역사"인 것도 바로 그런 이유 때문은 아니었을까?

노무현의 '신당 띄우기'
열린우리당의 창당

노무현의 '신당 띄우기'

2003년 10 · 30 재보선은 2004년 총선에서 '기호 2번 효과' 가 만만치 않을 것이라는 점을 강력히 시사했다. 이에 화들짝 놀란 열린우리당은 본격적으로 의석수 늘리기에 들어갔다. 10월 31일 열린우리당 박양수 전 의원은 "호남에서 기호 2번이 누리는 프리미엄이 대단하다" 며 "우리당은 현역 의원이 47명인데 앞으로 8명만 더 확보하면 55명으로 총선에서 기호 2번을 거머쥘 수 있다" 고 말했다. 그는 "비장의 카드로 민주당 의원 2명을 확보했다" 며 "이제 6명만 더하면 되는데 무난히 성사될 것" 이라고 했다. 또 그는 "호남 의원 중 몇몇은 이번 재보선 결과를 두고 고민할 것" 이라며 "김효석, 이낙연, 배기운, 전갑길, 이정일 의원 등은 우리당에 무리 없이 입당할 수 있을 것" 이라고 말했다.[69]

---

69) 홍규식, 「열린우리당 "총선 기호 2번 잡자"」, 『세계일보』, 2003년 11월 1일, 5면.

무슨 뜻으로 한 말이었는지는 알 수 없지만, 그날 김원기는 "정치권이 어떤 희생을 치르더라도, '빅뱅'이 오더라도, 깨끗한 정치판을 만드는 데 솔선해야 한다"고 말했다. 그는 다음 날인 11월 1일에도 "당내 경선에도 국민이 진상을 알면 놀랄 만한 부정과 부패가 있었다"며 "차제에 불법 정치자금 부패 구조를 발본색원해야 한다"고 주장했다. 그의 주장은 대선 자금 수사를 통해 한나라당에 타격을 입히고, 총선 자금과 경선 자금으로 민주당을 공격하려는 전략에서 비롯된 것으로 해석되었다. 이에 대해 민주당은 "당내 경선 자금에 부정부패가 있었다면 제일 먼저 고백해야 할 후보는 노 대통령"이라며 "노무현 신당은 노 대통령이 경선 자금에 관한 자료를 모두 폐기했다고 한 말을 벌써 잊었느냐"고 반문했다.[70]

11월 3일 노무현은 김대중도서관 개관식에 참석해 김대중을 '세계적 지도자'로 극찬했다. "김 전 대통령은 평생을 민주주의와 인권, 한반도 평화를 위해 헌신해오셨다", "김 전 대통령에 대한 세계 각국의 평가는 우리 일반 예상을 훨씬 뛰어넘는 것이었다", "역사는 김 전 대통령의 헌신을 영원히 기억할 것"이라는 게 노무현의 주장이었다.

언론은 이를 노무현이 신당 성공을 위해 '호남 민심 잡기'에 총력을 기울이는 걸로 해석했다. 언론은 노무현이 10월 31일 제주 방문 때에도 4·3 특별법 제정 등의 공적을 김대중에게 돌렸다며, 김대중 정부의 청와대 비서실장과 마지막 경제 부총리를 지낸 전윤철을 감사원장에 앉힌 걸 비롯하여 최근의 인사 몇 건이 모두 호남 출신의 'DJ 사람들'인 것에

---

70) 신종수, 「"민주 경선 놀랄 만한 부패 있었다": 김원기 위원장, 핵심 겨냥 파장」, 「국민일보」, 2003년 11월 3일, 4면.

노무현 대통령은 김대중도서관 개관식에 참석해 김대중을 '세계적 지도자'로 극찬했다. 하지만 언론은 이를 '호남 민심 잡기'라며 정치적으로 해석했다.

주목했다.[71]

11월 4일 열린우리당 의원 이해찬은 기자간담회를 자청해 과거 대선 자금 이야기를 하다가 "1992년 말 대선 때 각 정당이 1조 원 가까운 돈을 썼는데, 민주당은 500억 원을 썼다"면서 "1992년 4월 총선 전에 전국구 의석 9개를 30억 원씩에 팔았다"고 했다. 또 그는 "돈 쓸 곳이 없어 오히려 남은 2억 3000만원을 당에 돌려줬고, DJ는 '선거 치르고 돈을 돌려주는 경우는 처음'이라며 3000만 원의 회식비를 줬다"고 했다.

이에 대해 민주당은 "열린우리당이 대선 자금 수렁에서 벗어나기 위

71) 조용우, 「노 'DJ 사람들' 배려 눈길」, 『문화일보』, 2003년 10월 15일, 4면.

해 김 전 대통령과 민주당을 물고 들어가는 비열한 행위를 하고 있다"고 비난했다. 일부 민주당 의원들은 "빈손으로 들어와 권노갑한테 빌붙어 당 지원으로 당선된 게 누구냐"며 목소리를 높였고, 정균환은 일부러 기자 간담회를 갖고 "그런 사람은 정치를 그만둬야 해. 머리는 좋지만 마음이 없어"라고 비난했다. 민주당 대변인 유종필은 "국회의원 4선, 교육부 장관, 집권당 정책위 의장 세 번 등 DJ의 최대 수혜자가 DJ를 물고 들어가는 것은 은혜를 원수로 갚은 배은망덕한 행위이며, DJ가 국민의 양해를 구하고 받은 일부 전국구 헌금은 30억 원 같은 거액이 아니었다"고 주장했다. 김대중 측도 "적절치 못한 황당한 발언"이라고 불쾌한 반응을 보였다.[72]

그들은 권력투쟁에 능했다

민주당과의 전쟁을 위해 일시적으로나마 변신이 필요하다고 판단한 걸까? 심지어 노무현이 언론을 대하는 태도마저 달라졌다. 노무현은 11월 4일 국무회의에서 장관들에게 "국민에게 전달되는 메시지에 반응하지 않는 정부는 살아 있는 정부가 아니다"고 했다. 그는 4일부터 언론사 보도·편집국장들과의 연쇄 접촉을 시작했는데, "그동안 언론과의 불편한 관계로 국민께 다소 불안을 드린 점이 있다"는 말까지 했다.

이에 대해 『미디어오늘』 11월 5일자 사설 「언론 정책 선회하나」는 "노 대통령의 발언 맥락이 예사롭지 않다. '국민께 다소 불안을 드린 점이

---

72) 조수진, 「이해찬 의원 또 설화 자초」, 『국민일보』, 2003년 11월 6일, 2면; 이춘규, 「민주 "DJ 흠집 내기"」, 『대한매일』, 2003년 11월 6일, 4면.

있다'며 한발 물러서는 듯한 표현을 쓴 것만을 두고 하는 말이 아니다. 노 대통령은 이 자리에서 언론과의 불편한 관계의 연원을 대통령직 인수위원회 시절의 어설픈 '언론플레이'에서 찾으면서 '(언론과) 어느 특정한 문제가 있었던 게 아니다'고 진단하는가 하면 '앞으로 언론과의 관계 개선을 통해 국민들에게 희망과 비전을 줄 수 있도록 노력하겠다' 고 거듭 말한 것으로 전해졌다"고 했다.

"예방적 차원에서 한 가지 짚고 넘어갈 점은 있다. 노 대통령이 '소신'과 '철학'이라며 견지해오던 언론에 대한 '원칙적 대응' 수위를 한 단계 누그러뜨리는 듯한 태도를 보이는 배경이 뭔지가 충분히 설명돼야 한다는 것이다. 그것이 지난 8개월여의 '불편한 긴장 관계'에 대한 자성에서 비롯된 것인지, 그렇다면 그동안 무엇을 잘못한 것인지 충분히 설명할 필요가 있다. 그것이 아니라면 노 대통령의 발언은 정치적으로 해석될 가능성이 매우 높다. 총선을 앞두고 대선 비자금 사건이 정가를 강타하는 상황에서 여론 지형을 청와대와 특정 정당에 유리하게 조성하기 위한 유화 제스처로 해석될 여지가 충분하다는 것이다."

노무현의 이런 변화에 대해 「'노 스타일' 확 달라졌다」(『문화일보』 11월 5일), 「'노, 변화 조짐 …… 무슨 계산 있나」(『세계일보』 11월 4일), 「노 대통령, 언론에 대한 화해 제스처는 '검찰발 정치 개혁' 노린 '휴전 협정'?」 (『내일신문』 11월 5일) 등과 같은 기사들이 나왔다. 아닌 게 아니라 대선 자금 국면 이후 노무현의 지지도가 조금 올랐다. 『내일신문』 11월 4일자 [내일만평]은 검찰(송광수와 안대희)이 노무현의 지지율을 끌어올린 모습을 그렸다.

일부 언론은 이 모든 걸 치밀한 각본에 따른 것으로 보고 있었다. 『중앙일보』정치부장 이연홍은 11월 5일자 칼럼에서 노무현의 운동권 출신 참모들을 가리켜 "그들은 권력투쟁에 능했다. 학창 시절 운동권 내부의 극렬한 권력투쟁을 경험해본 그들이다"고 말했다.[73]

언론인 안병찬은 『내일신문』 11월 7일자에 기고한 칼럼에서 "지난 10월 10일 재신임 폭탄선언을 했을 때 노 대통령은 '사즉생'의 일격필살 전법이나 벼랑 끝 전술을 쓰는 것처럼 보였다"며 "그러나 판세가 뒤집히고 보니 노 대통령 정치 기법은 변화무쌍한 '운동전'으로 바뀌어 있다. 전선을 고정시키지 않고 '이기면 싸우고 지면 도망치는' 유격성(?) 유동성을 채택하여 정국을 쥐락펴락하는 양상이다"고 했다.[74]

노무현-강금원 골프 논란

노무현 부부가 부산의 지인인 강금원과 골프를 친 게 뒤늦게 논란이 되었다.

『동아일보』 2003년 11월 4일자는 "노무현 대통령이 지난 주말인 1일 부인 권양숙 여사와 함께 충북 충주시 시그너스 컨트리클럽에서 강금원 창신섬유 회장 부부와 골프를 쳤다. 강 회장은 시그너스 골프장의 실제 소유주로, 노 대통령의 생수회사 '장수천'에 사업 보증을 섰다가 궁지에 몰린 노 대통령의 전 후원회장 이기명 씨의 용인 땅을 18억 원에 사들인 인물이다. 그는 지난달 국정감사 때 증인으로 출석해 '국감이 아니라 코미디'라고 말해 논란을 빚기도 했다"고 보도했다.

---

73) 이연홍, 「돌고 도는 권력」, 『중앙일보』, 2003년 11월 5일, 31면.
74) 안병찬, 「노 대통령의 정치 기법은?」, 『내일신문』, 2003년 11월 7일, 5면.

"이날 골프 행사에는 대통령 부부와 강 회장 부부가 한 팀을 이뤘고, 청와대 경호팀이 1조를 이뤄 일반인 팀과의 거리를 유지하는 역할을 했다. 김세옥 경호실장은 골프를 치지 않고 노 대통령을 수행했다. 강 회장은 대학원생인 아들을 골프장으로 데리고 나와 노 대통령에게 소개했다. 노 대통령은 이날 정오 골프장에 도착해 오리 백숙으로 점심식사를 하고 오후 6시경까지 골프를 친 뒤 8시경 귀경했다. 노 대통령의 이날 성적은 100타 정도였던 것으로 알려졌다. 청와대 측은 '대통령이 이날 헬기를 이용하지 않았다'고 밝혔다. 이날은 쉬는 토요일이 아니어서 청와대 직원들은 모두 정상 근무를 했다. 청와대의 한 관계자는 '대통령이 모처럼 시간을 내 골프를 친 것'이라고 말했다."[75]

　『한국일보』 2003년 11월 5일자 사설 「노 대통령의 부적절한 골프」는 "노무현 대통령의 지난 주말 골프 나들이는 '부적절한 상대'를 택해 '부적절한 시점'에 이뤄졌다는 비난을 피하기 어렵다"며 "대통령도 골프를 칠 수 있고 휴식과 취미 생활이 국정 운영에 윤활유가 된다는 것을 국민도 잘 알고 있다. 하지만 거기에도 지켜야 할 적절한 수준이 있을 것이다"고 했다.

　"노 대통령이 골프를 함께한 강금원 창신섬유 회장은 노 대통령의 생수 사업에 보증을 섰다가 궁지에 몰린 전 후원회장 이기명 씨의 용인 땅을 노 대통령을 위해 '호의적으로' 산 것이 뒤늦게 밝혀져 의혹에 휘말렸던 인물이다. 노 대통령이 골프를 친 골프장 소유주이기도 한 강 씨는 지난 9월 국회 국정감사에 대통령 친인척 비리 관련 증인으로 나와 '국

---

75) 최영해, 「盧 대통령-강금원 씨 부부 지난 주말에 골프」, 『동아일보』, 2003년 11월 4일, 8면.

감이 아닌 코미디'라고 말해 의원들의 반발을 샀었다. 노 대통령은 여가는 이왕이면 맘이 통하는 지인과 보내는 것이 좋다고 생각했을 수 있지만 대통령 주변의 구설수에서 자유롭지 못한 이와 부부 동반으로 골프를 즐기는 것을 국민이 어떻게 받아들일 것인가를 생각했어야 한다."

이어 이 사설은 "노 대통령은 축적된 국민적 불신을 이유로 재신임을 요구해놓고 있다. 지금은 불법 대선 자금 문제로 나라가 온통 시끄럽고, 야당은 대통령 측근 비리 특검을 추진하고 있다. 노 대통령이 이런 시점을 알았는지 모르겠다"고 했다.

"노 대통령은 용인 땅 문제가 터졌을 때 이기명 씨에게 보내는 편지를 청와대 홈페이지에 올렸고, 이것이 적절한 처신이냐를 놓고 청와대 내부에서도 논란이 인 것으로 알려졌다. 노 대통령이 사적인 정리(情理)를 지나치게 앞세운다는 지적이었다. 이번에도 혹시 노 대통령이 '강 씨는 나 때문에 괜한 오해를 받고 있다'거나 '청탁이나 받는 유착 관계도 아니고, 내가 떳떳한데 어떠냐'는 식의 '오기'를 보인 것 아니냐는 소리가 그래서 나오는 것이다."

『경향신문』 정치부 차장 박래용은 11월 8일자에 쓴 「대통령의 '부적절한' 골프」라는 칼럼에서 "노무현 대통령 부부가 부산의 지인인 강금원 씨와 골프를 친 사실이 알려진 날, 청와대 직원들은 벽을 쳤다. '공연히 화가 치밀어 올랐다'고 말하는 사람도 있었다"며 다음과 같이 말했다. "청와대 직원들의 묵언과 울분은 보다 근원적이다. 도대체 누가 이런 일정을 잡았느냐는 것이다. 재신임, 측근 비리, 대선 자금 수사로 들끓는 이 시기에 '골프나 한번 치시라'고 참모들이 권유했을 리는 만무하고, 결국 노 대통령이나 부인 권양숙 여사의 의지에 따른 것이 아니냐

는 비판의 목소리다. 누구 한 사람 '아니되옵니다' 라고 문 앞을 막아서
지 못한 대통령 비서진의 무력감과 배신감과, 자책도 섞여 있다."

'노 대통령이 호남인을 배신하다니'

청와대 직원들이 대통령의 깊은 뜻을 어찌 알 수 있었겠는가. 당시 노무
현의 관심은 온통 신당 창당에 집중돼 있었고, 이를 위해 자신과 뜻을 같
이하는 지인들의 격려가 필요했던 건 아니었을까? 노무현의 신당 창당
에 대해 배신감을 느끼는 지지자들도 있었으니 그런 일이 더욱 필요했
는지도 모를 일이다.

　11월 6일 김해여성복지회관관장 장정임은 『한겨레』 [왜냐면]에 기고
한 「노 대통령이 호남인을 배신하다니」라는 글에서 "나는 한나라당만을
지지당이라 여기는 사람들이 가득한 영남에 살고 있다. 다른 당에 대해
서는 이야기조차 꺼내기 어려울 만큼 한나라당에 절대적 충성을 바치는
어르신들이 주변에 가득하다. 이곳은 경남 김해이며 대통령의 고향이기
도 하지만, 나이든 어른들이 모이면 '우리 당' (한나라당을 우리 당이라 한
다.) 이회창 후보의 낙선을 한탄하며 노 대통령이 빨리 그만두어야 나라
가 잘된다는 의견을 주고받는다. 왜 그러냐고 물으면 노무현 대통령이
전라도당인 민주당 사람이어서 그런다는 것이었다"며 다음과 같이 말
했다.

　"그런 정황을 뼈저리게 느껴서 노 대통령은 신당을 만든 것일까? 그래
서 호남당에 부정적이던 영남 민심이 돌아서서 창원시장 하던 공민배
씨, 창원대학교 총장 하던 이수호 씨, 씨름 선수 이민기 씨 같은 사람이

열린우리당에 입당하고 통영시장에 열린우리당이 지지하는 사람이 당선된 것일까? 열린우리당으로선 좋아할 노릇인지 몰라도 내게는 그야말로 신지역주의의 시작으로 보인다. 그동안 지역주의를 깨겠다던 노 대통령이 다시 지역감정에 기대게 되는 자기모순의 결과를 가져온 것이다. 이제 와서 돌이켜보면 노 대통령은 망국적 지역주의를 깨기 위해 가져야 할 뼈저린 경험과 신념이 호남 사람보다는 적다는 면에서 지역주의 타파 지도자로선 태생적 한계를 가진 지도자라고 생각된다."

장정임은 "한으로 뭉친 호남의 지역주의엔 영남의 반성과 양보밖엔 치료의 길이 없다. 그럼에도 영남 출신의 대통령이 그를 믿고 밀어주었던 호남을 배신하며 분당을 했을 때 호남인의 열패감이 어떠했을까? 아마 세월이 흘러갈수록 그 상처는 깊어지지 않을까 싶다. 민주당 처지에서는 노 대통령과 열린우리당이 배신자이기에 대선 자금 폭로까지 해대는 것 아니겠는가?"라며 다음과 같이 말했다.

"열린우리당으로 보면 개혁을 위한 보수층과의 결별, 호남 중심 정당이자 보수 정당인 민주당과의 결별이 필요했을 것이다. 그러나 생각하면 참 우습다. 열린우리당과 민주당의 차별성이 무엇이란 말인가? 민주당은 독재와 싸워온 정당으로서 햇볕정책을 이끌어낸 공이 있는 정당이다. 또 열린우리당 안에도 반개혁적 사람도 있어 누가 누구의 개혁성을 탓할 계제가 아니다. 그렇게 보면 민주당의 분당과 노 대통령의 탈당은 역사의 진보에 거의 도움이 되지 않을 것 같다. 물론 이런 균열의 와중에서 구질서가 무너지고 새 질서가 세워질 것을 기대할 수는 있을 것이다. 이번 정치자금 파동도 그런 와중에서 불거진 일이고, 기업들도 이젠 쉽게 돈을 내놓지 못할 것이기에 균열의 순기능이 분명히 있다. 그러나 이번 분당은 민주당에 '지역주의 부패 정당' 이란 허물 뒤집어 씌우기식 독선과 배타주의가 아니고 무엇인가? 그것도 영남 지역주의에 기대지 않았다고는 말할 수 있을까? 그가 자신을 당선시킨 민주당의 분당을 조장하고 탈당했다는 것이야말로 그처럼 눈치 보지 않는 소신을 가진 사람에게도 스스로 인식하지 못하는 영남 선민주의의 피가 흐르고 있다는 산 증거로 보인다. 요즘 나는 신지역주의가 더욱 걱정이 된다."

노무현의 광주 방문

2003년 11월 7일 노무현은 광주를 방문했다. 그는 '광주 · 전남 시 · 도민과의 간담회'에서 "광주에 올 때마다 제 고향보다 더 고향처럼 느껴진다"고 말했다. 또 그는 "여러분 표정에 제가 대통령이 되는데 결정적인 지지를 한 도시라는 자랑이 배어 있다. 그리고 '빚졌지, 빚 갚아야돼' 라는 표정을 읽을 수 있다"면서 "그것을 부담으로 느끼지 않고 따뜻한 사랑으로 느낀다"는 말도 했다.

노무현은 "우리 근대사에서 여러 고비를 넘기고 큰 역할을 해온 광주 · 전남은 앞으로 역사에서 크게 보상받는 것이 당연하다"면서 "나는 광주를 좋아한다. 잊지 않는다"고 말했다. 또 그는 "광주는 세계 일류의 국제적인 문화도시가 되어야 하고, 이를 위해 임기 5년 동안 뿌리를 탄탄히 세워 바람이 불어도 흔들리지 않을 만큼 기초를 다져놓겠다"는 말도 했으며, "전 정부에서 정부 산하단체에 임명된 사람들은 특별한 경우가 아니면 대부분 그 자리에서 일하고 있다"면서 "여러분들이 어려울 때 상의할 만한 사람들이 많이 있을 것" 이라는 말도 했다.

노무현은 광주 출신인 인사 보좌관 정찬용을 지목하면서 "청와대 실세가 누구냐. 다들 문재인 민정 수석을 말하는데 TV에 많이 나와 실세라고 하는 것 같다. 인사 하는 사람이 실세"라고 치켜세웠다 그는 "여러분이 어려울 때 상의할 만한 사람으로 정찬용 보좌관이 있다"며 "인사는 인사대로 잘하고 능력이 있어 지역의 창구 역할을 잘할 것"이라는 말도 했다. 행사장 앞에는 노사모 회원 40여 명이 "광주 시민은 노무현을 허벌나게 사랑합니다", "평화통일의 선구자 김대중, 햇볕정책의 계승자 노무현"이라는 플래카드를 들고 환영 나왔다.

노무현은 이 행사에 앞서 가진 '아시아 문화중심도시 광주 조성 계획 보고회'에서도 "광주를 잊지 않고 있고, 앞으로도 함께할 것"이라고 했고, "조선소, 자동차 회사, 반도체 회사보다 더 큰 잠재적 시장을 가진 문화 산업 분야에서 광주가 큰 역할을 하게 될 것"이라는 말도 했다. 또 그는 문화중심도시 조성 계획을 "그냥 대통령이 선물 하나 들고 지역을 방문하는 차원으로 이해하지 말라"며 "문화 산업의 토대로 광주가 살기 좋은 도시가 되면, 전남 일대가 그 문화를 함께 누리게 될 것"이라고 말했다. 그는 "대선 때 광주를 문화 수도로 만들자고 공약했다"고 상기시킨 뒤 "이창동 문화관광부 장관은 문화중심도시라고 하지만 이름 붙이는 것은 제 소관"이라며 "가장 커질 문화 시장을 우리가 진짜 한번 먹어보자"는 말도 했다. 신문들은 다음과 같은 기사로 노무현의 광주 방문을 보도했다.

「"광주에 올 때마다 고향처럼 느껴져"」(『경향신문』), 「노 "청와대 실세는 정찬용"」(『국민일보』), 「"광주는 고향보다 더 고향 같아"」(『대한매일』), 「노 "광주와 함께하겠다"」(『세계일보』), 「노 대통령 "광주 출신 정찬용 인사 보좌관이 실세"(『조선일보』), 「노 대통령 "고향보다 더 고향 같은 광주"」(『중앙일보』), 「"여러분 표정에 나를 뽑은 자부심 배어"」(『한겨레』), 「노 "광주가 진짜 내 고향 같아"」(『한국일보』).

노무현의 광주 방문엔 정찬용 외에 홍보 수석 이병완, 정무1 비서관 서갑원 등 광주 출신 청와대 참모들이 대거 수행했다. 『대한매일』(2003년 11월 8일)에 따르면, "청와대 고위 관계자들도 총출동하다시피 광주를 찾았다. 문희상 비서실장, 이정우 정책실장, 유인태 정무ㆍ문재인 민정ㆍ이병완 홍보 수석, 정찬용 인사 보좌관이 노 대통령의 광주 방문에 합류했다. 당초 이 수석과 정 보좌관의 광주 방문은 예정돼 있지 않았지만, 문화부에서 이 지역 출신인 둘의 참석을 특별 요청했다고 한다. 한편 민주당 소속인 신이섭 시의원 등은 '5ㆍ18 기념문화센터에서 열린 아시아 문화중심도시 조성 계획 보고 행사장에 민주당 소속 시의원들의 지정석은 없었다' 면서 '오찬에서도 열린우리당 의원들만 참석시킨 것은 지역 분열을 부추기는 행태' 라고 불만을 터뜨렸다."[76]

열린우리당 창당

2003년 11월 9일 부산의 조성래를 비롯하여 노무현을 지지하는 변호사 43명이 기자회견을 열고 열린우리당 창당준비위원회 발기인에 참여키로 했다고 발표했다. 이들은 "내년 4ㆍ15 총선에서 노 대통령을 지지하는 당이 다수당이 돼 의회를 지배하지 않고서는 개혁 정책을 제대로 펼

---

76) 곽태헌ㆍ최치봉, 「"광주는 고향보다 더 고향 같아"」, 『대한매일』, 2003년 11월 8일, 4면.

2003년 11월 11일 열린우리당이 창당됨으로써 정치권 전반의 개혁이 국민적인 관심사가 되었다.

수 없다"며 "내년 총선 이후에야 비로소 노 대통령의 제대로 된 임기가 시작된다"고 주장했다.

언론인 송영승은 『경향신문』(2003년 11월 10일) 칼럼에서 "경위야 어찌 되었건 재신임론까지 야기한 대통령 측근 비리와 실정(失政)은 부차적인 사안으로 치부되는 듯하다. 대신 정치권 전반의 개혁이 국민적 관심사로 부상하고 있다. 집권 세력과 야당의 공수(攻守)가 뒤바뀐 셈이다. 이 과정을 통해 분명해진 것은 노 대통령의 정치 읽기가 한나라당이나 민주당, 열린우리당의 지도자들보다 한 수 위라는 점이다. 노 대통령이 3

김 씨 못지않은 정치 고수(高手)임을 보여주는 대목이다"고 했다.[77]

11월 11일 열린우리당의 중앙당 창당 대회가 열렸다. 그 자리에서 추대된 3인의 공동 당의장 가운데 다른 두 사람은 행사의 성격상 추상적인 원론을 역설한 데 비해 김원기는 공동 당의장의 자격으로 야당을 격렬하게 비판하였다. 그는 전날 대통령 측근 비리 관련 특검제가 한나라당과 민주당의 공조로 통과된 것을 '반민주적, 반국민적 폭거'로 규정하는 동시에 한나라당을 '낡은 정치, 썩은 정치' 세력으로 비난했다. 그는 "지역주의에 기생해 안주해온 정치인들을 이 땅에서 몰아내야 한다"고 역설했다.

반면 민주당 대변인 김성순은 "오늘 창밖에 내리는 빗물은 민주당 지지자들의 슬픈 눈물"이라며 "비오는 날 모래성을 쌓지 말라"고 했다. "열린우리당은 내년 총선을 겨냥해 급조한 정당으로, 총선이 끝나면 사라질 시한부 정당"이라는 주장도 덧붙였다.

11월 11일 가톨릭대 교수 김만흠은 『대자보』 기자 이창은·김광선과의 인터뷰에서 노무현이 "우리나라에서 나만큼 비호남 출신 중에서 호남 문제를 이해하고 있는 사람이 있으면 나와보라고" 했다고 말한 것과 관련, "그것이 얼마나 오만한 이야기인가? 상대방 때려놓고 나서 나만큼 너를 잘 아는 사람 있으면 나와보라는 소리와 뭐가 다른가?"라며 다음과 같이 말했다.

"내가 보기에는 노무현 대통령은 호남 지역주의에 대해서 이른바 한나라당과 비슷한 생각을 가지고 있는 사람이다. 다만 성향이 다를 뿐인

---

77) 송영승, 「피에트로 검사는 없다」, 『경향신문』, 2003년 11월 10일, 7면.

것이다. 약자의 편에 서서 정면으로 싸웠다면, 약자의 마음을 이해하는 것이 되어야지, 약자에게 내 말 들으라고 오만하게 해서는 안 된다. '탈호남' 이야기도 마찬가지다. 호남 사람들이 지역주의 측면에서 방어적이고 소극적이라는 이야기는 '탈호남' 이라는 주장을 호남 사람들이 수용하고 있다는 것이다. 그것도 호남 내부에서의 탈호남을 말하고 있는 것이 아니라 외부에서 탈호남을 하라고 말하는 것도 수용하고 있는 것이다. 만약에 자민련 의원이 충청도에 가서 '탈충청 해라' 또는 한나라당이 영남에 가서 '탈영남 해라' 고 하면 그 지역 사람들이 가만히 있겠나. 그런데 호남 사람들은 민주당이 '탈호남을 하겠다' 고 하는데 받아들이고 있다. 더구나 한나라당에서 활동했던 사람들이 탈호남을 하라고 주장하는 것도 받아들일 정도이다."

유시민의 예측

2003년 11월 12일 유시민은 『서프라이즈』의 서영석과 가진 인터뷰에서 "지금 한나라당과 민주당이 공조를 통해서 특검을 통과시킨 격이 됐습니다. 지금 민주당의 움직임을 어떻게 봐야 합니까" 라는 질문에 대해 이렇게 답했다.

"별로 눈여겨볼 필요가 없습니다. 시간문제거든요. 오늘 정범구 의원이 탈당했는데, 『딴지일보』 인터뷰에서 술 자시고 노 대통령한테 안 좋은 얘기해서 좀 그렇긴 하지만……. 그 정도면 술 마시고 할 수 있는 얘기고……. 그분이 우리당에 오는 게 개인적으로나 국가적으로 보나 바람직하다고 생각하고 있습니다. 그런데 민주당은요, 제가 예언컨대 이제 한 보름만 있으면 국민 여론조사 지지도에서 열린우리당에 지게 돼 있습니다. 이게 다 그렇게 프로그램화돼 있는 거예요. 지금 이미 오차 범위 안에 들어왔거든요. 보름이면 뒤집어지게 돼 있고, 그렇게 해서 일등할 가능성 있는 선거구가 급격히 줄어들게 되면 그때부터 본격적인 동요가 시작될 겁니다. 앞으로 선거 때까지 5개월이 가게 되면 한나라당 · 우리당 양강 구도에 몇몇 역량 있는 민주당 의원이 살아남는 정도의 2강 1약 구도, 자민련 포함하면 2강 2약 그렇게 해서 센 지역당 하나, 약한 지역당 둘, 그리고 센 전국 정당 하나 이 구도로 갈 것이기 때문에 민주당에 대해선 걱정 안 해도 되고 그냥 봐주십시오. 어제도 예정된 수순대로 갔는데, 특검 공조 말이죠. 대통령이 거부권 행사하면 재의할 텐데…… 2/3가 재의 가결하면 거부권 더 이상 행사 못합니다. 민주당이 여기까지 가면 민주당한테는 정치적으로는 사망 선고가 내려지는 단계다, 저는 그렇게 봅니다."

"유 의원 예측대로 됐으면 좋겠습니다"라는 서영석의 말에 유시민은 "지금까지 제 예측대로 왔잖아요(웃음)"라고 답했다. 서영석은 "오늘 발표된 MBC의 여론조사에서 이미 열린우리당이 민주당을 누"른 걸 지적하면서 "유시민 의원은 그답지 않게 매우 틀린 예언(?)을 했"다고 말했다.

11월 12일에 보도된 MBC 여론조사 결과에 따르면, '어느 정당을 좋아하느냐'는 질문에서 열린우리당은 16.5%로 민주당 13.6%를 따돌렸다.(한나라당 21.9%) 민주당과 열린우리당의 지지도를 지역별로 보면, 서울은 8.4% 대 17.2%, 인천 · 경기는 11.8% 대 19.0%, 대전 · 충청은 16.0% 대 14.2%, 광주 · 전라는 38.4% 대 18.9%, 대구 · 경북은 7.5% 대 10.6%, 부산 · 울산 · 경남은 8.2% 대 15.4%, 강원 · 제주는 16.2% 대

14.6%로 나타났다.

MBC 여론조사는 열린우리당의 창당 대회에 맞춰 실시한 것이라 다소 거품이 있었고, 11월 14일에 나온 SBS 여론조사에선 정당 지지도가 한나라당 21.6%, 민주당 19.9%, 열린우리당 16.8%인 것으로 나타났다.

『문화일보』(2003년 11월 12일) 논설위원 윤창중은 「노 대통령의 변신」이라는 제목의 칼럼에서 "신당 창당은 아무리 생각해도 정치 도박이고 좋게 봐야 이상주의의 산물이다. 노 대통령의 희망대로 신당이 총선에서 선전한다면 또 하나의 성공 신화라고 할지 모르지만, 그렇게 된다면 우리 정치사에서 '배신의 정치'가 성공한 경우로도 기록될 수 있다"며 다음과 같이 말했다.

"만약 원내 교섭 단체도 구성하지 못하거나 30~40석으로 참패할 경우 노 대통령의 미래는 어디에서도 찾아볼 수 없다. 오늘의 현실주의자들은 신당이 성공하려면 '기적'이 이뤄져야 한다고 진단하고 있다. 한나라당의 저 꼴에도 미래가 없어 보이지만 그렇다고 해서 신당의 전망이 밝은 것은 아니다. 그럴 경우 노 대통령은 누굴 붙잡고 남은 4년 임기를 보낼 것인가. 노 대통령으로서는 대단히 민망하고 치욕적인 일로 생각할지 모르지만 현 정권의 정치적 장래와 나라를 위해 민주당과 신당이 다시 합치는 방안을 모색해야 한다. 창피한 일이지만 신당은 이 정도의 실험에서 중단하는 것이 현명한 처사다. 이상을 접고 현실로 되돌아와야 한다. 총선 후 정권이 산소호흡기에 물려 있는 상태를 미리 걱정해야 한다."

강금원 발언 파동

2003년 11월 중순 노무현의 오랜 후원자인 창신섬유 회장 강금원의 잇단 발언 파동으로 모든 신문들은 엄청나게 많은 양의 사설, 칼럼, 기사를 만들어냈다. 그 말 많았던 11월 1일 골프 회동의 효과였다고 보는 게 옳으리라.

11월 14일 강금원은 "노 대통령이 민주당을 탈당한 건 지난해 민주당 후보 경선 직후 민주당 회계장부에 기재된 300억 원이 금고에서 사라진 일 때문"이라고 주장했다. 같은 날 강금원에 앞서 열린우리당 상임고문 정대철도 민주당 후원금 200억 원이 없어졌다고 주장했다. 강금원의 발언은 '강도' 운운하는 표현으로 더욱 화제가 되었다.

"(민주당은) 썩을 대로 썩어 어떻게 해볼 수 없었던 것이다. 노 대통령은 '어떻게 이런 정당에서 앞으로 정치 개혁을 할 수 있겠느냐'고 말했다. 개선해보려 해도 안 됐다. 그래서 (민주당을) 나온 것이지 배신한 게 아니다. 난 대통령의 눈빛만 봐도 마음을 잘 읽는 사람이다. 대통령은 고민 많이 했다. 강도 같은 놈들이다. 규명도 안 되고 확인도 안 되고…… 정말 (민주당은) XX이고 강도 같은 놈들이다. 이런 소리 못하는 노 대통령이 바보다."

민주당은 이를 노무현 측의 '민주당 분열 공작'이자 측근 비리 희석용 음모로 간주하면서 분노했다. 후원금은 편법 회계 처리의 문제였다는 것이다. 민주당의 역공에 대해 보도한 『대한매일』(2003년 11월 18일)에 따르면, "민주당이 17일 200억 원 후원금 증발 의혹을 제기한 열린우리당 측에 역공을 가하자, 양당의 처지가 급격히 역전되고 있다. 민주당이 이날 '200억 원은 (비공식) 총선 지원금이었다'면서 지원금 내역 공개와 형사

고발 방침을 천명하자 우리당 측은 '더 이상 문제 삼지 않겠다'고 한발 뺐다. 민주당은 이날 한화갑 전 대표와 김옥두 · 유용태 의원 등 역대 사무총장들이 나서 후원금 200억 원 증발 논란과 관련, '2000년 총선 자금으로 쓰인 것'이라며 '당시 수혜자는 열린우리당에 있는 만큼 명단을 공개할 예정'이라며 고해성사를 촉구했다.

노무현의 오랜 후원자인 강금원 회장의 잇단 발언 파동으로 논란이 일어났다.

구했다." 이에 대해 열린우리당 홍보위원장 정동채는 "더 문제 삼고 싶지 않다"고 말했고 총무위원장 이재정도 "민주당 스스로 해결할 일"이라고 했다.

강금원은 "문재인 수석이 이번에 갈릴 것"이라고 말한 것 때문에 언론으로부터 비판을 받았다. 『내일신문』정치팀장 남봉우는 11월 21일자에 쓴 「강금원 덫'에 걸린 노 대통령」이란 칼럼에서 "그동안 노 대통령은 '야인 시대'의 사적인 관계에 대해 유독 약한 모습을 보여왔다. 안희정 씨가 검찰 수사를 받을 때 '동지'라면서 두둔하는 모습을 감추지 않왔고, 이광재 씨가 열린우리당 의원들의 비판을 받고 자리에서 물러날 때도 무척 불쾌해했던 것으로 알려졌다. 이기명 씨가 용인 땅 문제로 의혹을 받을 때 공개적으로 편지를 써 '대통령과의 특수한 우정'을 만천하에 알렸다. 최도술 씨 수사를 이유로 불쑥 재신임 카드를 내민 것도 사적 관계에 집착하는 또 다른 모습이다"며 다음과 같이 말했다.

"인간 노무현으로서야 '아름다운 관계'를 보호하고 싶었을 것이고, 측근이 고초를 겪는 데 대한 분노도 컸을 것이다. 그러나 대통령은 어디까지나 공인이다. '공인'이라는 이유로 사적인 관계까지 침해되어서는 안 되겠지만, 그것은 어디까지나 국민들이 납득하는 범위 안에서 이뤄져야 한다는 생각이다. 사적인 관계에 대한 과도한 애정 표현과 집착은 또 다른 강금원을 낳을 뿐이고, 그것은 결국 노 대통령과 청와대에 부담으로 돌아오게 된다는 게 이번 사건의 교훈이다."

'노 대통령은 호남을 소외시킬 분이 아니다'

2003년 11월 17일에 보도된 『경향신문』 여론조사에서 정당 지지도는 한나라당 22.6%, 민주당 15.4%, 열린우리당 11.6%인 것으로 나타났다. 『국민일보』 11월 17일자에 따르면, 열린우리당의 한 관계자는 "한나라당과 달리 민주당은 지지층이나 노선 면에서 열린우리당과 겹치는 것이 많다. 이념과 노선이 상반된 한나라당과는 최악의 경우 적대적 공생관계라도 가능하지만 민주당과는 상생이 불가능하다"고 말했다.[78]

---

78) 신종수, 「민주-우리당 지지율 '제로섬 게임'」, 『국민일보』, 2003년 11월 17일, 2면.

그러나 민주당을 탈당한 정범구는 11월 18일 "이대로 가면 내년 총선에서 민주당과 열린우리당은 '애석상'과 '분투상'을 받는다"며 재결합을 역설했다. 그는 "통합을 바라는 의원이 민주당보다 열린우리당에 더 많다"며 "열린우리당 정대철 의원도 며칠 전 전화를 걸어와 통합해야 한다고 하더라"고 전했다. 또 설훈도 "양당이 다시 합친다면 국민들도 실수를 용납할 것"이라며 "양당 수도권 의원 열에 아홉은 그렇게 생각하고 있다"고 주장했다.[79]

11월 20일 전남 신안 출신인 천정배는 '한국 정치의 현황과 과제'라는 주제의 전남대 강연에서 "정부 출범 초기 호남 사람들을 서운하게 만든 일이 있었다는 것을 인정한다"며 "정부 부처 인사에서, 또 대북 송금 특검법을 받아들인 데서 그런 일들이 있었다"고 했다. 그는 특히 "대통령 고향 출신 인사들 일부가 목에 힘주고 활개치고 다닌 것도 보기 좋지 않았고, 서운한 느낌을 갖고 있었다"며 부산·경남(PK) 출신인 일부 대통령 참모들에 대한 불만을 토로했다.

천정배는 "노 대통령은 호남을 소외시킬 분이 아니다"면서 "일부 미숙한 참모들에 의해 서운한 일이 생겼지만 최근 들어 많이 개선되고 있다"고 주장했다. 그는 이어 "현 정부가 호남을 소외시킨다면 나도 묵과하지 않겠지만 참여정부와 호남을 갈라놓으려는 시도에 대해서도 철저하게 심판해야 한다"고 민주당을 겨냥했다. 그는 "호남이 지역주의에 의해 서러움을 받아왔기 때문에 우리끼리 똘똘 뭉치자는 주장은 우리들 스스로 무덤을 파는 일이고, 그런 선동을 일삼는 정치인들이야말로 호

---

79) 오남석, 「민주―우리당 화전(和戰) 양면?」, 「문화일보」, 2003년 11월 18일, 4면.

남을 배신하는 사람들이다. 호남이 앞장서 지역주의의 혈로(血路)를 뚫어야 한다"고 주장했다.[80]

이에 대해 김욱은 "천정배의 주장에 의하면, 호남은 흩어지면 살고 뭉치면 죽는 것이다. 그러나 아무리 호남이 모래알처럼 흩어져도 영남 패권주의는 그런 식으로는 절대로 사라지지 않을 것이다. 그는 우리나라의 영남 패권주의가 단순히 정치인들의 선동 문제가 아닌 구조화된 체제의 문제라는 사실을 알지 못하고 있다"고 반박했다.[81]

11월 21일에 보도된 『한겨레』 여론조사에서는 한나라당 23.7%, 민주당 18.2%, 열린우리당 11.7%인 것으로 나타났다. 민주당 대 열린우리당의 지지율은 충청권(12.9% 대 14.3%)을 제외하곤 수도권(17.0% 대 11.6%), 영남권(11.2% 대 9.1%), 호남권(47.6% 대 16.8%)에서 모두 민주당이 앞선 것으로 나타났다.

'노무현, DJ에 잇단 러브콜'

열린우리당 지지율이 오르지 않는 것에 불안감을 느낀 노무현은 '김대중 예찬'에 열을 올리면서 호남 민심을 끌어오기 위해 애를 썼다. 『문화일보』 11월 21일자에 실린 「노무현, DJ에 잇단 러브콜」이라는 제목의 기사는 '신당 띄우기'를 위한 노무현의 김대중 예찬이 계속되고 있으며 11월 들어서만 세 번째라고 지적했다. 또 노무현이 열린우리당 인사들을 연쇄적으로 접촉하는 것과 관련, 『한국일보』 11월 22일자는 "이들 중

---

80) 정녹용, 「"호남 소외론 인정" 천정배 전남대 강연서」, 『한국일보』, 2003년 11월 21일, 4면.
81) 김욱, 『김대중의 끝나지 않은 이야기』(인물과사상사, 2005).

일부는 노 대통령의 후광을 의식, 회동 사실을 은근히 소문내고 있는 것으로 전해진다"고 보도했다.

11월 23일 김욱은 친민주당 사이트 『동프라이즈』에 올린 글에서 "지금 우리는 열우당을 궤멸시키지 않고서는 한나라당과의 싸움을 시작조차 할 수 없는 처지에 놓였다. 이것은 감정상의 문제가 아니다. 나도 감정 같아서는 그들과 손 부여잡고 덩실덩실 화해의 춤이라도 추고 싶다. 그러나 이성의 논리가 냉혹하게 명령하고 있다. 민주당의 총선 주적은 배신당이다!'라며 다음과 같이 말했다.

"노무현의 권력은 기를 쓰고 지킬 가치가 있는 권력이 아니다. 그리고 어차피 권력은 떠났다. 따라서 우리가 지금 지켜야 하는 것은 눈앞에 다가온 내년 총선의 의석 몇 개가 아니다. 영남 극우 헤게모니와의 100년 싸움을 준비하는 정의의 정신이다. 그 정신은 이 땅의 피눈물나는 민주 투쟁의 역사를 제대로 이해할 수 있을 때 지켜질 것이다. 민주당과 열우당의 이전투구로 한나라당에 그 과실이 온전히 돌아간다고 해도 열우당을 철저하게 궤멸시키는 것을 최우선 과제로 삼아야 한다. 그 궤멸의 교훈만이 한나라당을 본산으로 하는 영남 극우 헤게모니 세력과의 100년 전쟁에서 승리하는 첩경이다. 명심하자. 역사와 정의 속에서 민주당과 배신당 '모두가 사는 길'은 절대로 없다!'

반면 전북대 교수 이정덕은 월간 『열린전북』 2003년 12월호에 쓴 「민주당과 우리당에 대한 단상」이라는 제목의 글에서 열린우리당을 지지하겠다는 뜻을 밝혔다. 그는 우선 민주당을 더 지지하는 전라도 사람들을 옹호했다.

"현재 전라도 사람들이 민주당을 더 지지하고 있다고 해서 개혁 정신이 어디 갔느냐고 전라도 사람들을 꾸짖는 일은 아주 잘못된 일이다. 그면에서는 오히려 우리당을 꾸짖어야 한다. 민주당이 왜 그른지를 설득력 있게 보여준 적이 있는가? 없다. 같이 진흙탕 싸움을 하는 모습만 보여주었지 그 이상 무엇을 보여주었는가? 그래 놓고 어떻게 전라도 사람보고 우리당을 지지하지 않느냐며 이전의 개혁 정신이 어디 갔느냐고 꾸짖나? 한참 웃기는 책임 전가다. 자기들이 더 개혁적이라고 스스로 생각하는 것은 좋은데, 정말 이를 보여주었나? 이를 절실하게 보여주고 나서 전라도 사람들을 꾸짖어라."

그렇지만 그런 문제의식에도 불구하고 이정덕의 선택은 열린우리당이었다. 무슨 이유 때문인가? "나는 아직 민주당적을 유지하고 있다. 나는 당시 김대중 씨와 내 지역구에 출마한 정동영 씨를 지지해서 민주당원이 되었다. 아마 1996년 초였을 것이다. 하지만 앞으로 어느 당이고 당원이 되고 싶은 생각이 없다. 당원들이 그냥 졸에 불과하다는 것을 이번 분당 사태에서 다시 한 번 절감했기 때문이다. 적당한 시기에 탈당계를 내고 더 이상 당적을 가지지 않으리라. 나도 모르는 사이에 당이 없어지고 변하는 모습이 싫기 때문이다. 당원들은 안중에 없고 정치인들의 정치 게임만 존재한다. 당원으로서 당의 민주적인 모습을 보고 싶었고, 내가 지지하는 정치인에게 힘을 보태고 싶었었다. 이번의 분당 과정에서 내가 별 볼일 없는 숫자에 불과했다는 것을 깨달았다. 그렇지만 나는 현재 우리당을 지지한다. 민주당보다 개혁적이고 가능성이 있다고 생각하기 때문이다. 그래서 우리당의 지지 확산을 위해서 노력할 것이다. 그러나 정당에 가입하고 싶지 않다. 내 마음에 들지 않을 수도 있기 때문이다. 정당에 가입하지 않아야 마음에 들지 않으면 바로 마음을 거둬들이고, 더 이상의 졸 노릇을 하지 않아도 되기 때문이다."

이정덕은 민주당에 대해 판단을 내리면서 추미애에 대해 잠시 고민했던 것 같지만, 결론은 명쾌하다. 다음과 같다. "열린우리당은 확실히 노무현 당이지만 민주당은 민주당이지 추미애 당이 아니다. 물론 한 명이 당의 정체성에 지대한 영향을 미칠 수 있지만 추미애 의원을 그런 정도의 정치인으로 평가하는 것은 지나친 평가다. 추미애 의원의 강건함과 곧음에 대해서 인정하지만 그렇다고 이것이 민주당의 강건함과 곧음을 의미하는 것은 아니다. 추미애 의원이 바람을 불러일으킬 수도 있지만 그것이 어디까지나 한정된 바람일 가능성이 크다. 추미애 의원이 정당을 좌우할 정도로 크지도 못했고 그러한 능력을 이제까지 보여준 적도 없다. 따라서 추미애 의원을 중심으로 민주당을 논하는 것은 어불성설이다. 민주당은 민주당으로서 논의해야 한다."

호남 민심의 상당 부분을 반영한 이정덕의 주장에서 가장 주목할 만한 대목은 "열린우리당은 확실히 노무현 당"이라는 것이다. 이는 '머리말'에서 지적한 '인물 중심주의 문화', 즉 지도자의 강력한 리더십으로 모든 걸 빨리 해결하고 싶어 하는 '빨리빨리 문화'의 일면을 잘 보여준다. 물론 나중에 호남 민심이 완전히 열린우리당으로 돌아서는 데에는 개혁성을 떠나 "우리당은 확실히 대통령 당"이라고 하는 사실이 결정적인 역할을 하지만 말이다.

시민혁명은 계속된다
노사모와 한강다리

김부겸의 천·신·정 비판

2003년 11월 25일 열린우리당 중앙위원회 연석회의 워크숍에서 한나라당과 총재 최병렬에 대한 성토가 끝없이 이어지자 열린우리당 의원 김부겸이 이의를 제기하고 나섰다. 한나라당은 국민의 반이 지지하는 정치적 실체인데 해체해야 할 정당으로만 생각하는 게 온당하냐는 문제제기였다. 이에 대해 이해찬과 천정배는 "구체적으로 무엇을 하자는 것인지 모르겠다"며 시큰둥한 반응을 보였다.[82]

11월 27일 열린우리당 의원총회에서 유시민은 한나라당 총재 최병렬의 단식투쟁에 대해 "야당 총재가 단식을 하는 것은 개인의 자유"라며 "나는 야당 총재의 식사 문제에 관심이 없다. 그가 쌀뜨물을 먹든 말든 상관없다"고 말했다. 유시민은 "중요한 문제는 국회 마비"라면서 "그는

---

82) 정연근, 「"한나라당도 국민 반이 지지하는 정치적 실체"」, 『내일신문』, 2003년 11월 26일, 2면.

단식한다고 의원들 군기 잡아 의원직 사퇴서 받고, 국회를 마비시켜놓고 월급 받겠다는 것이다. 일하지 않은 자는 먹지도 말라는 말이 생각난다"고 말했다. 유시민은 "최 대표가 서울대 법대를 나온 것으로 아는데 학과 교육에 문제가 많은 것 같다"는 말도 했다.

『세계일보』 12월 1일자는 "열린우리당 김부겸 원내 부대표가 세대 간 갈등 양상이 심화되는 당내 사정과 관련, '천·신·정(천정배, 신기남, 정동영 의원)이 자제해야 한다'고 말해 주목된다"며 "김 부대표는 최근 기자들과 만나 '천·신·정 세 사람에게 너무 서두르지 말라고 말했다'면서 '우리당이 총선에서 승리하기 위해 이들이 활력소가 돼야 하지만 중진들의 경험과 경륜도 필요하다'고 덧붙였다"고 했다.

"김 부대표는 초선 의원임에도 불구하고 재야와 오랜 야당 경험을 통해 중진 의원들과도 교분이 깊다. 이 같은 이력을 바탕으로 그는 당의 세대·계파 간 조정자 역할을 자임한다. 한나라당 탈당파인 그는 특히 유화적인 대야(對野) 정책을 강조하고 있다."

노무현 대 추미애·조순형의 논쟁

2003년 11월 26일 노무현은 전북 지역 언론사 회견에서, 추미애와 조순형이 그간 펴온 '노무현의 배신론'에 반론을 폈다. 노무현은 민주당 분당에 대해 "변명처럼 들리겠지만 정말로 간섭하지 않고 방치했다"며 "기존의 당을 헐고라도 새로 해야겠다는 것은 나만의 바람이 아니라 모두들 그렇게 공약했다"고 말했다. 그는 지난해 대선 직후인 12월 22일 민주당의 발전적 해체를 주장한 일부 의원들의 성명서를 꺼내 보이며

"조순형, 추미애 의원 등 이런 분들이 함께 주장했던 것이다. 추 의원은 이것을 잊어먹고 자꾸 나더러 배신이라든지 배은망덕이라고 얘기하는데 그때는 나와 동업자였다"고 주장했다.

이에 대해 추미애는 11월 27일 "나의 진정성이라는 것은 민주당을 파괴하는 게 아니라 민주당의 정신을 발전시키고 기득권을 버리자는 뜻에서 문패를 해체한다는 의미였고, 그런 의미에서 최고위원직까지 반납했다"며 "(노 대통령이) 일련의 흐름을 보지 않고 선택적으로 왜곡하고 있다"고 반박했다. 조순형도 "TV 토론에서도 몇 번 얘기했는데 대통령이 바빠서 못 본 모양"이라며 "노 대통령이 사실관계를 뚝 잘라서 중간 과정은 생략하고 그렇게 얘기하면 안 된다"고 비난했다.

노무현은 11월 28일 SBS와의 특별 인터뷰에서 추미애와 조순형의 반박엔 답하지 않은 채 전북 지역 언론사 회견에서 했던 주장을 반복했다.

언론인 윤창중은 『문화일보』 11월 28일자 칼럼에서 "노무현 대통령에 대한 일반의 '착시(錯視) 현상' 가운데 하나는 그를 이상주의자로 보는 것이다. 현실주의자가 아닌 것으로 착각하고 있는 것이다. 그러나 그의 정치적 스승은 김영삼과 김대중이었다"며 "노 대통령의 정치가 보여주는 정수는 이상과 현실을 양 날개로 삼는 정치 노선의 교배술(hybrid tactic)이다. 그를 '바보 노무현'이나 '노짱'이라고 부르는 것은 어린아이들의 관찰이다"고 했다.

"왜 노 대통령은 신당을 창당하는 것인가. 지역감정 청산을 위해서? 정치 개혁을 위해서? 그렇게 보는 사람이 있다면 노 대통령에 대한 연구가 부족한 것이다. 천정배 의원의 독설이라는 '노무현오빠당', 바로 '노빠당'을 만들겠다는 계산이 아니면 노 대통령으로서는 신당을 모험할 아무런 이유가 없다. 천 의원과 많은 관측통들은 열린우리당이 노빠당으로 가면 실패할 것이라고 내다보고 있지만 노 대통령의 복심에는 노빠당을 트레이드 마크로 삼아야만 성공할 수 있다는 역발상을 하고 있는 것이 틀림없다. 그의 신당 전략에서 흔들리지 않는 중심축은 영남권에서 한나라당의 아성을 깨겠다는 야심이기 때문이다."[83]

11월 28일 민주당 전당대회가 열렸다. 전당대회 직후인 28, 29일 양일간 KBS가 미디어리서치에 의뢰해 실시한 여론조사에서는 각 당의 지지율은 한나라당 21.6%, 민주당 19.9%, 열린우리당 16.8%인 것으로 나타났다.

『일요서울』(2003년 11월 30일)이 정치부 기자 100명을 대상으로 한 설문 조사 결과에 따르면, "내년 총선에서 어느 정당이 원내 1당을 차지할 것으로 전망하느냐"는 질문에는 79%가 한나라당, 10%가 열린우리당, 5%가 민주당을 지목했으며, "원내 2당은 어느 정당이 차지할 것으로 전망하느냐"는 질문에 대해서는 51%가 열린우리당, 31%가 민주당을 지목했다.

또 『일요서울』은 열린우리당 두 의원에게 '탈호남'에 관한 질문을 던져 상반된 답을 받아내 게재했다. 김원웅은 "DJ와 함께했던 민주당 소속 의원들이 절대다수이고, 이들 대부분은 호남권에 편향됐기 때문에 전국 정당화를 이뤄내는 데 한계가 있다. 우리당이 전국 정당화를 실현하기 위해서는 호남 성향을 탈피해야 한다"고 했다. 반면 김성호는 "탈호남을 강조하는 것은 반역사적 행위다. 여야를 막론하고 지역주의 행태를

---

83) 윤창중, 「한나라당이 살 수 있는 길」, 「문화일보」, 2003년 11월 28일, 7면.

극복하는 것은 중요한 일이지만 특정 지역을 허물면서 다른 지역의 지지를 이끌어내는 것은 또 다른 지역주의의 원인이 될 수 있다"고 했다.

안희정의 '386 역할론'

2003년 12월 2일 노무현은 국무회의에서 "역사상 가장 강력한 국회, 가장 강력한 야당을 만나 정부가 힘들다"고 토로했다. 『문화일보』(2003년 12월 3일)는 「'강력한 야당' 누가 만들었나」라는 사설을 통해 노무현의 모순을 지적했다.

2004년의 4·15 총선을 겨냥해 충남의 논산-금산-계룡 지역구에서 이인제에게 도전장을 던진 안희정은 12월 2일 당사에서 기자 간담회를 갖고 다시 '386 역할론'을 역설했다. 그의 발언은 정치권에서 시비를 불러일으켰다.

안희정은 "젊은 세대가 정권의 주역이 된 것은 5·16 군사 쿠데타 이후 40년만"이라며 "그때는 군인들이 총칼 들고 한강을 건너 정권을 장악했지만 우리는 노사모와 노란 목도리를 매고 한강을 건넜다"고 주장했다. 안희정이 "대통령을 뵙고 싶으면 일요일 저녁 같은 때(청와대 관저에 가) 식사하고 온다"고 한 데 대해 논란이 일었다.

민주당 대변인 유종필은 "그런 식으로 386 안방 정치가 이뤄지니 국정에 큰 혼란이 생긴다. 노 대통령은 안방 정치를 중단하라"고 비판했다. 유종필은 "측근을 불러 관저에서 국정을 논의하면 그다음 아침 비서실과 국무회의는 무용지물"이라며 "열린우리당 김원기 의장은 (대통령과) 잠깐 만나고 전화한다는데, 386 실세는 일요일마다 밥 먹고 맞담배

피운다면 누가 실세냐"고 말했다.

『경향신문』 논설위원 이대근은 「노사모와 한강다리」라는 칼럼에서 "밉고 예쁘다는 것은 실체라기보다 자기의 안에 있는 관념이다. 그러므로 누구에게는 '못난 며느리'이지만, 다른 사람에게는 춘향이일 수가 있는 것이다. 노무현 대통령이 바로 그런 인물이다. 어떤 사람에게는 그의 미운 짓이, 그의 측근과 '노사모'에게는 예쁜 짓이 되는 경우가 너무 많다. 노 대통령과 측근, 노사모는 정말 서로 입속이라도 들여다보고 싶어 하는 '이도령-춘향'의 관계 같다"고 논평했다.[84]

12월 2일 열린우리당 의장 김원기와 민주당 대표 조순형도 설전을 벌였다. 김원기는 열린우리당 중앙위원 회의에서 "조 대표는 지난해 대선 직후 민주당의 해체를 주장했다. 그때 조 대표 등이 밝힌 의지대로 우리 당이 만들어졌는데 이를 '배신'이라고 주장하는 자가당착적인 말을 해서는 안 된다"고 조순형을 비판했다. 조순형은 이에 대한 대응을 대변인인 유종필에게 맡겼고, 유종필은 "노무현 대통령과 386에 코드를 맞춰 엉뚱하게 분당 청부업자 노릇을 한 김원기 의장이 당내에서 살아남기 위해 벌이는 생쇼에 불과하다"면서 "김 의장은 배신과 분열에 대해 사과하고 당장 열린우리당의 깃발을 내리라"고 비판했다.

유시민은 『한겨레』 12월 2일자 [토론과 논쟁]에서 가진 참여연대 사무처장 김기식과의 논쟁에서 "제가 노무현 정부의 수립을 위해 노력한 것은 아주 단순해요. 지금 현존하는 악을 확실하게 제거할 수 있다면, 좋다. 이성을 마비시키는 지역주의 정치, 부패 정치 척결, 이것만 제대로

---

84) 이대근, 「노사모와 한강 다리」, 『경향신문』, 2003년 12월 4일.

하면 충분히 만족하고 다른 건 별로 기대하지 않았어요. 그 대목을 확실하게 하지 못해서 불만이 많아요"라고 했다.

'노무현식 새 정치는 사람 빼가기'

2003년 12월 2일 민주당은 광주광역시 및 전남도 의회 일부 소속 의원들이 전날 열린우리당에 입당한 데 대해 "전형적인 공작 정치의 일환"이라며 "분열과 배신의 낙인이 찍힌 열린우리당이 국민들로부터 외면당하고 당 지지도가 하락하자 온갖 구태 정치를 재현하며 몸부림치고 있다"고 비난했다. 대변인 김성순은 논평에서 "민주당을 탈당한 11명 중 대부분은 이미 오래 전에 탈당계를 제출한 사람들이며, 그중엔 법망에 걸려 기소 중이거나 재판을 받고 있는 사람도 있다"면서 "새 정치를 하겠다는 열린우리당이 그런 사람들을 입당시키면서 마치 호남 민심의 변화인 양 호도하고 있다"고 주장했다.

전 대표 한화갑도 기자 간담회를 자청, "노무현 신당이 과거의 공작 정치를 답습하고 있다"면서 "도의원까지 철새 정치인으로 만드는 노무현 정부가 어떻게 새 정치를 얘기하느냐"고 비난했다. 이어 "그 사람들(열린우리당 관계자들)은 심지어 내가 노무현 신당에 입당한다는 소문까지 퍼뜨리는 등 나를 상대로 공작하다 안 되니까 탈당한 사람들의 약점을 잡아 데리고 갔다"면서 "이것이 노무현식 새 정치라면 그들의 앞날은 안 봐도 뻔하다"고 분노했다.

사무총장 강운태는 "최근 열린우리당의 행태는 구시대 정치 행태의 귀감이자 거짓말 정치의 표본"이라며 "전날 탈당한 11명 가운데 광주광

역시의원 6명은 열린우리당 정동채·김태홍 의원 지역구 사람들로 이미 오래 전에 민주당에 탈당계를 내고 열린우리당에서 활동해온 사람들"이라고 말했다.[85]

12월 2일 MBC 여론조사에서는 한나라당 19.9%, 민주당 17.3%, 열린우리당 15.6%로 나타났고, 12월 3일 『중앙일보』 조사에서는 민주당 19.0%, 한나라당 18.3%, 열린우리당 9.8%로 민주당이 한나라당을 앞지르고 열린우리당을 더블 스코어로 누르는 결과가 나타났다.

『중앙일보』 12월 4일자는 "민주당은 3일 온통 환호의 물결이었다"고 했지만, 이는 열린우리당이 창당 대회 효과 덕분에 일시적으로 민주당을 앞섰던 것처럼 조순형·추미애로 대표되는 민주당의 새로운 지도부 구성 덕을 본 '특수 효과'였다.

『시사저널』 12월 11일자에 실린 「'노무현 원맨쇼' 인기 없네」라는 제목의 기사는 "노무현 대통령의 '열린우리당 띄우기'가 눈물겨울 정도다. 정적들로부터 '사전 선거운동'이라는 비난이 쏟아지는데도 불구하고, 열린우리당은 치켜세우고 상대 당은 견제하는 행보를 거듭하고 있기 때문이다"라고 했다.

12월 8일 노무현은 『국민일보』 인터뷰에서 "민주당에서 나더러 나가라 해놓고, 보따리 싸라고 재촉해서 나오니까 배신자라고 몰아붙인다는 말이죠"라고 항변했다. 이런 '배신자 논쟁'에 대해 『중앙일보』 논설위원 김두우는 다음과 같이 말했다. "이런 배신자 논쟁은 국민들로선 가소로운 일이다. 노 후보를 배신했다느니, 민주당을 배신했다느니 하는 것

---

85) 「"노무현식 새 정치는 사람 빼가기"」, 『대한매일』, 2003년 12월 3일.

은 '당신네들의 얘기'일 뿐이다. 누가 진정으로 국민과 국가를 위하는 정치를 할지 경쟁하지는 않고, 잿밥에만 정신이 팔려 있는 형국이다. 국민은 안중에 두지 않고 배신자 논쟁이나 계속한다면 두 당 모두 '국민에 대한 배신자'가 되지 않을까."[86]

"민주당을 찍으면 한나라당을 도와주는 것"

노무현 정권에 대한 대대적인 정치자금 수사 드라이브가 걸리면서 안희정도 그 파편을 맞았다. 12월 14일 불법 대선 자금과 대통령 측근 비리를 수사 중인 대검 중수부(안대희 검사장)는 지난해 대선을 전후해 기업체 등으로부터 11억 4000만 원의 불법 정치자금을 수수한 혐의(정치자금법 위반)로 안희정(열린우리당 충남도지부 창당준비위원장)을 구속 수감했다. 안희정은 2002년 12월 삼성그룹으로부터 후원금 10억 원을 받아 이상수 의원에게 전달하는 등 공식 후원금 모금에도 관여했으며, 검찰의 측근 비리 수사를 앞두고 안희정 등 대통령 측근들이 사건 은폐를 모의한 것으로 밝혀졌다.[87] 안희정은 구속되면서 "구시대 마지막 열차의 마지막 칸이 되겠다"고 말했다.

추미애는 『월간 인물과 사상』(2004년 1월)과의 인터뷰에서 자신이 아니라 노무현이 대화를 거부했다고 밝혔다. 그는 집권 초 북핵 문제가 터졌을 때 자신이 미국에 특사로 갔는데 "그런데 돌아와서 대통령과 대화할 기회가 없었어요. 그럴 기회가 차단되는 거예요. 그래서 워낙 하실 일

---

86) 김두우, 「누가 '배신자' 인가」, 『중앙일보』, 2003년 12월 8일.
87) 이태규 · 노원명, 「안희정 씨 구속 수감」, 『한국일보』, 2003년 12월 15일, 1면.

이 많으니까 나까지 불
편하게 하면 안 되겠다
해서 조용히 있었죠. 그
런데 대북 송금 특검으
로 이어지면서 이래서
는 안 되겠다 싶었어요.
간접적으로 언론을 통
해 대북 송금 특검을 받
아들여서는 안 된다고
말했죠"라고 했다.

추미애는 『월간 인물과 사상』과의 인터뷰에서 노무현 대통령이
대화를 거부했다고 밝혔다.

　"저는 저의 말이 언론
을 통해 전해진다고 믿었죠. 그런데 치기 어린 표정으로 마치 어린애들
이 초콜릿 하나 얻어서 기분 좋아가지고, 그런 식으로 가볍게, 하나도 생
각하지 않은 채로 특검을 받아들이고 발표하는 것을 보고 굉장히 충격
을 받았어요. 아, 여태까지 알게 모르게 도와드린다고 침묵하고 연락도
하지 않았던 것이, 가만히 있었던 것이, 저런 식으로 되는구나. 그 뒤부
터 정말 잘못되어 가고 있는 부분에 대해 강하게 비판을 했죠. 그리고 그
비판은 애정 어린 비판이었는데 그 비판이 듣기 싫었던지……. 심지어
정대철 대표가 추 의원이 대통령 비판하는 것도 이유가 있으니까 대화
를 해보라고 했다는데 굳이 마다했다는 것이 보도되었죠."

　추미애는 남북문제, 대미 외교, 이라크 문제, 재신임 문제 등 주요 국
정과 관련해 노무현의 문제점은 무엇이라고 보느냐는 질문에 대해 "즉
흥적이다, 너무 정치공학적으로 본다, 단기에 승부를 내려한다, 승부사

적 기질을 버리지 못한다고 말할 수 있습니다"라고 평가했다.[88]

노무현은 대통령 당선 1주년인 12월 19일 밤 일단의 지지 그룹 앞에서 "시민혁명은 지금도 계속되고 있으며 앞으로도 계속될 것"이라고 선언했다. 닷새 뒤, 노무현은 "민주당을 찍으면 한나라당을 도와주는 것이다"라고 말했다.

12월 31일 조갑제는 자신의 홈페이지와 『월간조선』의 홈페이지에 "노 대통령의 문제 언행은 탄핵 사유로 충분하다"며 "국회의 야 3당이 협력하면 내일에도 탄핵이 가능하다"고 주장했다. 말이 씨가 된다더니, 실제로 해를 바꿔 탄핵 사태가 일어날 줄 누가 알았으랴. 2003년의 마지막은 그렇게 저물고 있었다.

---

88) 신원, 「인터뷰/추미애: 노 대통령과 열린우리당의 전국 정당화 방법은 정의롭지 못하다」, 『월간 인물과 사상』, 2004년 1월, 109~128쪽.

접대를 할수록 매출은 올라간다
룸살롱 접대비 1조 원 시대

청와대 만찬 룸살롱 뒤풀이 사건

"시민혁명은 계속된다"는 정치적 외침의 이면엔 "접대를 할수록 매출은 올라간다"는 경제적 현실이 자리잡고 있었다. 룸살롱 접대비 1조 원 시대를 맞아 정치권의 화합을 위한 자리마저도 룸살롱을 피해갈 수 없는 그런 상황에서 '시민혁명'은 가소롭게만 여겨졌다.

2003년 5월 청와대 만찬 '룸살롱 뒤풀이' 사건이 터졌다. 여야 3당 대표들은 5월 21일 저녁 청와대 만찬이 끝난 뒤 강남의 최고급 룸살롱으로 자리를 옮겨 폭탄주를 돌렸다. 2차는 자민련 김종필 총재가 "내가 술 한 잔 사겠다"고 제의하자 양당 대표가 "좋습니다"라고 화답, 각당 대변인과 비서실장 등 7명을 대동한 채 서초동의 호화 룸살롱 '지안'에서 세 시간여 동안 이뤄졌다. 앞서 보았듯이, 지안은 김영삼 전 대통령의 차남 김현철 씨와 김대중 전 대통령의 차남 김홍업 씨가 기업인 등을 만날 때 자주 이용했다고 해서 유명해진 강남의 최고급 룸살롱이었다.[89)]

이에 『동아일보』(2003년 5월 22일)는 "이날 술자리는 폭탄주의 상징인 박희태 대표, 시대의 풍류객 김종필 총재, 낭만의 정치인 정대철 대표가 만들어낸 합작품이지만 노무현 대통령이 위기감을 느낀다고 할 정도로 국가 기강이 해이해지고 있고 경제난을 겪는 가운데 나온 것이어서 따가운 눈총을 받고 있다"고 했다.[90]

따가운 눈총이 말로 번지기 시작하면 상승효과를 내기 마련이었다. "아가씨들 팁이 하룻밤에 50만 원이나 된다고 하더라", "서너 명이 한 번 술자리를 하면 400만~500만 원이 넘는다", "역대 정권의 황태자들이 드나들었다" 등의 이야기가 퍼지면서 여론의 집중포화가 작렬하기 시작했다.[91] 각 정당 및 청와대 홈페이지에는 22일 "300만 신용 불량자 등 어려운 경제에다 북핵 문제까지 문제투성이인데 룸살롱 술판이냐", "일반 서민들 가슴에 대못질을 한 것" 등 네티즌 비판이 쏟아졌다.[92]

『경향신문』(2003년 5월 23일)에 따르면, "여야 3당 대표가 엊그제 청와대 만찬 회동 후 서울 강남의 호화 룸살롱에서 뒤풀이를 한 것이 알려지자 '이 난세에 국민은 안중에도 없느냐'는 등 비난의 소리가 쏟아지고 있다. '낮에는 싸우더라도 밤에는 흉금을 터놓는 옛날의 낭만 어린 정치로 돌아가자'는 취지 자체야 좋지만 그것도 때와 장소가 있다. 가뜩이나 나라도 어수선하고 서민들의 주름살이 깊이 패어가는 터에 '황태자 클럽'으로 불릴 만큼 최고급 룸살롱이라는 곳에서 질펀한 술판을 벌였으

89) 김정섭, 「청와대 만찬 '룸살롱 뒤풀이', 폭탄주 돌며 '거나한 술판'」, 『경향신문』, 2003년 5월 22일, 4면.
90) 박민·김세동·김재곤, 「청와대 만찬 후 강남 룸살롱 뒤풀이 전모/3당 대표 술판 民生 잊었나」, 『문화일보』, 2003년 5월 22일, 5면.
91) 김연광, 「J룸살롱 이야기」, 『월간조선』, 2003년 7월, 474~475쪽.
92) 진경호, 「3당 대표 룸살롱 뒤풀이 "경제 어려운데 이럴 수가"/각 당 홈페이지 비난글 홍수」, 『대한매일』, 2003년 5월 23일, 5면.

니 이게 무슨 '낭만의 정치'인가. 모처럼 국민들을 안심시킬 만한 '화합 정치의 장'을 마련해놓고서도 뒤풀이가 이를 망쳐놓은 격이니 씁쓸하기만 하다."[93]

『대한매일』(2003년 5월 23일)에 따르면, "김 총재가 양주 '밸런타인 17년' 3병을 가지고 왔고, 폭탄주를 만들어 먹느라 카프리 맥주가 40~50병 소비됐다. 안주로는 닭다리 튀김, 마른 안주, 과일 등이 나왔고, 6~7명의 여 종업원들이 시중을 들었다. 술값은 600만~700만 원 정도 나온 것으로 전해졌다. 특히 청와대 정무 비서실 직원의 경우 2만 원 이상의 접대를 받지 못하도록 한 행동 강령이 지난 19일 발효됨으로써 유인태 수석은 이를 어겼다는 지적을 면할 길 없게 됐다. 유 수석은 '청와대 비서실장이 인정하는 자리에 참석했기 때문에 윤리 규정에 저촉이 안 된다'고 주장했다."[94] 술값은 룸살롱 주인이 돈을 내려는 김종필 총재에게 "제가 오늘은 한잔 모시겠다"고 해 결국 아무도 안 낸 것으로 알려졌다.[95]

대구시 수성구 만촌1동에 사는 배윤동은 『세계일보』(2003년 5월 24일) 독자 투고를 통해 "한마디로 정치인들의 구태의연하고 정신 나간 자세가 아닌가 싶다. 국민 정서에 동떨어지고 요즘 세대에 걸맞지 않는 '낭만 찾는 술파티'는 구역질이 날 정도다. 공무원들에게는 식사 대접도 받아서는 안 된다는 행동 강령이 내려지고 '대통령 못해먹겠다'는 하소연이 나올 정도로 나라 안은 시끄럽고 서민층은 빚에 쪼들려 집단 자살하는 위기 상황이 아닌가"라면서 다음과 같이 말했다.

---

93) 송충식, 「룸살롱 뒤풀이」, 『경향신문』, 2003년 5월 23일, 2면.
94) 진경호, 「3당 대표 룸살롱 뒤풀이 '경제 어려운데 이럴 수가'/각 당 홈페이지 비난글 홍수」, 『대한매일』, 2003년 5월 23일, 5면.
95) 최정욱, 「속 차려라 민노당 알코올 국회 해장식」, 『국민일보』, 2003년 5월 24일, 19면.

"그런데도 서민층 4인 가족 7개월 생활비가 되는 700만 원짜리 뒤풀이를 할 정도라면 그들이 아무리 '낭만 정치' 운운하는 술자리라도 국민들이 납득하기 힘든 꼴불견의 자세가 아닐 수 없다. 정치인들은 평소에도 만났다 하면 고급 호텔 아니면 골프장, 요정으로 다닌다. 금배지를 달기 위해 후보 시절 잠바 차림으로 서민의 손까지 잡으면서 청렴결백과 선량을 외치던 초심은 찾을 수 없다. 정치인 자신들도 공무원처럼 윤리 강령을 만들어 몸가짐을 바로 세워야 하겠다."[96]

5월 23일 민주노동당(대표 권영길)은 서울 여의도 국민은행 앞에서 여야 3당 대표의 룸살롱 호화판 술자리와 관련, '알코올 국회 해장식'을 갖고 정치권을 규탄했다. 이날 집회에 참석한 민노당원 10여 명은 "부동산 투기 확산, 300만 신용 불량자 갱생 문제 등 민생 현안은 외면한 채 여야 정치권은 폭탄주 파티나 벌이고 있다"며 "알코올 국회를 민생 국회로 바로잡기 위해 서민들의 경고를 전달한다"고 밝혔다.[97] 5월 26일 민주당 정대철 대표는 여의도 당사에서 열린 확대 간부회의에서 "3당 대표와 좋은 뜻으로 술자리를 시작했는데 국민에게 걱정과 실망을 주었다"며 공개 사과했다.[98]

접대를 할수록 매출은 올라간다

"접대를 할수록 매출은 올라간다." 2003년 6월 16일 대한상공회의소가

---

96) 배윤동, 「독자의 소리/3당 대표 '룸살롱 술파티' 한심」, 『세계일보』, 2003년 5월 24일, 6면.
97) 최정욱, 「속 차려라 민노당 알코올 국회 해장식」, 『국민일보』, 2003년 5월 24일, 19면.
98) 오남석, 「鄭 대표 '룸살롱 술자리' 사과」, 『문화일보』, 2003년 5월 26일, 2면.

대한상공회의소가 발표한 기업 인식 조사 결과를 보면 기업인들은 접대를 할수록 매출이 올라간다고 인정하고 있었다.

발표한 기업 인식 조사의 결과였다. 서울에 있는 181개 기업을 조사 대상으로 삼아 접대와 매출의 상관관계를 묻는 질문에 응답자의 16.0%는 '많은 영향을 끼친다', 68.0%는 '다소 영향을 끼친다'고 답변하는 등 전체의 84.0%가 '매출에 영향을 끼친다'는 점을 인정했다. '영향이 없다'고 답한 응답자는 16.0%에 불과했다. 논란이 됐던 골프장과 룸살롱 접대 행위 제한과 관련해서는 '필요한 조치'라고 응답한 업체가 12.7%에 불과했다. 오히려 응답자의 48.6%는 '기업 자율에 맡겨야 한다'고 답변했으며 '필요성에는 공감하지만 아직은 시기상조'라는 응답이 37.6%에 달했다.[99]

사정이 그와 같으니, 금융권의 부당 대출 사건에 룸살롱이 연루되는 것도 무리는 아니었다. 2003년 7월 15일 서울지검 서부지청 형사4부는 금융감독원이 4월 29일 고발한 (주)굿머니가 일반 주부들의 대출 한도를

99) 공종식, 「기업인 84% "접대하면 매출 오른다"」, 『동아일보』, 2003년 6월 17일, 34면.

늘리기 위해 편법적인 대출 상품을 만들어 경북 K상호저축은행으로부터 544억 원을 부당 대출받아 가로챈 혐의를 잡고 본격적인 수사에 들어갔다. 검찰에 따르면 K상호저축은행은 일반인에게는 3000만 원인 대출한도를 늘리기 위해 '스페셜론'이라는 상품을 만들어 소위 '룸살롱 마담'임을 입증하는 사람에 한해서는 1억 원까지 대출 한도를 늘려줬다. 주부들은 건당 1000만~1500만 원씩 사례비를 받고 위생업소 종사자들에게 발급되는 '보건증'을 첨부해 1억~2억 원씩 대출을 받아준 것으로 드러났다.[100]

2003년 여름 불경기와 휴가철 등으로 룸살롱을 찾는 손님들이 급감하자 일부 룸살롱은 '접대 아가씨와의 동반 여행'을 선물로 내걸었다. 강남의 한 게임업체 신 아무개 과장은 역삼동의 T룸살롱에서 "한 달에 3번 찍을(방문할) 경우 우리 업소 킹카 아가씨와 에버랜드 캐리비언베이에 함께 갈 수 있고, 6번 찍으면 하루 동안 데이트, 8번 찍으면 1박 2일 콘도 동반 이용권, 10번을 찍으면 2박 3일 제주도 동반 여행권을 주겠다"는 이메일을 받았다. 중소기업체에 다니는 임 아무개 부장도 논현동의 H룸살롱에서 "한 달에 5번을 방문하면 원하는 업소 아가씨와 함께 1박 2일간 제주도 왕복 여행을 보내주겠다"는 전화를 받았다. 업소들 사이에서도 아가씨와의 동반 여행에 대해선 "해도 해도 너무 한다"는 개탄의 목소리가 나왔다. 서초동 A룸살롱 박 아무개 사장은 "젊은 아가씨들과의 동반 여행은 다름 아닌 윤락 여행을 의미하는 것"이라며 "아무리 불경

---

100) 김재영, 「주부 320여 명 '룸살롱 마담'으로 명의 바꿔 '굿머니' 544억 대출 사기」, 『동아일보』, 2003년 7월 16일, 29면.

기라 하더라도 이런 제의는 너무 심하다"고 말했다.[101]

개탄과 비판의 목소리도 있었지만, 이렇듯 '성(性)'을 주요 판촉 수단으로 하거나 상품으로 내놓는 노골적인 섹스 마케팅은 널리 확산되었다. 2003년 9월 사이트 개설 1주년 기념으로 '주색(酒色)을 즐겨라'는 이름의 이벤트를 진행한 유명 인터넷 영화관 사이트는 이벤트 1등 상품으로 '강남 룸살롱 풀 패키지 체험권'을 내놓았다. 이 사이트는 10월 말까지 유료로 영화를 본 성인 회원 중 1명을 뽑아 서울 강남구 역삼동의 고급 룸살롱을 체험할 수 있는 이용권을 주기로 했다. 이용권은 술과 안주, 밴드 연주비, 접대 여성과 웨이터의 팁까지 포함한 200만 원 상당이었다. 이 사이트는 룸살롱 이용권뿐 아니라 한 유명 에로 배우 사인이 담긴 DVD와 콘돔 세트 등 노골적이며 자극적인 상품을 내걸고 신규 회원을 유치했다.

한 유흥업소 정보 사이트 업체는 아예 속옷 차림의 남녀가 함께 어울리는 파티를 기획했다. 이 업체는 서울 강남의 한 특급 호텔에서 '란제리 파티'를 열기로 하고 참가자를 모집하면서 "에로·섹시 게임, 노예팅, 란제리 페스티벌, 댄스 타임 순으로 파티를 진행할 것"이라며 "처음부터 속옷만 입는 것은 아니며 란제리 페스티벌 시간에 속옷만 입게 될 것"이라고 밝혔다. 파티의 일반 참가비용은 22만 원, 룸에서 진행되는 특별 파티 비용은 33만 원이었다. 남성들은 대부분 30~40대 전문직 종사자들이며 상대 여성들은 업체 측에서 뽑은 레이싱걸과 내레이터 모델 출신 20대 여성이라는 게 업체 측 설명이었다. 업체 관계자는 "급변하는

---

101) 이종석, 「불황 타격 룸살롱 섹스 마케팅-단골에 '아가씨와 콘도 동행」, 『문화일보』, 2003년 8월 30일, 23면.

시대에도 고루함을 벗어나지 못하는 한국의 성 문화를 바꿔보기 위해 행사를 기획했다"면서 "특히 란제리 파티를 통해 고객의 관심을 모으려 한 것이 효과를 보고 있다"고 말했다.[102]

성인 게임 사이트인 게임조아도 10월 초부터 '고스톱으로 딴 돈으로 룸살롱을 즐기세요' 라는 제목의 '룸살롱 티켓 경매'를 실시했다. 가장 높은 경매가를 부른 사람이 최종 낙찰자로 선정되고, 시가 150만 원 상당의 '룸살롱' 비용을 사이트 측이 제공하는 방식이었다.[103]

룸살롱 장부 사건

2003년 10월 이른바 '룸살롱 장부 사건'이 터졌다. 울산지방경찰청이 룸살롱의 고객 관리장부 명단에 오른 80여 명을 윤락행위방지법 위반 혐의로 소환해 조사한 사건이다. 경찰에 고객 명부가 압수된 울산 남구 달동 M룸살롱은 '적극적인 마케팅'을 위해 여종업원들에게 자신이 상대한 고객의 이름과 직업 등 신원을 알아내도록 한 뒤 장부에 적어 관리해온 것으로 드러났다. 장부에는 '외박'을 나갔거나 술좌석 파트너였던 여종업원을 관리자로 지정한 뒤 고객의 이름과 직장명, 연락처, 다음 약속일, 고객의 특징, 신용도 란을 만들어 기록해놓고 있다. 여종업원이 윤락 행위를 했을 경우 고객 특징란에는 '착함', '정신병자', '더듬이', '변태', '왕자병', '상태 안 좋음', '아다(초보 고객)' 등 적나라하게 적어

---

102) 김종목 · 김준일, 「갈 데까지 간 '섹스 마케팅', '강남 룸살롱 풀 패키지 체험'」, 『경향신문』, 2003년 10월 1일, 19면.
103) 유영규, 「사이트 '재신임' 투표 …… 룸살롱 체험권 제공/ "뛰어야 산다" 온라인 마케팅 열전」, 『대한매일』, 2003년 10월 23일, 22면.

됐다. 신용도는 A, B, C, D 네 등급으로 분류했다.[104] 이런 유형의 사건은 이후 심심하면 터져 룸살롱 단골 고객들을 긴장시킨다.

서울의 한 사립교 교직원들까지 룸살롱에 미쳐 돌아갔다. 『경향신문』(2003년 10월 25일) 사설은 "한 사립고 교직원들이 학교 급식을 맡고 있는 위탁업체 사장으로부터 5년간 수천만 원대의 금품과 향응을 받았다는 소식은 충격적이다. 특히 교장을 비롯한 이들 교직원이 정기적인 금품과 향응을 강요했다는 데는 '교원들이 어찌 학생들을 볼모로……' 라는 탄식이 절로 나올 뿐이다"며 다음과 같이 개탄했다.

"강남 지역 룸살롱을 드나들며 500만 원대의 술 접대를 받은 뒤 1인당 100만 원씩 총 500만 원의 고스톱 판돈을 챙긴 것이나, 향응 후 접대 여성과의 2차 비용까지 위탁업자에게 부담시켰다니 교원으로서의 도덕성도 아예 내팽개친 모양이다. 위탁 급식 학교에서 업자들이 연간 급식 계약액의 3~5%를 리베이트로 학교에 제공한다는 소문이 사실로 드러난 셈이다. 이렇게 코가 꿴 뒤에는 문제가 있어도 위탁업자를 바꾸지 못한다니 고약한 먹이사슬이다."[105]

무슨 비리 사건만 터졌다 하면 룸살롱이 꼭 빠지지 않고 등장하니, 룸살롱과는 거리가 먼 사람들도 룸살롱에 대한 호기심이 생겨나지 않을 수 없었으리라. 『조선일보』(2003년 11월 27일)는 사회면에 게재한 「강남 룸살롱에 연예인 대거 진출?/짝퉁 '나가요 걸' 인기몰이」라는 기사를 통해 그 호기심을 풀어주겠다고 나섰다. 이 기사는 "165cm 키에 48kg, 뽀얀

---

104) 정재락, 「"더듬이…… 왕자병…… ": 경찰, 룸살롱 고객 특징 꼼꼼히 적힌 장부 압수」, 『동아일보』, 2003년 10월 18일, 31면.
105) 「학원 급식 비리 뿌리 뽑아야(사설)」, 『경향신문』, 2003년 10월 25일, 7면.

피부와 찰랑거리는 생머리는 영화배우 전도연 씨를 꼭 닮았다. 게다가 말투나 웃음소리까지 그녀와 비슷했다"고 묘사하면서 강남 룸살롱 접대부들이 유명 연예인 얼굴을 본떠 성형수술을 하고 나와 손님들의 인기를 끌고 있다고 전했다.

이 기사에 대한 반발도 만만치 않았다. 『조선일보』 인터넷 사이트인 『조선닷컴』 게시판에서 네티즌 임진택 씨는 "성형 병원, 유흥 주점 돈벌이를 돕는 건지, 심심한 판에 웃기자는 건지……"라고 비아냥댔고, 조선주 씨는 "이게 정론을 얘기한다는 대한민국 중앙지인지 아님 스포츠 찌라시인지……"라며 비판했다. 김동민 한일장신대 신문방송학과 교수는 27일 웹진 『시대소리』에 쓴 「룸살롱의 '치어리더' 조선일보」라는 글에서 "기사가 되려면 세태를 풍자해 비판적으로 접근하는 것이 상식"이라며 "비판은 없고 호기심만 자극"하는 "사실상 홍보성 기사"라고 비판했다.

이와 관련, 『한겨레』(2003년 12월 2일)는 "스포츠 신문들은 강남 룸살롱에 대해 한 달에 2~3번꼴로 흥미성 기사를 내놓는다. 반면, 중앙 일간지에서 룸살롱은 범죄 사건에 연루돼 나온 사회면 기사나 경제면 기사로 이따금 등장해왔다. 그러나 룸살롱 기사가 세태를 보여주는 데 의의가 있지만, 오히려 관음증을 조장하거나 독자들을 룸살롱으로 유인하는 결과를 낳는 측면이 많다는 지적이다"며 다음과 같이 말했다.

"『조선』은 지난 3월 특별 취재팀이 쓴 「불경기 속 불야성 룸살롱」이라는 4회짜리 기획 기사를 통해 '이 시대의 룸살롱은 우리 사회의 어두움들이 공생하는 최적의 공간이다'(3월 6일 6면)라고 비뚤어진 접대 문화를 고발한 바 있다. 지난 5월에는 정대철 전 민주당 대표 등 3당 대표가 강남의 룸살롱에서 술자리를 벌인 것을 두고 사설에서 '룸살롱에 폭탄주, 지금은 아니다'(5월 23일)라며 호된 비판을 가하기도 했다. 룸살롱을 다룬 기사가 이중적인 잣대로 작성되고 있는 것이다." [106]

2003년 한 해 동안 법인 기업들이 접대비 지출에 주로 사용하는 신용카드를 통해 사치·향락성 비용으로 지출한 금액이 총 1조 6144억 원에 달하는 것으로 나타났다. 이는 2003년 법인 기업 접대비(5조 4504억 원)의 29.6%에 해당하는 것으로 접대비의 30%가 사치·향락업소에 지출된 셈이다. 법인 기업들이 카드로 사치·향락업소에 결재한 규모는 룸살롱이 1조 109억 원(62.6%), 단란주점 3127억 원(19.4%), 극장식당 1424억 원(8.8%), 나이트클럽 1129억 원(7%), 요정 355억 원(2.2%) 순으로 컸다. 업소별 사용 금액을 2002년과 비교하면 룸살롱은 6.6%, 극장식당은 15.9%가 늘어난 반면 단란주점은 7.9%, 나이트클럽은 4.9%, 요정은 5.3%가 줄어들었다. [107]

이에 대해 『서울신문』 논설위원 이목희는 "일본을 비롯한 선진국은 향락성 고액 접대비를 비용으로 인정해주지 않는다. 뇌물 행위로 보는 것이다. 미국은 150달러 이상이면 접대를 받은 사람의 사인까지 받도록 요구한다. 1인당 최소 수십만 원이 드는 '룸살롱 접대'를 인정하는 것은 한국의 독특한 문화라고밖에 설명할 길이 없다. …… 한 해 1조 원 이상을 룸살롱에 쏟아붓는 상황은 문제가 있다. 현금 사용까지 포함하면 액수는 더욱 클 것이다. 고액 룸살롱 접대를 감추기 위해 여러 업소에서 영

---

106) 남종영, 「'룸살롱 호기심' 신문이 풀어준다?」, 『한겨레』, 2003년 12월 2일, 25면.
107) 「[2004 국감]기업 룸살롱 접대비 1조 6천 억」, 『내일신문』, 2004년 10월 5일, 1면.

수증을 분산 발급받는 신종 수법이 횡행, 국세청이 특별 단속에 나설 정도다"고 개탄했다.[108]

　접대 문화의 관점에서 보자면, 한국에는 세 부류의 인간이 살고 있는 셈이었다. 접대를 받는 사람, 접대를 하는 사람, 접대조차 할 수 없는 사람. 물론 룸살롱 접대비 1조 원 시대에 가장 고통받는 사람은 접대조차 할 수 없는 실업자들이었다. 환경미화원 공채 응시자의 27%가 대졸자일 정도로 극심한 취업난 속에서 '사오정 · 오류도 · 육이오 · 삼팔선' 등과 같은 신조어들이 양산되고 있었다.

---

108) 이목희, 「[씨줄날줄] 룸살롱 접대비 1조 원」, 『서울신문』, 2004년 10월 7일, 31면.

환경미화원 공채 응시 27%가 대졸자
'사오정 · 오륙도 · 육이오 · 삼팔선' 의 시대

사오정 · 오륙도 · 육이오 · 삼팔선

2003년 1월 취업 포털 사이트 '스카우트' 가 35세 미만 구직자 3,450명을 대상으로 조사한 결과에 따르면 응답자의 54.7%가 구직 기간에 스트레스로 새롭게 병을 얻었다고 밝혔다. 이른바 '취업병' 이었다. 우울증이 29.3%로 가장 많았고, 소화불량 · 불면증 · 두통 등의 순서였다. 탈모와 비만 · 알코올중독 · 피부 질환 · 위염 · 대인 기피증 · 흡연 · 조급증 등도 호소했다. 그래서인지 항우울제 소비가 늘고 비타민 등 영양제를 찾는 사람은 줄었다. 한국제약협회에 따르면 항우울제 시장은 2000년부터 매년 10~15% 성장했지만 영양제 매출은 해마다 20% 이상 떨어졌다.[109]

취업이 어려워지는 만큼 퇴직 압력은 증가했다. 직장인의 조퇴조로 (早退早老) 현상이 두드러진 것이다. 노동부 조사에 따르면 2002년 임금

---

109) 이상호, 「취업병」, 『한국일보』, 2003년 1월 28일, 6면.

근로자 1,000명 중 정년을 채운 사람은 네 명뿐이었다. 그런 흐름을 타고 '사오정'(45세 정년), '오륙도'(56세까지 일하면 도둑)에 이어 '육이오'(62세까지 일하면 오적·五賊)라는 표현까지 등장했다. 2003년 초 이뤄진 삼성그룹의 임원 승진자 평균 나이는 45.9세였으며, 전체 임원에서 40대가 차지하는 비율도 2002년 59%에서 67%로 크게 높아졌다. LG그룹과 SK그룹의 임원 승진자 평균 연령도 44세였다. 보수적인 은행들도 대체로 50대 초반을 넘지 않았다.[110]

이른바 '삼팔선'(38세도 선선히 퇴직을 받아들인다)도 등장했다. 김순덕은 "'삼팔선'이 늘어나는 이유를 업계에서는 기업 인사 시스템이 서구형으로 바뀐 까닭이라고 풀이한다. 과거 구조조정 대상은 주로 나이 많은 직원이었다. 이젠 계량화된 인사고과가 기준이다. 나이와 상관없이 성과가 냉정하게 평가되는 '계급 정년'이 도입됐다. 젊은 직장인들은 온 나라가 들썩대는 대학 입시를 통과하고, 역시 온 나라가 걱정해준 청년 실업까지 뚫고 어렵게 취업했더니, 책상 배정을 받자마자 조기 퇴직을 걱정할 판이다. 그래도 '삼팔선'이 충격과 공포로만 다가오는 것은 아니다. 한 살이라도 젊을 때, 회사가 위로금이라도 더 줄 때 최대한 받아서 두 번째 삶을 펼치는 게 낫다고 여기는 이도 적지 않다"며 다음과 같이 말했다.

"'삼팔선'이 우리나라만의 현상이라고 할 수는 없다. 평생직장이란 개념은 세계적으로 멸종 단계다. 세계화와 테크놀로지의 변화 등으로 인한 구조적 변화 때문이다. 세계의 생산 공장은 인건비 싸고 기업하기

---

110) 김광현, 「[경제 非常 현장을 가다] ⟨5⟩ 실업의 두 얼굴」, 『동아일보』, 2003년 5월 28일, 8면.

좋은 곳으로 국경을 불문하고 움직인다. 컴퓨터와 인터넷은 과거 사람이 하던 일을 획기적으로 발전시켰다. 기술혁신으로 생산성이 높아질수록 노동 인력은 덜 필요하다. 경기가 좋아진대도 실업률, 특히 제조 분야의 실업률이 줄어드는 건 기대하기 어렵게 됐다. 성장 업종에서 억대 연봉을 받는 핵심 인력 지식 노동자가 증가하는 것만큼 사양 직종 저숙련 저임금 노동자의 살림은 갈수록 팍팍해지게 생겼다. 노동시장도 양극화 체제다."[111]

어느 은행원의 자기 고백

2003년 6월 19일 경제정의실천시민연합(경실련)은 "조흥은행 노조가 은행 매각에 반대하며 돌입한 파업은 설득력이 없다"며 비판했다. 경실련은 이날 성명서에서 "조흥은행이 외환위기 이후 공적 자금을 지원받아 유동성 위기를 넘긴 만큼 정부가 조흥은행 매각을 조속히 마무리해 공적 자금 회수를 극대화하고 경제의 불확실한 여건을 개선하려는 것은 당연하다"며 이같이 밝혔다. 이어 경실련은 "노무현 대통령이 당선자 시절 노조 대표를 만나 독자 생존 여부를 판단하겠다고 한 것과 노조와 합리적 매각 관련 토론회를 연 것 등이 노조의 무리한 주장을 조장하고 사태를 더욱 어렵게 만들었다"며 정부의 대처 방식도 비판했다.[112]

민노당 홈페이지의 자유게시판에서 은행원의 '노동 귀족화'를 고발한 「어느 은행원의 자기 고백」이라는 글이 화제를 모았다. 이 은행원은

111) 김순덕, 「[횡설수설] '삼팔선'」, 『동아일보』, 2003년 11월 4일, 6면.
112) 황재성, 「"노 대통령 당선자 시절 발언 청와대 미숙 대응 파업 불러"」, 『동아일보』, 2003년 6월 20일.

우리의 사회 안전망이 턱없이 부족하기 때문에 빚어진 일이 아니겠느냐 며 다음과 같은 고민을 토로했다. "고액 연봉을 좀 삭감하고 고용을 유 지하고 전반으로 사회 형평에 맞게 젊은 대학생 실업자들을 좀더 많이 고용하는 방향으로 타협은 이루어질 수 없는가 하고 수없이 생각했다."

이와 관련, 『문화일보』 논설위원 이신우는 6월 23일자 칼럼 「정말 알 고 싶은 것들」에서 "이번 기회에 각 은행이나 정부 산하의 수많은 공 사·공기업은 자기 회사 직원들의 연봉표를 한번 공개해보는 것이 어떨 까요. 복지 후생 명세서도 함께 말입니다. 회사 자랑도 할 겸. 현재 민주 노총이나 한국노총은 이들 대기업이나 공공 부문 노조를 주요 구성원으 로 하고 있습니다. 그래선가요. 민주노총이나 한국노총 등에서는 청년 실업에 대한 논평을 찾을 길이 없습니다"라면서 다음과 같이 말했다.

"요즘 청년 실업이 심각하다면서요? 20대 실업률이 9%에 달한다고 합 니다. 아까 1억 원짜리 놀고먹는 직원들 이야기를 했습니다만 이 사람들 한 명이면 신입사원 5명을 뽑을 수가 있습니다. 민주노총이나 한국노총 은 이런 문제에 대해 어떤 입장을 갖고 계신지 정말 알고 싶습니다. 이쯤 되면 대기업이나 공기업 등의 하부구조를 이루는 1·2·3차 하청기업 이나 중소기업 노동자들의 아우성 소리가 들리는 듯합니다. 며칠 전 한 나라당 대표 경선 후보 의원이 본보와의 인터뷰에서 밝힌 내용에 따르 면 말단 중소·하청기업 노동자들의 임금 수준이 대기업 노동자의 25% 에 불과하다고 하더군요. 이렇게 약한 노동자들을 밟고 서 있는 강한 노 동자들의 집단 이기주의는 어떻게 해결해야 하나요."

『한겨레』 논설위원 정석구도 6월 24일자에 쓴 「파업, 이대로 좋은가」 라는 칼럼에서 파업에 대해 의문을 표했다. 정석구는 일반 여론이 최근

들어 유난히 대규모 파업에 부정적으로 돌아선 것은 크게 두 가지 이유 때문이라며 다음과 같이 말했다.

"대규모 사업장의 파업은 자칫 먹고살 만한 노동자들이 더 잘 먹기 위한 '귀족 노조의 집단이기주의'의 발로로 비치기도 한다. '매각 철회'를 명분으로 시작된 조흥 파업이 결국 고용 보장, 임금 인상 등을 뼈대로 타결된 것은 이런 감정에 불을 질렀다. …… 두 번째는 노동자들 사이의 불평등 심화다. 대규모 파업에 대한 부정적 여론이 거세어지는 데는 대기업 조직 노동자들이 상대적으로 취약한 처지에 있는 노동자들의 이익을 제대로 고려하지 않은 점도 한몫을 했다. 비정규직이나 중소·하청업체 노동자들에 대한 차별 대우가 대표적이다. …… 조합원도 아닌데 노조가 이들의 권익을 어떻게 보호해줄 수 있느냐고 할지 모르지만 이런 인식이야말로 노동자들의 연대를 가로막고, 수많은 힘없는 노동자들로 하여금 대기업 파업에 등을 돌리게 만든다."

'백수 기 살리기' 운동

2003년 10월 한화그룹과 다음취업센터는 사흘간 양평 한화리조트에서 '백수 기(氣) 살리기'란 주제의 취업 연수 프로그램을 열었다. 이 프로그램에는 전국에서 뽑힌 '백수' 50명이 참가했다. 각 지역 지방대 출신으로 10월 초 열린 취업 교육 연수생 모집에서 25대 1의 치열한 경쟁률을 뚫고 선발된 '때를 못 만난' 우수 인재들이었다.[113]

---

113) 도재기, 「'백수들 氣 살리기' 한화·다음 이색 행사, 지방대 출신 50명 참가」, 『경향신문』, 2003년 10월 22일, 23면.

대중문화도 '백수 기 살리기' 운동에 가세했다. 『경향신문』 2003년 10월 24일자는 "백수 '깔보지' 마라. 백수가 영화나 TV 드라마, CF 등에서 주인공 자리를 꿰차고 있다. 당당한 직업을 갖고 있는 사람이 아닌 백수, 백조(여자 백수)가 대중문화의 중심에 등장해 자신의 존재를 당당하게 드러내 보이고 있다. 〈위대한 유산〉, 〈똥개〉, 〈라이터를 켜라〉 등 백수가 주인공으로 등장하는 영화가 속속 만들어졌다. TV에서는 아예 온 가족이 백수인 〈백수탈출〉이 방송됐다. 변변한 직업을 갖고 있는 주인공을 빛내주는 소품 역할에 머물러 왔던 백수들의 '대반란'이다"라며 다음과 같이 말했다.

"최근 대중문화에 등장한 백수는 단순히 '직장을 구하지 못한 사람'이라는 도식으로 단정되지 않는다. 자신이 왜 백수 생활을 하는지에 대해 항변하기도 하고, 주변의 구박에도 불구하고 소신껏 백수의 길을 꾸려가기도 한다. '일할 의지가 없는 백수', '능력이 없어서 일하지 못하는 백수' 등 유형도 다양하다. …… 대중문화에서 변방에 놓여 있던 백수 캐릭터의 중심화는 우리 사회에서 달라진 백수의 모습을 보여준다. 당장 백수가 많아진 현실을 반영한다. 높은 청년 실업률은 청년 4명 중 1명꼴로 백수를 만들었다. 백수는 더 이상 능력 없는 소수로 치부할 문제가 아닌 나와 가족, 우리의 문제가 되었다. 백수들도 과거처럼 무조건 백수라는 사실을 숨기고 부끄럽게 여기기 않는다. 인터넷 사이트의 다양한 백수 커뮤니티에서 보듯 당당하게 백수임을 인정하고, 자신들의 문화와 생활을 꾸려가려는 사람들이 늘어나고 있다. 백수들은 말한다. '백수와 백수가 아닌 자의 차이는 능력의 우월에서 오지 않는다. 당신들이 백수가 아닌 것은 우리 백수들이 있기 때문이다.'"[114]

취업 준비로 자리가 꽉 찬 대학 도서관. 높은 청년 실업률은 청년 네 명 중 한 명꼴로 백수를 만들었다.

백수들은 인터넷으로 몰려들었다. 2003년 11월 다음에서 '백수'로 검색된 카페는 1,400개를 넘었다. 백수를 깜찍한 캐릭터로 만들어 사이트를 운영한 백수파티(100sparty.com)는 청년 실업자들의 고달픈 삶을 애니메이션과 만화로 형상화했다. 백수닷컴에서는 '백수의 모든 것'이 눈길을 끌었다. 백수 감별법, 탈출 지수, 생활 형태, 필수품 그리고 직장인과 차이점 등 백수 생활의 시작에서부터 뮤직비디오, 게임, 인터넷 소설 등 놀거리까지 '백수'에게 없어서는 안 될 다양한 '백수 정보'를 선보였다.

취업난이 극심해지자 구직을 포기하고 스스로를 '폐인'이라고 자처하는 네티즌도 늘었다. '폐인'이라면 '디시폐인', '다모폐인' 등과 같이 네티즌 특유의 놀이 문화를 말하지만, 이런 차원을 넘어 낮에 자고 밤에

---

114) 임영주, 「"난, 백수다!"-당당해진 그들, 더 이상은 백수를 깔보지 마라」, 『경향신문』, 2003년 10월 24일, 33면.

활동하는 '주침야활'과 같이 청년 실업자의 일상을 지배하는 '진짜 폐인'은 위험한 상태로 간주되었다. 백수닷컴 운영자 송경민 씨는 폐인에 대해 "폐인과 백수는 절대로 같지 않다"고 말했다. 송 씨는 "백수는 취업 전선에 뛰어들기 위해 항상 대기 상태"라며 "수많은 백수들 가운데 폐인이 있기도 하지만 인터넷 폐인의 지름길은 온라인 게임에 있다"고 보았다. 애초엔 실업 상태였지만 점차 '폐인'이 되어간다고 느낀다면 당장 취업을 준비해야 한다는 것이다.[115]

생계형 프리터족 급증

'백수 기 살리기' 운동의 연장선상에서 이른바 프리터(freeter)족이 급증하기 시작했다. 프리터는 프리(free)와 아르바이터(arbeiter)의 합성어로 영어로는 'free time jobber'라고 부른다. 처음엔 여가 시간을 활용하기 위해 아르바이트를 하는 젊은이라는 뜻으로 사용되었으나, 이제는 아르바이트로 돈을 벌어 자유롭게 생활하고 돈이 떨어지면 또 아르바이트로 돈을 벌어 사는 사람들을 지칭하게 되었다.

프리터는 원래 1980년대 초반 일본의 젊은 세대들 사이에서 생겨난 것이다. 일본에서는 2000년에 프리터가 150만(남성 60만 명, 여성 90만 명)에 이르렀으며, 미혼 독신자의 10% 이상이 프리터인 것으로 나타났다. 이 가운데 경제적으로 자립이 어려워 가족과 동거하는 '기생 프리터(parasite freeter)'가 80%였다.

---

115) 김노경, 「백수들이 인터넷으로 출근하네?」, 『한겨레』, 2003년 11월 4일, 36면.

일본에선 프리터를 넘어 니트(NEET: Not in Education, Employment or Training)족이라는 말까지 나왔다. 니트족은 취직과 결혼, 학업을 하지 않고 가사 노동도 하지 않는 젊은이들을 가리키는데, 2004년 9월 현재 그수가 52만 명을 넘어선 것으로 집계되었다. 니트족은 취업 의사가 없기 때문에 일할 의사가 있는데도 일하지 못하고 있는 실업자와는 구분되는 '무업자'로서 실업률에도 잡히지 않았다. 일본 후생노동성이 내린 정의에 따르면 프리터는 15~34세의 연령층에 속하고, 니트족은 25세 이하다. 좋아서 프리터를 하는 사람들도 있겠지만 프리터가 생겨나는 가장 큰 이유는 물론 취업난이었다. 또 경제적 풍요와 사생활을 중시하는 젊은 이들의 의식 변화와 더불어 직업의식의 희박화가 주된 요인 중의 하나였다.[116]

2003년 여름 국내 채용정보업체 '잡링크'가 구직자 3,156명을 대상으로 설문 조사한 결과 정규직 취업 대신 아르바이트로 살아가는 젊은이들이 31%에 이른다는 결과가 나왔다. "심각한 취업난 때문"이라는 대답이 55%로 가장 많았지만 "자유로운 시간 활용을 위해서", "획일적인 조직문화가 싫어서", "직장 스트레스가 싫어서"라는 대답도 41%에 달했다. 취직이 안 돼 어쩔 수 없이 프리터가 된 경우가 많지만 본인이 원해서 정규직을 갖지 않는 사람들도 상당수란 얘기였다.[117]

한국의 프리터를 다룬 『동아일보』 2003년 7월 29일자 기사에 따르면, "'프로그램 개발팀원 구함', '리서치 전문 요원 구함', '통·번역 요원

---

116) 노성열, 「일, 프리터족에 무료 직업 훈련」, 『문화일보』, 2004년 10월 11일, 21면; 최흡, 「"일도 싫다 학교도 싫다 놀고만 싶다": 일 '젊은 무업자' 52만 명」, 『조선일보』, 2004년 9월 11일, A17면; 황성기, 「프리랜서 기자 천국 일(日): 웬만큼 글 쓰면 누구나 '기자'」, 『대한매일』, 2003년 10월 4일, 6면.
117) 김정선, 「신세대 신 풍속/늘어나는 '프리터族'」, 『경향신문』, 2003년 7월 10일, 34면.

즉시 채용'……. 서울의 한 상위권 대학 취업 상담실 앞에는 한시적인 아르바이트 구인 정보가 가득 붙어 있다. 보수도 연봉이 아니라 '일당', '주급' 단위가 대부분. 그러나 이들 아르바이트의 조건은 학점, 경력, 어학 실력 등에서 대기업 못지않게 까다롭다. …… 취업을 원하지만 여건이 맞지 않아 일당제, 시간제 근로자로 내몰리는 '한국형 프리터' 들이 늘고 있다. …… 프리터의 증가는 장기화되고 있는 청년 실업에 따른 것." [118]

인터넷을 통한 아르바이트 소개업체인 알바링크가 2004년 8월 아르바이트 희망자 5만여 명을 분석한 결과에 따르면, 24~30세의 비율이 35%로 지난해의 23%보다 10%p 이상 늘어났다. 특히 대졸 이상이 62%를 차지했다. 삼성경제연구소 이상우 연구원은 "프리터는 전문적인 경험이나 지식을 습득할 기회가 없어 자신의 역량을 소진하고 장기적으로 일자리를 얻을 기회를 떨어뜨릴 수 있다"고 말했다. [119]

이태백과 캥거루족

사오정, 오륙도, 육이오, 삼팔선에 이어 '이태백(20대 태반이 백수)' 이라는 신조어도 등장했다. 취업에 자신을 잃은 대학생들의 휴학이 늘어나면서 '대학 5학년' 이 '고교 4학년' 만큼이나 널리 쓰였다. 대기업에 취직하기는 '바늘 구멍 통과하기' 이고, 성공하면 '가문의 영광' 이라고 했

118) 조인직, 「프리터족」, 『동아일보』, 2003년 7월 29일, 1면.
119) 방현철, 「'생계형 프리터족' 급증」, 『조선일보』, 2004년 9월 3일, B1면.

다. 풍자라곤 하지만 서글픈 풍자였다. 한 인터넷 사이트에 오른 청년 실업자들의 호소 중에는 이런 내용도 있었다. "머리 깎고 산에나 들어가 볼까. 그런데 산에서는 받아주려나.", '나이도 먹어가고, 감옥에 들어가 살까 하는 생각도 드네요.", "점점 사람이 싫다. 아니 두렵다."[120]

이미 1990년대에 나온 '캥거루족'이란 풍자어도 다시 주목의 대상이 되었다. 1998년 프랑스 시사주간지 『렉스프레스』는 높은 실업률 때문에 프랑스 20대의 80%, 스페인 25~30세의 60%, 독일 23, 24세의 45%가 부모에게 기댄다며 이들을 '캥거루 세대'라 불렀다. 2004년 1월 김순덕은 "돌이켜보면 차라리 그때가 나았다. 캥거루족의 준동이 우리나라만의 문제가 아니라 세계적 현상이며 경제가 회복되면 캥거루족은 자연 멸종될 것이라는 희망이 있었으므로. 캥거루족의 생명력은 끈질기다. 20대의 48%가 부모에게 경제적으로 의존하고 있다는 조사가 지난해 나온 데 이어 최근 2년간 대졸 취업자의 평균 나이가 15개월가량 높아졌다는 조사 결과도 나왔다"며 다음과 같이 말했다.

"외환위기 때만 해도 대학 졸업장은 딴 뒤 취업이 안 돼 어쩔 수 없이 부모 신세를 졌는데, 지금은 취업 준비를 한다는 이유로 몇 년이고 졸업 자체를 미룬 채 자발적으로 부모 곁에 머문다는 얘기다. 경기 불황과 취업난 때문이라지만 과연 그게 다일까. 캥거루족의 속내를 들여다보자. 이들은 겁이 많다. 어려서부터 '공부해라' 소리만 들어온 까닭에 제 손과 머리로 뭔가를 하는 데 익숙지 않다. 풍요 속에 자라 어려움을 극복하려는 의지를 찾기 힘들다. 부모 세대처럼 아등바등 살기도 싫고 웬만한

---

120) 천광암, 「[횡설수설] '이·태·백'」, 『동아일보』, 2003년 12월 13일, 6면.

한 채용박람회에 참관한 구직자들이 참가 업체 부스를 둘러보고 있다. 취업 문턱이 높아지자 서울 구로구청의 환경미화원 공채에는 대졸자가 전체 응시자의 27%를 차지했다.

직장은 눈에 안 찬다. 이들에게 대학 울타리는 거대한 보호막이다. 좀더 실력을 쌓아야 한다는 '강박관념'이 있어 졸업 기피, 편입, 대학원 진학을 마다 않는다. 세상과 부닥쳐 보지도 않고 마냥 '하산'을 늦춘 채 하염없이 칼만 갈고 있는 꼴이다. '불행한 세대'를 자처하는 이들에 대해서는 기성세대도 책임이 크다. 과잉보호로 길러온 부모 잘못이 있고 경제를 살리지 못한 정책 당국의 탓도 있다. 하지만 졸지에 이름을 도용당한 캥거루로선 억울할 것이다. 평균 12~18년을 사는 캥거루도 새끼가 6~12개월만 되면 어미 배주머니에서 내보낸다. 사람으로 치면 예닐곱 살도 못 돼 독립하는 셈이다. 캥거루 사회에서 한사코 어미를 떠나지 않으려는 새끼를 '사람족'이라 부른다면 어쩔 것인가." [121]

이태백이 늘면서 대졸 고학력자들이 3D 현장으로 몰려들기 시작했다. 2003년 12월 서울 구로구청의 환경미화원 공채에는 대졸자가 전체 응시자의 27%를 차지했다. 일당 6만~7만 원을 받는 건설 현장에도 대졸 지원자가 늘었다. 대성산업 관계자는 "현장 일꾼을 수시로 모집하는데 최근에는 지원자 2명 중 1명이 대졸자이거나 졸업 예정자"라고 전했다. 한국기전 인사 담당자도 "학력 제한 없이 건설 현장 정비 기술 쪽 인력을 뽑는데 4년제 졸업자가 40%, 전문대 졸업자가 40% 정도"라고 밝혔다. 대졸자들의 3D 업종 지원 행렬은 신용 불량자 양산과도 무관치 않았다. 우정직업정보센터 김영복 상담원은 "급히 일자리를 구하는 젊은 대졸자 중에는 신용 불량자들도 많다"면서 "급료 차압을 안 당하기 위해 4대 보험이 안 되는 일자리를 부탁한다"고 말했다.[122]

여야는 이전투구를 하더라도 바로 이런 실업 문제에 대한 해법을 내놓기 위해 했어야 하는 건데, 당시 정치권의 주요 의제는 이런 민생과는 거리가 멀어도 너무 멀었다. 실업 문제에 더하여 '신용카드 망국론'이 나올 정도로 신용 불량자가 급증하고 있었으니, 한국 정치는 원래부터 민생과는 무관한 영역이었는지도 모를 일이었다.

---

121) 김순덕, 「[횡설수설] 캥거루족」, 『동아일보』, 2004년 1월 8일, 6면.
122) 김종목, 「大卒 구직자 '3D'로 몰린다, 환경미화원 공채 응시 27%가 대졸자」, 『경향신문』, 2003년 12월 15일, 6면.

적의 숨소리가 등 뒤에서 들리고 있다
신용카드 망국론

2002년 신용카드 1억 장 돌파

1990년대에 진보의 상징처럼 여겨진 신용카드는 2000년대 들어서도 여전히 그 지위를 누리고 있는 것처럼 보였다. 새 천 년 들어 나타난 새 카드들의 특징은 인터넷 업체와의 제휴를 통한 인터넷 카드와, 여성 등 특정 계층을 겨냥한 카드가 많다는 점이었다. 국민카드는 야후코리아, 삼성카드는 네이버 · 다음커뮤니케이션 · 씨티넷, 외환카드는 온라인게임 소프트웨어 제작업체인 넥슨과 손잡고 각종 할인 혜택을 주는 제휴 카드를 발급했다. 또 LG캐피탈이 1999년 9월 LG레이디카드를 처음으로 선보인 데 이어 2000년에는 국민카드와 삼성카드가 각각 이퀸스카드, 지엔미카드란 이름으로 여성 카드 시장에 뛰어들었다. 여성 전용 카드의 특징은 쇼핑과 관련한 서비스가 많고, 영화 관람료 할인, 놀이공원 무료 입장, 성형보험 무료 가입 등의 혜택을 제공했다.[123]

2002년 6월 말 현재 발급된 신용카드는 모두 1억 454만 장으로 15세 이상 경제 활동인 구 1인당 4.69장의 신용카드를 보유하고 있는 셈이었다.

　이어 신용카드사들은 보안성과 편의성이 뛰어난 사이버 신용카드를 잇따라 출시해 전자상거래 시장 공략에 나섰다. 삼성카드가 2000년 6월 말 업계 최초로 전자 지갑 개념의 사이버 신용카드 '바로페이'를 출시한데 이어 외환카드가 8월초 '예스사이버카드'를 선보였고, 다른 카드사들도 그 뒤를 따랐다. 국민카드 관계자는 "인터넷 결제 수단 가운데 기존 신용카드는 카드번호와 유효기간 등이 유출될 경우 도용 가능성이 높고 전자화폐(사이버머니)는 선불카드 개념이기 때문에 신용거래 기능이 없다"며 "보안성과 편의성이 뛰어나고 신용거래 기능까지 갖춘 사이버 신용카드가 B2C(기업-소비자 간)는 물론 B2B(기업 간)의 새로운 전자 결제 수단으로 부상할 것"이라고 주장했다.[124]

　2000년 한 해 동안 BC카드, LG캐피탈, 삼성카드, 국민카드, 외환카드,

123) 곽노필, 「신개념 신용카드 봇물/네티즌·여성만 쓰세요」, 『한겨레』, 2000년 5월 1일, 25면.
124) 송세영, 「사이버 신용카드 시장 선점 '불꽃 경쟁」, 『국민일보』, 2000년 8월 26일, 7면.

다이너스카드, 동양카드 등 7개 사의 매출 합계는 214조 원을 넘어섰다. 1999년에 기록한 91조 1067억 원에 비해 두 배 반 가까이(135.6%) 늘어난 수치였다. 일시불·할부 등 카드 고유 기능보다는 고금리의 현금 서비스가 성장을 주도한 결과였다.[125]

2000년 말 현재 국내 카드사와 제휴, 플래티넘 서비스를 제공하는 비자와 마스터카드의 국내 플래티넘 클럽 회원 수는 14만 5,000명으로 1999년 말의 8만 7,000명보다 66%가량 늘어났다. '플래티넘'이 시들해지자 '뉴 플래티넘'도 나왔다. 외환카드는 2001년 3월부터 기존 플래티넘 카드보다 7만 원 인상된 12만 원의 연회비를 받는 대신 서비스를 고급화한 '외환 뉴플래티넘 카드'를 발급하기 시작했다.[126]

2001년 7개 전업 신용카드사들은 2조 5000억 원대에 달하는 당기순이익을 거뒀다. 특히 충당금 적립 전을 기준으로 하면 이들 7개 사의 이익 규모는 5조 원에 이르고, 여기에 은행 계열 신용카드 부문을 포함할 경우 2001년 국내 신용카드업 회사들 이익 규모는 7조 원대를 기록했다.[127]

제값 내고 영화 보면 바보

카드사들의 외형은 화려했지만, 속은 썩고 있었다. 7개 전업 카드사의 2001년 말 현금 대출액은 19조 3613억 원이었으나 연체액은 1조 4322억 원으로 연체율이 7.39%에 달했다. 은행권의 가계 대출 연체율 1.21%보

125) 성동기, 「금융/신용카드 매출액 200조 돌파」, 『동아일보』, 2001년 1월 12일, 34면.
126) 송세영, 「플래티넘 카드 신청 급증 …… 부유층 신분 과시+카드사 유치 경쟁 '합작'」, 『국민일보』, 2001년 3월 28일, 10면.
127) 전석운, 「7개 카드社 2조 5000억 순익」, 『국민일보』, 2002년 1월 23일, 9면.

다 무려 6배가량 높은 수치였다. 2002년 들어 2월 말 현재까지 새로 신용불량자로 등록된 1만 2,000명 중 20대가 38%를 차지했다. 카드 사용액의 80%가 물품 구매인 선진국에 비해 60%가 현금 서비스에 집중돼 있는 것도 문제였다.

『한국일보』 2002년 3월 27일자는 "카드빚을 갚기 위해 새로운 대출을 신청하는 '신용 악순환'이 속출하고, 신용카드 연체금 독촉에 시달리다 범죄를 저지르거나 유흥업소 · 공사판을 전전하는 젊은이들마저 생겨났다. 최근 군부대에서 실탄과 총기를 훔쳐 은행을 턴 대학생들도 카드빚에 허덕이다 범행을 저지른 것으로 밝혀져 충격을 주었다"며 "'카드 망국론'이 나오는 것도 무리가 아니다"고 했다.[128]

그럼에도 신용카드를 향한 진군은 계속돼 2002년 6월 말 현재 발급된 카드는 모두 1억 454만 장으로 1억 장을 돌파했다. 이는 길거리 회원 모집 금지, 미성년자 카드 발급 중단 등 강력한 규제에도 불구하고 2001년 말 8933만 장에 비해 6개월 동안 17%나 증가한 수치였다. 2001년 6월 말(6837만 장)보다는 52.9%가 증가한 수치로, 15세 이상 경제활동인구(2229만 2,000명) 1인당 4.69장의 카드를 보유하고 있는 셈이었다.[129]

사회 일각에선 '카드 망국론'이 제기되었지만, 카드사들이 앞다투어 제공하는 각종 서비스는 뿌리치기 힘든 유혹이었다. 2002년에 가장 돈보인 서비스는 영화 관람료 할인 혜택이었다. 『동아일보』 2002년 6월 4일자는 "카드사들의 적극적 마케팅에 따라 대형 영화관의 수익 구조도 변하고 있다. 현대카드에 따르면 대형 영화 극장인 CGV의 4월 관람자

128) 「도마에 오른 카드 망국론(사설)」, 『한국일보』, 2002년 3월 27일, 2면.
129) 박병권, 「신용카드 발급 1억 장 돌파」, 『국민일보』, 2002년 8월 8일, 10면.

중 카드 회원으로 할인 혜택을 받은 고객이 전체의 30%나 됐다"며 "'제값 내고 영화 보면 바보'로 취급받을 만큼 풍부해진 카드사들의 영화 할인 혜택을 꼼꼼히 살펴보고 이용해보자"고 했다.

"△현장에서 할인: 대체로 현장 할인은 카드 회원 본인에 한해 월 4, 5회 정도 혜택이 주어진다. 삼성카드의 애니패스 회원은 CGV, 시넥스 등 전국 주요 영화관에서 1,500원을 할인받는다. 외환카드의 매직윈, i.miz, 엠프리, 플래티넘 회원도 본인에 한해 CGV에서 2,000원 싸게 영화를 볼 수 있다. LG카드의 문화-2030, 문화-레이디 회원은 서울의 중앙시네마, 스카라, 뤼미에르 등 전국 60여 개 영화관에서 관람료를 1,000~5,000원 할인받는다. △예약하면 할인 혜택이 두 배: 예약하면 본인은 물론 동반자도 할인을 받을 수 있고 할인 폭도 커진다."[130]

신용카드사에 이어 이동통신사들까지 대대적인 영화 할인에 나섬으로써 '제값 내고 영화 보면 바보'라는 말이 더욱 실감나게 되었다. 그러나 영화계 입장에서는 이 같은 할인 공세를 마냥 반길 일만은 아니었다.

훗날(2004년) 영화평론가 강한섭은 "요즘 7,000원 입장료를 다 주고 영화 보는 관객은 아줌마나 아저씨들뿐이다. 신용카드사와 이동통신사들이 멤버십 서비스라는 명목으로 관람료를 1,500원~3,000원씩 할인해주고 있다. 여기에 멀티플렉스 극장들은 2개의 카드 중복 할인을 인정하고, 자사 회원 카드를 사용하면 10%를 추가로 적립해준다"고 지적하면서 한국의 영화 산업계는 결정적으로 중요한 가격 시스템을 신용카드사와 이동통신사들에 헐값으로 헌납해버렸다고 개탄했다. 그는 "영화 요금의

---

130) 이나연, 「금융 플라자/신용카드 영화 관람료 할인 봇물」, 『동아일보』, 2002년 6월 4일, 55면.

덤핑이 더 이상 현재와 같은 파행적인 형태로 계속될 수는 없는 것이다. 극장 요금의 할인이 사라지면, 현재 3,000원으로 영화를 보는 청년들이 7,000원 입장료를 다 내고 영화관을 찾을 것인가? 극장 관객의 수가 급격하게 감소하는 것은 필연적이다"라고 주장했다. 그는 비디오 시장 몰락의 가장 큰 이유도 극장 요금의 덤핑에서 찾아야 한다고 주장했다.[131]

신용카드 망국론

2003년 들어 신용 불량자의 수는 매월 10만 명 이상 늘어났다. 2003년 4월 말 현재 개인 신용 불량자는 308만 6,018명이었으며, 연령별로는 20대, 30대 신용 불량자가 각각 57만 5,074명, 86만 4,162명으로 절반을 차지했다.[132]

한국에선 신용 불량자가 300만 명을 넘어서고 가계 부채가 국내총생산의 70%에 육박하면서 '신용카드 망국론'이 본격 제기되었다. 신용카드 빚더미에 올라앉아 자살이나 범죄를 택하는 사람들이 속출해 이젠 웬만큼 충격적이지 않고서는 뉴스조차 되지 않는 세상에 살게 되었다. 신용카드는 강절도, 살인 범죄 원인의 60%를 차지하고 있고 신용카드로 인한 범죄는 1시간에 1건 꼴로 발생했으니,[133] '신용카드 망국론'이 나오는 것도 무리는 아니었다.

내수(內需)로 경기 부양 이루겠답시고 신용카드 쓰라고 국민의 등을

---

131) 강한섭, 『한국의 영화학을 만들어라: 문화진흥론자가 다시 쓰는 영화 담론』(삼우반, 2004), 213~214쪽.
132) 김두영, 「신용불량자 300만 명 넘어서 …… 20, 30대가 절반」, 『동아일보』, 2003년 5월 21일, 33면.
133) 이영표 외, 「카드빚 '범죄의 서곡': 강절도 · 살인 범죄 60%의 원인」, 『대한매일』, 2003년 6월 12일, 1면; 안홍욱, 「카드 범죄 1시간에 1건 꼴」, 『경향신문』, 2003년 8월 23일, 17면.

떠밀었던 정부는 무슨 효능을 보았는가? 2003년 8월 "신용 불량 해결해야 내수 산다"는 말이 나온 걸 보면,[134] 그것도 아니었다. 그렇다면 경품을 내걸고 길거리에서까지 가입자를 모집하는 극성을 떨었던 카드 회사들은 큰돈을 벌었는가? 한국의 9개 신용카드사들이 2003년 상반기에 3조 원이 넘는 당기 순손실을 기록한 걸 보면 그것도 아니었다. 모두가 미쳐 돌아간 '광란의 파티'였던 셈이다.

그럼에도 카드를 통해 신분을 과시하는 구별짓기 게임은 왕성하게 계속되었다. 이른바 '중저가 플래티넘 카드'라는 모순어까지 등장했다. 『동아일보』 2003년 6월 17일자는 "지금까지 일부 재력가들이나 사회 저명인사들만이 주로 사용했던 백금이라는 뜻의 플래티넘 카드(일명 VIP카드) 사용이 빠르게 확산되고 있다. 최근 들어 신용카드사들이 잠재력이 있는 우량 회원을 붙잡기 위해 기존의 VIP 카드에 비해 연회비는 훨씬 싸고, 돌아가는 혜택은 거의 비슷한 플래티넘 카드를 내놓고 있다. 품격 높은 생활을 원하는 고객들도 자신의 취향에 따라 다양한 혜택을 주는 플래티넘 카드를 선호하고 있어 앞으로 이 카드가 더욱 활성화될 것으로 보인다"며 다음과 같이 보도했다.

"업계 처음으로 플래티넘 카드를 세 종류(플래티넘 1200, 700, 300)로 다양화한 외환카드는 여행 할인, 콘도 할인, 골프 관련 서비스 등 다양한 서비스를 제공한다. '플래티넘 1200'에는 동반자 국내 왕복항공권 제공, 전 세계 공항 라운지 이용 등의 서비스가 추가된다. '플래티넘 700' 회원은 동반자 국내 항공권 제공과 공항 라운지 이용권 중 하나를 선택

134) 권석천, 「신용 불량 해결해야 내수 산다」, 『경향신문』, 2003년 8월 23일, 8면.

할 수 있다. 현대카드도 연회비를 3단계로 나누고(클래식 3만 원, 프리미어 7만 원, 로열 12만 원) 우량 고객의 라이프 스타일에 맞춘 현대 플래티넘 카드를 새로 내놓았다."[135]

'플래티넘'이라는 단어가 이전의 '골드'처럼 흔해지자, '프리빌리지'니 '프리미엄'이니 하는 단어들이 부가되었다. 롯데카드는 아멕스 카드 회원에게 해외 1,119개 가맹점에서 할인 우대 혜택을 제공하는 '멤버십 프리빌리지 서비스'를 실시했으며, 삼성카드는 이용 실적과 신용도 등에서 상위 3%를 차지한 우량 회원을 대상으로 '프리미엄 클럽'을 운영했다.[136]

부자가 되려면 신용카드를 버려야

'카드 대란'의 선두 주자는 LG카드였다. 2003년 11월 23일 LG카드가 현금 서비스를 중단하는 사태가 벌어졌다. 일부 LG카드 회원들은 LG카드가 부도나면 돈을 안 갚아도 되는가 하는 기대감에 여기저기 알아보곤 했다. 이에 한국여신전문금융업협회는 "채권은행들이 손실 보전 차원에서 매출 채권 회수에 나설 것이기 때문에 똑같은 연체 이자가 적용된다"며 일부 회원들의 '섣부른 기대'를 일축했다.[137]

『한국일보』 2003년 11월 25일자는 "LG카드 사태의 여파로 신용카드사들이 앞다퉈 복수 카드 소지자의 현금 서비스 한도를 아예 없애거나

135) 김동원, 「재테크/중저가 '플래티넘 카드' 붐」, 『동아일보』, 2003년 6월 17일, 54면.
136) 김관명, 「財테크 특집/"1%만 모십니다" 카드사 VIP 확보戰」, 『한국일보』, 2003년 11월 19일, 58면.
137) 권태호, 「신용카드 '돌려막기' 비상」, 『한겨레』, 2003년 11월 25일, 29면.

축소, 카드 돌려막기를 하던 회원들이 줄줄이 신용 불량자로 전락할 위기를 맞고 있다. 카드업계에서는 새로 신용 불량자로 등록될 회원이 100만 명 정도는 될 것으로 예상하고 있다. 24일 카드업계에 따르면 9월 말 현재 네 개 이상 복수 카드 소지자는 990만 명에 달하며 이 중 10% 수준인 100만 명이 돌려막기를 하고 있는 것으로 알려졌다"고 보도했다.[138]

"적의 숨소리가 등 뒤에서 들리고 있다." LG카드 문제를 다룬 MBC 〈PD 수첩〉(2004년 1월 13일 방영)에 따르면, LG카드 사장은 그런 말로 사원들을 독려하면서 1등 고지를 향해 총진군령을 내렸다고 한다. 그 결과는 무엇인가? LG그룹의 사주들은 자기들 몫을 챙겨서 발 빼버렸으니, 결국 죽어나는 건 누군가?

'카드 대란'으로 인해 한국의 2003년도 신용카드 사용액은 2382억 달러로 전년보다 23%나 감소했다. 그럼에도 그렇게 감소된 기록으로 세계 5위를 차지했다. 2002년 3위에 비하면 2계단 하락한 것이지만 일본(6위), 스페인(7위), 캐나다(8위) 등에 비해서는 여전히 많았다. 1~4위는 미국(1조 7408억 달러), 영국(4440억 달러), 중국(2989억 달러), 프랑스(2862억 달러)가 차지했다.[139]

한국의 인구 1,000명당 신용카드 발급 장수는 2003년 말 기준으로 1,959장에 달해 미국 다음으로 2위를 차지했다. 미국의 경우 2002년 말 기준으로 1인당 4장 꼴인 4,355장으로 세계 1위를 차지했으며 일본이 1,919장으로 3위였다. 현금 대용 전자결제 수단인 직불카드 역시 한국이

---

138) 김관명, 「"복수 카드" 현금 서비스 축소 · 폐지 "돌려막기" 100만 명 신용 불량 전락 위기」, 『한국일보』, 2003년 11월 25일, 33면.
139) 황일송, 「카드 사용액 한국 세계 5위」, 『국민일보』, 2005년 1월 17일, 14면.

인구 1,000명당 1,374장이 발급돼 싱가포르의 1,417장에 이어 세계 2위를 기록했다.[140]

2003년 11월 신용 불량자가 350만 명을 넘어서자 이젠 미국의 컨설팅 회사까지 나서서 한국 가구의 40%가 빚 갚을 능력이 없다는 진단을 내렸다.[141] 신문들은 「쫓고 쫓기는 '빚과의 전쟁'」(『경향신문』 2003년 11월 20일)[142], 「서민 가계 '파산 위기' : 밥 먹기도 힘든데 …… 세금·공과금 체납 속출」(『한국일보』 2003년 11월 10일)[143] 등과 같은 기사들로 그런 현실을 알리고 있었다. 과장된 제목인가 싶어 기사를 읽어보았더니 그게 아니었다. 예컨대, 전기 요금 체납 건수가 2003년 들어 9월말까지 1200만 건으로 지난해 같은 기간에 비해 60% 이상 늘었다지 않은가 말이다.

이렇듯 삶은 전쟁이었고, 이는 전 분야에 걸쳐 확산되었다. 자녀 교육을 위해 '기러기 아빠'와 '원정 출산' 붐이 일었고, 학생들은 "10분만 더 공부하면 마누라가 바뀐다"는 표어를 내걸고 입시 전쟁의 전사로 맹활약하고 있었다.

---

140) 김상일, 『대한민국 소비트렌드』(원앤원북스, 2004), 74쪽.
141) 박중현, 「"한국 가구 40% 빚 갚을 능력 없다": 미 보스턴 컨설팅 "부채가 소득-자산 앞질러"」, 『동아일보』, 2003년 11월 7일, A2면.
142) 정길근, 「쫓고 쫓기는 '빚과의 전쟁'」, 『경향신문』, 2003년 11월 20일, 23면.
143) 고재학, 「서민 가계 '파산 위기' : 밥 먹기도 힘든데 …… 세금·공과금 체납 속출」, 『한국일보』, 2003년 11월 10일, 1면.

우리를 슬프게 하는 것들
'기러기 아빠'와 '원정 출산' 붐

기러기 아빠 신드롬

한국 사회의 치열한 입시 전쟁 구도에서 비(非)강남 학부모들은 강남을 원했고 강남 학부모들은 미국을 원했다. 강남 진입이 여의치 않은 학부모들도 미국을 택했다. 2002년 한 해 동안 한국 학생들이 연수다 유학이다 해서 해외에 뿌린 수업료는 14억 3000만 달러였으며, 수업료에다 해외 체류 비용까지 합하면 45억 8000만 달러에 이르는 것으로 추산되었다. 2002년 무역 흑자 108억 달러 가운데 절반에 가까운 42.4%를 해외 사교육비로 쓴 셈이었다.[144]

45억 8000만 달러는 5조 7000억 원으로 교육부 1년 예산(22조 3000억 원)의 25%였다. 2000년부터 2003년 6월까지 유학을 가기 위해 학교를 중도에 그만둔 중고교생은 3만 9,983명인 것으로 밝혀졌다. 초등학생 유학

---

144) 정인학, 「사교육비 마법 풀기」, 「대한매일」, 2003년 7월 15일, 14면.

생 수는 2001년 5,252명, 2002년 6,983명, 2003년 상반기에는 5,368명에 달했다.[145] 그러나 조기 유학을 간다고 해서 과외가 끝난 건 아니었다. 조기 유학생들은 현지 수업을 못 따라가 방학 중엔 국내에 들어와 과외를 받았다.[146]

그러나 이런 통계보다 더욱 놀랍고 기이한 건 이른바 '기러기 아빠 신드롬'이었다. 2003년 9월 천광암은 "요즘 젊은 직장인들에게 가장 인기 없는 상사가 자녀 해외 유학에 부인을 함께 보내고 혼자 사는 '기러기 아빠'다. 우선 기러기 아빠는 회식을 하고 나서 구두끈을 매는 시간이 길다. 매달 수백만 원에 이르는 생활비와 학비를 송금하고 나면 밥값을 낼 돈이 넉넉하지 않아서다. 또 기러기 아빠는 집에 반겨줄 가족이 없다 보니 퇴근이 늦거나 회사에서 밤을 세울 때가 많다. 부하 직원은 덩달아 퇴근 시간이 늦어지는 일이 생긴다"며 다음과 같이 말했다.

"한 30대 여성 회사원은 '아침에 기러기 아빠 상사의 책상에서 빈 빵봉지를 발견하고 눈물이 날 뻔했다'고 한다. 텅 빈 사무실에 혼자 남아 빵 조각으로 저녁을 때우는 한국의 아버지상이 떠오르더라는 것이다. 어디 아버지뿐이겠는가. 남편과 생이별해 말도 잘 안 통하는 나라에서 외롭게 살아야 하는 아내인들 따뜻한 세끼 밥을 먹을 리 없다. 자녀를 위해 이처럼 헌신적으로 자기를 희생하는 부모가 세계 어느 나라에 또 있을까."[147]

---

145) 구혜영, 「교육 '엑소더스': 중고생 유학 상반기 1만 명 …… 작년 2배」, 『대한매일』, 2003년 9월 10일, 1면.
146) 양은경, 「조기 유학 보냈더니 현지 수업 못 따라가 …… 방학 중 "국내 과외" 유행」, 『한국일보』, 2003년 2월 10일, 31면.
147) 천광암, 「'기러기 아빠'와 국민 연금」, 『동아일보』, 2003년 9월 10일, 6면.

2003년 추석 때 캐나다에 유학 중인 가족을 만나고 돌아온 한 치과 의사의 말을 들어보자.

"오랜만에 만난 아내가 근처에 사는 부인들을 소개하며 '아무개 엄마는 교포랑 바람났고 아무개 엄마는 현지인이랑 연애 중이라 애들 밥도 제대로 안 해먹인다' 등의 소문을 전해주는 겁니다. 물론 제 아내를 못 믿는 것은 아닌데 자꾸만 '혹시나' 하는 의심이 들고 또 1년 정도 지나서 이젠 그곳 생활에 잘 적응하는 가족들을 보니 저만 소외되는 것 같아 속이 쓰리더군요. 매달 송금을 할 때마다 '난 남의 충치를 치료하면서 땀 흘려 번 돈, 가족들은 너무 쉽게 쓴다. 내가 돈 버는 기계냐' 란 피해망상까지 들어요. 그러다보니 자꾸 우울해지고 하루에 국제전화를 10통씩 하니 일도 손에 안 잡히네요."[148]

10월 25일, 두 딸을 캐나다로 유학 보내고 딸들의 뒷바라지를 위해 부인마저 떠나보낸 40대 '기러기 아빠' 가 집에서 숨진 채 발견된 사건이 일어났다. '기러기 아빠' 에 대해 늘 "꼭 그렇게까지 해가면서 세상 살아야 하나?' 라는 생각을 갖고 있었는데 그 사건을 보도한 기사를 접하면서 착잡한 생각을 금할 길이 없었다. 기러기 아빠는 한국적 삶의 각박하고 처절한 현실을 말해주는 것인지도 모르겠다. 기러기 아빠가 '돈 버는 기계' 란 건 '피해망상' 이라기보다는 진실에 가까운 것이었다. 특히 대학 교수들의 진실이었다. 『교수신문』 2003년 11월 3일자엔 이런 내용의 기사가 실렸다.

"최재목 영남대 교수(철학)는 '기러기 아빠란 교수 사회에선 전혀 특

---

148) 유인경, 「'자식만 잘된다면……' 나 홀로 가장의 '고행(孤行) : 기러기 아빠 시대 상(上)」, 『경향신문』, 2003년 10월 21일, 17면.

>> 우리 시대 기러기 교수들의 삶과 현실

의무와 기대가 키운 외로움의 동굴에서…

교수 사회에서는 기러기 아빠는 전혀 특별할 게 없는 보편적인 현상이었다.(『교수신문』, 2003년 11월 3일)

별할 게 없는 보편적인 현상'이라고 지적하고 있다. 한 학과에서 과반수가 기러기 아빠인 경우도 접하기 어렵지 않다. …… 기러기 교수들이 하나같이 털어놓는 건 '외로움'과 '그리움'이다. …… 눈앞에 현실로 닥쳐오는 건 재정적인 부담감이다. 지난 9월 『매일경제신문』에서 기러기 아빠 70명을 대상으로 한 설문조사를 보면, '월평균 418만 원에 연평균 5000만 원 이상을 송금 비용으로 쓰'는 걸로 나타났다. 많은 기러기 아빠가 수입 대부분을 자녀 유학 비용에 바치는 것이다. ㅇ대의 ㄱ 교수도 '연봉 6000만 원 정도로는 세 가족 송금비로도 벅차며 마이너스 통장 없이는 살 수 없다'라고 말해 충격을 준다." [149]

심리적으로 6·25 전쟁의 연장선상에서 살고 있는 전시체제하에서 '진보'와 '보수'의 구분이 있을 리 없었다. 미국 캘리포니아주립대학교 어바인 캠퍼스의 동아시아학과 교수인 최정무는 이렇게 말했다. "이제 웬만큼 경제력 있는 기업인이나 전문직에 종사하는 30~40대 중에서 기러기 가족은 공공연한 기정사실이 되었다. 이들뿐만 아니라 우리 사회에서 웬만큼 인지도가 있는 인사들, 자타가 공인하는 좌파 내지 진보적 지식인들은 물론 심지어 민족 문화의 기수를 자처하는 문인들까지도 그 가정을 들여다보면 많은 이들이 어떤 형태로든지 자녀들을 외국, 특히 영어권 국가로 조기 유학시키고 있거나 스스로 기러기 가족이 되어 있음을 알 수 있다."[150]

원정 출산 붐

'기러기 아빠 신드롬'보다 더 눈물겨운 건, 아니 눈물겹다 못해 짜증마저 나게 하는 건 이른바 '원정 출산'이었다. "출생 신고 선택: 미국 시민을 출산하기 위해 한국 임산부 수천 명이 미국 입국. 이들을 위한 소기업 창출" 미국 『로스엔젤레스타임스』 2002년 5월 25일자 1면을 장식한 기사 제목이다. 때는 한국에서 월드컵 열기가 고조되면서 애국주의 물결이 휩쓸던 때였으니, 이 무슨 아이러니인가. 이 신문은 매년 한국 신생아의 1%에 해당하는 약 5,000명 이상의 아기들이 원정 출산으로 미국에서

---

149) 이은혜, 「의무와 기대가 키운 외로움의 동굴에서……: 우리 시대 기러기 교수들의 삶과 현실」, 『교수신문』, 2003년 11월 3일, 12면.
150) 최정무, 「이중 국적과 탈혈연, 탈문화, 탈영토 공동체」, 『황해문화』, 제40호(2003년 가을), 214~215쪽.

태어나 미국 시민권을 취득한다고 보도하였다.[151]

이회창 며느리의 원정 출산 스캔들도 다룬 이 기사는 미국 시민권 취득이 자녀들의 병역 문제 혜택과 좋은 교육 기회 등을 얻기 위해 이루어지는 것이라고 보도하였다. 또 이 신문은 한국인들이 미국 시민인 아이를 가지면 부모의 이민이나 미국 내 은행 계좌 개설이 더 쉬울 것으로 믿고 있으며 극히 일부 산모들은 한반도 전쟁 발발 시 탈출구로까지 여기고 있다고 보도했다.[152]

최정무는 "미국에 원정 출산하는 한국 임산부들은 많은 경우 관광 비자로 늦어도 출산 2개월(임신 32~34주) 전에 입국하여 출산 후 아기가 미국 시민권과 여권을 발부받는 최단 기간인 한 달 후에 귀국하거나, 여유가 있는 이들은 비자를 연장하여 6개월 정도 체류하다가 돌아간다고 한다. 로스앤젤레스 한인 타운 근처에 있는 한국인이 운영하는 H병원 부설 산후 조리원의 홈페이지는 주소부터 '미국에서의 탄생'으로 되어 있어서 이 H산후 조리원의 주된 업무가 원정 출산 임산부를 대상으로 한다는 것을 알 수 있다"며 다음과 같이 말했다.

"실제 이 조리원의 홈페이지에는 1,000달러를 추가로 지불하면 공항 마중에서부터 출생 신고, 시민권 취득 서류 준비까지 도와주는 도우미가 준비되어 있다고 한다. 또 아기가 출생하기 전 두어 달을 체류할 하숙집과 이곳을 방문하는 임산부들의 법적 문제를 상담해주는 변호사까지 소개해주고 있다고 하며, FAQ(자주 나오는 질문) 페이지에는 원정 출산에 필요한 기본 정보에서부터 시민권 취득의 법적인 문제, 나아가서 미

---

151) 최정무, 「이중 국적과 탈혈연, 탈문화, 탈영토 공동체」, 『황해문화』, 제40호(2003년 가을), 213~215쪽.
152) 「한, 미 원정 출산 한해 5,000명」, 『부산일보』, 2002년 5월 27일, 29면.

국 국적을 받은 아기들이 성장해 부모를 이민 초청할 수 있는(이른바 앵커 베이비, anchor baby) 나이와 자격에 이르기까지 자세한 안내가 나와 있다." [153]

H산후 조리원의 홈페이지 광고 문구는 "당신의 소중한 아이에게 더 넓은 세상을 열어드립니다"였으며 원정 출산 최소 비용은 2만 달러였다. 최정무는 "한국의 사교육비가 이미 교육비의 반을 차지한 지 오래된 상황에서 이들 원정 출산부들은 미국 시민권이 있는 자녀를 미국에서 교육시킴으로써 앞으로 들어갈 엄청난 (영어 과외비를 포함한) 과외비를 줄일 수 있고, 시험 지옥뿐 아니라 점점 극심해지는 취업 전쟁을 치르지 않아도 되며, 인생의 가장 중요한 시기에 26개월 동안을 한 달에 겨우 1만 원씩 받으며 병역 의무에 바치지 않아도 되는 기반을 마련해주려는 것이다"며 다음과 같이 말했다.

"그러므로 이들은 미국 시민권이 아기에게 줄 수 있는 최고의 선물이라고까지 여기며, 이런저런 부가가치를 생각할 때 2만 달러의 투자는 오히려 비싼 것이 아니라고 생각한다. 2001년 9월에 열린 이 산후 조리원 게시판의 접속자 수가 1년 8개월 사이에 2만 2,000에 이르는 것으로 보아 엄청난 숫자의 임산부들이 원정 출산에 관심을 가지고 있음을 알 수 있다. 2001년 11월 31일자 『한국일보』 미주판 기사에 따르면 로스앤젤레스에만도 이러한 산후 조리원이 두 군데나 있고, 미국 내 다른 도시에도 이와 비슷한 서비스 기관이 생기는 추세여서 앞으로도 미국 원정 출산은 계속 늘어날 것임을 예상할 수 있다."

---

153) 최정무, 「이중 국적과 탈혈연, 탈문화, 탈영토 공동체」, 『황해문화』, 제40호(2003년 가을), 215~216쪽.

하와이에서 출산하면 미국 시민권이 나옵니까?

◎ 속지주의를 따르는 미국 법에 의해 미국의 50번째 주 하와이에서
태어난 영아는 출생과 동시에 미국 국민이 됩니다.

◎ 하와이에 대한 정보 부족으로 미국 본토 대도시, LA, 시애틀, 뉴욕을
자녀들의 출산 장소로 생각하고 가고 있으신데요, 이전보다 더
까다로워진 복잡한 입국수속, 원정출산을 경계하는 이민국 직원들의
임산부에
못할 정도
앞둔 산모
엄마에게

□ 하와이 출산의 장점

본토보다 짧은 비행거리, 깨끗한 바다, 푸른 하늘
준비와 생활안으로도 좋은 태교가 됩니다. 미국
않습니다. 특히, 귀국 시 신생아와 엄마에게

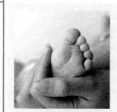

괌에서의 편안하고 안전한 출산을 위해 …
산모님들의 최고의 출산 도우미가 되겠습니다.

▌ ■■■■■■■ 소개

■■■ ■■■ 는 미국 국적을 취득하려는 산모들이 괌에서 아이를 출산 하실수 있도록 도와 드리는
원정출산 대행업체입니다.

현재 다년간의 노하우를 바탕으로 보다 안정적이고 편안한 출산을 위해 최선을 다하고
있으며, 미국 국적 취득을 위해 완벽한 도우미 역할을 하고 있는 회사입니다.

괌에서의 출산은 미국 본토보다 아름다운 자연환경과 짧은 비행시간, 저렴한 비용으로
안전하게 출산 할수 있는 최적지 입니다.

괌 유일의 종합병원인 괌 메모리얼 병원의 의사들은 미국병원협회가 요구하는 기준을 갖
춘 전문의들로 구성되어 있습니다.

글로벌 시대에서 미국출산은 엄마가 가족을 위해 할수 있는 최선의 선택
이 될것입니다.

미국 원정 출산을 광고하는 산후 조리원 인터넷 사이트의 화면. 일부 산모들은 미국 시민권
이 아기에게 줄 수 있는 최고의 선물이라고 여겼다.

원정 출산은 2001년 3,000여 명, 2002년 5,000여 명에서 2003년
6,000~7,000명으로 늘어났다.[154] 2003년 9월엔 원정 출산을 위해 관광 비
자로 미국을 방문, 출산을 마친 한국 여성 열 명이 '입국 목적과 체류 사
유가 다르다' 는 이유로 한때 미국 이민 당국에 무더기로 체포·구금됐
다가 조사를 받고 풀려난 사건이 신문 1면 머리기사로까지 보도돼 큰 논
란을 빚기도 했다.[155]

154) 황세희·신성식, 「'미국 아이 만들기' 작년에만 5,000여 명」, 『중앙일보』, 2003년 9월 20일, 3면.
155) 장연화·조택수, 「미 원정 출산 무더기 체포」, 『중앙일보』, 2003년 9월 20일, 1면.

우리를 슬프게 하는 '어린 죽음'

『대한매일』 2003년 3월 14일자에 따르면, 국내 유명 결혼 정보업체의 남성 특별 회원 내부 심사 기준 가운데 학벌 관련 점수표는 서울대·연대·고대 20점, 포항공대·카이스트·한양대·성대·중앙대 15점, 지방 국립대 및 서울 소재 대학 10점, 지방 4년제 사립대 5점을 매겼다. 기업도 마찬가지였다. 특히 기업에서 벌어지고 있는 지방대 차별은 국가인권위원회가 개입하고 나설 정도로 극심한 것이었다. 국가인권위원회가 2003년 공개한 자료에 따르면 4대 대기업들은 신입 사원을 채용할 때 대학의 서열에 따라 차등 점수를 매겨 차별하고 있는 것으로 드러났다.

2003년 대학 입시 전쟁으로 인해 자살을 하는 어린 학생들이 속출했으며, 그 연령대는 초등학교 5학년 학생으로까지 내려갔다. 고교 평준화 반대자들은 이에 대해선 아무런 말도 없이 그저 수월성만 강조해댔다. 언론은 자살 사건들을 개탄하듯이 보도하면서도 기본적으로는 한국형 약육강식 시스템을 사실상 옹호하였다.

『기자협회보』 2003년 11월 13일자는 「우리를 슬프게 하는 '어린 죽음'」이라는 제목의 사설에서 "서울 강남의 13평짜리 재건축 딱지 한 장이 6억 원을 이미 돌파하였다. 그 일대의 한 유명 학원이 어느 일요일 날 학원 예비 등록차 학생 레벨 테스트를 실시하자 학부형의 차가 몰려들어 왕복 10개 차로가 수시간 정체를 빚었다. 유명 학원에 들어가기 위해 고액 과외를 한다는 말은 헛소문이 아니다. 1년 새 강남의 아파트값 상승폭은 웬만한 월급 생활자 평균 1년 연봉 두서너 배를 뛰어넘는 수준으로 급상승했다. 부동산 재산 가치를 둘러싸고 엄청난 부익부 빈익빈 현상이 심화되고 있는 것이다. 정부의 허둥지둥 부동산 대책이 선보이게 된 것도 그 근본 원인은 바로 여기에 있다"며 다음과 같이 말했다.

"학부모는 자녀들을 연쇄 과외 수업으로 몰아대고 학교와 학원은 학생을 점수 기계로 만든다. 초등학교 5, 6학년생이 선행 학습이다 하면서 중 3학년생이 배우고 있는 과정을 미리 공부해야만 안심이 되는 한국 사회인 것이다. 이 말도 안 되는 기형적 교육 시스템 속에서 우리 언론 매체는 무엇을 하였는가. 여전히 학벌 위주의 보도 행태를 나타냈고 암묵적으로 인정하는 논평을 생산하였다. '능력은 학력이고 학력은 점수다'라는 명제에 동조하지 않았던가. 상업적 입시 전문 학원들이 쏟아내는 자료와 분석을 여과 장치 없이 확대 재생산하여 보도하였다. 교육 근본을 바로 일으켜 세워주는 문제 제기는 하지 않고 타 매체에 뒤질세라 앞다투어 입시의 '전략 전술'만을 소개해주는 것에 진력하였다. 그 소용돌이 속에서 어린 생명들은 끊임없이 절규하였고 하나둘 절망하여 죽음으로 이끌려갔다. 기존 교육 제도의 온존과 유지를 목적으로 하는 시험에 언론이 반기를 들어야 한다."

그러나 언론은 반기를 들 수 없는 원초적 한계를 안고 있었다. 언론은 그 어느 분야보다 더 학벌주의에 오염돼 있기 때문이다. 이와 관련, 이른바 '8학군 기자'의 증가를 우려하는 목소리도 나왔다. 2003년 9월 전국언론노동조합 위원장 신학림은 5년차 이하의 기자들을 놓고 '8학군 기자'라고 부르는 경우가 있다고 말했다. 이는 말 그대로 강남 지역 8학군에서 '배경'이 좋은 집에서 크고 서울대나 연고대 같은 대학을 나온 기자들을 지칭하는 말로 이들은 자신이 속한 기득권의 이익에 따라 대부분의 사건을 보고 취재한다는 것이다. 신학림은 갈수록 '8학군 기자'들이 늘어나면서 사회를 바라보는 다양한 시각이 사라지고 있다고 우려했다.[156]

각개약진 경쟁

한국은행 발표에 따르면, 2003년 일반 가계가 각종 입시·보습·외국어 학원과 개인·그룹 과외에 지출한 돈은 총 9조 4000억 원으로 추계되었다. 사교육비는 1998년 4조 7000억 원, 1999년 5조 1000억 원, 2000년 6조 원, 2001년 7조 4000억 원, 2002년 8조 2000억 원으로 5년 새 2배로 느는 높은 증가율을 보여왔다. 특히 과세 자료가 노출되는 입시 학원 수강료가 아닌 개인·그룹 교습처럼 음성적 과외에 들어간 돈이 갈수록 많아져 2000년 2조 1600억 원 정도이던 것이 2003년엔 4조 2300억 원으로 3년 만에 두 배로 늘었다.[157]

물론 사교육의 선두 주자는 강남이었다. 2003년 9월 15일 강남의 입시 학원 모임인 강남보습학원협의회가 서울·경기 지역 25개 대학에 후원금을 내면 입시 설명회 때 홍보해주겠다는 내용의 공문을 보내 논란을 빚기도 했다.[158] 대학마저 쥐고 흔들겠다는 사교육의 위세는 날이 갈수록 심화된다.

2003년 11월 25일 지방대 문제를 다룬 MBC의 〈심야스페셜〉은 광주의 한 편입학 학원이 문전성시를 이루고 있는 모습을 보여주었다. 지방에서 서울 소재 대학으로 편입하려는 지원자가 5만 명에 이를 것이라고 했다. 그것도 놀라운 사실이긴 하지만 정작 놀라운 건 "지방대 출신 며느리보다는 서울에서 고등학교를 나온 며느리가 더 낫다. 지방에서 무

---

156) 손봉석, 「'8학군 기자'가 늘고 있다": '사회 갈등 보도'와 '기자 윤리' 토론회서 언론 왜곡 보도 성토」, 『프레시안』, 2003년 9월 4일.
157) 「사교육비 '10조 시대' 초읽기: 작년 9조 4000억 …… 5년 새 2배나 급증」, 『한국일보』, 2004년 3월 25일.
158) 김필규, 「강남(强南) 학원 쎄~네」, 『중앙일보』, 2003년 10월 1일, 12면.

공적 영역과 공인에 대한 불신이 강한 한국 사회에서는 각개약진이 삶의 기본 패턴일 수밖에 없었다. 사진은 유격훈련장 모습.

얼 배웠겠는가?'라는 어느 서울 아줌마의 말을 전하는 한 여학생의 증언이었다. 그 말의 내용도 놀라웠지만 저런 말이 그대로 방송되어도 되나 하는 의아심 때문에 더욱 놀라웠으리라. 이런 현실을 빠삭하게 알게 된 고교생들은 이제 곧 "10분만 더 공부하면 마누라가 바뀐다"는 급훈마저 내걸게 된다.

정치적으로는 민주당 분당과 열린우리당 창당이라는 이슈가 지배했던 2003년 한국 사회의 진면목은 바로 그런 치열한 각개약진 경쟁은 아니었을까? 각개약진이란 적진을 향해 병사 각 개인이 지형지물을 이용하여 개별적으로 돌진하는 걸 뜻하는 군사 용어다. 각개약진은 한국적 삶의 기본 패턴이었다. 공적 영역과 공인에 대한 불신이 워낙 강해 사회적 문제조차 혼자 또는 가족 단위로 돌파하려는 경향이 매우 강하다는 뜻이다.

각개약진은 문화를 넘어서 아예 한국인의 유전자에 각인되었다고 해도 과언이 아니었다. 심심하면 벌어지는 집단적 열광이나 분노의 또 다른 비밀도 바로 여기에 있었다. 집단적 열광이나 분노는 각개약진에 지친 심신을 달래기 위한 집단주의 축제였다. 대통령 탄핵과 행정 수도 파동이라는 격변을 목격하게 될 2004년도 바로 그런 집단주의 축제의 소용돌이 속으로 빠져 들게 된다.